LES FLEURS SAUVAGES

Holly Ringland

LES FLEURS SAUVAGES

Roman

Traduit de l'anglais (Australie)
par Anne Damour

MAZARINE

Cet ouvrage est la traduction intégrale, publiée pour la première fois en France, du livre de langue anglaise (Australie) : *The Lost Flowers of Alice Hart,* édité par Fourth Estate, une maison du groupe HarperCollins*Publishers* Australia.

La citation d'Alfred Lord Tennyson, page 13, est tirée de *Maud*, traduit par Henri Fauvel, Éditions Lemaleny, 1892.
La citation d'Emily Brontë, page 187, est tirée de *Cahiers de poèmes*, traduit et présenté par Claire Malroux, Éditions José Corti, 1995
La citation d'Alice Hoffman, page 213, est tirée d'une lettre de l'auteur à Holly Ringland. © Alice Hoffman.
La citation d'Elizabeth Barrett Browning, page 385, est tirée de *Sonnets portugais et autres poèmes*, traduits par Lauraine Jungelson, Gallimard, collection « Poésie », 1994

Conception graphique : Jeanne de Nîmes
d'après une couverture de © Hazel Lam, HarperCollins Design Studio
et des illustrations de © Edith Rewa Barrett, 2018
Illustrations © Edith Rewa Barrett, 2018

ISBN : 978-2-863-74484-0
Dépôt légal : mai 2019

Pour les femmes qui doutent de la valeur
et du pouvoir de leur histoire.

Pour ma mère, qui a tout donné
pour m'apporter des fleurs.

Et ce livre est pour Sam,
sans qui le rêve de ma vie n'aurait jamais été écrit.

Sommaire

Sur le chemin une larme splendide
Est tombée du calice de la fleur de la passion.
Elle vient, ma colombe, ma bien-aimée ;
Elle vient, ma vie, mon destin.
La rose rouge crie :
« Elle s'approche, elle s'approche. »
Et la rose blanche pleure : « Il est bien tard. »
Le pied-d'alouette écoute :
« Je l'entends, je l'entends. »
Et le lys murmure : « J'attends. »

Alfred, Lord Tennyson

1

Orchidée de feu noire

Signification : **désir de possession**
Pyrorchis nigricans / Ouest de l'Australie

Fleurit par une chaleur torride. Jaillit des bulbes parfois restés en latence. Stries cramoisies sur un fond couleur chair. Noircit après la floraison, comme carbonisée.

Dans une maison en bardeaux au bout du chemin, la petite Alice Hart de neuf ans, assise à son bureau devant la fenêtre ouverte, rêvait aux moyens de mettre le feu à son père.

Sur le secrétaire en bois d'eucalyptus qu'il lui avait fabriqué, elle tenait ouvert devant elle un livre de la bibliothèque. Il contenait des récits sur les différents mythes du feu dans toutes les parties du monde. Malgré le vent du nord-est qui soufflait du Pacifique, porteur d'embruns, Alice sentait la fumée, la terre et les plumes brûlées. Elle lisait, murmurant à voix basse

Le phénix est plongé dans le feu et consumé par les flammes, pour être réduit en cendres et renaître reconstitué, régénéré – identique, mais en même temps différent.

Alice effleura d'un doigt l'illustration d'un phénix renaissant : avec ses plumes d'un blanc argenté resplendissant, ses ailes largement déployées, et sa tête renversée en arrière pour pousser son cri. Elle retira vivement sa main, comme si les langues de feu rouge orangé pouvaient lui brûler la peau. Une bourrasque entra par la fenêtre, apportant une odeur d'algues ; les carillons dans le jardin de sa mère annonçaient que le vent fraîchissait.

Alice se pencha par-dessus son bureau pour entrouvrir juste un petit peu la fenêtre. Elle repoussa son livre et, sans quitter l'image du regard, tendit la main vers l'assiette de toasts qu'elle avait préparés quelques heures plus tôt. Mordant un triangle beurré, elle mâcha lentement le toast froid. Que se passerait-il si son père était dévoré par le feu ? Tous ses monstres seraient réduits en cendre, ne laissant renaître que le meilleur de lui-même, régénéré par les flammes, redevenu celui qu'il avait été autrefois : l'homme qui lui avait fabriqué un bureau pour qu'elle puisse écrire des histoires.

Fermant les yeux, Alice imagina un instant que la mer proche, dont elle entendait le déferlement par la fenêtre, était un océan de feu rugissant. Serait-elle capable d'y pousser son père, afin qu'il s'y consume comme le phénix de son livre ? Et que se passerait-il s'il en émergeait, secouant la tête comme s'il s'éveillait d'un mauvais rêve, et lui ouvrait les bras ? *Bonjour, mon lapin*, dirait-il sans doute. À moins qu'il ne se contente de siffler, les mains dans les poches, un sourire au coin des lèvres. Alice ne verrait peut-être plus jamais ses yeux bleus devenir noirs de rage, peut-être ne verrait-elle plus jamais son visage blêmir, la salive s'accumulant aux commissures de sa bouche, une écume aussi blanche que sa pâleur. Elle pourrait alors se concentrer sur l'étude de la direction du vent, ou choisir ses livres de la bibliothèque, ou écrire à son bureau. Régénéré par le feu, son père toucherait toujours avec douceur le corps de sa mère enceinte ; ses mains sur Alice seraient toujours légères et protectrices. Et surtout, il bercerait dans ses bras le bébé quand il naîtrait, et Alice ne resterait pas éveillée toute la nuit, cherchant comment protéger sa famille.

Elle referma le livre. Le bruit sourd résonna à travers le bureau qui occupait toute la longueur du mur de sa chambre. Il faisait face à deux grandes fenêtres s'ouvrant sur le jardin de capillaires, pieds-de-loup et queues-d'hirondelle que sa mère soignait jusqu'à ce que les nausées aient raison d'elle. Ce matin même, elle mettait en pot des semis de pattes-de-kangourou quand elle s'était pliée en deux dans les fougères, en proie à des haut-le-cœur. Alice était alors déjà en train de lire à son bureau : en entendant les vomissements de sa mère, elle avait escaladé la fenêtre et atterrit dans les massifs de fougères. Ne sachant que faire, elle avait serré étroitement la main de sa mère.

« Ce n'est rien », dit sa mère en toussant, pressant la main d'Alice avant de la lâcher. « Seulement les nausées du matin, mon lapin, ne t'inquiète pas. » Elle renversa la tête en arrière pour reprendre son souffle, et ses cheveux pâles s'écartèrent de son visage, révélant une nouvelle meurtrissure, violette comme la mer à l'aube, autour d'une plaie sur la peau fragile derrière son oreille. Alice ne détourna pas les yeux assez vite.

« Oh, mon lapin, dit sa mère confuse en se relevant. Je n'ai pas fait attention à ce que je faisais dans la cuisine et je suis tombée. Le bébé me donne des vertiges. » Elle posa une main sur son ventre et de l'autre ôta des traces de terre sur sa robe. Alice contempla les jeunes fougères écrasées sous le poids de sa mère.

Ses parents s'en allèrent peu après. Alice resta sur le pas de la porte jusqu'à ce que le panache de poussière soulevé par le pick-up de son père se fût dissipé dans le matin bleuté. Ils avaient rendez-vous en ville pour une nouvelle visite médicale ; le pick-up n'avait que deux sièges. *Sois sage, chérie*, l'implora sa mère en effleurant de ses lèvres la joue d'Alice. Elle sentait le jasmin, et la peur.

Alice prit un autre triangle de toast froid et le tint entre ses dents pendant qu'elle fouillait dans son sac de bibliothèque. Elle avait promis à sa mère de réviser son examen de CE2, mais pour l'instant les exercices que l'école par correspondance lui avait envoyés par la poste étaient restés intacts sur son bureau. Quand elle sortit un livre du sac et en lut le titre, elle resta bouche bée. Elle en oublia son examen.

Dans la lumière glauque qui annonçait l'orage, la couverture gaufrée du *Guide du feu pour débutants* resplendissait, comme un objet doté de vie. Un éclair miroitait, lançant des flammes métalliques. Quelque chose de dangereux et d'excitant traversa Alice jusqu'au tréfonds d'elle-même. Les paumes de ses mains étaient soudain moites. Elle avait à peine effleuré du bout des doigts un coin de la couverture que, comme appelées par son état d'agitation, les plaques du collier de Toby tintèrent dans son dos. Il pressa sa truffe contre sa jambe, laissant une trace humide sur sa peau. Heureuse de cette interruption, Alice sourit et Toby s'assit docilement. Elle lui tendit son toast, qu'il prit habilement entre ses dents avant de se reculer pour l'avaler d'un coup. Un peu de bave coula sur ses pieds.

« Beurk, Tobes », fit-elle en lui ébouriffant les oreilles. Elle leva le pouce et l'agita de droite à gauche. En réponse, la queue de Toby balaya le sol. Il leva une patte et la posa sur sa jambe. C'était son père qui lui avait fait cadeau de Toby et il était devenu son plus proche compagnon. Quand il était petit, il avait mordillé une fois de trop les pieds de son père sous la table et s'était retrouvé violemment projeté contre la machine à laver. Le père d'Alice avait interdit qu'on l'amène chez le vétérinaire et Toby était resté sourd depuis. En s'apercevant qu'il n'entendait plus, Alice avait inventé un langage secret qu'elle partageait avec lui, utilisant les signes de la main. Elle remua à nouveau son pouce pour lui dire qu'il était un bon chien.

Toby lui lécha la joue et elle rit, dégoûtée, en s'essuyant. Il tourna autour d'elle et s'assit lourdement à ses pieds. Devenu adulte, il ressemblait plus à un loup aux yeux gris qu'à un chien de berger. Alice glissa ses orteils dans son épaisse fourrure. Enhardie par sa compagnie, elle ouvrit le *Guide du feu pour débutants* et fut rapidement absorbée par la première histoire.

Dans des pays lointains, comme l'Allemagne et le Danemark, les gens utilisaient le feu pour éliminer l'ancien et convoquer le nou-

veau à venir, pour accueillir le commencement du cycle suivant : une saison, un décès, une vie ou un amour. Certains fabriquaient d'immenses silhouettes en branches d'osier et de mûrier et y mettaient le feu pour tirer un trait final et marquer un début : pour attirer des miracles.

Alice se cala dans sa chaise. Elle avait les yeux brûlants et collants. Elle pressa les mains sur les pages, sur la photo d'un personnage d'osier en flammes. Quel miracle annoncerait le feu d'Alice ? Pour commencer, il n'y aurait plus jamais de bruits de choses cassées dans leur maison. L'effluve acide de la peur n'emplirait plus jamais l'atmosphère. Alice planterait un jardin potager sans qu'on la punisse pour avoir utilisé par mégarde le mauvais plantoir. Elle pourrait apprendre à monter à bicyclette sans sentir la poigne rageuse de son père agripper ses cheveux, parce qu'elle ne savait pas garder l'équilibre. Les seuls signes qu'elle aurait besoin d'interpréter se trouveraient dans le ciel, plutôt que dans les ombres et les nuages qui passaient sur le visage de son père, la prévenant qu'elle avait affaire au monstre, ou à l'homme qui lui avait fabriqué un bureau dans un eucalyptus.

C'était arrivé le lendemain du jour où il l'avait violemment jetée dans la mer et l'avait laissée nager toute seule. Il avait disparu dans son abri de bois cette nuit-là et n'en était pas sorti durant deux jours. Quand il était réapparu, il ployait sous le poids d'un bureau rectangulaire, d'une longueur qui dépassait sa taille. Il était fait des planches de couleur crème de l'eucalyptus marbré qu'il avait mises de côté pour fabriquer la nouvelle serre à fougères de sa femme. Alice tournicotait dans le coin de sa chambre tandis que son père installait le bureau sous l'appui de la fenêtre. Il remplissait sa chambre d'un parfum de bois fraîchement débité, d'huile et de vernis. Son père montra à Alice comment l'abattant s'ouvrait sur des charnières de cuivre, révélant un espace intérieur peu profond, prêt à être rempli de papier, crayons et livres. Il avait même raboté une branche d'eucalyptus pour en faire un support qui tienne le couvercle ouvert, afin qu'Alice puisse se servir de ses deux mains pour fouiller à l'intérieur. *Je t'achèterai tous les crayons et pastels dont tu auras besoin la prochaine fois où j'irai en ville, Lapin.* Alice avait jeté ses bras autour de son cou. Il sentait le savon Cussons pour bébés, la sueur et la térébenthine. *Mon petit lapin.* Sa barbe de trois jours effleura sa joue. Un vernis de mots recouvrait la langue d'Alice : *Je savais que tu étais toujours là. Reste. S'il te plaît, ne laisse pas le vent changer.* Mais tout ce qu'elle put dire fut : *Merci.*

Le regard d'Alice revint lentement à son livre ouvert :

> *Le feu est un élément qui requiert frottement, combustible et oxygène pour s'embraser et brûler. Un feu optimal a besoin de ces conditions optimales.*

Elle leva les yeux et regarda vers le jardin. La force invisible du vent poussait et tirait les pots de capillaires accrochés à leur support. Il hurlait dans l'entrebâillement de la fenêtre. Elle prit de profondes respirations, emplissant ses poumons et expirant lentement. *Le feu est un élément qui requiert frottement, combustible et oxygène pour s'embraser et brûler.* Fixant le cœur vert du jardin de sa mère, Alice sut ce qu'elle devait faire.

Tandis qu'une tempête commençait à souffler de l'est et fendait le ciel de rideaux noirs, Alice enfila son anorak en arrivant à la porte de derrière. Toby trottait à côté d'elle et elle enfouit ses doigts dans son poil laineux. Il gémit et fourra son nez contre son ventre. Ses oreilles étaient rabattues. Dehors, le vent arrachait les pétales des roses blanches de sa mère et les répandait dans le jardin comme une pluie d'étoiles. Au loin, au fond de leur propriété, se dressait la carcasse indistincte de l'atelier toujours fermé de son père. Alice tapota les poches de sa veste, sentant la clé de l'abri à l'intérieur. Après un moment, prenant son courage à deux mains, elle ouvrit la porte de derrière et sortit de la maison, affrontant le vent avec Toby.

Bien qu'elle ait interdiction d'y entrer, personne n'avait pu empêcher Alice d'imaginer ce que pouvait contenir l'atelier de son père. Lorsqu'il y passait du temps, c'était presque toujours après avoir fait des choses horribles. Mais, quand il en sortait, il était toujours de meilleure humeur. Alice en avait conclu que l'abri était doté d'une sorte de magie transformatrice ; comme si ses murs renfermaient un miroir enchanté, ou un rouet. Un jour, alors qu'elle était plus petite, elle avait osé lui demander ce qu'il y avait à l'intérieur. Il ne lui avait pas répondu, mais, après qu'il eut fabriqué son bureau, Alice avait compris. Elle avait lu des ouvrages sur l'alchimie dans ses livres de la bibliothèque ; elle connaissait le conte du nain Tracassin. L'abri de son père était l'endroit où il transformait la paille en or.

Elle courut, les jambes et les poumons brûlants. Toby aboyait au ciel jusqu'à ce qu'un éclair de foudre sèche le fasse taire, la queue entre les pattes. À la porte de l'abri, Alice sortit la clé dans sa poche et la glissa dans le cadenas. Il ne céda pas. Le vent lui piquait le visage et menaçait de lui faire perdre l'équilibre. Seule la chaleur de Toby qui se pressait contre elle la calma. Elle essaya à nouveau. La clé lui entra dans la paume quand elle tenta de toutes ses forces de la faire tourner. Elle ne bougea pas. La panique lui brouilla la vue. Elle abandonna, s'essuya les yeux et dégagea ses cheveux de son visage. Elle fit une nouvelle tentative. Cette fois la clé tourna facilement, comme si le cadenas avait été huilé. Alice le décrocha, poussa la porte et manqua de tomber en entrant, Toby sur ses talons. Le vent referma violemment la porte derrière eux avec un bang.

L'intérieur sans fenêtre de l'abri était noir comme un four. Toby grogna. Alice tendit le bras dans l'obscurité pour le réconforter. Elle était assourdie par le sang qui battait à ses oreilles, par le hurlement féroce de la tempête. Les graines du flamboyant à côté de l'atelier tombaient en pluie, comme un claquement de pantoufles de fer dansant sur le toit.

L'air empestait le pétrole. Alice tâtonna autour d'elle jusqu'à ce que ses doigts touchent une lampe sur l'établi. Elle en connaissait la forme, sa mère en avait une semblable à la maison. À côté, une boîte d'allumettes. Une voix coléreuse gronda dans sa tête. *Tu ne devrais pas être ici. Tu ne devrais pas être ici*. Alice eut un mouvement de recul, mais ne put s'empêcher de faire glisser le couvercle de la boîte. Elle tâta le bout d'une allumette, la frotta contre le grattoir et sentit le soufre tandis qu'un éclat de feu traversait l'air. Elle approcha la flamme de la mèche de la lampe à pétrole et remit le tube en verre sur la base. La lumière se répandit sur l'établi de son père. Devant elle, un petit tiroir était entrouvert. D'un doigt tremblant, Alice l'ouvrit complètement. À l'intérieur, il y avait une photographie et autre chose qu'Alice ne pouvait distinguer clairement. Elle sortit la photo. Les bords étaient craquelés et jaunis, mais l'image était nette : une magnifique maison sur un seul niveau recouverte de vigne vierge. Elle fouilla le tiroir. Ses doigts effleurèrent quelque chose de doux. Elle le sortit à la lumière : une boucle de cheveux noirs retenue par un ruban décoloré.

Une rafale violente fit trembler la porte de l'atelier. Alice lâcha la photo et la mèche de cheveux en se retournant vivement. Il n'y avait personne. C'était seulement le vent. Son cœur reprenait juste son rythme normal quand Toby s'assit sur son arrière-train et grogna à nouveau. Tremblante, Alice leva la lampe pour éclairer le reste de l'atelier de son père. Sa mâchoire se relâcha ; ses genoux faiblirent.

Autour d'elle étaient rangées des douzaines de sculptures en bois, de la miniature jusqu'à la grandeur nature, toutes des mêmes deux personnes. Les unes représentaient une femme âgée dans diverses postures : humant une feuille d'eucalyptus, inspectant des plants en pot, couchée sur le dos avec un bras couvrant ses yeux et l'autre pointé vers le ciel ; ou tenant sa jupe comme une corbeille, remplie de fleurs qu'Alice n'avait jamais vues. Les autres avaient l'apparence d'une fillette : en train de lire un livre, d'écrire à un bureau, de souffler sur les graines d'un pissenlit. En se reconnaissant dans les sculptures de son père Alice eut mal à la tête.

L'une à côté de l'autre, la femme et la petite fille emplissaient l'atelier, formaient un cercle autour de l'établi. Alice prit de longues et profondes respirations, écoutant le battement de son cœur. *Je suis – ici,* disait-il. *Je suis – ici.* Si le feu pouvait être un sortilège, avait le pouvoir de transformer les choses, alors les mots le pouvaient aussi. Alice avait lu suffisamment de livres pour comprendre la puissance magique des mots, surtout quand ils étaient répétés. Répétez quelque chose suffisamment de fois et il en sera ainsi. Elle se concentra sur le sortilège qui battait dans son cœur.

Je suis – ici.

Je suis – ici.

Je suis – ici.

Elle tourna lentement dans la pièce, contemplant les formes de bois.

Elle se souvint d'avoir lu un jour l'histoire d'un mauvais roi, qui s'était fait tellement d'ennemis dans son royaume qu'il avait créé une armée de soldats de glaise et de pierre pour monter la garde autour de lui – sauf que la glaise n'est pas de la chair et que la pierre n'est ni le cœur ni le sang. À la fin, les villageois dont le roi essayait de se protéger utilisèrent cette même armée pour l'écraser pendant son sommeil. Alice sentit un frisson courir le long de son dos en se rappelant les mots qu'elle avait lus plus tôt. *Le feu est un élément qui requiert frottement, combustible et oxygène pour s'embraser et brûler.*

« Allons, Tobes », dit-elle hâtivement, saisissant une sculpture, puis une autre. Imitant le geste d'une des statues, elle tendit son

T-shirt et y fourra les plus petites figurines. Toby s'agitait au côté d'elle. Son cœur battait violemment contre ses côtes. Il y avait tant de sculptures dans l'atelier que son père ne remarquerait sûrement pas qu'il manquait certaines des plus petites. Elles feraient un combustible parfait pour s'exercer à faire du feu.

Alice se souviendrait toujours de cette journée comme de celle qui avait changé irrémédiablement sa vie, même s'il lui faudrait vingt ans pour comprendre : la vie va de l'avant, mais ne se comprend qu'en regardant en arrière. Vous ne pouvez pas voir le paysage qui vous entoure tant que vous êtes à l'intérieur.

En s'avançant dans l'allée, le père d'Alice serrait le volant en silence. Des marques de coups étaient visibles sur le visage de sa femme, qu'elle touchait d'une main. De l'autre, elle se tenait l'estomac tout en se pressant contre la porte passager. Il avait vu de ses yeux la façon dont elle avait touché le bras du médecin. Il avait vu l'expression du médecin. Il l'avait *vue*. Un nerf tressautait sous l'œil droit de Clem. Il jeta un regard à sa femme, recroquevillée sur elle-même, créant un gouffre entre eux. Il aurait voulu tendre la main vers elle, lui expliquer qu'elle devait simplement être plus attentive à sa conduite, et il ne se sentirait pas provoqué. S'il lui parlait le langage des fleurs, peut-être comprendrait-elle. Rossolis ou rosée du soleil, *je meurs, si on me néglige.* Fuchsia arlequin, *guéris et soulage.* Buisson de la mariée, *constance.* Mais il avait évité de lui offrir des fleurs depuis des années, depuis qu'ils avaient quitté Thornfield.

Elle ne l'avait pas aidé aujourd'hui. Elle aurait dû prendre le temps de faire le petit-déjeuner avant leur départ, alors elle ne se serait pas sentie étourdie et il ne l'aurait pas vue tripoter le docteur. Elle savait qu'il avait horreur de ces visites en ville et que le personnel médical fourre ses mains partout à l'extérieur et à l'intérieur de sa femme. Ils n'avaient pas fait d'échographie ni de bilan de santé durant cette grossesse, ni avec Alice, c'était inutile. Était-ce réellement sa faute, si elle ne faisait rien pour l'aider, à chaque fois ?

« On est arrivés », dit-il, serrant le frein et coupant le contact. Sa femme ôta sa main de sa joue et saisit la poignée de la portière. Elle tira dessus et patienta. La colère monta en lui. Elle ne dirait donc rien ? Il déverrouilla le système de fermeture central, s'attendant à la voir se tourner vers lui et lui sourire avec gratitude, voire avec l'air contrit. Mais elle jaillit au-dehors comme une poule s'échappe du poulailler. Il sortit du pick-up en criant son nom, brusquement réduit au silence par la tempête. Grimaçant dans le vent cinglant, il courut derrière elle, déterminé à mettre les choses au clair. En approchant de la maison, quelque chose attira son regard.

La porte de l'atelier était ouverte. Le cadenas défait pendait au loquet. L'éclair de l'anorak rouge de sa fille sur le seuil emplit sa vision.

Quand son T-shirt ne put contenir davantage de sculptures, Alice sortit à la hâte de l'atelier dans la pénombre. Un coup de tonnerre ébranla le ciel. Si fort qu'Alice laissa tomber les sculptures et se blottit contre la porte de l'atelier. Toby se tapit, le poil hérissé le long de son échine. Elle tendit la main pour le rassurer et se remit debout, pour être immédiatement frappée par une rafale de vent qui la fit tituber en arrière. Oubliant les sculptures, elle fit un signe à Toby et partit en courant vers la maison. Ils avaient presque atteint la porte de derrière qu'un éclair de lumière fit éclater les nuages sombres en fragments d'argent, une flèche tirée du ciel ? Alice se figea. Dans cet éclair blanc, elle le vit. Son père se tenait sur le seuil de la porte, les bras le long du corps, les poings serrés. Elle n'eut pas besoin de s'approcher davantage pour deviner la noirceur de ses yeux.

Elle changea de direction et fonça sur le côté de la maison. Elle n'était pas certaine que son père l'ait vue. Tout en courant à travers les frondes vertes du jardin de fougères de sa mère, une pensée terrifiante la frappa : la lampe à pétrole dans l'atelier de son père. Son abri de planches. Elle avait oublié de l'éteindre.

Alice se jeta à travers la fenêtre ouverte, atterrit sur son bureau, hissant Toby à côté d'elle. Ils restèrent perchés tous les deux, s'efforçant de reprendre leur souffle. Toby lui lécha le visage et Alice le caressa d'une main distraite. Sentait-elle la fumée ? Elle fut saisie d'effroi. Elle sauta du bureau et rassembla les livres de la bibliothèque, les fourra dans son sac, au fond de son placard. Elle se débarrassa de son anorak et le jeta aussi à l'intérieur, puis elle referma la fenêtre. *Quelqu'un a dû entrer par effraction dans ton atelier, papa. J'étais à l'intérieur en attendant que tu rentres à la maison.*

Elle n'entendit pas son père entrer dans sa chambre. Elle ne fut pas assez rapide pour l'esquiver. La dernière chose qu'elle vit fut Toby montrant les dents, les yeux fous de terreur. Il y eut l'odeur de la fumée, de la terre, des plumes en feu. Une chaleur cuisante se répandit sur le côté de son visage, l'entraînant dans l'obscurité.

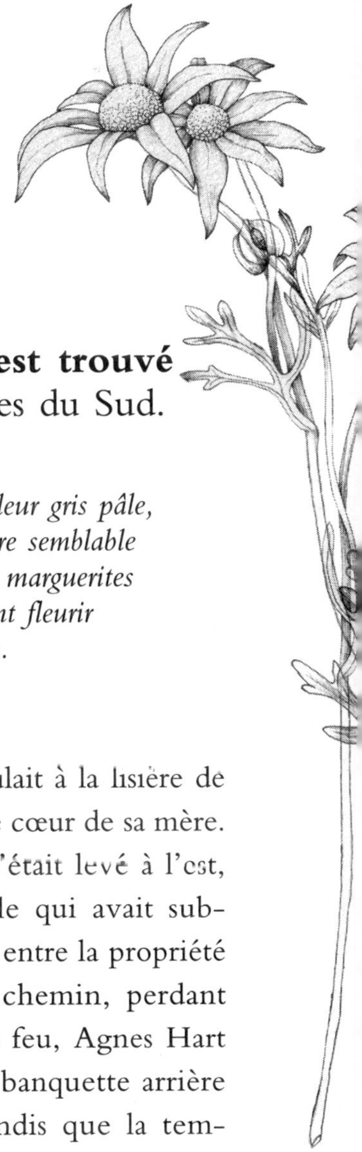

2

Fleur de flanelle

Signification : **ce qui est perdu est trouvé**

Actinotus helianthi / Nouvelle-Galles du Sud.

La tige, les branches et les feuilles sont de couleur gris pâle, recouvertes de poils duveteux, et d'une texture semblable à de la flanelle. De jolies fleurs en forme de marguerites s'épanouissent au printemps, mais peuvent fleurir à profusion après les feux de bush.

La première histoire qu'entendit Alice se déroulait à la lisière de l'obscurité, quand ses premiers cris ranimèrent le cœur de sa mère.

La nuit de sa naissance, un orage tropical s'était levé à l'est, provoquant une marée d'ampleur inhabituelle qui avait submergé les berges de la rivière, coupant la route entre la propriété des Hart et la ville. Bloquée au milieu du chemin, perdant ses eaux, comme déchirée par une langue de feu, Agnes Hart expulsa de son corps la vie et une fille sur la banquette arrière du camion de son mari. Pris de panique tandis que la tempête se déchaînait dans les champs de cannes, Clem Hart était d'abord trop occupé à emmailloter fébrilement le nouveau-né pour remarquer la pâleur de sa femme. Lorsqu'il vit son visage prendre une couleur de cendre, ses lèvres devenir d'un gris livide, Clem se jeta sur elle, affolé, oubliant leur bébé. Il la secoua en vain. Ce n'est qu'en entendant les premiers cris de sa fille qu'Agnes reprit conscience. De chaque côté du chemin, les buissons gorgés de pluie explosèrent dans un débordement de fleurs blanches.

Tu fus l'amour véritable dont j'avais besoin pour me réveiller d'une malédiction, mon lapin, dirait sa mère pour terminer l'histoire. *Tu es mon conte de fées.*

Quand Alice eut deux ans, Agnes l'initia à la lecture ; en lisant, elle désignait chaque mot sur la page du livre. À la plage, elle répétait : *une sèche, deux plumes, trois morceaux de bois flotté, quatre coquillages, et cinq fragments de verre dépoli par la mer.* Dans toute leur maison, des étiquettes écrites à la main indiquaient : LIVRE. CHAISE. FENÊTRE. PORTE. TABLE. TASSE. BAIN. LIT. Lorsque Alice commença à faire ses devoirs à la maison, à l'âge de cinq ans, elle savait lire. Bien que son amour des livres fût vif et sans réserve, elle aimait encore davantage les contes de sa mère. Quand elles étaient seules, Agnes tissait des histoires qu'elle inventait pour elles deux seules. Jamais à portée d'ouïe du père d'Alice.

Leur rituel était de marcher jusqu'à la mer et de s'allonger sur le sable pour contempler le ciel. Guidées par la voix douce de sa mère, elles voyageaient en train dans toute l'Europe, traversaient des paysages où les montagnes étaient si hautes qu'on n'en voyait pas le sommet, les crêtes enfouies sous un manteau de neige effaçant la ligne qui séparait le ciel blanc de la terre blanche. Elles portaient des vestes de velours dans la cité pavée d'un roi tatoué, où les bâtiments du port étaient aussi colorés qu'une boîte de peinture et où une sirène se tenait assise, coulée dans du bronze, attendant à jamais l'amour. Alice fermait les yeux, imaginant que chaque fil des histoires de sa mère s'enroulait autour d'elles, les entraînant au centre d'une chrysalide, dont elles finissaient par sortir et s'enfuir.

Quand elle eut six ans, sa mère la borda dans son lit un soir, se pencha vers elle et murmura à son oreille *Il est temps, mon lapin.* Elle se redressa en souriant, remonta les couvertures. *Tu es assez grande maintenant pour m'aider au jardin.* Alice se tortilla, tout excitée ; en général sa mère la laissait avec un livre et allait jardiner seule. *Nous commencerons demain*, dit Agnes avant d'éteindre la lumière. À plusieurs reprises au cours de la nuit, Alice se réveilla pour regarder l'obscurité par la fenêtre. Quand elle vit enfin le premier trait de lumière dans le ciel, elle repoussa ses couvertures.

Dans la cuisine sa mère préparait des toasts à la végémite et au cottage cheese ainsi qu'une théière de thé au miel, qu'elle apporta sur un plateau jusqu'à son jardin près de la maison. L'air était frais, le soleil matinal déjà chaud. Sa mère posa le plateau sur une souche d'arbre moussue et versa le thé dans deux tasses. Elles s'assirent et mangèrent et burent en silence. Alice sentait le sang battre à ses tempes. Quand elle eut fini son toast et bu son thé, Agnes s'accroupit entre les fougères et les fleurs, parlant à voix basse comme si elle réveillait des enfants endormis. Alice ne savait que faire. C'était ça, jardiner ? Imitant sa mère, elle s'assit au milieu des plantes et la regarda.

Lentement les plis soucieux sur le visage d'Agnes s'effacèrent. Son front sillonné de rides se détendit. Elle ne se tordait plus les mains, ne s'agitait plus. Ses yeux étaient grand ouverts et clairs. Elle était quelqu'un d'autre, qu'Alice ne reconnaissait pas. Sa mère était paisible. Elle était calme. Cette vue emplit Alice d'une sorte d'espérance nouvelle qu'elle trouvait au fond des flaques rocheuses à marée basse, mais ne pouvait jamais recueillir dans ses mains.

Plus elle passait de temps avec sa mère dans le jardin – à regarder la façon dont elle inclinait son poignet pour inspecter un nouveau bourgeon, la lumière qui apparaissait dans ses yeux quand elle levait le menton, les minces cercles de terre autour de ses doigts lorsqu'elle aidait délicatement les nouvelles frondes des fougères à sortir du sol –, plus elle comprenait que la vraie nature de sa mère s'épanouissait parmi ses plantes. Surtout quand elle parlait aux fleurs. Le regard absent, elle murmurait dans un langage secret, un mot ici, une phrase là, tout en cassant net sur leurs tiges les fleurs dont elle emplissait ses poches.

Souvenir morose, murmurait-elle en détachant une fleur de liseron de sa vrille. *Amour, partagé*. Le parfum d'agrume du myrte citronné se répandait dans l'air quand elle en cueillait. *Plaisirs du souvenir.* Sa mère empochait un rameau écarlate de patte de kangourou.

Les questions restaient accrochées au fond de la gorge d'Alice. Pourquoi les mots de sa mère jaillissaient-ils uniquement lorsqu'elle racontait des histoires qui avaient lieu dans d'autres lieux, d'autres mondes ? Pourquoi pas dans leur monde, celui qui était devant elles ? Où allait-elle quand ses yeux semblaient partir au loin ? Pourquoi Alice ne pouvait-elle l'accompagner ?

À son septième anniversaire, le corps d'Alice était lourd de questions restées sans réponse. Elles gonflaient sa poitrine. Pourquoi sa mère parlait-elle aux fleurs sauvages d'une façon aussi sibylline ? Comment son père pouvait-il être aussi différent ? De quelle malédiction les premiers pleurs d'Alice avaient sauvé sa mère ? Les questions s'accumulaient dans sa tête, mais restaient bloquées, logées au fond de sa gorge, aussi douloureuses que si elle avait avalé une poignée de graines. Des occasions propices se présentèrent aux beaux jours dans le jardin, à la tombée du soir, mais Alice ne disait rien. Muette, elle suivait sa mère qui emplissait ses poches de fleurs.

Si Agnes remarqua le silence d'Alice, elle ne fit jamais rien pour le rompre. Il était entendu que le temps passé dans le jardin était un moment silencieux. *Comme dans une bibliothèque,* dit songeusement sa mère un jour en inspectant ses fougères cheveux de Vénus. Alice n'était jamais entrée dans une bibliothèque – n'avait jamais vu plus de livres en un seul endroit qu'elle n'aurait pu l'imaginer, entendu le bruissement des pages tournées collectivement –, mais elle avait presque l'impression d'y être allée en écoutant les histoires de sa mère. Pour elle, d'après les descriptions d'Agnes, une bibliothèque était un calme jardin de livres, où les histoires poussaient comme des fleurs.

Alice n'était jamais allée ailleurs que dans leur propriété. Sa vie était confinée entre le jardin de sa mère à la lisière des champs de cannes et la mer dont les rouleaux venaient s'écraser dans la baie proche. Elle avait interdiction de s'aventurer au-delà de ces limites, en particulier de celle qui séparait leur allée de la route qui menait à la ville. *Ce n'est pas un endroit pour une fille*, disait son père, tapant du poing sur la table, faisant tressauter assiettes et couverts, chaque fois que la mère d'Alice suggérait de l'envoyer à l'école. *Elle est plus en sécurité ici*, grondait-il, mettant fin à la conversation. C'était ce que son père savait le mieux faire, mettre fin à tout.

Qu'elles passent leur journée dans le jardin ou à la mer, il arrivait toujours un moment, quand un oiseau de la pluie chantait ou qu'un nuage traversait le soleil, où la mère d'Alice se réveillait brusquement, comme si elle avait jusque-là marché en somnambule dans un rêve. Elle s'animait, tournait les talons et partait en courant vers la maison, criant à Alice par-dessus son épaule, *la première qui arrive à la cuisine aura de la crème fraîche sur ses scones.* Le thé de l'après-midi était un moment aigre-doux ; son père allait rentrer à la maison. Dix minutes avant son arrivée, sa mère se postait à la porte d'entrée, un sourire plaqué sur le visage, la voix perchée trop haut, les doigts noués.

Certains jours, la mère d'Alice semblait complètement absente. Il n'y avait plus ni histoires ni promenades au bord de la mer. Elle ne parlait plus aux fleurs. Sa mère restait au lit les rideaux tirés contre la lumière blanche, anéantie, comme si son âme l'avait quittée.

Alice essayait alors d'échapper au poids de l'air qui pesait sur elle dans la maison, au silence terrifiant comme s'il n'y avait personne alentour, aux soupirs de sa mère recroquevillée dans le lit. À tout ce qui empêchait de respirer. Elle ouvrait des livres qu'elle avait lus une douzaine de fois, révisait les fiches qu'elle avait déjà apprises. Elle s'élançait vers la mer pour crier avec les mouettes et poursuivre les vagues sur la plage. Elle courait le long des champs de cannes à sucre, les cheveux rejetés en arrière, flottant comme les longues herbes vertes dans le vent chaud. Mais elle avait beau faire, rien ne la contentait. Alice aurait voulu que les plumes et les fleurs de pissenlit se transforment en oiseaux et s'envolent au loin, à la lisière dorée de l'horizon, où la mer était cousue au ciel. Les jours se succédaient, sombres, sans sa mère. Alice arpentait l'orée de son monde. Le temps viendrait où elle apprendrait qu'elle pouvait disparaître elle aussi.

Un matin, après que le grondement du pick-up de son père se fut dissipé dans le lointain, Alice resta au lit en attendant d'entendre le sifflement de la bouilloire ; le bruit délectable qui annoncerait le commencement d'une belle journée. Quand rien ne vint, Alice repoussa les draps de ses jambes lourdes. Elle alla sur la pointe des pieds jusqu'à la porte de la chambre de ses parents et jeta un coup d'œil au corps de sa mère, roulé en boule, aussi inerte que les couvertures autour d'elle. La colère la submergea comme une vague. Elle se dirigea d'un pas lourd vers la cuisine, se fabriqua à la va-vite un sandwich à la végémite, emplit une bouteille d'eau, les fourra dans son sac à dos et courut en direction des champs de cannes. Elle ne prendrait pas le chemin, le risque qu'on la voie était trop grand, mais, si elle se frayait un passage entre les cannes à sucre, elle était sûre de sortir quelque part de l'autre côté, dans un endroit préférable à la maison obscure et silencieuse.

Son cœur battait à ses oreilles, si fort qu'elle entendait à peine les cris des cacatoès au-dessus de sa tête. Elle se força à courir, passa devant l'atelier de son père et le jardin de roses de sa mère, parcourut toute la longueur du terrain. À la lisière entre leur propriété et la plantation de cannes, elle s'arrêta. Une piste de terre s'enfonçait à travers les tiges vertes aussi loin que portait le regard.

À la fin, Alice s'étonna d'avoir si facilement pu faire quelque chose qui lui avait toujours été interdit. Elle avait juste dû franchir un pas. Le premier. Puis un autre.

Alice marcha si loin et si longtemps qu'elle finit par se demander si elle n'allait pas déboucher dans un autre pays en sortant de la plantation. Peut-être allait-elle se retrouver en Europe, attraper un des trains de sa mère qui traversaient un monde neigeux. Mais, quand elle arriva au bout du champ, ce qu'elle découvrit la ravit encore davantage : elle était à un croisement au milieu de la ville.

Elle abrita ses yeux du soleil. Tant de couleurs et de mouvements, de bruits et d'éclats de voix. Des voitures et des pick-up agricoles traversaient le carrefour, les klaxons retentissaient, les fermiers avec leurs coudes tannés par le soleil, appuyés à la fenêtre ouverte, levaient une main fatiguée pour se saluer au passage. Alice repéra une boutique avec une large vitrine remplie de pains frais et de gâteaux nappés de sucre. C'était une boulangerie, reconnut-elle, se rappelant les images d'un de ses albums. Celle-ci avait un rideau de perles à l'entrée. À l'extérieur, sous un auvent rayé, étaient disposées çà et là des chaises et des tables, avec une fleur de couleur vive dans un vase au milieu des nappes à carreaux. Alice eut soudain l'eau à la bouche. Elle aurait aimé que sa mère soit près d'elle.

De chaque côté de la boulangerie, des devantures de magasins offraient aux femmes des fermiers une bouffée de vie cosmopolite : de nouvelles robes d'après-midi à la taille étroite, de grands chapeaux à bords flottants, des sacs à main ornés de glands et des escarpins à petits talons. Alice remua ses orteils dans ses sandales. Elle n'avait jamais vu sa mère porter quelque chose qui ressemblât aux vêtements des mannequins dans les vitrines. Sa mère n'avait qu'une seule tenue pour aller en ville : une robe à manches longues en tissu synthétique bordeaux et des chaussures plates de cuir marron. Le reste du temps, elle portait d'amples robes de coton qu'elle cousait elle-même et, comme Alice, elle marchait pieds nus.

Le regard d'Alice se posa sur la rue en face d'elle, où une jeune femme et un enfant attendaient que le feu passe au vert pour traverser. La femme tenait la fillette par la main et portait son cartable rose à sa place. La petite fille avait des souliers noirs brillants avec des socquettes blanches à bord dentelé. Ses cheveux étaient coiffés en deux tresses attachées par des rubans assortis. Alice n'arrivait pas détourner les yeux. Lorsque le feu changea, elles traversèrent la rue et poussèrent le rideau de perles pour entrer dans la boulangerie. Elles en ressortirent un peu plus tard avec des milk-shakes crémeux et d'épaisses tranches de gâteau. Elles s'assirent à la table qu'Alice aurait choisie, celle qu'ornait un gerbera d'un jaune cruellement triomphant, et burent leur boisson, se souriant sous leurs moustaches de lait.

Le soleil tapait fort. La lumière lui faisait mal aux yeux. Alors qu'elle s'apprêtait à tourner les talons pour reprendre le chemin de la maison, Alice remarqua un mot sur le fronton de pierre d'un bâtiment de pierre de l'autre côté de la rue.

BIBLIOTHÈQUE

Elle retint un cri et courut jusqu'au feu de circulation. Elle enfonça le bouton à plusieurs reprises, comme elle avait vu la fillette le faire, jusqu'à ce que le feu passe au vert. Elle traversa la rue, franchit à la hâte les lourdes portes de la bibliothèque.

Dans le hall d'entrée, elle se plia en deux, la respiration coupée. L'air frais apaisa la chaleur brûlante de sa peau couverte de sueur. Son pouls ralentit. Elle repoussa ses cheveux de son front hâlé par le soleil et écarta en même temps l'image de la jeune femme et de la fille avec leur joyeux gerbera jaune. En voulant défroisser sa robe, Alice se rendit compte qu'elle n'en portait pas ; elle était encore en chemise de nuit. Elle avait oublié de se changer avant de quitter la maison. Ne sachant quoi faire ni où se diriger, elle resta plantée là, se pinçant les poignets jusqu'au sang – la douleur extérieure atténuant la douleur intérieure. Ce n'est que lorsque des étoiles se mirent à tournoyer devant ses yeux qu'elle s'arrêta.

Elle traversa le hall sur la pointe des pieds et pénétra dans la salle principale de la bibliothèque qui s'étendait tout autour d'elle. Son regard fut attiré vers le haut par les rayons du soleil qui ruisselaient à travers les vitraux : une fillette en capuchon rouge marchait à travers une forêt d'arbres ; une jeune fille s'enfuyait en carrosse, laissant une pantoufle de vair derrière elle ; une petite sirène regardait du haut d'un rocher dans l'eau un homme sur le rivage. L'excitation s'empara d'Alice.

« Je peux t'aider ? »

Alice se détourna des vitraux et regarda d'où venait la question. Une jeune femme à l'épaisse chevelure lui souriait, assise à un bureau octogonal. Alice se dirigea sur la pointe des pieds vers elle.

« Oh, ce n'est pas la peine de marcher si doucement », dit la femme en gloussant. Elle reniflait en riant. « Je n'aurais pas tenu un jour ici, si j'avais dû me montrer aussi discrète. Je m'appelle Sally. Je ne crois pas t'avoir déjà vue ici. » Les yeux de Sally avaient la couleur de la mer par un jour ensoleillé. « Je me trompe ? » demanda-t-elle.

Alice secoua la tête.

« Oh, voilà qui est merveilleux. Une nouvelle amie ! » Elle applaudit. Ses ongles étaient peints d'un rose coquillage. Il y eut un silence.

« Et qui es-tu ? » demanda Sally. Alice lui jeta un coup d'œil entre ses cils baissés. « Oh, ne sois pas timide, dit Sally. Les bibliothèques sont des endroits accueillants. Tout le monde est bienvenu ici. »

Un murmure lui répondit : « Je m'appelle Alice.

– Alice ?

– Alice Hart. »

Quelque chose d'étrange traversa le visage de Sally. Elle se racla la gorge.

« Eh bien, Alice Hart, s'exclama-t-elle. Quel nom magique ! Bonjour Alice. Je serais heureuse de te faire visiter les lieux. » Ses yeux jetèrent un regard furtif à la chemise de nuit d'Alice, puis revinrent à son visage. « Tu es venue avec ta mère ou ton père ? »

Alice secoua la tête.

« Je vois. Dis-moi, quel âge as-tu, Alice ? »

Les joues d'Alice étaient brûlantes. Elle finit par lever les cinq doigts d'une main et le pouce et l'index de l'autre.

« Incroyable. Sept ans, c'est pile l'âge requis pour avoir ta propre carte de bibliothèque. »

Alice releva brusquement la tête.

« Oh, regarde. Le soleil fait rayonner ton visage », fit Sally avec un clin d'œil. Alice porta ses doigts à ses joues brûlantes.

« Je vais chercher un formulaire et nous le remplirons ensemble. » Sally tendit la main et pressa le bras d'Alice. « Tu as des questions importantes ? »

Alice réfléchit, puis hocha la tête.

« Oui, s'il vous plaît, pouvez-vous me montrer le jardin où poussent les livres ? » Elle sourit avec soulagement ; sa voix s'était frayé un passage à travers les graines qui la bloquaient.

Sally examina le visage d'Alice pendant un moment avant de pouffer. « Alice ! Tu es trop drôle. Nous allons nous entendre à merveille, toi et moi. »

Dans son trouble, Alice parvint tout juste à sourire.

Pendant la demi-heure qui suivit, Sally emmena Alice faire le tour de la bibliothèque, lui expliquant que les livres vivaient sur des étagères et non dans un jardin. Des rangées et des rangées d'histoires s'offraient à Alice. Tant de livres. Au bout d'un moment, Sally laissa Alice s'asseoir dans un grand fauteuil rembourré près d'une des étagères.

« Tu peux feuilleter les livres que tu veux. Je ne suis pas loin, si tu as besoin de quelque chose. » Sally pointa son doigt dans la direction de son bureau. Alice hocha la tête, déjà plongée dans un livre sur ses genoux.

Les mains tremblantes de Sally saisirent le téléphone. Tandis qu'elle composait le numéro du poste, elle se pencha en avant pour s'assurer qu'Alice ne l'avait pas suivie, mais elle était toujours dans son fauteuil, les semelles usées de ses sandales pointant sous l'ourlet crasseux de sa chemise de nuit. Sally tripota le formulaire qu'avait rempli Alice, sursauta quand le papier lui coupa le bout du doigt. Ses yeux se voilèrent pendant qu'elle suçait le sang de la coupure. Alice était la fille de Clem Hart. Elle repoussa le nom de son esprit et pressa l'écouteur contre son oreille. *Réponds. Réponds. Réponds.* Enfin son mari répondit.

« John ? C'est moi. Non, pas vraiment. Non, écoute. La fille de Clem Hart est ici. Il y a quelque chose qui cloche. Elle est en chemise de nuit, John. » Sally s'efforça de garder son calme. « Dégoûtante. » Elle avala sa salive. « Et John, ses petits bras sont couverts de traces de coups. »

Sally acquiesça en écoutant la voix apaisante de son mari et essuya les larmes de ses yeux.

« Oui, je crois qu'elle est venue toute seule de sa maison, c'est-à-dire environ quatre kilomètres. D'accord. Oui. Oui, je vais la garder ici. »

Le téléphone glissa dans la paume moite de Sally quand elle raccrocha.

Alice ajouta un autre livre à la tour semi-circulaire qu'elle avait construite autour d'elle.

« Alice ?

– Je voudrais emporter tous ceux-là à la maison, s'il vous plaît », dit Alice sérieusement, avec un grand geste du bras.

Sally l'aida à défaire la tour de livres, à remettre la douzaine sur les étagères et s'y reprit à deux fois pour lui expliquer comment fonctionnait l'emprunt de livres à la bibliothèque. Alice fut confondue par le choix limité auquel elle avait droit. Sally consulta sa montre. La lumière qui tombait des fenêtres colorées était tamisée d'ombres pastel.

« Veux-tu que je t'aide à choisir ? »

Alice hocha la tête avec gratitude. Elle voulait lire des livres sur le feu, mais n'osait pas le dire.

Sally s'accroupit à sa hauteur et lui posa quelques questions sur ses endroits favoris – la mer –, lui demanda quel était le vitrail qu'elle préférait dans la bibliothèque – la sirène –, puis, avec un signe de tête entendu, elle posa son index sur un livre mince avec une couverture cartonnée et un titre en caractères de couleur bronze et le sortit du rayon.

« Je crois que tu aimeras celui-ci. Il parle de selkies.

– De selkies, répéta Alice.

– Tu verras, dit Sally. Des femmes dans la mer qui ne peuvent pas se débarrasser de leur peau pour devenir quelqu'un ou quelque chose d'entièrement différent. » Alice eut la chair de poule. Elle serra le livre contre sa poitrine.

« Lire me donne faim, dit Sally brusquement. Tu as faim, Alice ? J'ai des scones et de la confiture, et que penses-tu d'une tasse de thé ? »

À la mention des scones, Alice pensa à sa mère. Elle était consumée par le désir immédiat d'être à la maison, mais il semblait que Sally attendait qu'elle reste.

« Est-ce que je peux aller aux toilettes ?

– Bien sûr, dit Sally. Celles des femmes sont juste dans l'entrée, sur la droite. Tu veux que je t'accompagne ?

– Non, merci. » Alice sourit gentiment.

« Je serai à la même place quand tu reviendras. Nous mangerons des scones. »

Alice partit en direction de l'entrée. Elle ouvrit la porte des toilettes. Attendit un moment, puis passa la tête par l'entrebâillement pour scruter le bureau de Sally. Il était vide. Le cliquetis des couverts et de la porcelaine venait du fond de l'entrée. Alice se précipita vers la sortie.

En courant à travers les champs de cannes, elle sentait la forme de sa carte de la bibliothèque dans la poche de sa chemise de nuit, comme une des fleurs de sa mère. Le livre sur les sirènes rebondissait dans son sac à dos ; les rayons de soleil se répandaient en elle. Alice était si occupée à imaginer combien sa mère aimerait la bibliothèque qu'elle ne se rendit pas compte que, lorsqu'elle arriverait à la maison, son père serait déjà de retour de son travail.

3

Immortelle à bractées

Signification : **mon amour ne te quittera pas**
Xerochrysum viscosum / Nouvelle-Galles du Sud et Victoria

Ces fleurs à la texture de papier ont diverses nuances de jaune, or, orange tacheté ou bronze flamboyant. Coupées, séchées, elles se conservent sans perdre leurs couleurs étonnantes.

Un mois après la découverte de la bibliothèque, Alice jouait dans sa chambre quand elle entendit sa mère l'appeler. « Il faudrait que nous allions désherber, mon lapin. »

C'était un après-midi tranquille. Le jardin était envahi de papillons orange. Sa mère lui sourit par-dessous le large rebord flottant de son chapeau. Du même sourire avec lequel elle accueillait son père quand il rentrait à la maison : *tout va bien, tout est en ordre, tout est parfait*. Alice le lui rendit, mais remarqua qu'elle se tenait les côtes avec une grimace douloureuse en se penchant pour arracher une mauvaise herbe.

Tout avait mal tourné depuis qu'elle avait découvert la bibliothèque. Son père l'avait frappée avec sa ceinture et elle n'avait pas pu s'asseoir pendant des jours entiers. Il avait pris sa carte de bibliothèque et confisqué le livre, cependant pas avant qu'Alice l'ait lu d'une traite. Elle savourait ces histoires de sirènes avec leur peau magique, comme si elles avaient le goût du sucre sur sa langue. Ses meurtrissures guérirent et son père ne la punit plus ; sa mère continua d'être l'objet de sa rage. À plusieurs reprises, Alice avait été réveillée la nuit par des éclats provenant de la chambre de ses parents. Les bruits atroces la paralysaient. Ces nuits-là, elle restait dans son lit, les mains collées aux oreilles, cherchant refuge dans ses rêves, s'imaginant le plus souvent en train de courir avec sa mère vers la mer, retirant leurs peaux avant de plonger dans l'eau. Flottant côte à côte dans l'océan, elles se retournaient une seule fois avant de plonger dans les profondeurs. Sur la rive, leurs peaux se transformaient en fleurs séchées, au milieu des coquillages et des algues.

« Tiens, Alice », lui dit sa mère en lui tendant une touffe d'herbes, avec une autre grimace. Alice brûlait d'envie de débarrasser le jardin de toutes les mauvaises herbes, pour que sa mère puisse passer le plus clair de son temps à parler à ses plantes dans son langage secret et à remplir ses poches de fleurs.

« Et celle-là, maman, c'est une mauvaise herbe ? » Sa mère ne répondit pas. Elle était aussi insaisissable que les papillons, gardait les yeux fixés vers l'allée de la maison, guettant les nuages de poussière annonciateurs.

Ils finissaient toujours par apparaître.

Il jaillit du siège du conducteur d'un air conquérant, tenant son chapeau Akubra dans son dos. La mère d'Alice se leva pour l'accueillir, de la terre aux genoux et un bouquet de pissenlits serré dans la main. Leurs racines tremblèrent quand il se pencha pour l'embrasser. Alice se détourna. Lorsqu'il était de bonne humeur, son père faisait penser à une averse subite tombant d'un ciel ensoleillé – on n'en croyait pas ses yeux. Alice croisa son regard et il lui sourit.

« Nous avons eu des moments difficiles depuis que tu t'es sauvée, hein, mon lapin », dit-il en s'accroupissant, son chapeau toujours dissimulé dans son dos. « Mais je crois que tu as compris que tu ne devais pas quitter la maison. »

Alice eut un haut-le-cœur.

« J'ai réfléchi, continua-t-il doucement, je pense que nous devrions te rendre ta carte. » Elle l'observa avec inquiétude. « Je suis prêt à aller à la bibliothèque et y prendre des livres pour toi, si tu acceptes de suivre les règles. Et pour t'aider à tenir ta promesse, j'ai pensé que tu aimerais avoir un peu plus de compagnie à la maison. » Il ne la regardait pas en parlant, ses yeux scrutaient le visage de sa mère. Elle restait debout, sans ciller, avec un sourire crispé. Il tendit son chapeau à Alice, qui le prit et le posa sur ses genoux.

Blottie à l'intérieur, il y avait une boule de poils blanche et noire. Bien que les yeux du chiot soient à peine ouverts, on pouvait distinguer qu'ils étaient du même bleu ardoise que la mer en hiver. Il se redressa et lança un aboiement aigu, donnant un petit coup de dent au nez d'Alice. Elle poussa un cri de joie ; c'était son premier ami. Le chiot lui lécha le visage.

« Comment vas-tu l'appeler, mon lapin ? » demanda son père, se balançant d'avant en arrière sur ses talons. Alice ne voyait pas l'expression de son visage.

« Tobias, décida-t-elle. Mais je l'appellerai Toby. »

Son père eut un rire amusé. « Alors, ce sera Toby », dit-il.

« Tu veux le tenir, maman ? » demanda Alice. Sa mère hocha la tête et prit Toby dans ses mains.

« Oh, il est si petit ! s'exclama-t-elle, incapable de cacher son étonnement. Où l'as-tu trouvé, Clem ? Es-tu sûr qu'il est assez grand pour être sevré ? »

Un éclair traversa le regard de son père. Son visage s'assombrit. « Bien sûr qu'il est assez grand », dit-il les dents serrées, saisissant Toby par la peau du cou. Il jeta violemment le chiot gémissant à Alice.

Plus tard, elle se blottit au milieu des fougères de sa mère, serrant le chiot contre son cœur, essayant de ne pas entendre les bruits qui venaient de l'intérieur de la maison. Toby lui léchait le menton où coulaient ses larmes tandis que le vent soufflait dans les cannes à sucre odorantes en direction de la mer.

L'humeur de son père changeait comme les saisons. Après qu'il lui eut crevé les tympans, Alice s'attela à apprendre à Toby le langage des signes. Elle avait huit ans, suivait les cours de CE2 par correspondance et lisait sa pile de livres empruntés à la bibliothèque deux semaines avant de devoir les rendre. Sa mère passait de plus en plus de temps dans le jardin, marmonnant à voix basse au milieu des fleurs.

Un jour à la fin de l'hiver, des rafales soufflèrent de la mer, si violentes qu'Alice crut qu'elles allaient emporter la maison, comme dans les fables. Debout sur le perron, Toby et elle regardèrent Clem sortir sa planche à voile du garage.

« Un vent de noroît de quarante nœuds, mon lapin, dit-il, embarquant précipitamment son matériel à l'arrière du pick-up. C'est très rare. » Il ôta les toiles d'araignées de la voile de la planche. Alice hocha la tête, frottant les oreilles de Toby. Elle savait que c'était rare, elle avait rarement vu son père se préparer à affronter le vent en mer. Elle n'avait jamais été autorisée à l'accompagner. Il fit tourner le moteur.

« Viens avec moi, mon lapin. Je crois que j'aurai besoin d'un porte-bonheur en mer aujourd'hui. Dépêche-toi », cria-t-il par la fenêtre de la voiture. Bien que son regard halluciné l'emplisse d'appréhension, Alice ne résista pas à la joie d'être invitée à accompagner son père. Elle courut se changer dans sa chambre, passa rapidement devant sa mère, lui cria au revoir, Toby sur les talons. Faisant rugir le moteur, son père sortit en trombe de l'allée et prit la direction de la baie.

Lorsqu'ils arrivèrent à la plage, son père enfila son harnais et tira la planche jusqu'au bord de l'eau. Alice attendit sans bouger. Quand son père l'appela, elle suivit le profond sillon que la planche avait creusé dans le sable jusqu'à la mer. Il poussa la planche dans les vagues, maintenant la voile qui battait au vent. L'effort faisait saillir les veines de ses avant-bras. Alice se tenait immobile, de l'eau à mi-cuisse, ne sachant à quoi s'attendre. Son père se prépara à sauter sur la planche et se tourna vers elle, l'air interrogateur, arborant un sourire téméraire. Elle sentit son cœur tambouriner à son oreille. Il hocha la tête en désignant la planche. Toby courait de long en large le long du rivage, sans cesser d'aboyer. Alice leva une main, paume ouverte : *calme-toi*. Son père ne lui avait jamais proposé de l'accompagner. Elle n'osa pas refuser l'invitation.

Au moment où elle s'élançait dans l'eau pour le rejoindre, la voix de sa mère lui parvint. Elle tourna la tête et la vit debout en haut des dunes. Elle l'appelait, faisait de grands signes, tenant d'une main son gilet de sauvetage orange fluorescent. Ses appels se transformèrent bientôt en cris d'inquiétude. Toby fila ventre à terre la rejoindre. Dans l'eau, le père d'Alice balaya d'une chiquenaude l'inquiétude de sa femme comme s'il chassait un insecte bourdonnant autour de son visage.

« Tu n'as pas besoin d'un gilet. Pas maintenant que tu as huit ans. J'étais roi en mon royaume à ton âge. » Il lui fit un signe de tête. « Allez. Saute à bord, Lapin. »

Alice eut un sourire radieux. L'attention qu'il lui témoignait était hypnotique.

Il la hissa sur la planche, la tenant fermement sous les aisselles, et la fit asseoir à l'avant, face au vent. Il se mit ensuite à plat ventre et pagaya des deux mains pour avancer. Des poissons argentés sautaient dans les creux. Le vent était vif et les embruns piquaient les yeux d'Alice. Elle se retourna et aperçut sa mère sur la plage, minuscule au-delà de l'étendue d'eau qui les séparait.

Plus loin, dans les profondeurs turquoise, son père sauta sur ses pieds et les glissa dans les sangles. Alice s'agrippa aux bords de la planche, les paumes griffées par l'antidérapant. Son père redressa la voile, arquant les jambes pour garder l'équilibre, les tendons et les muscles de ses mollets saillant sous la peau.

« Assieds-toi entre mes pieds », ordonna-t-il. Alice rampa vers lui. « Tiens-toi. » Elle encercla ses jambes de ses deux bras.

Il y eut une brève accalmie, le monde autour d'eux devint paisible, couleur d'aigue-marine. Et soudain, avec un claquement, le vent s'engouffra dans la voile et un paquet d'eau salée aspergea le visage d'Alice. La mer étincelait. Ils évoluaient dans les vagues, filant d'un bout à l'autre de la baie. Alice inclina la tête en arrière et ferma les yeux ; la chaleur du soleil sur sa peau, les embruns qui lui piquaient les joues, les doigts du vent qui courait dans ses longs cheveux.

« Alice, regarde », lui dit son père. Une bande de dauphins les encerclait, bondissant dans l'eau à côté d'eux. Alice poussa un cri de joie, se souvenant de son livre sur les sirènes. « Lève-toi, tu les verras mieux », dit son père. Se tenant à lui, elle se redressa, vacillante, fascinée par la beauté des animaux. Ils glissaient dans les vagues, confiants et libres. Alice lâcha les jambes de son père avec hésitation et s'efforça de rester en équilibre sur ses pieds. Écartant les bras, elle se balança d'avant en arrière, décrivant des cercles avec sa taille et des moulinets avec ses poignets, imitant les dauphins. Son père hurlait dans le vent.

S'éloignant dans la baie, ils gagnèrent le chenal où un bateau de plaisance faisait demi-tour pour rentrer au port. Le flash d'un appareil photo les éblouit. Le père d'Alice agita la main.

« Fais-leur encore du hula, l'encouragea son père. Ils nous regardent. Vas-y. Maintenant. »

Alice ne comprit pas en quoi consistait le *hula*. Était-ce la danse des dauphins ? L'insistance dans sa voix la désorienta. Elle regarda à l'avant, puis se retourna vers lui. L'instant d'hésitation lui fut fatal. Elle aperçut l'éclair de contrariété qui assombrissait son visage. S'avançant tant bien que mal, elle voulut rattraper le temps perdu et debout sur ses jambes tremblantes recommença à se balancer. Trop tard. Le bateau fit demi-tour et s'éloigna ; les flashs se reflétèrent dans l'eau, mais dans l'autre direction. Alice sourit, pleine d'espoir. Ses genoux tremblaient. Elle jeta à la dérobée un regard à son père. Il serrait les mâchoires

Quand il fit passer la voile sur l'autre bord et qu'ils changèrent de cap, Alice faillit perdre l'équilibre. Le soleil tapait, aveuglant, lui brûlant la peau. Elle s'accroupit et se cramponna aux bords de la planche. Portée par le vent, la voix de sa mère les appelait désespérément tandis qu'ils traversaient le chenal et regagnaient la baie. La mer se soulevait, profonde et sombre. Son père ne disait rien. Elle se glissa jusqu'à lui. Recroquevillée entre ses pieds, agrippée à ses genoux, elle sentit un muscle tressauter sous sa peau. Elle leva les yeux, mais son visage était impassible. Alice refoula ses larmes. Elle avait tout gâché. Elle serra plus fort les jambes de son père.

« Pardon, papa », dit-elle d'une petite voix.

La poussée dans son dos fut prompte et brutale. Projetée dans l'eau froide, elle cria, bientôt submergée par les vagues. Elle remonta à la surface, crachotant, criant, toussant, s'efforçant de rejeter le goût du sel qui lui brûlait les poumons. Frappant de grands coups de pied dans l'eau, elle leva les bras comme sa mère le lui avait appris, si elle se trouvait prise dans le courant. À peu de distance, son père longeait la côte, les yeux fixés sur elle, le visage aussi blanc que la crête des vagues. Alice s'efforça de se maintenir à la surface. Rapidement, son père vira à nouveau. *Il revient*, murmura-t-elle, soulagée. Mais le vent s'engouffra dans la voile et, incrédule, elle le vit s'éloigner. Elle s'immobilisa. Elle commença à couler. Quand l'eau lui couvrit le nez, Alice battit vigoureusement des bras et des pieds, luttant pour remonter à la surface.

Ballottée à la merci du courant, elle aperçut sa mère dans les vagues. Agnès nageait vigoureusement vers elle. Sa vue galvanisa Alice. Elle se démena, luttant pour ne pas être emportée, jusqu'au moment où elle sentit un très léger changement dans la température de l'eau et comprit qu'elle se rapprochait des hauts-fonds. Sa mère la rejoignit dans le jaillissement d'une vague et s'accrocha à elle comme si Alice elle-même était une bouée de sauvetage. Quand elles sentirent enfin le sable dur et sûr sous leurs pieds, Alice se redressa et vomit de la bile avec de violents et âpres haut-le-cœur. Ses jambes et ses bras flanchèrent. Elle chercha sa respiration. Les yeux d'Agnes étaient aussi opaques qu'un morceau de verre dépoli par la mer. Elle porta Alice sur la plage et l'enveloppa dans la robe qu'elle avait ôtée avant de s'élancer dans la mer. Elle la berça contre elle jusqu'à ce qu'elle se calme. La voix rauque à force d'avoir aboyé, Toby lui lécha le visage en gémissant. Elle le caressa faiblement. Quand elle se mit à trembler, sa mère la souleva et la porta jusqu'à la maison. Elle ne dit pas un mot.

Lorsqu'elles quittèrent la plage, Alice se retourna pour regarder les centaines d'empreintes de pas de sa mère sur le sable. Loin au large, la voile colorée de son père traçait sa route dans les vagues.

Personne ne parla de ce qui était arrivé ce jour-là. Par la suite, quand il revenait des champs de cannes, Clem évitait la maison. Comme toujours lorsqu'il se sentait coupable, il se retirait dans son atelier. Durant les repas, il se montrait distant, d'une politesse glaciale. Sa présence chargeait l'atmosphère d'un sentiment de menace, comme lorsqu'on se trouvait dehors sans abri par un temps d'orage, à surveiller sans cesse le ciel. Alice passa plusieurs semaines les paumes moites à espérer que sa mère, elle et Toby puissent trouver refuge dans les endroits décrits dans les contes, où la neige recouvrait la terre comme du sucre blanc et où des villes antiques étaient bâties sur l'eau. Mais les semaines se transformant en mois et l'été devenant l'automne, les crises cessèrent. L'humeur de son père se calma. Il lui construisit son bureau en eucalyptus. Alice finit par se demander s'il avait abandonné ses côtés orageux au large le jour elle avait vu l'océan s'assombrir.

Par un clair matin, au petit-déjeuner, le père d'Alice annonça qu'il devait se rendre en ville durant le prochain week-end pour acheter un nouveau tracteur. Il ne serait pas là pour fêter les neuf ans d'Alice. Il ne pouvait pas faire autrement. La mère d'Alice hocha la tête et se leva pour desservir. Alice balança ses jambes sous la table, cachant son visage derrière ses cheveux en savourant la nouvelle. Sa mère, Toby et elle auraient un week-end entier rien que pour eux. Seuls, en paix. C'était le plus beau cadeau d'anniversaire dont elle ait pu rêver.

Lorsqu'il partit, elles lui firent de grands signes. Même Toby resta assis jusqu'à ce que se dissipe le tourbillon de poussière derrière lui. La mère d'Alice contempla l'allée déserte.

« Bon, dit-elle en prenant la main d'Alice, ce week-end est pour toi, Lapin. Qu'aimerais-tu faire ?

– Tout », répondit Alice avec un grand sourire.

Elles commencèrent par de la musique. Sa mère sortit de vieux enregistrements et Alice ferma les yeux et se balança en écoutant.

« Si tu pouvais choisir tout ce que tu veux, que souhaiterais-tu manger pour déjeuner ? »

Alice approcha une chaise de cuisine du comptoir pour être à la même hauteur que sa mère et l'aida à faire des biscuits Anzac, croustillants à l'extérieur et moelleux à l'intérieur avec beaucoup de sirop, comme elle les aimait. Elle mangea plus de la moitié de la pâte crue, laissant Toby lécher la cuillère en bois.

Pendant que les biscuits cuisaient, Alice s'assit aux pieds de sa mère, la laissant lui brosser les cheveux. Le mouvement rythmé de la brosse sur son crâne faisait le même bruit que des ailes d'oiseau. Lorsque sa mère eut compté jusqu'à cent, elle se pencha et murmura une question à l'oreille d'Alice. Tout excitée, Alice hocha la tête. Sa mère quitta la pièce et revint quelques minutes plus tard. Elle dit à Alice de fermer les yeux. Alice sourit de plaisir en sentant les doigts de sa mère dans ses cheveux. Elle conduisit Alice hors de la pièce.

« Maintenant, regarde », dit-elle d'une voix joyeuse.

Alice se retint jusqu'au moment où elle ne put patienter une seconde de plus. Ouvrant les yeux, elle sursauta en se voyant dans la glace. Une couronne d'hibiscus marin d'un orange flamboyant était tressée autour de sa tête. Elle ne se reconnut pas.

« Bon anniversaire, Lapin. » La voix de sa mère tremblait. Alice lui prit la main. Alors qu'elles se tenaient toutes deux devant la glace, de grosses gouttes de pluie commencèrent à marteler le toit. Sa mère se leva et s'approcha de la fenêtre.

« Qu'y a-t-il, maman ?

– Viens avec moi, dit-elle. Je veux te montrer quelque chose. »

Elles attendirent à la porte de derrière que les nuages se dissipent. Le ciel était violet, la lumière argentée. Alice suivit sa mère dans le jardin, luisant de pluie. Elles arrivèrent devant un buisson que sa mère avait récemment planté. La dernière fois qu'Alice l'avait vu, ce n'était qu'un fouillis de feuilles vert vif. Maintenant, après la pluie, le buisson était couvert de fleurs blanches odorantes. Elle les contempla stupéfaite.

« J'ai pensé qu'elles te plairaient, dit sa mère.

– C'est de la magie ? » Alice tendit la main pour toucher un pétale.

« La meilleure de toutes. » Sa mère hocha la tête. « La magie des fleurs. »

Alice se pencha pour s'en approcher davantage. « Quelles sont ces fleurs, maman ?

– Des lys de pluie, comme la nuit où tu es née. Ils ne fleurissent qu'après une bonne averse. » Alice se pencha et les observa attentivement. Les pétales étaient largement ouverts, exposant le cœur de la fleur.

« Ils n'existent pas sans la pluie ? » demanda-t-elle en se relevant. Sa mère la regarda un moment avant de secouer la tête.

« Quand j'étais dans le pick-up de ton père le soir où tu es née, ils poussaient en masse au bord de la route. Je me rappelle les avoir vus fleurir sous l'orage. » Elle se détourna, mais Alice vit ses yeux s'emplir de larmes.

« Alice, continua sa mère, j'ai planté des lys de pluie pour une raison. »

Alice hocha la tête, l'air interrogateur.

« Ils sont le symbole de l'attente. Des bienfaits qui peuvent sortir des épreuves. » Sa mère posa une main sur son ventre.

Alice hocha encore la tête, toujours sans comprendre.

« Lapin, je vais avoir un autre bébé. Tu vas avoir un petit frère ou une petite sœur avec qui jouer et dont tu pourras t'occuper. » Sa mère détacha un lys et le glissa au bout de la natte d'Alice. Alice regarda le cœur frémissant de la fleur, ouverte et vulnérable.

« C'est une bonne nouvelle, non ? » demanda sa mère. Alice voyait les lys de pluie se refléter dans les yeux de sa mère. « Alice ? »

Elle enfouit son visage dans son cou et ferma étroitement les yeux, respirant l'odeur de sa peau, s'efforçant de ne pas pleurer. Savoir qu'il y avait une sorte de magie capable de faire naître des fleurs et des bébés l'emplissait d'effroi – c'étaient encore plus de choses précieuses auxquelles son père pourrait s'attaquer.

Le temps changea pendant la nuit et une nouvelle tempête se leva. Le lendemain matin, Alice et Toby se réveillèrent sous une pluie torrentielle, qui ruisselait le long des vitres et ébranlait la porte d'entrée. Bâillant à s'en décrocher la mâchoire, Alice erra dans la maison, rêvant de pancakes. Elle essaya de ne pas compter les heures restantes avant le retour de son père plus tard dans la journée. La cuisine était plongée dans l'obscurité. Désorientée, Alice tâtonna pour trouver l'interrupteur, alluma la lumière. La cuisine était déserte et froide. Elle courut jusqu'à la chambre de ses parents et attendit que ses yeux se réhabituent à l'obscurité. Quand elle vit que sa mère était partie, Alice se précipita dehors en l'appelant. Quelques secondes suffirent pour qu'elle se retrouve trempée. Toby aboyait. À travers le déluge, Alice aperçut un bref instant la robe de coton de sa mère, qui disparaissait au milieu des pourpiers de mer à la limite du jardin, se dirigeant vers l'océan.

Quand Alice atteignit la plage, sa mère avait déjà laissé tomber ses vêtements sur le sable. Bien que sa vue soit brouillée sous l'averse, Alice la repéra dans l'eau. Elle avait nagé si loin qu'elle n'était plus qu'un petit point clair dans les vagues, qui s'enfonçait, réapparaissait, se débattant comme si elle devait gagner une bataille. Au bout d'un long moment, elle se laissa porter par une vague vers les hauts-fonds et poussa un hurlement, invectivant la mer qui la recrachait sur le rivage.

Alice se couvrit les épaules avec les vêtements de sa mère et se mit à l'appeler jusqu'à en perdre la voix. Agnes ne semblait pas l'entendre. Elle se redressa sur le sable, nue, hagarde, haletante. La vue de sa nudité fit taire Alice. La pluie les transperçait. Toby gémissait, courait dans tous les sens. Alice n'arrivait pas à quitter sa mère enceinte des yeux. Son ventre était plus gros qu'elle ne l'avait imaginé. Son corps était recouvert d'ecchymoses, autour des clavicules, le long des bras, sur les côtes, les hanches, à l'intérieur des cuisses, comme des lichens marins recouvrant les rochers. Pendant tout ce temps qu'elle avait cru apaisé, Alice s'était gravement trompée.

« Maman. » Elle se mit à pleurer, tenta d'essuyer les larmes et la pluie sur son visage. En vain. Ses dents claquaient de peur et d'émotion. « J'ai eu si peur que tu ne reviennes pas. »

Sa mère semblait lire à travers elle. Ses yeux étaient agrandis et sombres, ses cils collés par paquets. Elle resta ainsi sans bouger, fixant longuement Alice. Puis, elle cligna des yeux et parla.

« Je sais que tu as eu peur. Je suis désolée. » Elle ôta doucement ses vêtements des épaules d'Alice et les enfila sur sa peau mouillée. « Allons, dit-elle, rentrons à la maison. » Elle lui prit la main, et elles remontèrent ensemble de la plage sous la pluie. Tremblant de tous ses membres, Alice ne lâcha pas sa mère.

Quelques semaines plus tard, juste avant l'après-midi où elle avait lu l'histoire du phénix, Alice et sa mère étaient dans le jardin au milieu des semis de petits pois et de potiron. Des volutes de fumée noire s'élevaient à l'horizon.

« Ne t'inquiète pas, Lapin, lui dit sa mère en ratissant un carré de terre pour les légumes. C'est un brûlis contrôlé dans une des fermes.

– Un brûlis ?

– Partout dans le monde, on utilise le feu dans les cultures », expliqua sa mère. Assise sur ses talons, Alice arrachait les mauvaises herbes de la terre fraîchement retournée et réfléchissait à ce que sa mère venait de dire. « Vraiment ? » fit-elle incrédule. Sa mère hocha la tête, s'appuyant sur son râteau. « On brûle des arbres et des broussailles pour faire place à des plantations nouvelles. Les brûlis limitent aussi les risques d'incendie. »

Alice entoura ses genoux de ses bras. « Un petit feu peut donc en arrêter un gros ? » demanda-t-elle, pensant au livre sur son bureau qui parlait de sortilèges transformant les crapauds en princes, les jeunes filles en oiseaux, et les lions en agneaux. « Comme un sortilège ? »

Sa mère enfouit les graines de potiron dans les rangées de terre retournée. « Oui, je suppose que c'est exactement ça, un sortilège qui transforme une chose en une autre. Certaines fleurs et certaines graines ont même besoin du feu pour s'épanouir et grandir ; les orchidées et les chênes du désert, par exemple. » Elle frotta la poussière de ses mains et releva ses cheveux de son front. « Petite maligne », dit-elle. Pour une fois, son sourire monta jusqu'à ses yeux. Puis elle retourna à ses semis.

Alice reprit sa tâche, sans cesser d'observer sa mère du coin de l'œil, éclairée à contre-jour dans le soleil de l'après-midi, espérant voir un jour de nouvelles pousses jaillir de rien. Quand sa mère regarda autour d'elle et que son visage s'assombrit à la vue de l'atelier, Alice comprit aussitôt clairement ce qu'elle devait faire : elle devait trouver le bon sortilège, le bon feu à la bonne saison, pour transformer son père en une autre personne.

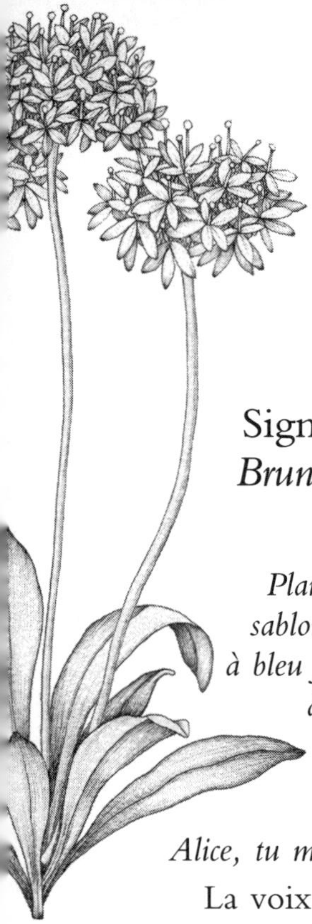

4

Bleuet indigène

Signification : **je languis en ton absence**
Brunonia australis / tous territoires et régions

Plante vivace que l'on trouve en forêt et dans les plaines sablonneuses. Fleurit généralement au printemps. Bleu clair à bleu foncé, fleurs en corymbes à longues tiges. Parfois difficile à acclimater. Une durée de vie de quelques années

Alice, tu m'entends ? Je suis là.

La voix. Douce.

Elle flottait entre l'inconscience et l'éveil, percevant par intermittence ce qui l'entourait. L'odeur puissante de désinfectant et d'antiseptique. L'éclat aveuglant des murs blancs d'une chambre. Les draps amidonnés, raides. Un bip régulier à proximité. Un grincement de chaussures sur un plancher. La voix. Douce.

Tu n'es pas seule, Alice. Je suis là. Je vais te raconter une histoire.

Elle avait la bouche pâteuse, la langue lourde. Elle essayait de répondre à la voix, de ne pas s'éloigner du parfum des roses, mais elle retombait aussitôt dans les troubles profondeurs, les membres engourdis par les sédiments du souvenir.

Un rai de lumière ambrée perça le néant qui se pressait autour d'elle. Elle s'en rapprocha doucement. Le sol semblait dur sous ses pieds, comme si elle avait atteint les hauts-fonds sablonneux après avoir nagé au large. Elle se rendait compte qu'elle était sur sa plage, mais il y avait quelque chose d'anormal. Les dunes couvertes d'herbes marines grises étaient brûlées et fumantes. Le sable était noir de suie, et la mer s'était retirée, la marée la plus basse qu'elle ait jamais vue. Elle écarta du pied les carapaces noircies des crabes soldats et les coquilles claires des clams calcinées par le feu. Des cendres flottaient comme des flocons étoilés dans l'air et des grains de poussière saline se prenaient dans ses cils. Au loin, l'océan miroitait, braises orange sous un ciel sombre. L'air était brûlant et nauséabond.

Je suis là, Alice.

Les larmes lui brûlaient les joues.

Alice, je vais te raconter une histoire.

Elle scrutait le rivage noirci. Elle avait un goût âcre dans la bouche. Elle sentit la chaleur sur sa peau avant de se tourner vers la mer.

Les braises qui scintillaient à l'horizon explosèrent en flammes. Des vagues incandescentes gonflaient, se brisaient, gonflaient de nouveau, ruée de bêtes furieuses. Respirer était douloureux. Un océan de feu s'avançait vers elle en grondant sur le sable noir.

La chaleur des déferlantes lui brûlait le visage. Elle ne sentait plus qu'une odeur de roses.

Elles se succédaient, s'enroulaient, se hérissaient, accouraient vers elle, de plus en plus fortes. Elle essayait de s'échapper, de grimper plus haut sur la plage, mais elle n'avait pas de prise sur le sable mou. Incapable d'avancer, elle se retournait, impuissante, au moment où l'océan de feu l'engloutissait, un mur de flammes tourbillonnantes. Poussée par un élan viscéral, elle faisait un effort désespéré pour respirer, mais seul emplissait ses poumons un cri silencieux fait de minuscules fleurs blanches.

Elle flottait sur des flammes couleur de corail et de lin. Ce qu'elle avait pris pour une mer de feu n'était pas la mer ; c'était un océan de lumière éblouissante. Il ondulait autour d'elle, changeant constamment, un reflet bleu-vert, une flaque de violet, un éclat orangé. Elle passait ses doigts entre les couleurs, les démêlait, tandis que son corps était immergé.

La pièce était sombre. Les draps rêches bordés trop serrés. L'air lui picotait les yeux et le nez. Elle voulait se tourner sur le côté, mais n'en avait pas la force. Des rubans lumineux se transformaient en gros serpents enflammés qui s'enroulaient autour d'elle, l'enserraient, la brûlaient. Elle toussa violemment, cherchant désespérément à respirer, sentant ses poumons se contracter. La peur étouffait sa voix.

Alice, tu m'entends ? Je suis là.

Étrangère à son corps, elle regardait le feu le consumer.

Accroche-toi à ma voix.

Sally lut la dernière page à voix haute et referma le livre posé sur ses genoux. Elle se renfonça dans son fauteuil à côté du lit d'hôpital d'Alice, littéralement incapable de supporter la vue de son teint pâle et de ses meurtrissures. Elle était si différente de la fillette que Sally avait rencontrée pour la première fois deux ans auparavant en ce jour torride d'été où elle était arrivée à la bibliothèque en chemise de nuit, sale, négligée, comme sortie d'un rêve. À présent, elle reposait inerte, ses longs cheveux répandus sur l'oreiller et sur le lit, comme un personnage du livre que Sally tenait entre ses mains.

« Tu m'entends, Alice ? répéta-t-elle. Alice, je suis là. Accroche-toi à ma voix. » Elle examina le visage d'Alice, observa ses bras posés sur les draps d'hôpital, cherchant à déceler le plus petit mouvement. Rien, excepté le rythme de sa poitrine, assisté par les machines qui bipaient et bourdonnaient à côté d'elle. Elle avait la mâchoire pendante et de vilaines ecchymoses marquaient le côté droit de son visage. Le tuyau qui l'aidait à respirer lui déformait la bouche en un O flasque.

Sally essuya une larme ; une pensée tournait dans sa tête comme un serpent qui se mord la queue : elle n'aurait jamais dû laisser Alice seule sans surveillance ce jour-là, quand elle était venue à la bibliothèque. Ou, plus vrai encore, plus profondément et cruellement vrai : elle aurait dû faire monter Alice dans sa voiture et l'emmener chez elle, lui préparer un repas chaud, lui donner un bain et la mettre hors de portée de Clem Hart.

Avec une grimace de regret, Sally se leva brusquement de son fauteuil et marcha de long en large au pied du lit d'Alice.

Elle n'aurait pas dû écouter John lorsqu'il lui avait dit qu'elle n'avait légalement aucun droit. Elle n'aurait pas dû croire l'histoire qu'il lui avait racontée : après qu'elle avait appelé le commissariat depuis la bibliothèque, une voiture de police s'était présentée chez les Hart. Agnes avait reçu les deux policiers, leur avait offert du thé et des scones. Apparemment, Clem était arrivé sur ces entrefaites. *Alice est juste une petite fille espiègle*, avait-il dit. *Il n'y a pas de mal.* Par égard pour John, Sally s'était efforcée de ne plus y penser. Mais sa rencontre avec Alice avait provoqué en elle un émoi qu'elle n'arrivait pas à contrôler ; l'enfant occupait toutes ses pensées. Environ un mois après la visite d'Alice à la bibliothèque, Clem avait franchi la porte d'un air assuré avec le livre sur les selkies et la carte d'Alice comme s'il avait tous les droits. Sally s'était cachée derrière une pile de livres et avait laissé quelqu'un d'autre le servir. Après son départ, elle tremblait si fort qu'elle était rentrée chez elle, malade. Elle s'était fait couler un bain, avait bu une demi-bouteille de whisky. Sans cesser de trembler. Il lui faisait toujours cet effet. Il était son secret le plus sombre.

Aujourd'hui, des années plus tard, tout le monde en ville parlait de Clem Hart : le charmant agriculteur qui avait maintenu recluses sa ravissante épouse et sa petite gamine trop curieuse, comme dans un conte de fées. *Si tragique*, s'exclamaient les uns. *Si jeune*, disaient d'autres, détournant les yeux.

Le signal du moniteur cardiaque bipait régulièrement. Sally s'immobilisa. Les veines sur les paupières closes d'Alice couraient comme de minuscules ruisseaux violets sous sa peau translucide. Sally serra étroitement ses bras autour d'elle. Elle avait rencontré des dizaines d'enfants à la bibliothèque depuis la mort de Gillian, mais aucun ne l'avait émue autant qu'Alice Hart. Ce n'était pas une coïncidence, naturellement. C'était parce qu'elle était la fille de Clem Hart. Depuis le soir où John était apparu à la porte pour lui annoncer la nouvelle de l'incendie, Sally était venue tous les jours à l'hôpital faire la lecture à Alice pendant qu'à l'extérieur la police et les services sociaux décidaient de son sort. Elle veillait à parler d'une voix nette, claire et forte, dans l'espoir qu'Alice l'entende depuis le tréfonds d'elle-même.

La porte s'ouvrit.

« Hello, Sal. Comment va notre petite combattante aujourd'hui ?

– Bien, Brookie. Vraiment bien. »

L'infirmière examina la fiche médicale d'Alice au pied du lit, vérifia le cathéter, sourit en prenant sa température. « Grâce à toi sa chambre embaume la rose. Je crois que tu es la seule personne que je connaisse à avoir gardé le même parfum toute sa vie. »

Sally sourit, réconfortée par la chaleur familière de leur vieille amitié. Mais les bruits des machines lui emplissaient la tête. Incapable de les supporter plus longtemps, elle se mit à parler.

« Elle va vraiment bien aujourd'hui. Vraiment bien. Elle adore les contes de fées. » Sally leva le livre qu'elle était en train de lire. Sa main tremblait. « Mais qui ne les aime pas ?

– C'est vrai. Qui n'aimerait pas une fin heureuse ? »

Le sourire de Sally s'effaça. Elle savait comme tout le monde que les fins heureuses n'étaient pas toujours ce qu'elles semblaient.

Brooke l'observait. « Je sais, Sal, dit-elle doucement. Je sais que c'est dur pour toi. »

Sally s'essuya le nez à sa manche. « Je n'ai rien compris pendant toutes ces années, rien du tout, dit-elle. J'aurais pu la sauver. J'aurais pu faire quelque chose. Regarde-la maintenant. » Son menton était agité de tremblements convulsifs. « Je suis une femme stupide.

– Absolument pas. » Brooke secoua la tête. « Ne dis pas ça. Je ne veux pas entendre ce genre de discours, tu m'entends ? Si j'étais à la place d'Agnes Hart, la pauvre âme, je te serais mille fois reconnaissante de venir ici tous les jours, par amour, tenir compagnie à ma fille, lui lire des histoires. »

En entendant le nom d'Agnes, Sally sentit son cœur se serrer. Elle l'avait aperçue occasionnellement ces dernières années. À deux reprises, en ville, assise dans le pick-up de Clem, à la place du passager. Une autre fois dans la queue à la poste. Une silhouette menue, se fondant dans le décor, comme prête à disparaître sous vos yeux. À quelques pas derrière elle, Sally en avait le cœur brisé à la vue de ses frêles épaules. Mis à part ses raisons personnelles, tenir compagnie à Alice était le moins qu'elle puisse faire pour Agnes.

« Elle ne peut même pas m'entendre. » Sally s'affaissa dans son fauteuil. Elle avait mal aux yeux.

« Foutaise, gronda Brooke. Je sais que tu n'en crois rien, mais bon, si tu tiens à te lamenter. » Elle donna un petit coup de coude affectueux à Sally. « Chaque jour que tu passes ici l'aide à se rétablir. Tu le sais. Sa température baisse, ses poumons se dégagent. Nous surveillons toujours son œdème cérébral, mais son état s'améliore. Si elle continue comme ça, elle sortira d'ici à la fin de la semaine. »

Sally se rembrunit. Se méprenant sur ses larmes, Brooke se pencha et l'attira contre elle.

« Je sais, mais c'est une bonne nouvelle, tu ne trouves pas, qu'elle ait une grand-mère ? » Brooke la serra très fort dans ses bras et se redressa

« Sa grand-mère ? demanda Sally, comme frappée par la foudre.

– Oui, les services sociaux ont retrouvé la grand-mère d'Alice.

– Quoi ? » Elle avait à peine la force de murmurer.

« Dans une ferme à Woop-Woop, à l'intérieur des terres. Elle cultive des fleurs. Elles doivent avoir ça dans le sang, je suppose. »

Sally hochait machinalement la tête.

« J'ai pensé que c'était John qui l'avait appelée pour tout organiser – il ne t'a parlé de rien ? »

Sally bondit hors de son siège, ramassant hâtivement ses affaires. Brooke s'avança en hésitant vers elle, lui tendit une main secourable. Sally recula vers la porte sans dire un mot.

« Oh, Sal. » Une expression de compassion apparut sur le visage de Brooke. Sally ouvrit la porte et se rua dans le couloir, fuyant l'hôpital qui lui avait pris les deux enfants qu'elle aimait le plus au monde.

Alice planait dans un tranquille néant. Ni océan, ni feu, ni serpents, ni voix. Des frissons d'impatience lui picotaient la peau. Près d'elle, un mouvement d'air, un bruit d'ailes. Flap, flap, hop. Monter, monter, fuir.

Une plume de feu lui faisait signe, laissant derrière elle un sillage de lumière.

Confiante, elle la suivait.

5

Fleur de plume

Signification : **larmes**

Verticordia picta/ Sud-ouest de l'Australie

Arbuste de taille petite à moyenne, fleurs aux corolles roses parfumées. Une fois acclimaté, ne dure qu'une dizaine d'années, avec une riche floraison aux couleurs vives durant une longue saison.

Je suis là. Je suis là. Je suis là.

Alice écoutait son cœur, seule façon pour elle de se calmer et d'apaiser ses émotions. Cela ne marchait pas toujours, cependant. Parfois entendre était pour elle pire que voir : le son mat du corps de sa mère heurtant un mur ; le halètement presque imperceptible de son père quand il la frappait.

Elle ouvrit les yeux et chercha de l'aide autour d'elle, aspirant l'air avec avidité. Une machine émettait des bips frénétiques tout près. Une peur panique lui hérissait la peau.

Une femme fit irruption dans la chambre. « Tout va bien, Alice. On va t'asseoir pour que tu puisses mieux respirer. » La femme tendit le bras au-dessus d'elle et poussa quelque chose sur le mur. « N'aie pas peur. »

La moitié supérieure du lit d'Alice se releva jusqu'à ce qu'elle se retrouve assise. La douleur dans sa poitrine cessa peu à peu.

« Ça va mieux ? »

Alice hocha la tête.

« Bon. Respire profondément. »

Alice inspira à fond, cherchant à ralentir le rythme de son cœur. La femme se pencha sur le lit, pressa légèrement deux doigts sur le poignet d'Alice tout en surveillant une petite montre de poche accrochée à sa blouse.

« Je m'appelle Brooke. » Son ton était amical. « Je suis ton infirmière. » Elle fit un clin d'œil à Alice. Des fossettes creusaient ses joues quand elle souriait. Des traits bleu et violet d'ombre à paupières scintillaient dans les plis de la peau au-dessus de ses yeux, pareils aux reflets irisés des coquilles d'huîtres qu'on voyait luire entre les rochers. Le bip ralentit. Brooke lâcha son poignet.

« Est-ce que tu as besoin de quelque chose ? »

Alice voulut demander un verre d'eau, mais ne put articuler les mots. Elle fit le geste de boire.

« Pas de problème. Je reviens tout de suite. »

Brooke sortit. Les appareils bipaient. La chambre blanche bourdonnait de bruits étranges : un cliquètement lointain, des voix brouillées, certaines calmes, d'autres urgentes, le chuintement des portes automatiques qui s'ouvrent et se ferment, des grincements de pas, tranquilles ou précipités. Le cœur d'Alice recommença à tambouriner contre ses côtes. Elle s'efforça de le calmer en respirant les yeux fermés, mais l'effort était trop douloureux. Elle tenta de crier, d'appeler à l'aide, mais sa voix n'était guère plus qu'un souffle d'air. Ses lèvres étaient gercées, ses yeux et son nez brûlaient. Le poids de ses questions accumulées l'oppressait. Où était sa famille ? Quand pourrait-elle rentrer chez elle ? Elle essaya à nouveau de parler, mais demeura sans voix. Une image emplissait son esprit, un vol de papillons blancs qui sortait de sa bouche dans l'océan de feu. Un souvenir ? Un rêve ? Était-ce vraiment arrivé ? Et si c'était un rêve, cela signifiait-il qu'elle dormait ? Depuis combien de temps ?

« Calme-toi, Alice », dit Brooke en revenant rapidement dans la chambre avec un pichet d'eau et une tasse. Elle les posa et prit la main d'Alice en essuyant les larmes qui coulaient sur ses joues.

« Je sais qu'on a toujours un choc au réveil, ma chérie. Mais tu es en sécurité. On prend soin de toi. » Alice plongea son regard dans les yeux irisés de Brooke. Elle aurait tellement voulu la croire. « Le médecin va venir te voir dans un instant. » Brooke passait son pouce sur la main d'Alice, décrivant lentement des cercles. « Tu verras, elle est très gentille », ajouta-t-elle, scrutant le visage de la fillette.

Peu après, une femme en blouse blanche entra dans la chambre d'Alice. Elle était grande et mince, avec de longs cheveux gris qui flottaient autour de son visage. On aurait dit un banc d'herbes marines.

« Alice, je suis le docteur Harris. » Elle se tenait au pied du lit et parcourait rapidement les feuillets fixés sur l'écritoire.

« Je suis contente de te voir réveillée. Tu as été très courageuse. »

Elle fit le tour du lit et prit une petite lampe torche dans sa poche, qu'elle alluma et passa devant les yeux d'Alice. Instinctivement, Alice loucha et détourna la tête.

« Excuse-moi. Je sais que c'est désagréable. » Le docteur appuya le pavillon froid de son stéthoscope sur la poitrine d'Alice et écouta. Entendrait-elle les questions à l'intérieur ? Allait-elle lever la tête et lui apporter les réponses qu'elle n'était même pas sûre de vouloir connaître ? De petites boules d'angoisse gonflèrent dans son ventre.

« Écoute-moi, maintenant je vais te raconter comment tu es arrivée ici, d'accord ? »

Alice se tourna vers Brooke. Ses paupières étaient lourdes. Elle regarda le docteur Harris à nouveau et hocha lentement la tête.

« C'est bien. » Le docteur eut un bref sourire. « Alice, commença-t-elle, pressant ses mains l'une contre l'autre comme si elle priait. Tu as été prise dans un incendie sur la propriété de tes parents, chez toi. En ce moment, la police cherche à reconstituer ce qui s'est passé, mais le plus important est que tu sois hors de danger et te remettes rapidement. »

Un silence menaçant envahit la pièce.

« Je suis navrée, Alice. Aucun de tes deux parents n'a survécu. » Les yeux du docteur Harris étaient sombres et humides. « Tout le monde ici est soucieux de ton bien-être et on s'occupera de toi jusqu'à l'arrivée de ta grand-mère... »

Les oreilles d'Alice se fermèrent. Elle n'entendit pas le docteur Harris mentionner une nouvelle fois sa grand-mère, elle n'entendit rien de ce qu'elle disait. Elle ne pensait qu'à sa mère. À ses yeux, emplis de lumière. Aux chansons qu'elle fredonnait dans le jardin, à leur mélancolie envoûtante. Elle se rappelait les gestes de ses poignets délicats, ses poches pleines de fleurs, son haleine si douce le matin. Le bonheur de se nicher dans ses bras, sur le sable froid dans la chaleur du soleil, sentant le mouvement de sa poitrine quand elle se gonflait d'air, et le rythme de son cœur et de sa voix quand elle racontait des histoires, tissant autour d'elles deux un cocon chaud et magique. *Tu étais le véritable amour dont j'avais besoin pour me défaire d'un sortilège, Lapin. Tu es mon conte de fées.*

« Je viendrai te voir à ma prochaine visite », dit le docteur Harris. Elle jeta un regard à Brooke et quitta la pièce.

Brooke resta au pied du lit d'Alice, le visage sombre. Un trou brûlait à l'intérieur d'Alice. Brooke ne l'entendait-elle pas ? Ne l'entendait-elle pas rugir comme du feu, sifflant, rageant, avalant tout autour de lui ? Une question lui revenait sans cesse à l'esprit. Elle la transperçait, la déchirait.

Qu'avait-elle fait ?

Brooke fit le tour du lit et versa un jus pâle dans une tasse qu'elle tendit à Alice. L'envie lui vint d'abord de l'envoyer promener, mais, dès la première gorgée du liquide frais et sucré, elle l'avala d'un trait. Il coula dans son estomac, frais. Haletante, elle tendit sa tasse pour en avoir plus.

« Doucement », dit Brooke, hésitant à lui en verser davantage.

Alice but si vite qu'un peu de jus dégoulina sur son menton. Elle eut un hoquet en tendant à nouveau sa tasse. Encore. Encore. Elle secouait la tasse devant le visage de Brooke.

« La dernière. »

Alice eut un haut-le-cœur en avalant la dernière gorgée. Elle abaissa sa tasse en tremblant. Brooke attrapa un sac en papier et l'ouvrit juste à temps pour qu'Alice y vomisse un flot de jus. Elle retomba sur son oreiller, pantelante.

« Et voilà. » Brooke lui massa le dos. « Doucement. C'est bien. Respire normalement. »

Alice aurait voulu ne plus jamais respirer.

Elle dormit d'un sommeil agité. Des rêves d'incendie la laissaient trempée d'une sueur glacée. Elle se réveilla avec le cœur brûlant, l'impression qu'il allait faire fondre sa poitrine. Elle se gratta la clavicule jusqu'au sang. Brooke lui coupait les ongles régulièrement, mais rien n'y faisait ; Alice s'acharna sur sa peau nuit après nuit jusqu'à ce que Brooke l'oblige à porter des gants pour dormir. Sa voix refusait toujours de revenir. Elle avait disparu, s'était évaporée comme une flaque d'eau salée à marée basse.

De nouvelles infirmières vinrent s'occuper d'elle. Elles ne portaient pas la même blouse que Brooke. Certaines la firent marcher dans l'hôpital, expliquant que ses muscles s'étaient affaiblis pendant son sommeil et avaient besoin d'être ravigotés. Elles lui apprirent des exercices à faire dans son lit et dans sa chambre. D'autres lui parlèrent de ce qu'elle ressentait. Elles apportaient des cartes illustrées et des jouets. Alice cessa d'entendre la voix qui racontait des histoires dans ses rêves. Elle pâlit. Sa peau gercée semblait se craqueler. Elle avait l'impression que son cœur assoiffé s'atrophiait, que les bords se desséchaient avant que le feu n'atteigne son centre rouge et saignant. Chaque nuit, elle luttait pour se frayer un chemin à travers des vagues de feu. La plupart du temps, elle restait dans son lit à contempler par la fenêtre le ciel changeant, s'efforçant de chasser les souvenirs, de repousser les questions, attendant la venue de Brooke. Brooke avait les plus beaux yeux.

Le temps passa. Alice avait perdu sa voix. Elle arrivait à peine à avaler quelques bouchées à chaque repas, en dépit des encouragements de Brooke. Ses questions muettes prenaient toute la place. L'une d'elles, toujours la même, l'effrayait plus que tout.

Qu'avait-elle fait ?

Si elle mangeait très peu, en revanche elle buvait des carafes entières de jus de fruits et d'eau, mais rien ne pouvait chasser la fumée et le chagrin.

Bientôt apparurent sous ses yeux des marques violettes semblables à des nuages d'orage. On la força à se promener au soleil deux fois par jour, mais elle ne supportait pas longtemps l'éclat de la lumière. Le docteur Harris vint lui expliquer que, si elle continuait à ne pas manger, ils seraient obligés de la nourrir avec un tube. Alice les laissa faire ; ses questions sans réponse étaient plus douloureuses que n'importe quel tube. Elle n'avait pas le cœur de s'en soucier.

Un matin, Brooke entra dans la chambre d'Alice, avec ses habituelles chaussures de caoutchouc roses, les yeux brillant comme la mer en été. Elle tenait quelque chose derrière son dos. Alice la regarda d'un air indifférent.

« Quelque chose est arrivé pour toi, dit Brooke avec un large sourire. Pour toi seule. »

Alice haussa les sourcils.

Brooke imita un roulement de tambour.

« Et voilà ! »

Elle tenait dans ses mains un carton ficelé de rubans colorés. Alice se redressa dans son lit, piquée par la curiosité.

« Je l'ai trouvé ce matin au bureau des infirmières en prenant mon service. » Brooke déposa le carton sur les genoux d'Alice et lui fit un clin d'œil. Il était délicieusement lourd.

Alice défit le nœud et ouvrit le couvercle du carton. À l'intérieur, sous des couches de papier de soie, se trouvaient des livres. Leurs dos étaient tournés vers le haut, comme les fleurs du jardin de sa mère tournaient leur visage vers le soleil. Alice effleura les titres du bout des doigts et sursauta en reconnaissant l'un d'eux. C'était le premier livre qu'elle avait emprunté à la bibliothèque, le conte sur les selkies. Rassemblant ses forces, elle retourna le carton. Les livres se répandirent sur ses genoux. Avec un soupir de plaisir, elle les prit dans ses bras. Elle les feuilleta, humant l'odeur d'encre et de papier légèrement moisi. Des histoires de sel et d'attente voletaient autour d'elle, l'attirant. Quand elle entendit le grincement des chaussures de Brooke sur le lino du couloir, Alice leva les yeux, surprise. Elle ne l'avait pas entendue partir.

Un peu plus tard, Brooke entra silencieusement dans la chambre d'Alice en poussant une table roulante qu'elle fit pivoter au-dessus du lit. Elle était chargée de plats colorés. Un pot de yaourt et une coupe de fruits frais, des petits sandwichs et quelques chips craquantes. Elles brillaient d'huile et de sel. Sur le côté, une boîte de raisins secs et d'amandes et un carton de lait malté froid avec une paille.

Alice croisa le regard de Brooke. Au bout d'un moment, elle hocha la tête.

« Vas-y, mange », dit Brooke, bloquant les roues de la table avant de sortir de la chambre.

Gardant le livre sur les selkies près d'elle, Alice parcourut rapidement les autres livres et en choisit un. Elle l'ouvrit, eut un frisson de plaisir en entendant la reliure craquer. Elle tendit la main vers un triangle de sandwich et ferma les yeux en croquant le pain frais et tendre. Elle ne se souvenait pas d'avoir mangé quelque chose d'aussi bon. Le beurre salé crémeux et le fromage piquant. La salade craquante, les carottes sucrées et la tomate juteuse. Affamée, Alice engloutit le reste du sandwich, sans laisser une miette de pain ou de carotte.

Après avoir bu plusieurs gorgées de lait malté pour accompagner son déjeuner, Alice laissa échapper un rot sonore. Elle sourit de satisfaction et, le ventre plein, reporta son attention sur le livre. Elle était certaine de ne l'avoir jamais lu, mais elle en connaissait plus ou moins l'histoire. Elle caressa la couverture gaufrée. C'était une illustration d'une belle jeune fille endormie, une rose épineuse à la main.

Le lendemain, alors qu'elle avait presque fini *La Belle au bois dormant*, Alice leva les yeux et aperçut Brooke et le docteur Harris debout devant sa porte avec deux inconnues. L'une portait un tailleur, de grosses lunettes à monture carrée et un rouge à lèvres éclatant. Elle tenait dans les bras un épais dossier. L'autre femme était vêtue d'une chemise kaki boutonnée jusqu'au cou, d'un pantalon de la même couleur et de robustes bottines marron, comme celles que portait le père d'Alice au travail. Ses cheveux étaient striés de gris. Chacun de ses gestes était accompagné d'un bruit de clochettes ; elle avait une collection de bracelets d'argent aux poignets qui tintaient en s'entrechoquant quand elle bougeait les mains. Alice ne put s'empêcher de la fixer du regard.

Elles entrèrent toutes les quatre dans sa chambre. Alice se replongea dans son livre. Les petites clochettes tintèrent de plus belle.

« Alice », dit Brooke. Sa voix était trop haute. Alice ne comprenait pas pourquoi elle semblait prête à pleurer.

La femme en tailleur s'avança. « Alice, je voudrais te présenter à quelqu'un pour qui tu comptes beaucoup. »

Alice continua à lire son livre. La princesse Aurore était sur le point d'être sauvée par l'amour. Lorsque la dame en tailleur reprit la parole, sa voix était trop forte, comme si elle s'adressait à une sourde.

« Alice, voici ta grand-mère. Elle s'appelle June. Elle est venue te chercher pour t'emmener à la maison. »

Brooke poussa Alice en fauteuil roulant dans les couloirs de l'hôpital et sortit sous un soleil matinal resplendissant. Un peu plus tôt, elle s'était éclipsée de la chambre d'Alice pendant que la femme en tailleur parlait. June avait à peine regardé Alice et donnait des signes d'impatience. Alice avait assez lu d'histoires de grands-mères pour savoir que, dans ses vêtements de travail King Gees et ses chaussures Blundstone, June n'avait pas l'aspect ni le comportement d'une grand-mère. Sans cesser d'agiter ses bracelets, elle ouvrit à peine la bouche, pas même quand la femme dit que c'était elle qui avait fait expédier le carton de livres. Le docteur Harris expliqua que June était la « gardienne » légale d'Alice. Elle et la femme en tailleur prononcèrent ce mot à plusieurs reprises. Gardienne. Pour Alice, il évoquait l'image d'un phare. Mais June ne donnait pas l'impression de garder la lumière. Son regard était le plus lointain qu'Alice eût jamais vu, une ligne d'horizon si reculée qu'on ne distingue plus le ciel de la mer.

Dehors, June les attendait dans le parking des visiteurs, assise au volant du vieux pick-up. À côté d'elle, un chien énorme, haletant. Des flots de musique classique sortaient par les fenêtres ouvertes. Quand le chien aperçut Brooke et Alice, il bondit sur ses pattes, aboyant, emplissant la cabine de sa masse. June sursauta et baissa le volume, avant d'attraper le chien.

« Harry ! » cria-t-elle, essayant de le faire taire. « Désolée », maugréa-t-elle en descendant péniblement du pick-up. Harry aboya de plus belle. Instinctivement, Alice leva le bras pour lui ordonner de se taire. Mais elle s'adressait à Harry, pas à Toby. Et voyant qu'il n'obéissait pas, elle se rendit compte de son erreur, et son menton se mit à trembler.

« Oh non », s'écria June, se méprenant sur l'expression d'Alice. « Je sais qu'il est très gros, mais tu n'as rien à craindre. Les mastiffs sont très gentils. » Elle s'accroupit près du fauteuil roulant d'Alice. Alice n'arrivait pas à la regarder. « Harry a un don particulier. Il console les gens quand ils sont tristes. » June resta là, à attendre. L'ignorant, Alice joua avec ses mains posées sur ses genoux.

« À présent, laisse-moi t'aider à monter dans la voiture », dit Brooke.

June se recula pendant que Brooke installait Alice sur le siège du passager. Harry s'assit à côté d'elle. Il n'avait pas la même odeur que Toby, une odeur douce et campagnarde, et non salée et humide. Il n'avait pas non plus de longs poils pelucheux, qu'elle pouvait enrouler autour de ses doigts.

Brooke se pencha par la fenêtre. Harry jappa joyeusement en la voyant. Alice se mordit la lèvre inférieure.

« Sois bien sage, Alice. » Brooke lui toucha doucement la joue, avant de tourner les talons. Elle se dirigea vers June et elles s'entretinrent toutes deux à voix basse. Dans un instant, Brooke allait faire demi-tour, revenir vers le pick-up dans ses caoutchoucs roses, ouvrir la porte et déclarer que tout ça était un malentendu. Alice n'avait pas besoin de partir. Brooke la ramènerait chez elle, elle reverrait son bureau et le jardin de sa mère, elle retrouverait sa voix quelque part au bord de la mer parmi les coquillages et les crabes soldats, et elle pourrait hurler assez fort pour que sa famille l'entende. Dans un instant, Brooke allait se retourner.

Dans un instant. Brooke était son amie. Elle n'allait pas laisser Alice partir avec quelqu'un qu'elle ne connaissait pas. Même si c'était un phare.

Alice les regardait intensément. June toucha le bras de Brooke et Brooke fit de même. Elle tentait sans doute de réconforter June, d'expliquer qu'il s'agissait d'une erreur – Alice n'allait pas partir. Puis Brooke tendit à June le sac d'Alice, qui contenait uniquement des livres, et revint vers le pick-up.

« Sois bien sage », articula-t-elle cette fois silencieusement en lui faisant un signe de la main. Elle s'attarda devant l'entrée avec le fauteuil roulant vide. Puis elle le poussa vers les portes automatiques et disparut derrière elles.

Alice fut prise d'un étourdissement, comme si Brooke était partie en emportant tout le sang que contenait son corps. Elle venait de l'abandonner avec cette inconnue. Alice se frotta les yeux pour refouler ses larmes, mais c'était impossible. Elle avait fait l'erreur de croire que ses larmes avaient disparu au même endroit que sa voix. Mais elles ruisselaient le long de ses joues comme si elles coulaient d'un robinet endommagé. June se tenait près de la fenêtre du passager, les bras ballants, l'air de ne pas savoir quoi en faire. Au bout d'un moment, elle ouvrit la portière arrière, rangea le sac d'Alice derrière le siège et referma doucement. Elle fit le tour du pick-up et s'installa au volant. Elles restèrent assises en silence. Même Harry, l'énorme chien, ne broncha pas.

« En route pour la maison maintenant », déclara June. Elle démarra. « Nous avons une longue route à faire. »

Elles sortirent du parking. Alice avait les paupières lourdes de fatigue. Tout lui faisait mal. Harry vint frotter sa truffe contre sa jambe, mais elle le repoussa, tourna le dos à ses deux compagnons et garda les yeux fermés, s'isolant de son nouvel univers.

Brooke pressa sur le bouton « descente » de l'ascenseur et fouilla dans son sac pour y trouver son paquet de cigarettes destiné aux cas d'urgence. Elle le serra dans son poing. Quand l'ascenseur arriva, Brooke entra et appuya son doigt sur le bouton du parking avec une force inhabituelle. Elle se rappela à nouveau l'expression de bonheur d'Alice à la vue du carton de livres ; la lumière qui avait empli ses yeux et justifié le mensonge qu'elle lui avait fait à propos de leur origine. Alice était avec sa grand-mère à présent. Sa famille, se rappela Brooke, ce dont l'enfant aurait le plus besoin.

De toute sa vie, Brooke n'avait jamais vu un drame pareil à celui qui avait frappé la propriété des Hart. La police appelait ça une tempête parfaite : la foudre sèche, une enfant laissée seule avec des allumettes, et une famille prisonnière d'un cycle de violences perpétrées par le mari envers sa femme et sa petite fille. Brooke se tenait à proximité quand la police avait expliqué à June ce qui était arrivé. Clem avait battu sa fille et l'avait abandonnée inconsciente dans sa chambre, puis, comprenant qu'un incendie s'était déclaré, l'avait tirée au-dehors avant d'aller porter secours à Agnes. Mais quand les pompiers et l'ambulance étaient arrivés, ils n'avaient pu ranimer Agnès et Clem était mort sur place peu après, asphyxié par la fumée. À ce moment-là, June était d'une pâleur telle que Brooke avait interrompu leur récit.

L'ascenseur atteignit le parking avec un cling faussement joyeux. Brooke prit une longue bouffée d'air frais, se retenant d'allumer une cigarette. Cette pauvre femme, Agnes. Vingt-six ans à peine et tellement terrorisée par son mari qu'elle avait rédigé un testament nommant pour ses enfants une tutrice que l'un ne connaîtrait jamais. Brooke porta la main à son estomac à la pensée de ce petit qu'on avait retiré du corps meurtri et mourant d'Agnes. Elle avala la bile qui lui remontait dans la gorge. Comment un mari pouvait-il faire ça à sa femme enceinte, à sa petite fille, à son fils pas encore né ? Qu'allait devenir Alice, la fille d'Agnes qui avait survécu à l'incendie ?

Des images d'Alice inconsciente, battue et inhalant de la fumée, submergèrent Brooke. Elle jeta ses cigarettes et son briquet dans une poubelle. Monta dans sa voiture et quitta l'hôpital en faisant crisser ses pneus sur l'asphalte, impatiente de s'éloigner de la chambre vide d'Alice.

Le crépuscule d'été était chaud et odorant. Les pins de Norfolk le long du rivage grouillaient de perroquets qui lançaient leur chant du soir avec leur voix rauque d'ivrogne. Brooke s'arrêta et baissa les vitres pour respirer le lourd parfum de sel, d'algues et de frangipane. En proie à ses terreurs nocturnes, Alice ne cessait de marmonner des histoires de fleurs, de phénix et de feu.

Brooke se reprit. *Allons, arrête de déconner*, se tança-t-elle.

Elle s'essuya les yeux, se moucha et tourna la clé de contact. S'éloignant à toute vitesse de la mer, elle coupa les virages dans les rues désertes de son quartier, vira brusquement pour s'engager dans l'allée de sa maison. Une fois chez elle, elle alla droit au téléphone, souleva le combiné et entreprit de passer cet appel qu'elle avait appréhendé toute la journée. Elle se força à appuyer sur les derniers chiffres du numéro de Sally qu'elle connaissait depuis l'âge de douze ans.

Le sang bourdonna dans ses oreilles quand elle entendit retentir la sonnerie à l'autre bout du fil.

Et sa lumière se répandit pareillement
sur une mer de sel et sur les champs de fleurs.

Sappho

6

Menthe buisson

Signification : **amour sacrifié**
Prostanthera striatiflora/ Australie centrale

Pousse dans les ravines rocheuses et les affleurements avoisinants. Très forte odeur de menthe. Feuilles étroites et coriaces. La fleur blanche en forme de clochette est rayée de pourpre à l'intérieur de la corolle et tachetée de jaune dans la gorge. Sa consommation peut provoquer l'insomnie. Déclenche des rêves agités.

Le trajet fut long, étouffant, saturé de poussière jaune. Sans la moindre bouffée d'air marin. Les ventilateurs du pick-up soufflaient un courant chaud au visage d'Alice, comme jadis le souffle pantelant de Toby. Au souvenir de son expression, de la bave au coin de sa gueule, de son sourire de loup, elle se mordit la lèvre et garda le regard obstinément fixé sur le paysage étrange et nouveau qu'elle voyait défiler par la fenêtre. Aucune trace de varech argenté ou de marais salants, pas de crabes soldats, pas de marées à déchiffrer, pas de colliers d'algues à passer autour de son cou, pas de volutes de virga dans le ciel, signalant les tempêtes en mer.

De chaque côté du long ruban de la route, la terre était assoiffée, craquelée comme une langue desséchée. Curieusement, ce paysage étrange débordait de vie. Il bourdonnait aux oreilles d'Alice, avec les stridulations des cigales, le rire intermittent des kookaburras. De temps en temps apparaissait une masse indistincte de couleurs, un tapis de fleurs sauvages au pied des eucalyptus. Certains des arbres avaient des troncs aussi blancs que la neige des contes de fées, d'autres étaient de couleur ocre, avec une écorce si brillante qu'ils semblaient recouverts d'une fine couche de peinture fraîche.

Alice ferma étroitement les yeux. Sa mère. Son frère qui n'était pas né. Ou sa sœur ? Tous ses livres. Le jardin. Son bureau. Toby. Son père. Elle frotta sa paume sur le côté gauche de sa poitrine. Ouvrit les yeux. Vit furtivement June tendre une main vers elle, hésitante, comme si elle ne savait où la poser, et la laisser en suspens en l'air avant de la reposer sur le volant. Alice fit mine de n'avoir rien vu. Cela semblait une bonne façon de gérer la situation. Elle s'écarta légèrement de June et se tourna davantage vers la fenêtre. Étendant le bras derrière le dossier de son siège, elle saisit son sac de livres, choisissant d'ignorer qu'ils venaient de June, se persuadant qu'ils lui appartenaient. Elle en sortit le premier livre qui lui tomba sous les doigts et sourit. C'était pour elle le meilleur des réconforts. Le serrer entre ses mains la consola. La forme solide, les bords bien rectilignes, l'odeur du papier, la couverture cartonnée représentant une image qu'elle avait contemplée pendant des heures, l'histoire d'une fille qui portait son nom, s'était trouvée dans un monde étrange et merveilleux, mais avait retrouvé le chemin de sa maison.

June ne quittait pas la route des yeux et serrait fermement le volant entre ses deux mains, craignant ce qui pourrait arriver si elle détournait le regard ou relâchait son étreinte. Elle était agitée de tremblements que seule pourrait arrêter une gorgée de whisky de la flasque glissée dans la poche de son pantalon. Mais elle n'osait pas. Pas aujourd'hui. Pas avec cette enfant dans le pick-up, assise si près d'elle qu'il lui aurait suffi de tendre la main pour la toucher. Alice. Sa petite-fille qu'elle n'avait jamais vue. Jusqu'à aujourd'hui. Lui jetant un regard de côté, elle la vit serrer le livre contre sa poitrine, comme si c'était la seule chose qui maintenait les battements de son cœur. À la suggestion de l'infirmière, elle avait prétendu que le carton de livres venait d'elle. Alice y était tellement attachée, apparemment, qu'il semblait que ce soit la manière la plus simple d'établir le contact entre elles. *Le plus important en ce moment est qu'Alice soit à l'abri de tout stress supplémentaire*, avait dit l'infirmière.

Regardant Alice, June jugea qu'il était ridicule de croire qu'un quelconque mensonge pourrait faciliter les choses. Elle s'en voulut d'avoir été aussi stupide. Elle aurait simplement dû s'asseoir et parler sans détours à l'enfant. *Bonjour, Alice. Je suis June, ta grand-mère. Ton père est* – June secoua la tête – *était mon fils, que je n'ai pas vu pendant de très, très nombreuses années. Je t'emmène chez moi, où tu ne te sentiras plus jamais en danger.* June cligna les yeux pour refouler ses larmes. Quelques mots auraient peut-être suffi. *Je suis si triste, Alice. J'aurais dû être une meilleure mère. Je suis tellement triste.*

Le jour où la police locale avait frappé à la porte de Thornfield, June s'était dissimulée dans l'office pour avaler une longue gorgée de whisky avant de répondre. Elle les avait fait entrer, croyant qu'ils venaient au sujet de l'une des Fleurs. Au lieu de quoi, ils se découvrirent et lui dirent que son fils avait succombé dans l'incendie de sa maison ainsi que sa femme. Leurs enfants avaient survécu, un nouveau-né et une fillette de neuf ans. Les deux petits-enfants de June avaient été confiés à un centre hospitalier, et elle était leur plus proche parente. Elle devait également savoir que Clem s'était rendu coupable de maltraitance envers sa femme et sa fille. Après leur départ, June eut à peine le temps d'atteindre les toilettes pour vomir. Ses craintes les plus sombres concernant son fils, qu'elle avait tenu à distance pendant des années, étaient devenues réalité.

Un autre regard vers Alice lui serra le cœur. Elle ressemblait tellement à Agnes. Cheveux rebelles, longs cils, lèvres pleines, et de grands yeux emplis de curiosité et d'ardeur. Toutes deux affichaient leur vulnérabilité, comme s'il s'agissait d'un organe vital, extérieur à leur corps. Mais, si Alice était le portrait vivant de sa mère, avait-elle hérité de la personnalité de son père ? Était-elle comme Clem ? June ne pouvait le dire pour l'instant. Le silence d'Alice était très troublant. *Le mutisme sélectif est commun chez les enfants qui sortent d'un traumatisme profond*, avait dit le docteur Harris. Il l'avait rassurée : *Il n'est pas permanent en général. Avec une assistance et un soutien appropriés, Alice se remettra à parler quand elle y sera prête. Jusque-là, nous ne saurons pas ce dont elle se souvient exactement.*

June agrippa le volant, faisant tinter ses bracelets. Elle leur jeta un coup d'œil. Cinq fleurs jaunes prises dans de la résine, chacune accrochée à un bracelet en argent. Les breloques étaient toutes confectionnées avec les mêmes fleurs. Des fleurs d'arbre aux papillons, avec les mêmes cinq pétales légèrement inégaux. Une marque rouge apparaissait sur le pétale supérieur de chaque fleur. Au centre de chacune, trois étamines dont la plus grande avait la forme d'un minuscule kayak. June avait fabriqué les bracelets spécialement pour ce jour. Chaque fois qu'ils tintaient à ses poignets, ils répétaient leur message comme une prière secrète. *Seconde chance. Seconde chance. Seconde chance.*

Alice eut un sursaut dans son sommeil. Sa tête bascula en arrière et partit de travers, formant un angle pénible avec son cou. June tendit la main pour la redresser, mais Alice toussa et le fit toute seule.

June se concentra sur la route. Appuya sur l'accélérateur, espérant que les rêves où vagabondait l'enfant étaient cléments.

Le soleil de la fin de l'après-midi entrait à flots dans la cabine du pick-up. Alice tressaillit. Elle s'était endormie sans s'en apercevoir. Des larmes séchées collaient au coin de ses yeux, et elle avait attrapé un torticolis. Elle se redressa et s'étira. Harry lui lécha la main. Elle le laissa faire, elle était trop fatiguée pour l'écarter une énième fois. Elles avaient quitté la route et tressautaient sur une piste de terre. Une marque rouge était apparue sur son genou, à l'endroit où il avait heurté la poignée de la portière tandis que le pick-up bringuebalait sur les bosses et les nids-de-poule. Alice avait désespérément soif d'air marin.

June roulait la vitre baissée, le coude sur l'appui de fenêtre. Ses boucles grisonnantes ondulaient doucement dans le vent. Alice examina son profil. June ne ressemblait en rien à son père, pourtant elle lui paraissait terriblement familière. Quand elle ramenait une mèche derrière son oreille, ses bracelets d'argent s'entrechoquaient à ses poignets. À chacun était accrochée une petite breloque qui renfermait une fleur jaune. Elle tourna la tête vers Alice qui n'eut pas le temps de feindre d'être endormie.

« Tu es réveillée. »

Derrière la frange baissée de ses cils, Alice vit June sourire et agiter les bracelets de ses poignets. « Ils te plaisent ? C'est moi qui les ai fabriqués. Toutes ces fleurs, c'est moi qui les cultive. »

Alice tourna la tête et regarda par la fenêtre.

« Chaque fleur exprime un langage secret. Quand je porte plusieurs fleurs en même temps, c'est comme si j'écrivais mon propre code que personne d'autre ne peut déchiffrer à moins de connaître mon langage. Aujourd'hui j'ai choisi de ne porter qu'une seule fleur. »

Un muscle tressaillit sur la joue d'Alice. June changea de vitesse, ses bracelets tintinnabulant de concert. « Veux-tu savoir ce qu'ils racontent ? Je vais te confier un secret. »

Alice l'ignora, se concentrant de toutes ses forces sur le bush couleur d'amadou qui se déroulait derrière la fenêtre. Son cœur se serra quand la voiture franchit une grille à bétail. Le chant des cigales étouffait ses pensées. June continuait de parler. « Je pourrais te l'apprendre. » Alice jeta un regard noir à l'étrangère assise à côté d'elle. June se tut. Alice ferma les yeux. Elle voulait qu'on la laisse tranquille.

« Tu n'as pas vu la ville. Aucune importance. On aura tout le temps de l'explorer plus tard. » June changea de vitesse ; le moteur gronda tandis que le pick-up ralentissait. « Nous y sommes. »

Elles quittèrent la route de terre pour emprunter une allée plus petite et moins ravinée. Le raffut à l'intérieur du pick-up quand elles roulaient sur la terre battue se réduisit à un bourdonnement. L'air changea. Soudain doux et frais. Des buissons de grévilléas en fleur apparurent de part et d'autre du chemin. Des papillons monarques voletaient – battements d'ailes, descentes en piqué – au-dessus du coton sauvage. Alice se redressa malgré elle. Un bourdonnement d'abeilles montait d'un groupe de ruches blanches au pied des eucalyptus tordus vert argenté qui s'orientaient tous vers la plus grande maison qu'Alice ait jamais vue de sa vie. Pourtant c'était une maison qu'elle reconnaissait.

Elle était plus colorée que sur la vieille photo qu'elle avait découverte dans l'atelier de son père ; la photo qui se trouvait dans la cachette avec une boucle de cheveux noirs nouée d'un ruban bleu fané. Alice examina les cheveux de June. Ils étaient d'un gris argent, mais auraient pu être noirs avant.

Au bout de l'allée, June fit demi-tour et arrêta le pick-up près d'un garage couvert d'une épaisse vigne vierge. Harry se mit au garde-à-vous, sa queue frappant le côté d'Alice à l'unisson des battements de son cœur. Les arbres résonnaient de chants d'oiseaux. Chez elle, c'était l'une de ses heures préférées, lorsque le monde était saupoudré de bleu à l'approche du crépuscule et que l'air était chargé de l'odeur âcre des résidus de la marée. C'était différent ici. Plus sec, plus chaud. Rien qui ne rappelle la mer. Pas de vols de pélicans, pas d'oiseau réveilleur. Alice enfonça le bout de ses doigts dans ses cuisses pour se calmer. Un papillon monarque heurta sa fenêtre. Il resta à voltiger, comme s'il entendait tout ce qu'Alice ne pouvait pas dire, avant de s'éloigner d'un battement d'ailes.

« Bienvenue, Alice. » June avait sauté du pick-up et se tenait sur la première marche d'un petit escalier de bois qui menait à la véranda. Elle lui tendit la main.

Alice ne bougea pas. Harry resta à côté d'elle, et elle enfouit ses doigts derrière ses oreilles et le gratta à l'endroit que préférait Toby. Harry eut un grognement de satisfaction. Personne n'était venu la voir à l'hôpital. Personne sauf June, une étrangère à qui elle avait été confiée comme un chien perdu. Le sourire de June commençait à s'effacer. Alice ferma les yeux. Elle était fatiguée, tellement fatiguée qu'elle avait l'impression qu'elle pourrait s'endormir et ne pas se réveiller avant un siècle. Elle finit par prendre une décision : elle allait entrer dans cette maison uniquement pour pouvoir se coucher.

Évitant le regard de June, elle descendit du pick-up avec Harry. Elle respira profondément, redressa les épaules et gravit les marches avec peine.

La maison était ceinte d'une large véranda de bois éclairée d'une rangée de lampes à pétrole. Oiseaux et criquets saluaient le coucher du soleil. Le vent bruissait dans les arbres, portant les effluves odorants des eucalyptus. Alice traversa la véranda derrière June, s'arrêtant devant la porte d'entrée. La moustiquaire s'ouvrit et se referma derrière June, laissant Alice sur place. Harry resta à côté d'elle.

« Alice ? » June revint sur ses pas. « Je t'ai préparé une chambre. Ce n'est pas celle dont tu as l'habitude, je le sais, mais tu pourras l'arranger à ta guise », dit-elle en ouvrant doucement la porte moustiquaire.

Alice avait le nez qui coulait. Elle l'essuya du revers de la main.

« Tu devrais entrer, te laver la figure et t'étendre un moment. Je t'apporterai quelque chose à manger. »

La vision d'Alice se brouilla.

« Veux-tu un gant de toilette chaud ? La salle de bains est tout près, au bout du couloir. » June lui tendit la main.

Trop fatiguée pour protester, Alice se laissa guider. Sa tête dodelinait comme une fleur qui se fane. Harry trottait à leur côté.

La dimension de la maison la laissa interdite. Le corridor, clair comme un coquillage, était éclairé par des lampes, toutes de tailles différentes, qui répandaient une lumière tamisée. Elles suivirent le long couloir. Des plantes en pot en ornaient chaque coin. Des étagères pleines de livres s'alignaient sur les murs, interrompues çà et là par des jarres de pierre blanche, des vases remplis de plumes et des bouquets de fleurs séchées. Alice avait envie de tout toucher.

June la fit entrer dans une spacieuse salle de bains en bois et carrelage blanc. Elle fit couler de l'eau dans le lavabo. Ouvrant une petite armoire à glace, elle y prit un flacon marron, en dévissa le bouchon et fit tomber quelques gouttes de son contenu. Un parfum chaud et apaisant s'éleva de l'eau. Les paupières d'Alice se fermaient. June plongea un gant de toilette dans le lavabo et le lui tendit. Elle l'appliqua sur son visage et respira profondément, sentant la chaleur dissiper peu à peu la douleur qui lui perçait les yeux. Quand elle eut fini de s'essuyer le visage, elle s'aperçut que June n'avait pas bougé.

« Je ne vais pas te laisser. Je ne m'en vais pas », murmura June.

En quittant la salle de bains, Alice et Harry suivirent June dans un escalier en colimaçon éclairé par une lampe. En haut se trouvait une petite porte. Alice resta en retrait pendant que June l'ouvrait et allumait l'électricité. Quand elle entra dans la pièce, l'intensité de la lumière l'éblouit et elle porta une main à ses yeux. June éteignit aussitôt.

« Viens, je vais t'aider », proposa-t-elle, passant un bras autour de ses épaules pour lui faire traverser la chambre. Alice se dégagea brusquement de son étreinte et courut se glisser dans le lit moelleux, remontant les draps dans l'obscurité, les sentant retomber doux comme des plumes sur sa peau. Elle attendit avec impatience d'entendre June s'en aller. Au lieu de quoi elle perçut le poids de sa grand-mère assise au bord du lit.

« Nous allons avancer pas à pas, Alice, dit doucement June. D'accord ? »

Alice se retourna de l'autre côté, priant en silence pour qu'elle parte. Enfin, elle la sentit se lever ; la porte se referma derrière elle avec un léger claquement. Alice poussa un soupir. Le grattement des griffes de Harry qui tournait en rond dans la chambre avant de s'affaler au pied du lit fut la dernière chose qu'elle entendit avant de s'endormir.

En bas de l'escalier, une fois dans le couloir, June se retint au mur d'une main. Elle n'avait pourtant pas bu une goutte d'alcool de toute la journée.

« Elle est là ? »

Elle sursauta au son de la voix de Twig dans son dos. Elle ne se retourna pas et se contenta de hocher la tête.

« Elle va bien ? »

Silence.

« Je ne sais pas », répondit June. Le chant des criquets emplit le silence entre elles.

« June. »

Elle demeura sans bouger, la main appuyée contre le mur.

« Elle ne mérite pas moins d'attention qu'aucune des autres Fleurs. Tu le sais bien, dit Twig d'un ton sévère et déterminé. Elle en mérite même davantage. De ta part. De notre part. De cet endroit. Elle fait partie de ta famille.

– De sa famille à lui, rétorqua June. Elle est de lui. Et je ne veux pas m'en soucier.

– Bonne chance alors », dit Twig d'une voix adoucie. Une autre pause. « Tu trembles. »

June hocha la tête.

« Bon, Comment vas-tu ?

– Il y a eu quelques journées difficiles. » June pinça l'arête de son nez. Elle devinait ce qui allait suivre.

« Où est le bébé ? »

June poussa un profond soupir.

« Tu ne l'as donc pas amené à la maison ? » La voix de Twig tremblait.

« Pas maintenant, Twig. Je t'en prie. Nous en parlerons demain matin. » Elle se retourna et ne vit que le couloir désert, et la moustiquaire qui se refermait dans un claquement sec. Elle la laissa partir. Mieux que personne, elle savait que les mots font parfois plus de mal que de bien.

Elle fit le tour de la maison et éteignit toutes les lumières. Puis, à la réflexion, elle revint sur ses pas et alluma une lampe au cas où l'enfant se réveillerait au milieu de la nuit. Elle s'arrêta devant la porte fermée de Candy, mais aucune lumière ne filtrait par-dessous. Peut-être était-elle de l'autre côté du champ, dans le dortoir avec les Fleurs. L'odeur de tabac à rouler flottait dans la maison ; Twig fumait dans la véranda. June regagna l'entrée et pénétra dans le salon. Elle tendit la main par la fenêtre ouverte et cueillit une fleur du callistemon. Rebroussant chemin dans le couloir, elle la glissa dans le trou de la serrure de la chambre de Twig. *En remerciement.*

Une fois dans l'intimité de sa chambre, June alluma une lampe et se laissa tomber sur son lit. Elle replia un bras sur ses yeux, feignant d'ignorer un peu plus longtemps que le poids de la flasque dans sa poche devenait de plus en plus tentant.

Après avoir découvert, à l'âge de dix-huit ans, que June l'avait déshérité, Clem avait quitté Thornfield dans un accès de rage en emmenant Agnes. June n'avait eu de nouvelles de son fils qu'une seule fois depuis : il y a neuf ans de cela – elle comprenait maintenant que c'était sûrement à la naissance d'Alice –, un paquet était arrivé à Thornfield. Elle avait fait ce qu'elle venait de faire : elle s'était retirée dans sa chambre avec sa flasque de whisky.

Assise sur son lit, June sortit la flasque de sa poche, dévissa le bouchon et en avala une longue gorgée. Elle but jusqu'à ce que le whisky eût calmé les frissons qui secouaient ses membres et apaisé la tension dans sa nuque. Quand ses mains eurent cessé de trembler, elle chercha sous son lit le paquet trop souvent manipulé et froissé. Elle ouvrit le couvercle de la boîte et souleva avec précaution la sculpture en bois, la tenant délicatement entre ses mains. Un nouveau-né, avec la même bouche en bouton de rose et les mêmes grands yeux que l'enfant endormie dans la chambre au-dessus d'elle, enfoui dans un lit de feuilles et de clochettes. Il y avait des rayures à l'intérieur de chaque corolle et le calice était tacheté de jaune.

« Amour sacrifié », dit-elle les yeux pleins de larmes.

7

Trompettes d'or

Signification : **bienvenue à un étranger**
Geleznowia verrucosa / Australie occidentale

Petit arbuste aux grandes fleurs jaunes. Résiste à la sécheresse et exige un sol bien drainé. Accepte un peu d'ombre, mais pousse essentiellement au soleil. Ravissant en fleurs coupées, sa germination et son développement capricieux en font une plante rare.

À l'aube, June se leva, enfila ses Blundstone et traversa à pas feutrés la maison jusqu'à la porte de derrière. Dehors, le monde était frais et bleu. Elle s'immobilisa et inspira à pleins poumons. Elle avait mal dormi, même après avoir sifflé toute sa flasque de whisky. La vérité était qu'elle dormait mal depuis des dizaines d'années. En particulier depuis le départ de Clem. Elle baissa le menton, se concentra sur les marques et les éraflures de ses chaussures. Elle était épuisée. En gardant la sculpture du bébé et du bouquet de menthe sur sa table de nuit, elle avait voulu s'infliger une pénitence et s'était condamnée à l'insomnie.

Alors que le ciel s'éclairait, June fit le tour de la maison jusqu'à la cabane à outils, où elle saisit un sécateur et un panier avant de se diriger à travers champs vers les serres des plantes indigènes. Le matin bruissait du bourdonnement des abeilles, parfois interrompu par le jacassement d'une pie.

Il faisait chaud et humide à l'intérieur des serres. June respira plus facilement. Elle alla vers le fond, où les trompettes d'or étaient déjà en fleur, et sortit le sécateur de la poche de son tablier.

Thornfield avait toujours été un endroit où s'épanouissaient les fleurs et les femmes. Toutes celles qui venaient à la ferme y trouvaient l'opportunité de se révéler et de surmonter les aléas de la vie qui les avaient meurtries. Après le départ de Clem, June n'avait eu de cesse de faire de Thornfield une exploitation prospère, un lieu où régnaient beauté, paix et hospitalité. C'était le moins qu'elle puisse faire pour justifier sa décision de ne pas léguer ses fleurs, raison d'être des femmes qui cherchaient refuge auprès d'elle, à son fils imprévisible.

Twig, la première Fleur à la rejoindre, était l'ombre d'elle-même à son arrivée après que le juge lui avait pris ses enfants. *Chacun a besoin d'appartenir à un lieu et à quelqu'un*, lui avait dit June le premier soir. Et Twig était restée indéfectiblement à son côté, peu importe les épreuves que leur avait infligées la vie depuis. Comme la veille, où elle avait rappelé à June que l'enfant étrange et silencieuse endormie dans la tour méritait autant d'attention que chacune des femmes qui travaillaient dans les champs de fleurs. Même si elle était la fille de Clem.

June savait que Twig avait raison, mais la peur la paralysait. Il y avait des choses qu'il lui était impossible de révéler au grand jour. Des mots qu'elle préférait laisser enfouis, à se décomposer. La pensée de parler à Alice de son père lui desséchait la gorge, comme si la seule perspective de les prononcer transformait ces mots en poussière.

L'impression de marcher sur des œufs avec Alice, d'être vulnérable, de peut-être même ruiner une seconde chance, tout cela était étranger à June. Elle avait l'habitude de tenir la barre. Elle semait ses graines et les voyait éclore quand et comme elle s'y attendait. Sa vie avait ses cycles de semailles, croissance et cueillettes, et elle reposait sur ce rythme bien ordonné. Qu'un enfant débarque aujourd'hui dans son existence, alors que son énergie diminuait et qu'elle songeait à la retraite, était particulièrement perturbant. Mais le jour où June avait posé les yeux sur sa petite-fille dépérissant dans ce lit d'hôpital, elle avait contenu d'une main la douleur qui lui comprimait la poitrine, soudain consciente de tout ce qu'elle avait encore à perdre.

Le soleil tapait maintenant plus fort au-dehors. June parcourut les rangs de fleurs, coupant celles qui étaient déjà écloses. Elle ignorait encore quand et comment parler à cette enfant, mais elle savait ce qu'elle avait de mieux à faire en attendant. Lui apprendre le langage des fleurs.

Alice se réveilla avec le cœur au bord des lèvres. Les grondements et sifflements lugubres de l'incendie résonnaient dans sa tête. Elle essuya la sueur glacée qui couvrait son visage et voulut se lever. Ses sous-vêtements étaient trempés, ses jambes emmêlées dans des draps humides, qui s'enroulaient autour d'elle comme des créatures vivantes. Elle s'en dégagea à coups de pied et parvint à s'asseoir au bord du lit. Le feu qui habitait ses rêves commença à se dissiper. Elle avait la peau moins chaude. À côté d'elle, Toby aboya. Alice secoua la tête. Non, ce n'était pas Toby. Il n'était pas là. Sa mère ne venait pas la voir. Elle n'entendrait pas sa voix lui raconter une autre histoire. Son père n'était pas immergé dans le feu. Il ne serait jamais autre chose que ce qu'il était. Elle ne connaîtrait jamais le bébé. Elle ne rentrerait plus chez elle. Alice laissa ses larmes couler, sans chercher à les essuyer. Tout en elle était aussi calciné que l'herbe marine de ses rêves.

Elle se rendit compte qu'elle n'était pas seule dans la pièce. Elle se tourna et vit Harry au pied du lit. Il la regardait calmement. Il avait presque l'air de sourire. En le voyant s'approcher d'elle, Alice s'étonna de le trouver si grand, presque de la taille d'un poney. Comment June l'avait-elle appelé ? Un mas quelque chose ? Harry posa la tête sur ses genoux. Il levait vers elle des yeux pleins d'attente. Hésitante, Alice tendit la main et lui caressa la tête. Il soupira. Quand elle le gratta derrière les oreilles, il grogna de plaisir. Il resta longtemps près d'elle, sa queue balayant le sol en un lent va-et-vient.

Son arrivée la veille lui paraissait déjà lointaine, comme s'il lui avait fallu parcourir un très long tunnel obscur avant d'en atteindre le bout. Les moments s'entrechoquaient. Le bruit des bracelets de June. Sa peau couverte de poussière jaune.

Harry se redressa et jappa doucement. Alice garda la tête baissée, les épaules courbées. Harry aboya de nouveau. Elle lui lança un regard furieux. Il aboya une troisième fois, plus fort. Incapable de contenir ses larmes, elle attendit qu'elles se tarissent d'elles-mêmes. Harry remuait la queue. Alice leva son pouce et l'agita de droite à gauche, tout en sachant qu'il ne pouvait pas comprendre. Il inclina la tête, l'observant, puis s'avança et lui lécha le poignet. Alice le caressa, bâillant à s'en décrocher la mâchoire, et inspecta distraitement le décor autour d'elle.

La pièce était hexagonale. Deux murs étaient recouverts de longs rayonnages peints en blanc, débordant de livres. Des hautes fenêtres occupaient trois murs du sol au plafond, tendues de rideaux légers. Devant l'une d'elles se dressaient un bureau sculpté et un fauteuil assorti, légèrement en retrait, comme pour l'inviter à s'asseoir. Elle se retourna pour regarder le dernier mur, derrière elle. Son lit y était appuyé, comme une page se dépliant d'un livre géant. Quelqu'un s'était donné la peine d'aménager cette pièce. June l'avait-elle fait à son intention ? June, la grand-mère dont elle avait toujours ignoré l'existence ?

Elle balança ses jambes hors du lit et se leva. Harry se mit à tourner en rond, haletant, impatient de sortir. Alice sentit la tête lui tourner et chancela. Elle ferma les yeux, laissa passer l'étourdissement, s'appuyant sur Harry. Une fois son vertige dissipé, elle s'approcha du bureau et s'assit dans le fauteuil, qui semblait avoir été fait à ses mesures. Elle en caressa les contours. Le bois était lisse et velouté, les accoudoirs ornés de soleils et de lunes reliés par des ailes de papillons et des fleurs en forme d'étoiles. Elle suivit les volutes des sculptures du bout des doigts. Quelque chose dans ce bureau lui était familier, mais quoi ? C'était une autre question à laquelle Alice ne pouvait répondre. Sur le dessus du bureau, un encrier et des pots remplis de stylos à bille, crayons, marqueurs, tubes de peinture et pinceaux. À côté une pile de carnets. Alice effleura d'un geste rapide les crayons, tous de couleurs différentes, d'une incroyable variété. Dans un autre pot, il y avait un stylo à plume. Elle en dévissa le bouchon et traça une mince ligne noire sur le dos de sa main, contemplant l'éclat de l'encre fraîche sur sa peau. Elle feuilleta les carnets, une page vierge après l'autre.

« C'était un clocher autrefois. »

Alice sursauta.

« Pardon. Je ne voulais pas te faire peur. »

Harry jappa à la vue de June, qui se tenait très droite dans l'embrasure de la porte, une assiette de toasts au miel et un verre de lait dans les mains. L'odeur du beurre emplit la pièce. Alice n'avait rien mangé depuis les quelques bouchées de sandwich à la végémite avalées la veille dans une station-service. June entra et posa l'assiette et le verre sur le bureau. Ses mains tremblaient. Un pétale jaune était piqué dans ses cheveux.

« Il y a des lustres, quand Thornfield était une exploitation laitière, cette pièce était l'une des plus importantes de la maison. La cloche retentissait à travers tout le domaine pour indiquer à chacun le début et la fin de la journée ainsi que l'heure des repas. C'était il y a longtemps, mais parfois, quand le vent souffle dans une certaine direction, je crois l'entendre sonner. » June déplaça l'assiette sur le bureau. « Lorsque je viens ici, j'ai toujours l'impression d'être à l'intérieur d'une boîte à musique. »

Elle jeta un regard autour d'elle en reniflant. Elle se dirigea vers les fenêtres et tira les rideaux. « Elles s'ouvrent comme ça », dit-elle, désignant le loquet qui permettait d'abaisser le tiers supérieur de chaque fenêtre.

Alice avait les joues en feu. Elle se détourna quand June s'approcha du lit. Du coin de l'œil, elle la vit furtivement retirer les draps, les mettre en boule et les emporter sans rien dire. En se dirigeant vers la porte, June dit : « Je serai en bas quand tu auras fini de manger. Tu devrais prendre une douche. Je vais t'apporter des vêtements propres. Et des draps. » Elle lui fit un petit signe de la tête. Elle avait toujours le même regard lointain.

Alice poussa un soupir. On ne l'avait pas grondée d'avoir mouillé son lit.

Lorsque les pas de June se furent éloignés, Alice se jeta sur son petit-déjeuner. Elle ferma les yeux pour mieux savourer le goût sucré des toasts beurrés. Quand elle les rouvrit, Harry l'observait, assis sur son arrière-train. Après un moment de réflexion, elle détacha un bout de toast, un bon morceau avec du beurre, et le lui tendit. Harry le lui ôta délicatement des doigts, faisant claquer ses babines. Ensemble, ils finirent l'assiette et le verre de lait.

Une bouffée parfumée attira son attention. Elle s'approcha lentement de la fenêtre que June avait laissée ouverte et s'appuya sur la vitre, les mains écartées. Du haut de la maison, elle avait une vue panoramique de la propriété. Depuis la première fenêtre, elle aperçut l'allée poussiéreuse qui partait du bas de la véranda et se dirigeait vers les eucalyptus. Alice courut à la fenêtre voisine. Sur le côté de la maison s'élevait un grand hangar de bois au toit de tôle ondulée rouillée, dont un des murs était recouvert d'une épaisse plante grimpante. Un sentier séparait la maison du hangar. À la dernière fenêtre, le cœur d'Alice battit plus vite. Derrière la maison, des rangées et des rangées de buissons et de fleurs se déployaient dans des champs aussi loin que la vue portait. Elle était entourée d'un océan de fleurs.

Alice ouvrit les loquets de toutes les fenêtres. Les effluves qui pénétrèrent alors la pièce et l'enveloppèrent étaient plus forts que l'odeur de la mer, plus puissants que ceux des cannes à sucre en feu. Elle chercha à les identifier. Motte de terre. Feuilles d'eucalyptus. Fumier humide. Et le parfum caractéristique des roses. Puis vint le moment qu'Alice n'oublierait jamais. Le moment où elle vit les Fleurs pour la première fois.

On aurait pu les prendre pour des hommes dans leurs bottines, pantalons et chemises de coton épais, exactement comme le père d'Alice. Elles étaient coiffées de chapeaux à larges bords et portaient des gants. Elles sortaient en groupe de la resserre, armées de seaux, de sécateurs, de sacs d'engrais, de râteaux, de bêches et d'arrosoirs, et se dispersaient parmi les fleurs. Certaines les cueillaient et en remplissaient les seaux, regagnaient la resserre et en ressortaient avec leurs seaux vides, prêts à être remplis à nouveau. D'autres poussaient entre les rangées des brouettes chargées de terreau, qu'elles répandaient à la pelle dans les massifs. Quelques-unes arrosaient des plantations, examinaient les feuilles et les tiges. De temps en temps retentissait un éclat de rire, vibrant comme une clochette. Alice les compta sur ses doigts. Elles étaient douze en tout. C'est alors qu'elle entendit une voix chanter.

À l'écart, près des serres, une femme se tenait assise, occupée à trier des paquets de bulbes et de graines. Quand elle s'arrêta pour retirer son chapeau et se gratter la tête, Alice sursauta à la vue des longs cheveux bleu clair qui lui tombaient dans le dos. Elle les releva et les serra sous son chapeau, puis se remit à chanter.

Appuyée à la fenêtre, Alice la regarda attentivement. En comptant la femme aux cheveux bleus, elles étaient treize.

Alice resta dans sa chambre ce matin-là. Elle alla de fenêtre en fenêtre, observant les femmes travailler à leur rythme. Elle les regarda arroser, soigner, planter, tailler. Les seaux de fleurs aux couleurs éclatantes paraissaient presque plus grands que les femmes qui les portaient des champs jusqu'à la resserre.

Sa mère aurait pu être une de ces femmes au visage assombri par un large chapeau, au corps dissimulé par d'épais vêtements de travail. Alice pouvait la voir de profil, le chapeau enfoncé sur le front, les poignets cerclés de bracelets de terre, la main tendue vers un bouton de fleur. Tant qu'elle restait dans sa chambre, elle pouvait l'imaginer ainsi.

Harry gratta à la porte en gémissant. Comme Toby quand il avait besoin de sortir. Alice essaya de l'ignorer. Elle avait envie de rester à la fenêtre toute la journée. Mais, quand il se mit à gratter avec ses deux pattes, elle craignit que quelqu'un ne monte – et elle ne voulait pas qu'il pisse dans la chambre. Elle ouvrit la porte et Harry descendit l'escalier au galop en aboyant. Elle le regarda depuis la fenêtre se ruer à l'extérieur, courir vers chacune des femmes, flairant à droite, à gauche. Elles le caressèrent toutes affectueusement. Il n'avait pas besoin de pisser du tout. Le traître.

Alice compta les femmes à nouveau. À présent, elles n'étaient plus que neuf à travailler dehors. Elle chercha la femme aux cheveux bleus, mais, incapable de la distinguer des autres, elle renonça et s'éloigna de la fenêtre. Elle s'assit sur le lit. Le soleil était haut et il faisait très chaud dans la pièce. Comme il devait faire bon en bas, dehors, à courir entre les rangées de fleurs. Ses jambes s'agitèrent. Elle tambourina des doigts sur ses cuisses.

Un aboiement aigu à la porte interrompit ses pensées. Harry vint lui lécher la main. Ignorant l'indifférence d'Alice, il s'assit près d'elle et la regarda avec insistance. Il ne haletait pas. Ne remuait pas la queue. Il se contentait de la regarder. Au bout d'un moment, Alice secoua la tête. Harry se leva alors et se mit à aboyer. D'un geste de la main, elle essaya de le faire taire, mais il aboya de plus belle et ne se tut qu'en la voyant se lever. Il alla à la porte et attendit, commença à descendre l'escalier. Elle s'arrêta à la première marche, hésitante. Des aboiements de plus en plus pressants lui parvinrent du bas de l'escalier en colimaçon. Exaspérée, elle descendit.

Le couloir était désert. À une extrémité, Alice vit la salle de bains où elle s'était lavé le visage avec June. Elle entra sur la pointe des pieds et s'immobilisa. Sur un rayonnage devant elle, à côté de serviettes propres, était posée une pile de vêtements. Une culotte, un pantalon kaki, une chemise de travail, comme celles que portaient les femmes dans les champs, et une paire de bottines bleu ciel. Alice passa lentement les doigts sur le cuir verni. Elle n'avait jamais eu d'aussi belles chaussures. Elle déplia la chemise devant elle. Elle était à sa taille. Elle la pressa contre son visage, respirant l'odeur du coton frais. Sans s'attarder davantage, elle referma la porte de la salle de bains, fit couler l'eau de la douche et ôta ses vieux vêtements.

De retour dans le couloir, Alice peigna ses cheveux mouillés avec ses doigts, frissonnant au contact de ses nouveaux vêtements légers, savourant le plaisir de se sentir propre. L'eau qui avait ruisselé dans la douche était marron de poussière. Le parfum du savon demeurait sur sa peau. Elle parcourut le couloir du regard. Il n'y avait personne en vue. Intimidée, ne sachant quoi faire, Alice était sur le point de se réfugier à nouveau dans sa chambre, quand elle entendit un bruit de couverts, d'assiettes et des voix de femmes. Rasant le mur, elle se dirigea vers le brouhaha de conversations ponctué d'éclats de rire. Au bout du couloir, une moustiquaire s'ouvrait sur la vaste véranda. Cachée par la pénombre, Alice jeta un coup d'œil à travers le grillage.

Des femmes étaient assises autour de quatre grandes tables. Certaines tournaient le dos à Alice, d'autres étaient hors de sa vue. Mais plusieurs lui faisaient face. Elles étaient de tout âge. L'une avait des oiseaux bleus délicatement tatoués sur la gorge. Une autre portait d'élégantes lunettes à monture noire. Une troisième avait des plumes mouchetées dans ses cheveux tressés. L'une d'elles arborait un rouge à lèvres éclatant qui contrastait avec son visage marqué par la poussière et la sueur.

Les tables étaient recouvertes de nappes blanches et chargées de salades vertes, de carafes d'eau glacée embuées où flottaient des tranches de citron jaune et vert, d'assiettes de légumes grillés, de quiches et de tourtes, de coupelles d'avocats en tranches et de petits bols de fraises. La queue de Harry se dressait entre deux chaises, battant de droite à gauche. Alice se rapprocha doucement. Sur chaque table était disposé un vase débordant de fleurs. Sa mère les aurait adorés.

« Te voilà. »

Alice se raidit, apeurée.

« Tes nouveaux vêtements te vont très bien », dit June derrière elle dans le couloir. Ne sachant où regarder, Alice garda les yeux fixés sur ses bottines bleu ciel. « Alice… », fit alors June, tendant la main comme pour lui toucher la joue. La voyant tressaillir, elle ramena vivement sa main en arrière, faisant tinter ses bracelets.

Des éclats de rire fusèrent depuis la véranda.

« Bien. » June regarda à travers la moustiquaire. « Allons déjeuner. Les Fleurs ont hâte de faire ta connaissance. »

8

Lys vanille

Signification : **ambassadeur de l'amour**
Sowerbea juncea / Australie orientale

Vivace aux racines comestibles, pousse dans les forêts d'eucalyptus, les bois, les landes et les prairies préalpines. Longues feuilles fines au fort parfum de vanille. Les fleurs vont du rose lilas au blanc, texture de papier, odeur sucrée de vanille. Renaît après un incendie.

Les femmes se turent lorsque June franchit la moustiquaire. Elle se retourna et fit signe à Alice de la suivre.

« Bonjour à toutes, je vous présente Alice. Alice, voici les Fleurs. »

Les murmures de bienvenue voltigèrent autour d'Alice. Elle se pinça les poignets, s'efforçant d'écarter le trouble qui l'agitait au plus profond d'elle-même.

« Alice est… » June s'interrompit. « …ma petite-fille. » Quelques acclamations s'élevèrent parmi les Fleurs. June attendit un instant. « Elle va se joindre à nous ici à Thornfield », annonça-t-elle.

Alice était curieuse de savoir si la femme aux cheveux bleus était parmi elles, mais pas assez pour oser les regarder toutes. Le silence régnait. Harry s'avança vers elle et se coucha sur ses pieds, s'appuyant de toute sa masse contre elle. Elle le caressa avec gratitude.

« Bon, dit June, rompant le silence. Déjeunons à présent. Attendez. » Elle s'interrompit, scruta le groupe. « Twig, dit-elle, où est Candy ?

– Elle termine. Elle a dit de commencer à manger sans l'attendre. »

La voix venait d'une femme élancée au visage clair et avenant, couronné d'un halo de cheveux bruns. Elle adressa à Alice un sourire qui la réchauffa, comme si elle se tenait en plein soleil.

« Merci, Twig, dit June en hochant la tête. Alice, je te présente Twig, elle s'occupe des Fleurs, et c'est elle qui a la charge de Thornfield. »

Twig sourit et lui fit un signe de la main. Alice se força à sourire à son tour.

June continua à faire le tour des présentations, table après table. Celle qui portait des lunettes sophistiquées s'appelait Sophie, Amy avait les plumes dans les cheveux. Robin du rouge à lèvres écarlate. Et Myf était celle qui avait des oiseaux bleus tatoués sur sa gorge pâle. Quand elle sourit et adressa un signe à Alice, leurs ailes s'agitèrent. Suivirent les noms des autres Fleurs. Certains – Vlinder, Tanmayi et Olga – lui étaient inconnus. Les autres – Francene, Rosella, Lauren, Carolina, Boo – étaient des noms qu'elle avait déjà rencontrés dans des histoires. Boo était la personne la plus vieille qu'Alice ait jamais vue ; sa peau était parcheminée, ridée et froissée, comme si elle était une page vivante sortie d'un livre.

Une fois les présentations terminées, June indiqua un siège à Alice. La place était marquée par une guirlande de fleurs jaunes, chacune en forme de petite couronne.

« Les trompettes d'or souhaitent la bienvenue à une étrangère », dit June avec autorité en prenant place près d'Alice. Ses mains semblaient agitées d'un tremblement continu. Alice ramena ses pieds sous sa chaise. « Commençons à manger », dit June avec un geste de la main, agitant ses bracelets.

Sur ce, la véranda s'anima. Les plats passèrent de l'une à l'autre des Fleurs, les verres s'entrechoquèrent dans une fraîche euphorie. Les tintements et cliquetis des cuillers plongeant dans les sauces, des pinces saisissant les tranches d'aubergine, se mêlaient aux joyeux jappements de Harry. Le volume des voix croissait et décroissait entre les bouchées. Alice avait l'impression d'entendre des cris de mouettes en train de se goberger de crevettes sur une plage de sable mouillé. Elle gardait la tête baissée, vaguement consciente que June lui parlait tout en garnissant son assiette. Elle était trop préoccupée par la guirlande de trompettes d'or pour manger. *Bienvenue à une étrangère.* June était sa grand-mère et sa tutrice, mais elle était une étrangère. Malgré la chaleur, Alice frissonna. S'assurant que personne ne la regardait, elle détacha quelques fleurs de la guirlande et les glissa dans la poche de son pantalon.

Elle examina les femmes assises autour des tables. Certaines avaient un regard triste qui s'embuait quand elles souriaient. Peu d'entre elles, comme June, avaient les cheveux striés de mèches grises. Lorsque leur regard croisait celui d'Alice, elles lui faisaient des signes amicaux, comme si sa présence les réjouissait, comme si elles retrouvaient quelqu'un qu'elles avaient perdu. À les regarder, à les voir communiquer harmonieusement entre elles, on aurait dit qu'elles participaient à un ballet bien rodé. Alice se souvint d'un conte que sa mère et elle avaient lu ensemble, l'histoire de douze sœurs qui sortaient tous les soirs du château pour aller danser. Assise sur la véranda, au milieu de ces femmes qui arboraient leur tristesse comme la plus belle des robes de bal, Alice eut l'impression de s'être endormie et réveillée dans l'une des histoires de sa mère.

Une fois les tables débarrassées et les Fleurs reparties à leurs tâches, June et Alice se retrouvèrent seules sur la véranda à l'arrière de la maison. L'après-midi s'alanguissait dans des odeurs de terre chauffée par le soleil et d'huile de coco. Au loin les pies jacassaient et les kookaburras lançaient leurs cris moqueurs. Harry était étendu près d'elles, gavé de restes.

« Viens, Alice, dit June en lui tendant la main, je vais te faire visiter la propriété. »

Alice la suivit en bas des marches et se dirigea avec elle vers les plantations de fleurs. Au niveau du sol, elles paraissaient plus hautes que vues depuis la véranda. Alice eut l'impression étrange de se trouver au milieu d'un champ de cannes à sucre et elle s'arrêta un moment, déconcertée.

« Ce sont nos jardins de fleurs à couper, expliqua June en pointant son doigt. Nous cultivons surtout des fleurs indigènes. Cela a toujours été le point fort de Thornfield, la vente de fleurs locales. » Son élocution était rapide, crispée, comme si elle avait une tranche de citron sur la langue.

Elle s'avança jusqu'à l'extrémité du champ, montrant les serres et les tunnels au fond, et l'atelier de l'autre côté, là où les Fleurs travaillaient l'après-midi à l'abri de la chaleur.

« Au-delà de la ferme, il y a le bush qui s'étend jusqu'à la rivière. La rivière est une… » La voix de June se brouilla.

Alice leva les yeux.

« La rivière est une autre histoire. Je te la raconterai un jour. » Elle se tourna vers Alice, qui semblait troublée par la pensée de la proximité de l'eau. « Tout fait partie du domaine de Thornfield. Elle appartient à ma famille depuis des générations. » Elle marqua une pause. « Notre famille », corrigea-t-elle.

Par un chaud après-midi, assise au pied de sa mère dans la cuisine, Alice lisait un livre de contes pendant qu'Agnes préparait le dîner. Les contes de fées lui avaient appris qu'en matière de familles les choses n'étaient pas toujours ce qu'elles semblaient être. Les rois et les reines perdaient leurs enfants comme on perd de vieilles chaussettes, ne les retrouvaient pas avant qu'ils soient devenus très vieux, si toutefois ils parvenaient à les revoir. Les mères pouvaient mourir, les pères disparaître, et sept frères se transformer en sept cygnes. Pour Alice, la famille était une des histoires les plus étranges. La farine que sa mère tamisait se déposait sur les pages ouvertes de son livre. Elle leva les yeux vers elle. *Maman, où est le reste de notre famille* ?

Sa mère tomba à genoux et posa un doigt sur ses lèvres. Son regard passa rapidement d'Alice au salon où Clem ronflait doucement. *Il n'y a que nous trois, Lapin*, dit-elle. *Depuis toujours. D'accord ?*

Alice hocha la tête. Sa mère avait cette expression qu'elle connaissait suffisamment pour ne pas renouveler sa question. Mais depuis ce jour, quand elle était seule sur la plage avec les pélicans et les mouettes, Alice aimait imaginer que l'un des oiseaux se transformait soudain en une sœur perdue depuis très longtemps. Ou une tante. Ou une grand-mère.

« Veux-tu visiter l'atelier ? demanda June. Tu pourrais voir les Fleurs au travail. »

Alice marchait le long de rangées de fleurs dont la plupart lui étaient inconnues. Puis elle en aperçut une qui lui était familière, un buisson de pattes de kangourou rouge vif. Et plus loin, des liserons des champs. Elle pivota sur elle-même, scrutant les rangées. Elles étaient là, sur sa droite : les têtes floconneuses jaunes du myrte citronné. Soudain, Alice pouvait presque respirer l'air des plantations de cannes, du sucre vert, et la senteur douceâtre des algues pourrissantes. Ses doigts frémirent au souvenir de la surface lisse de son bureau. L'odeur de papier et de cire quand elle en soulevait le couvercle, découvrant ses boîtes de crayons de couleur et ses cahiers d'exercices. Sa mère, qui passait sans bruit devant la fenêtre, caressant ses fleurs du bout des doigts, murmurant dans son langage secret. *Triste souvenance. Amour partagé. Plaisirs du souvenir.*

Les questions se mêlaient aux souvenirs. L'anxiété de se réveiller chaque matin sans savoir qui elle trouverait dans la maison : sa mère pleine d'allant, toujours prodigue d'histoires, ou une masse amorphe incapable de sortir de son lit. La peur aussi oppressante que l'humidité quand elle attendait le retour de son père à la maison, son comportement aussi imprévisible qu'une tempête d'ouest. Et le sourire de Toby. Ses grands yeux, sa fourrure duveteuse, ses oreilles dressées qui ne pouvaient pas entendre. Une question à laquelle elle n'avait pas réfléchi la frappa : Toby était-il mort ?

Personne n'avait mentionné Toby. Ni le docteur Harris, ni Brooke, ni June. Qu'était-il arrivé à Toby ? Où pouvait être son chien ? Que deviennent les animaux quand ils meurent ? Restait-il quelque chose de tout ce qu'elle avait aimé ? Était-elle coupable ? Et si elle n'avait pas allumé la lampe dans l'atelier de son père…

« Alice ? » June l'appelait, abritant ses yeux du soleil de l'après-midi.

Des mouches tournoyaient autour du visage d'Alice. Elle les chassa, regarda June, la grand-mère dont aucun de ses parents ne lui avait parlé. June, sa tutrice, sa gardienne qui l'avait enlevée à la mer et emportée dans cet étrange monde de fleurs. Elle s'approcha d'Alice et s'accroupit à son niveau. Un vol de cacatoès roses passa au-dessus d'elles en criant.

« Hé ! » La voix de June était chaleureuse, emplie d'une sincère sollicitude.

Alice aspira de grandes goulées d'air, essayant de respirer normalement. Tout son corps était douloureux.

June tendit la main vers elle, et Alice s'avança, se réfugia dans son étreinte. Elle se sentit soulevée par deux bras robustes et enfouit sa tête dans le cou de sa grand-mère. Sa peau avait un goût salé, mélange de tabac et de menthe poivrée. De grosses larmes coulèrent le long de ses joues, venant du plus profond d'elle-même, d'un endroit aussi terrifiant que les abysses les plus sombres de la mer.

Au moment où June gravissait les marches de la véranda, Alice regarda en arrière par-dessus son épaule. Tombés de sa poche, les pétales formaient un sillage qui s'étirait du champ de fleurs jusqu'à la maison.

Le chant des cigales et le crépuscule envahissaient la cuisine de Thornfield. Candy Baby s'arrêta de laver les assiettes et se pencha à la fenêtre pour respirer l'air automnal. Il apportait l'odeur de mousse et de roseaux de la rivière. Candy Baby sentit sa peau se hérisser. June avait expliqué qu'elle était probablement née à cette époque de l'année, mais qu'on ne savait ni où ni de qui. La date choisie pour souhaiter son anniversaire était le soir où June et Twig l'avaient trouvée abandonnée, emmaillotée dans une longue robe bleue, flottant dans un berceau en osier sur un marécage couvert de lys vanille entre la rivière et les champs de fleurs. Elles étaient dans la maison en train de coucher le petit Clem alors âgé de deux ans quand elles avaient entendu des cris. Lorsque June l'avait découverte à la lueur de sa torche et que Twig s'était accroupie pour la soulever, Clem avait gazouillé en battant des mains. L'air était tellement chargé de l'odeur de vanille que les femmes l'avaient appelée Candy Baby. Quand par la suite June et Twig étaient devenues ses tutrices légales, le nom lui était resté.

Elle plongea à nouveau les mains dans l'eau de vaisselle tout en observant le ciel rayé d'indigo. Entre le bois et le mortier des murs, les tuyaux gémirent au moment où quelqu'un fit couler la douche. Candy vida l'évier et s'essuya les mains sur une serviette à thé. Elle sortit de la cuisine et jeta un coup d'œil dans le couloir. June était assise contre la porte fermée de la salle de bains, la tête inclinée en arrière, les yeux fermés, les mains posées sur ses genoux, les doigts entremêlés. Dans le faible halo lumineux de la lampe, ses joues humides brillaient comme de l'argent. Harry était à côté d'elle, une patte posée sur son pied, comme il le faisait souvent quand elle était bouleversée.

Candy regagna la cuisine et se mit à frotter les plans de travail jusqu'à les faire reluire. Tandis que les autres s'occupaient des fleurs au-dehors, cette pièce était son jardin, où fleurissaient fêtes et banquets. À vingt-six ans, elle n'imaginait pas faire autre chose qui lui plaise autant que la cuisine. Rien de très élaboré pourtant : pas de grandes assiettes blanches avec de minuscules portions. Candy faisait une cuisine satisfaisante pour l'âme. Les saveurs et la quantité étaient d'égale importance. Elle était devenue la cuisinière en titre de Thornfield quand elle avait abandonné le lycée et convaincu June qu'elle ne se blesserait pas avec les couteaux. *Tu as ça dans le sang,* avait dit Twig après avoir goûté son premier gâteau de manioc sortant du four. *Tu as un vrai don*, avait à son tour affirmé June quand Candy avait servi son premier plat de rouleaux de printemps accompagné de chutney de mangue, à base de légumes et d'herbes du jardin. C'était vrai. Quand elle préparait les repas, confectionnait des gâteaux, on eût dit qu'une connaissance intérieure, profonde et cachée s'emparait de ses mains, de son instinct, de ses papilles. Elle aimait imaginer que sa mère avait peut-être été une grande cuisinière, ou son père boulanger. Cuisiner calmait cette blessure aiguë que ravivait chaque fois la pensée qu'elle resterait peut-être toujours dans l'ignorance.

La maison trembla au moment où la douche s'interrompit. Candy cessa d'essuyer. Elle s'appuya au comptoir, écouta. Il y eut un bruit de pas dans le couloir, suivi peu après par l'ouverture de la porte de la salle de bains.

L'arrivée d'une personne nouvelle n'était jamais facile : l'accueil d'une autre femme recherchant un endroit où dormir remuait de la poussière et les souvenirs de chacune à Thornfield. Mais, cette fois, c'était différent. Il s'agissait de l'enfant de Clem. Qui refusait de parler. Et, en outre, c'était la propre famille de

June, alors que tout le monde était persuadé qu'elle n'en avait pas. *Les Fleurs sont ma famille*, l'entendait-on souvent dire, avec un grand geste du bras en direction des champs, désignant les femmes attablées.

Mais, aujourd'hui, le mythe qui enveloppait la famille de June s'était effondré. Un enfant était de retour.

Au grand soulagement d'Alice, June ne l'accompagna pas dans la salle de bains. Elle laissa l'eau couler sur son visage. Elle aurait aimé pouvoir s'immerger dans des profondeurs, plonger à l'intérieur d'une eau salée qui lui pique les lèvres, mais assez fraîche pour apaiser ses yeux. Il n'y avait aucune mer vers laquelle courir. Elle se rappela la rivière et eut hâte de la découvrir. Elle irait à la première occasion, décida-t-elle. L'objet d'un espoir, même minime.

Alice s'attarda sous la douche jusqu'à ce que la peau de ses doigts commence à se friper. Sa serviette était pelucheuse et épaisse. Elle enfila le pyjama que June lui avait apporté et se lava les dents. La brosse était rose avec des images de princesses. Le dentifrice à paillettes. Elles étaient si jolies que pendant un instant Alice douta qu'elles fussent réelles. Elle se souvint de la brosse en plastique transparent aux poils effilochés placée dans un verre publicitaire à côté de celle de sa mère sur le meuble de leur salle de bains. Ce souvenir obscur et profond revint à la surface et les larmes montèrent à ses yeux. Plus elle pleurait, plus Alice avait l'impression que la mer s'était en partie retirée en elle.

En sortant de la salle de bains, elle monta à l'étage avec June. Harry les bouscula et courut devant elle.

« Je sais qu'il a parfois l'air d'un clown, mais ne le laisse pas te mener en bateau. » June fit un clin d'œil à Alice. « Il a un pouvoir magique tout à fait particulier. Il est sensible à la tristesse. »

Alice s'arrêta à la porte de sa chambre et regarda Harry s'installer au pied de son lit.

« Tout le monde travaille ici, et le travail de Harry est de veiller sur celles qui ont des idées noires et de les aider à retrouver la sérénité. » La voix de June s'adoucit. « Il possède aussi un langage secret, et si pour une raison quelconque il ne s'aperçoit pas que tu as besoin de son aide, tu peux lui dire que tu aimerais qu'il s'occupe de toi. Désires-tu apprendre à lui parler ? »

Alice mordilla un bout de peau au bord de l'ongle de son pouce. Hocha la tête.

« Très bien. Ce sera ton premier travail : apprendre à parler le *Harry*. Je demanderai à Twig ou à Candy de te montrer. »

Alice se redressa imperceptiblement. Elle avait un job.

June fit le tour de la chambre pour fermer les rideaux. Ils gonflèrent comme des jupes de bal.

« Veux-tu que je te borde dans ton lit ? » demanda June, désignant le lit d'Alice. « Oh ! » s'exclama-t-elle.

Alice suivit son regard.

Sur l'oreiller était posé un petit plateau rectangulaire sur lequel on avait placé un gâteau d'un blanc immaculé, décoré d'une fleur bleue saupoudrée de sucre. Piquée dans le gâteau, une étoile de papier portait l'inscription : MANGEZ-MOI. À côté une enveloppe de couleur crème portait le nom d'Alice.

Un sourire perça sur les lèvres d'Alice, dissipant chagrin et confusion, rosissant ses joues. Elle courut à son lit.

« Bonsoir, Alice », dit June, s'arrêtant à la porte.

Alice lui adressa un petit geste de la main. Une fois June partie, elle ouvrit l'enveloppe. Elle contenait une lettre manuscrite sur un papier de la même couleur crème que l'enveloppe.

Chère Alice,

Voici trois choses dont je suis sûre :

1. *Quand je suis née, quelqu'un – j'aime penser que c'était ma mère – m'a enveloppée dans une longue robe bleue.*
2. *Il existe une couleur dans ce monde qui a le nom de la fille d'un roi qui portait toujours des robes de ce même bleu. En écoutant les histoires que l'on raconte sur elle, j'ai parfois souhaité l'avoir pour amie ; elle fumait en public (à une époque où les femmes ne le faisaient pas), elle sauta un jour tout habillée dans une piscine avec le commandant d'un paquebot, elle portait souvent un boa constrictor autour du cou, et une autre fois à bord d'un train, elle s'est amusée à tirer sur des poteaux télégraphiques.*
3. *Mon histoire préférée est la suivante : un jour, sur une île non loin d'ici, une reine grimpa dans un arbre en attendant que son mari revienne d'une bataille. Elle s'était attachée à une branche et avait fait vœu d'y rester jusqu'à son retour. Elle attendit si longtemps qu'elle se transforma lentement en une orchidée, qui reproduisait exactement le motif de la robe bleue qu'elle portait.*

Et voici encore une chose dont je suis sûre : Le jour où June nous a dit qu'elle allait à l'hôpital pour t'amener ici, j'étais dans l'atelier en train de mettre sous presse des orchidées lady blue. J'ai toujours eu un faible pour elles parce que leur cœur est de ma couleur préférée ; la couleur de la robe dans laquelle on m'avait emmaillotée ; la couleur que préférait une princesse fantasque ; une couleur appelée Alice Blue.

Fais de beaux rêves, mon cœur. À demain au petit-déjeuner.

Tendrement,

Candy Baby.

L'esprit d'Alice s'emplit d'images de nouveau-nés, de femmes impétueuses et de robes bleues transformées en fleurs. Soudain affamée, elle prit le gâteau, l'ôta de son moule et mordit à belles dents dans la pâte vanillée.

Elle s'endormit avec des miettes sucrées sur le visage, serrant sur son cœur l'orchidée lady blue.

Candy emplit d'eau une vieille boîte de tomates pour arroser les herbes aromatiques dans le recoin derrière l'évier. L'odeur de la coriandre fraîche et du basilic se diffusa dans l'atmosphère. Elle disposa quatre récipients près de la bouilloire. Le grand bol de June qu'elle remplissait de café, la tasse de camping en émail écaillé dans laquelle Twig aimait boire son thé, sa propre tasse en porcelaine avec sa soucoupe que Robin avait décorée de lys vanille. La quatrième était une simple petite tasse. Se rappelant le visage de l'enfant marqué par le chagrin, Candy leva les yeux vers le plafond, se demandant si Alice avait trouvé son gâteau.

Elle arrangeait les serviettes à thé quand June entra dans la cuisine. La lumière de la hotte de la cuisinière dessinait des ombres sur son visage.

« Merci, Candy, pour le gâteau. C'est la première fois que je l'ai vue sourire. » Elle s'interrompit. « C'est incroyable, dit-elle d'une voix assourdie par les larmes, de voir à quel point elle leur ressemble à tous les deux. »

Candy hocha la tête. C'était pour cette raison qu'elle n'avait pas eu le courage de rencontrer Alice jusqu'à présent. « Tu feras mieux demain. C'est toujours ce que tu nous dis, n'est-ce pas ?

– Ce n'est pas aussi facile que ça, en fait », marmonna June.

Candy lui pressa doucement le bras en sortant de la cuisine. En regagnant sa chambre, elle entendit le grincement de la porte de l'armoire à liqueurs. Candy n'avait jamais vu June boire autant que le jour où la police était venue lui annoncer la mort d'Agnes et de Clem. Les gens cherchaient à s'évader dans toutes sortes de refuges, pour June, c'était au fond d'une bouteille de whisky. Pour la mère de Candy, cela avait été une lande couverte de lys vanille sauvage. Quant à Candy, elle avait appris à ses dépens que son refuge était la cuisine de Thornfield.

Elle referma la porte de sa chambre et alluma sa lampe de chevet, répandant une lumière diffuse dans la pièce. Presque tout ce qu'elle aimait y était rassemblé. La large banquette sous la fenêtre. Les dessins botaniques de Twig, tous de lys vanille. Chacun était daté, depuis le premier soir où June et elle avaient porté Candy de la lande jusqu'à la maison. Dans un angle, sa chaise et son bureau, avec sa collection de livres de recettes. Son lit étroit recouvert de la couverture de feuilles d'eucalyptus que Ness, une ancienne Fleur, avait faite au crochet pour ses dix-huit ans. Elle avait reçu une carte postale quelques années auparavant, provenant d'une petite ville du Nord connue pour ses plantations de bananes, où Ness disait avoir acheté une maison. Certaines femmes, comme Ness, venaient à Thornfield le temps de reprendre des forces, puis repartaient. D'autres, comme Twig et Candy, savaient qu'elles s'y installaient pour toujours.

Elle s'assit et chercha dans le tiroir de la table de nuit le collier qu'elle retirait toujours quand elle faisait la cuisine. Elle le passa par-dessus sa tête et exposa le pendentif à la lumière. Un éventail de pétales de lys vanille, conservés dans de la résine, frangés d'argent et fixés à une chaîne. June l'avait fabriqué pour son seizième anniversaire, juste avant que Candy n'ouvre sa fenêtre sur un ciel sans lune et se glisse dans l'ombre, cherchant à fuir une perte qui la déchirait au plus profond d'elle-même.

June s'était inspirée de la clématite pour baptiser son fils, une plante grimpante aux fleurs colorées en forme d'étoiles, et c'était ce qu'il avait été pour Candy en grandissant – un petit garçon aussi captivant qu'une étoile, un petit garçon dont elle était folle. Elle le suivait partout, ce dont il se plaignait tout en regardant constamment par-dessus son épaule pour s'assurer qu'elle était bien là.

Candy s'approcha de la fenêtre et laissa son regard errer jusqu'au chemin à l'extrémité des champs, à l'endroit où il s'enfonçait dans le bush et menait à la rivière. Elle avait à peu près l'âge d'Alice la première fois où June l'avait laissée aller à la rivière. Elle pensait être seule à courir sous les arbres le long du chemin sinueux, mais elle aurait dû se douter que Clem ne la laisserait pas partir sans lui à l'aventure. Quand elle était arrivée à la rivière, il se balançait au bout d'une corde attachée à un eucalyptus surplombant la berge et s'était ensuite laissé tomber dans l'eau. Candy avait hurlé. Il avait attendu qu'elle retrouve son calme pour l'emmener dans la cabane secrète qu'il avait construite avec des branches, des morceaux de bois et du feuillage dans une clairière près de l'eucalyptus géant. Il y avait un sac de couchage à l'intérieur, une lanterne, son couteau de poche, sa collection de galets et son livre préféré. Assis côte à côte, genou contre genou, il lui avait fait la lecture, suivant du doigt l'illustration de Wendy en train de recoudre son ombre à Peter Pan.

Nous aussi, nous sommes cousus ensemble, Candy, avait-il dit. *Et nous ne grandirons jamais*. Il avait déplié son couteau. *Jure-le.*

Elle lui avait tendu la paume de sa main. *Je le jure*, avait-elle répondu, frissonnant sous l'effet de la coupure.

Unis par le sang ! Triomphant, il avait enfoncé la pointe du couteau dans sa propre paume, l'appuyant contre celle de Candy et entremêlant leurs doigts.

Candy frotta la minuscule incision à peine encore visible.

En grandissant, Clem était resté l'étoile brillante qui montait toujours plus haut dans le ciel de Candy. Mais un jour – elle avait quatorze ans et Clem seize – l'Armée du salut amena Agnes Ivie à Thornfield, et tout changea. Clem se révéla sous un autre visage, devint d'humeur maussade, cessa de regarder Candy. Il était obnubilé par Agnes. Elle avait l'âge de Candy et, comme elle, était orpheline. Avec des brindilles d'acacia dans les cheveux, de grands yeux profonds qui vous suivaient partout, elle était le sosie d'Alice au pays des merveilles. June la mit immédiatement au travail et Agnes s'attela à la tâche comme s'il s'agissait de gagner un combat. Dans les champs de fleurs de l'aube au crépuscule, elle travaillait jusqu'à ce que ses mains soient couvertes de cloques sanguinolentes. Elle travaillait jusqu'à ce que ses bras frêles n'en puissent plus, portant des seaux entiers de fleurs fraîchement coupées jusqu'à l'atelier. Elle étudiait le *Dictionnaire de Thornfield*, le front creusé de rides. La nuit, elle restait assise dans la chambre du clocher et chantait à la lune ce qu'elle avait appris du langage des fleurs. Candy se mit à pister Agnes dans Thornfield, rôdant comme une ombre autour d'elle quand elle travaillait, observant la fille que Clem lui préférait. Elle la suivit à la rivière et se cacha dans les buissons, la regarda écrire au stylo sur sa peau, le long de chaque avant-bras, puis sur chacune de ses jambes, avant de se déshabiller et de nager dans l'eau verte jusqu'à ce que l'écriture s'efface. Quand une branche craqua près d'elle, elle aperçut Clem qui s'était caché lui aussi. Il épiait Agnes dans la rivière, avec l'expression de quelqu'un qui aurait trouvé une étoile tombée sur terre. En s'apercevant qu'il avait gravé son nom et celui d'Agnes sur le tronc de l'eucalyptus géant, elle comprit qu'elle l'avait perdu. Elle n'avait plus qu'à constater, impuissante, que tout le monde à Thornfield succombait au charme d'Agnes, Clem en premier. Agnes semblait éveiller quelque chose en lui, quelque chose qui lui conférait un droit, quelque chose de cruel. Il ne fut plus jamais le même avec Candy par la suite.

Quand Clem et Agnes quittèrent Thornfield, le souvenir de la rage de Clem et l'abîme laissé par son absence détruisirent l'univers de Candy. Elle garda des échardes pendant un mois après avoir effacé, dans un accès de chagrin, le nom d'Agnes sur l'eucalyptus géant. Rien ne pouvait calmer sa douleur. Pas même quitter Thornfield.

Le souvenir de la nuit où elle s'était sauvée était encore cuisant comme la brûlure de ses jambes après avoir couru au clair de lune à travers le bush jusqu'à la route, attirée par la promesse d'un amoureux. Candy s'était rendue subrepticement en ville après qu'il lui eut donné rendez-vous un après-midi où il s'était arrêté en voiture à côté d'elle sur le chemin de retour de l'école. Il lui avait fait boire de la vodka, fumer des cigarettes. Il lui avait raconté des histoires sur l'endroit d'où il venait, un coin paradisiaque sur la côte. Il passait en ville avant d'y retourner. Voulait-elle venir avec lui ? Il lui apprendrait à nager dans l'océan, et ils habiteraient un endroit où elle aurait son propre jardin. Le sentiment de liberté qu'elle avait éprouvé le soir où elle l'avait rejoint sur la route l'avait enivrée. Elle était montée dans sa voiture, il avait appuyé sur l'accélérateur, et ils s'étaient élancés dans la claire nuit argentée, vers un lieu où ne l'atteindrait plus le chagrin lancinant de l'absence de Clem. Mais, à peine quelques mois plus tard, Candy remontait l'allée de Thornfield avec rien d'autre que sa robe de coton et le médaillon de lys vanille suspendu à son cou. June et Twig étaient assises sur la véranda. Elles l'avaient fait entrer, avaient ajouté un troisième couvert à la table et n'avaient pas dit un mot. Sa chambre était exactement comme elle l'avait quittée ; l'émotion l'avait submergée en la trouvant intacte. June et Twig savaient que Candy avait agi stupidement et qu'elle reviendrait ; elles avaient compris son erreur avant qu'elle la commette. Candy avait cru pouvoir échapper au chagrin.

Elle contempla le plafond, songeant à Alice, la fille silencieuse de Clem et d'Agnes, enfermée dans son monde de souvenirs, cherchant à les démêler, à comprendre ce qui était arrivé à sa vie. Candy avait entendu June raconter son histoire à Twig : Clem avait battu Alice, la laissant inconsciente, et les marques sur le corps d'Agnes enceinte racontaient une histoire identique. Qui pouvait être vil au point d'agir ainsi ? Quel monstre était-il devenu ? Et qu'était-il arrivé au bébé, le fils de Clem, le frère d'Alice ?

Elle repoussa ces questions. Caressa son médaillon du bout du pouce, se concentrant sur le langage du lys vanille : *l'ambassadeur de l'amour*. Depuis que Ruth Stone, l'arrière-grand-mère de June, avait créé une ferme horticole dans la terre desséchée du bush au XIXe siècle, la devise de Thornfield était restée inchangée : *Là où fleurissent les fleurs sauvages*. C'était la seule chose vraie aux yeux de Candy et de toutes celles qui venaient chercher un refuge auprès de June.

En se préparant à se coucher, Candy se demanda si Alice comprenait que, quel que soit l'endroit d'où elle venait ou ce qu'elle avait traversé, elle avait trouvé un foyer.

9

Morelle douce-amère

Signification : **fascination, sorcellerie**
Solanum brownii / Australie centrale

Appartient à la famille des solanacées, souvent toxique. Fréquemment associée dans le folklore à la mort et aux fantômes. Le nom latin vient de « solamen », qui signifie « rassure » ou « réconforte » et se réfère aux propriétés narcotiques de certaines espèces. Les larves de plusieurs papillons s'en nourrissent.

Alice se redressa brusquement dans son lit, prise de nausée. Elle était baignée d'une sueur froide. Dans ses rêves, des cordes de feu l'étouffaient. Sentant la chaleur quitter son visage, elle se rallongea sur son oreiller mouillé, plissant les yeux dans l'éclat aveuglant de la lumière du matin. La lettre de Candy était restée ouverte à côté d'elle, toute froissée. Elle la prit et suivit d'un doigt le tracé sinueux de l'écriture. Le feu du rêve n'était plus le même. Il était bleu. La couleur de son nom, des cheveux de Candy, et de la robe d'une femme que le chagrin avait changée en orchidée.

Elle essaya de retenir ses larmes, mais elles coulaient malgré elle, avertissant Harry comme un sifflet. Il entra à pas feutrés dans la chambre et pressa sa truffe humide contre le genou nu d'Alice. La masse de son corps la rassura.

Elle ferma les yeux et pressa les doigts sur ses paupières, très fort, à s'en faire mal. Quand elle les ouvrit, sa vision était constellée d'étoiles noires. Elles se dissipèrent peu à peu et elle s'aperçut que quelqu'un était entré dans sa chambre pendant son sommeil et avait apporté des vêtements et posé un plateau de petit-déjeuner sur son bureau. Harry lui lécha la joue. Alice sourit et sortit du lit.

Un short et un tee-shirt propres étaient disposés sur le dos d'une chaise. Des chaussettes et une culotte pliées sur son fauteuil et ses bottines bien rangées sur le sol. Il y avait aussi un chapeau à large bord, et un petit tablier semblable à ceux que portaient les Fleurs, avec son nom brodé de fil bleu ciel sur la poche. Alice le caressa. C'était la couleur de la robe que portait la reine dans l'histoire de Candy. Qu'attendre si longtemps le retour de l'amour puisse vous changer en fleur ou n'importe quoi d'autre la rendait triste.

Elle prit une tranche de pêche sur le plateau. Le fruit était sucré et juteux. Elle en prit une seconde, s'essuya les mains à son pyjama et examina le tee-shirt. Il était fait de ce genre de coton qui semble adouci par le temps. Sa mère avait le même. Alice adorait dormir avec quand Agnes l'avait porté assez longtemps pour qu'il conserve son odeur.

« Bonjour. »

June se tenait à la porte. Harry renifla joyeusement. Alice avait les cheveux qui lui tombaient sur le visage. Elle ne tenta pas de les repousser derrière les oreilles pendant que June défaisait le lit et quittait la pièce sans mot dire. Quelques minutes plus tard, June remonta dans la chambre, légèrement essoufflée, apportant une paire de draps propres. Alice rougit de honte. Appuyé contre elle, Harry léchait les larmes qui roulaient sur ses joues brûlantes. Les genoux de June craquèrent lorsqu'elle s'accroupit auprès d'elle.

« Cela ne te paraîtra pas toujours aussi étrange, Alice, dit-elle. Crois-moi. Je sais que tu as de la peine, et que tout te paraît nouveau et inquiétant. Mais tu trouveras un refuge ici, si tu nous fais confiance. »

Alice regarda June. Pour la première fois, elle n'avait pas son habituel regard lointain, fixé sur l'horizon. Elle était présente, ses yeux grand ouverts, concentrés sur Alice.

« Je sais que tout est affreux pour toi en ce moment, mais cela ira mieux. Tu es en sécurité ici. D'accord ? Il ne t'arrivera rien. »

Alice sentit le sang battre plus fort à ses oreilles. Elle ferma étroitement les yeux. Elle avait du mal à respirer.

« Alice ? Ça va ? » La voix de June lui parut venir de loin, de très loin. Harry tournait autour d'elles, aboyant.

Alice secoua la tête. Les souvenirs s'entrechoquaient dans sa tête. Avant Thornfield, avant l'hôpital, avant la fumée et les cendres. Loin en arrière, avant.

Dans l'atelier de son père.

Les statuettes de bois sculptées représentant une femme et une petite fille avec des fleurs.

Les lèvres de June remuaient, mais Alice ne distinguait pas ce qu'elle disait. Elle avait l'impression d'être immergée sous l'eau, de couler et de nager en même temps. Elle voyait sa grand mère à travers le filtre de la mer. Son visage flottait dans le flou de sa vision, excepté pendant un bref instant où il était parfaitement clair.

Finalement, Alice la reconnut.

June, ses expressions, ses cheveux, son attitude, son sourire. Alice les avait déjà vus.

Elle reprit à grand-peine sa respiration.

June était la femme que son père avait sculptée sans relâche dans son atelier.

June attrapa son chapeau Akubra accroché à la patère près de la porte d'entrée, l'enfonça sur sa tête et prit ses clés sur la commode. Elle sortit précipitamment, descendit les marches de la véranda, plissant les yeux dans la lumière éblouissante du matin, et se hâta vers son pick-up. En ouvrant la portière, elle poussa une exclamation de surprise à la vue de Harry assis sur le siège à l'intérieur. Il était à l'étage avec Alice un instant auparavant, et elle le retrouvait au garde-à-vous, la queue enroulée autour des pattes, les yeux fixés sur elle.

« Tu es le roi de l'évasion, marmonna June. Tu m'étonneras toujours. » Elle ébouriffa ses grandes oreilles. En grimpant dans le pick-up, un frisson la parcourut au souvenir de l'expression d'Alice dans sa chambre, de l'éclair qui avait traversé ses yeux comme si elle l'avait reconnue. Elle tenta de calmer le tremblement de ses mains, dut s'y reprendre à trois fois pour insérer la clé de contact. Elle palpa sa poche, en sortit sa flasque et avala une gorgée.

« June », l'appela Twig depuis l'entrée.

Elle remit rapidement la flasque dans sa poche, sentant la brûlure du whisky dans sa gorge.

Twig se hâta vers le pick-up et resta près de la fenêtre en attendant qu'elle l'ouvre. Elles n'avaient échangé que quelques phrases brèves depuis l'arrivée d'Alice. June se prépara à un nouvel éclat ponctuant leur querelle du moment, qui prenait maintenant un tour auquel les vieilles amitiés ne résistent pas, ou dont elles sortent renforcées. C'était loin d'être leur première dispute – il y en avait eu d'autres bien plus violentes par le passé, pourtant elles se serraient les coudes malgré tout. Comme on le fait en famille.

Quand June baissa la vitre, Twig fit ostensiblement un pas en arrière et elle se maudit de ne pas avoir de pastilles de menthe sur elle.

« Elle va bien, dit Twig calmement au bout d'un moment. Elle se repose avec Candy dans le salon. »

June hocha la tête.

« J'ai téléphoné à l'hôpital…

– Je m'en doutais », railla June.

Twig n'y prêta pas attention. « L'infirmière, Brooke, m'a dit que cela ressemblait à un accès de panique. Alice a besoin de repos, de compagnie et d'être surveillée de près. Elle a aussi besoin d'une aide psychologique, June. » Twig fit un pas en avant et posa les deux mains sur le rebord de la fenêtre. « Elle a besoin de voir quelqu'un. »

June secoua la tête.

« Tout le monde a besoin de trouver sa place, de quelqu'un à qui se raccrocher, June. » La voix de Twig était à peine audible dans les vibrations du moteur.

Elle savait ce qu'elle faisait en répétant les mots exacts que June elle-même avait prononcés des années auparavant, le jour où Twig était arrivée à Thornfield. June démarra. Elle ne se laisserait pas manipuler.

« Je vais l'inscrire à l'école, lança-t-elle. C'est là qu'est sa place. » Twig recula brusquement, piquée au vif.

La portée véritable des paroles de Twig atteignit June de plein fouet alors qu'elle s'éloignait sur la route. Qui croyait-elle être pour assumer ainsi la pleine responsabilité de la fille de son fils ? Qui était-elle, elle-même, sinon le « parent le plus proche » sur un document administratif ? L'éclair de reconnaissance qu'elle avait décelé ce matin dans le regard d'Alice lui revenait sans cesse à la mémoire. La même question la poursuivait : comment Alice pouvait-elle connaître son visage ?

Allongée sur le divan près de la fenêtre, Alice écouta le ronflement du pick-up de June disparaître dans le lointain. Elle essayait d'assembler les différents éléments d'information à sa disposition : les sculptures dans l'atelier de son père représentaient June. June était sa grand-mère, mais elle était aussi la mère de son père. Pourquoi Alice ne l'avait-elle jamais rencontrée auparavant ? Certainement pas parce que son père n'aimait pas June ; sinon pourquoi aurait-il passé tant de temps à sculpter son portrait ? Elle poussa un soupir et se recroquevilla au fond du divan. Le jacassement d'une pie lui parvint à travers la fenêtre. Elle ferma les yeux et écouta. Le tic-tac de la vieille horloge. Le lent battement de son cœur. La régularité de sa respiration.

Après l'avoir confiée à Twig, June avait quitté la maison et elle n'était pas encore rentrée. Twig avait préparé à Alice une tasse d'un liquide sucré qui l'avait laissée toute ramollie, comme du chocolat au soleil. Ses yeux se fermèrent lentement et, quand elle les rouvrit, Twig n'était plus là. Mais en face d'elle était assise Candy Baby, ses longs cheveux bleus flottant comme des vagues mousseuses de barbe à papa.

« Hello, mon chou », dit Candy avec un grand sourire.

Alice contempla sa chevelure, le brillant de ses lèvres, son vernis à ongles écaillé vert menthe, et les minuscules macarons en émail à ses oreilles.

« Contente de voir que tu as enfin repris des couleurs, ma petite fleur. » Candy pressa la main d'Alice. Ne sachant que répondre, Alice continua à la regarder. « Je fais cuire des biscuits, continua Candy. Pour le petit-déjeuner, mais il me faudrait quelqu'un pour les goûter avant de les servir. Tu pourrais peut-être m'aider ? »

Alice hocha la tête si énergiquement que Candy se prit à rire.

« Bon, voyons un peu. » Candy replaça une mèche d'Alice derrière son oreille. « Tu as le plus joli sourire de Thornfield », dit-elle. Seule sa mère avait dit à Alice qu'elle avait un joli sourire.

En attendant les biscuits, Alice tapotait son ventre du bout des doigts. Les rayons du soleil entraient généreusement par la fenêtre à travers un patchwork de feuilles tropicales géantes. Une odeur de tabac se mêlait aux effluves sucrés qui émanaient de la cuisine. De temps en temps, l'air que fredonnait Candy se répandait dans le salon.

Puis Alice entendit des pas s'approcher, accompagnés d'une odeur de sirop. Elle voulut s'asseoir.

« Non, mon cœur. Repose-toi. » Candy approcha une petite table du divan et y déposa une assiette de biscuits Anzac et un verre de lait. « Ne bouge pas. Régale-toi. » Alice prit un biscuit encore chaud, juste sorti du four. Elle le tint entre le pouce et l'index. Il était bien ferme. Elle tâta le milieu. Moelleux. Elle regarda Candy avec étonnement.

« Eh oui, c'est comme ça. Les bords sont croustillants, le milieu mou. C'est ainsi qu'on devrait toujours les manger », dit-elle avec un hochement de tête assuré. À cet instant, Alice l'adora. Elle prit une bouchée aussi grosse que possible.

« Tes joues sont gonflées comme celles d'un opossum. » Candy éclata de rire.

La moustiquaire s'ouvrit et des bruits de bottines sur le tapis-brosse de l'entrée emplirent le hall. Un moment plus tard, Twig entrait dans le salon, le front soucieux. En voyant Alice et Candy, elle se détendit.

« Tu arrives au bon moment, Twiggy Daisy. » Candy lui tendit l'assiette. Twig regarda Alice, haussant les sourcils d'un air interrogateur. Alice hocha la tête avec un sourire timide.

« Comment pourrais-je dire non, si Alice dit oui ? » Twig prit un biscuit dans l'assiette et croqua un morceau en grommelant. « Tu es une véritable alchimiste, Candy. »

Alchimiste. Alice se promit de chercher le mot plus tard dans le dictionnaire.

« J'avoue que le mélange de camomille et de thé au miel fait des merveilles. » Elle se tourna vers Alice avec un sourire chaleureux. « Tu te sens un peu mieux ? » Alice hocha la tête. « C'est bien. Très bien. »

« Où est partie June ? demanda Candy, regrettant aussitôt sa question.

– June, euh, elle avait des courses à faire en ville. » Twig lança un regard entendu à Candy et changea illico de sujet. « Tu es prête pour que les Fleurs viennent prendre leur thé du matin ?

– Le café, le thé et les biscuits sont servis sur la véranda de derrière, tout est prêt.

– Parfait. Je vais… » Twig fut interrompue par un klaxon de voiture et un crissement de pneus dans l'allée. Elle leva la tête pour regarder par la fenêtre. « Boryana vient toucher sa paye. Est-ce que je peux lui apporter un biscuit ? »

Elle en subtilisa deux dans l'assiette, puis un troisième qu'elle tint entre ses dents, avec un large sourire. Elle disparut dans le couloir pour revenir quelques instants plus tard, chaussée de ses bottines. « Vraiment, ils sont trop bons, Candy. C'est un péché. » Elle s'apprêta à s'en aller, puis s'arrêta. « Tu pourrais montrer l'atelier à Alice, si elle en a envie ? C'est le bon moment, les Fleurs n'y sont pas. À plus tard, mesdames. » Elle fit un signe de la main et sortit.

« Boryana est une Fleur elle aussi, la seule à ne pas vivre ici, expliqua Candy. Elle habite avec son fils de l'autre côté de la ville. Bory vient toutes les semaines et c'est elle qui s'occupe du ménage à Thornfield. Elle est bulgare, c'est quelqu'un d'adorable. »

Alice se demanda ce que voulait dire « bulgare ». Une espèce de fleur peut-être ?

« Écoute, je vais en vitesse chercher tes chaussures et tes affaires, et une fois que tu seras habillée, nous irons visiter l'atelier, continua Candy. Si tu veux, je te présenterai à Boryana. »

Alice hocha la tête. Elle était prête à tout, tant que c'était avec Candy Baby.

Pendant que Candy était à l'étage, Alice alla à la fenêtre, curieuse de voir à quoi ressemblait une Bulgare. Dehors, près d'une vieille voiture cabossée, une femme s'entretenait avec Twig. Elle avait des bras musclés et hâlés, des cheveux noirs et un rouge à lèvres éclatant. Toutes les deux riaient de bon cœur. Mais ce n'était pas elles que regardait Alice. C'était le garçon assis à l'avant de la voiture.

Alice n'avait jamais vu un garçon d'aussi près.

Elle ne voyait que son profil, en grande partie masqué par des cheveux blonds en bataille. Ils lui tombaient sur le visage.

Il baissait la tête et fixait quelque chose qu'il tenait entre ses mains. Elle se demanda à quoi ressemblaient ses yeux. Il bougea sur son siège et souleva le livre qu'il lisait pour le poser contre la fenêtre. Un livre !

Comme s'il avait entendu son cœur battre, le garçon leva la tête et la regarda. Une sensation étrange la saisit. Elle était incapable de bouger, comme figée sur place. Elle resta à la fenêtre, les yeux fixés sur lui. Il leva lentement la main, fit un geste vers elle. Il lui faisait signe. Hébétée, Alice leva la main et lui fit signe à son tour.

« Tu viens ? »

Elle se retourna brusquement. Candy se tenait devant elle, ses vêtements sous le bras, balançant ses bottines bleues au bout de leurs lacets. Alice secoua la tête. Elle était complètement tourneboulée, comme si tout avait été mis sens dessus dessous à l'intérieur d'elle-même.

« Que se passe-t-il ? » demanda Candy en s'approchant d'elle. Alice pointa son doigt vers la fenêtre, mais Boryana était partie en voiture avec le garçon, laissant un nuage de poussière.

« Oh, ne t'en fais pas, mon chou. Tu la verras une autre fois, bientôt. »

Alice appuya ses mains contre la vitre, fixant la poussière qui retombait dans l'allée.

Alice suivait Candy à travers le dortoir des Fleurs. En arrivant à l'atelier, elles s'arrêtèrent devant une porte couverte d'une épaisse vigne vierge. Candy écarta le feuillage, prit des clés dans sa poche et en introduisit une dans la serrure.

« Prête ? » demanda-t-elle en souriant. La porte s'ouvrit.

Elles se tinrent ensemble sur le seuil de l'atelier. Le soleil du matin leur réchauffait le dos, mais la climatisation intérieure fit frissonner Alice. Elle se frotta les bras, se souvenant du garçon qui lui avait fait signe.

« En voilà un gros soupir. » Candy eut un froncement de sourcils. « Ça va ? »

Alice aurait tellement voulu parler, mais seul un second soupir s'échappa de ses lèvres.

« On accorde parfois trop d'importance aux mots », dit Candy en lui prenant la main.

Alice hocha la tête. Candy lui pressa légèrement la main avant de la lâcher.

« Viens. » Elle tint la porte ouverte. « Allons jeter un coup d'œil. »

Elles pénétrèrent à l'intérieur. La première moitié de l'atelier était occupée par des établis, une multitude de seaux, plusieurs éviers en ligne, et une rangée de réfrigérateurs le long du mur. Sur des rayonnages étaient disposés divers outils, ainsi que des rouleaux de voile d'ombrage, toutes sortes de bouteilles et de sprays. Des chapeaux à larges bords, des tabliers et des gants de jardinage étaient suspendus à des crochets au mur, et en dessous s'alignaient des rangées de bottines en caoutchouc tels d'invisibles soldats au garde-à-vous. Alice se tourna vers les établis sous lesquels on trouvait des étagères chargées de bacs et de godets divers. Une odeur de terre grasse flottait dans toute la pièce.

« C'est ici qu'on apporte les fleurs coupées dans les champs. Chaque fleur est examinée avant de sortir de l'atelier. Elles doivent être parfaites. Nous avons des commandes provenant aussi bien de la région que de tout le pays. Pour des fleuristes, des grandes surfaces, des stations-service ou des marchés. Elles sont portées par des jeunes mariées et des veuves, et – la voix de Candy trembla – de jeunes mères. » Elle caressa un établi. « Tu ne trouves pas cela magique, Alice ? Les fleurs que nous cultivons disent les mots que les gens ne peuvent pas prononcer, dans à peu près toutes les circonstances imaginables. »

Imitant Candy, Alice fit courir ses doigts sur la surface de l'établi. Qui envoyait des fleurs à la place d'une lettre ? Comment une fleur pouvait-elle dire la même chose que des mots ? À quoi ressemblerait un de ses livres, si les milliers de mots qu'il contenait étaient des fleurs ? Personne n'avait jamais envoyé de bouquet à sa mère.

Elle s'accroupit pour examiner les bacs remplis d'outils, de pelotes de ficelle, et les petits pots pleins de marqueurs et de crayons-feutres de toutes les couleurs placés sous les établis. Elle ôta le capuchon d'un marqueur bleu et le renifla. Sur le dos de sa main, elle traça une ligne droite verticale, un I. Après quelques instants, elle ajouta : *Ici. Je suis ici.* Voyant Candy s'approcher, elle effaça les mots.

« Psstt. Alice Blue. » Candy se pencha vers elle. « Suis-moi. »

Elles se frayèrent un chemin entre les établis, dépassèrent les éviers et les frigidaires et entrèrent dans la deuxième partie de l'atelier. Il y avait là des bureaux couverts de toiles vierges, de boîtes de peinture et de pots remplis de pinceaux. Dans un angle étaient rangés des chevalets, des tabourets, et une boîte pleine de tubes de peinture. Sur un autre bureau, des rouleaux de feuilles de cuivre, des morceaux de verre coloré et une myriade d'outils. Lorsqu'elle atteignit le fond de l'atelier, Alice avait oublié le garçon. Elle avait oublié June et les statues de son père. Elle était trop absorbée par tout ce qui se trouvait devant elle.

« Et voilà le saint des saints ! » dit Candy en riant.

Des douzaines de fleurs étaient suspendues au plafond, à différents degrés de séchage. Une longue table courait le long du mur. Au-dessus étaient disposés des outils et des étoffes, noircis par l'usage, et partout des pétales de fleurs séchées, disséminés, abandonnés comme des vêtements oubliés sur la rive. Alice appuya ses mains sur la surface de bois, se souvenant de celles de sa mère flottant au-dessus des corolles des fleurs dans son jardin.

À une extrémité de la table était tendue une pièce de velours, couverte de bracelets, de colliers, de boucles d'oreilles et de bagues, tous décorés de fleurs emprisonnées dans la résine.

« C'est le domaine de June, dit Candy. C'est ici qu'elle transforme en magie les histoires de Thornfield. »

Magie. Alice se tenait devant les bijoux, chaque pièce scintillant à la lumière.

« June cultive toutes les fleurs que tu vois ici. » Candy souleva un bracelet ; le pendentif qui l'ornait renfermait un pétale couleur pêche. « Elle met sous presse chacune d'entre elles, puis la coule dans de la résine transparente, avant de la sertir d'argent. » Candy remit le bracelet à sa place. Alice contempla l'arc-en-ciel de couleurs des autres fleurs enchâssées dans les colliers, boucles d'oreilles et bagues. Chacune était à jamais scellée ; figée dans le temps et pourtant colorée à vie. Elle ne noircirait jamais, ne tomberait jamais en poussière. Elle ne mourrait pas.

Candy s'approcha d'elle. « Au temps de la reine Victoria, les gens en Europe parlaient le langage des fleurs. C'est la vérité. Les ancêtres de June – tes ancêtres, Alice –, des femmes qui ont vécu il y a longtemps, ont emporté cette langue à travers les océans depuis l'Angleterre et l'ont transmise au fil des générations, jusqu'à ce que Ruth Stone l'introduise ici à Thornfield. On dit qu'elle resta longtemps sans l'utiliser. Ce n'est qu'en tombant amoureuse qu'elle se mit à parler le langage des fleurs. Sauf qu'au lieu de la langue qu'elle avait apportée d'Angleterre, elle ne parlait que celle de son amoureux… » Candy s'interrompit. Son visage s'était empourpré. « Quoi qu'il en soit… » Elle ne poursuivit pas.

Ruth Stone. Son ancêtre. La curiosité enflamma les joues d'Alice. Elle aurait voulu glisser une bague à chacun de ses doigts, sentir le métal froid des pendentifs sur sa peau brûlante, enfiler les bracelets à ses poignets et porter les boucles à ses oreilles pas encore percées. Elle aurait voulu porter ce langage secret des fleurs pour dire tout ce que sa voix ne pouvait exprimer.

À l'autre bout de l'établi était posé un petit livre fait main. Alice s'en approcha avec précaution. Le dos craquelé avait été souvent réparé, relié avec de nombreux rubans rouges. Sur la couverture, une inscription fanée en typographie manuscrite dorée était entourée de fleurs rouges semblables à des rouets. *Le langage des fleurs sauvages d'Australie à Thornfield.*

« Ruth Stone était ton arrière-arrière-grand-mère, dit Candy. C'était son dictionnaire. Au fil des années, les descendantes de Ruth ont cultivé ce langage comme elles ont cultivé les fleurs qui poussent ici. » Elle passa le gras de son pouce sur la tranche des pages épaisses à l'odeur de moisi. « Il est dans la famille de June depuis des générations. Dans ta famille », se reprit elle.

Alice n'osait pas approcher sa main du livre. Elle mourait d'envie de l'ouvrir, mais n'était pas sûre d'en avoir le droit. Les pages jaunies dépassaient à des angles bizarres. Des bribes d'inscriptions manuscrites apparaissaient sur les marges extérieures. Alice pencha la tête sur le côté. Elle ne put lire que quelques mots en entier. *Sombre. Branches. Meurtri. Parfumé. Papillons. Havre.* C'était le plus beau livre qu'Alice ait jamais vu.

« Alice. » Candy se pencha pour être à la hauteur des yeux de la fillette. « Avais-tu entendu parler de cette histoire auparavant ? À propos de Ruth Stone ? »

Alice secoua la tête.

« Qu'est-ce que tu sais sur ta famille ? » demanda doucement Candy.

Se sentant honteuse sans même comprendre pourquoi, Alice détourna les yeux. Elle secoua la tête à nouveau.

« Oh, tu as de la chance. » Candy sourit tristement.

Alice lui lança un regard étonné. Elle s'essuya le nez avec le revers de sa main.

« Tu te souviens d'Alice Blue, la femme dont je t'ai parlé dans ma lettre, la fille de roi ? »

Alice hocha la tête.

« Sa mère aussi est morte quand elle était jeune. » Candy lui prit la main. « Elle a eu le cœur brisé et on l'a envoyée vivre avec sa tante dans son palais plein de livres. Plus tard, devenue adulte, Alice Blue disait que les histoires que sa tante lui racontait et celles qu'elle lisait dans ses livres lui avaient sauvé la vie. »

Alice imaginait Alice Blue, une jeune fille dans sa robe d'un bleu emblématique, lisant sous la lumière pâle qui tombait d'une fenêtre sur les pages de son livre.

« Tu as eu beaucoup de chance de trouver cet endroit et d'y découvrir ton histoire personnelle, Alice. La chance de savoir d'où tu viens et à qui tu appartiens. » Candy se détourna. Après quelques instants, elle essuya ses joues. La climatisation ronronnait et cliquetait dans le fond. Alice examinait le vieux livre, elle imaginait toutes les femmes qui l'avaient compulsé au cours du temps, serrant peut-être dans leur poing un bouquet de ces fleurs sauvages, ajoutant une nouvelle rubrique dans leur langage secret.

Elle commençait à avoir des fourmis dans les jambes. Candy se tourna vers elle et lui posa une question qui la submergea d'impatience.

« Veux-tu que je te montre le chemin de la rivière ? »

10

Boîte d'épines

Signification : **jeunesse de la femme**
Bursaria Spinosa / Australie de l'Est

Arbuste ou buisson à l'écorce grise rainurée. Branches lisses et armées d'épines. Ses fleurs blanches au parfum sucré peuvent éclore à toute époque, mais principalement en été. Leur nectar est apprécié des papillons, et l'arbre offre un refuge sûr aux petits oiseaux. Structure enchevêtrée d'épines colonisée par de nombreuses espèces d'araignées.

Alice protégea ses yeux du soleil. Les nuits étaient devenues plus fraîches à l'automne, mais les journées étaient encore étouffantes. Candy souleva la vigne vierge, referma à clé la porte de l'atelier et laissa retomber la plante. À l'arrière de la maison, sur la véranda, les Fleurs avaient terminé leur thé matinal et rapportaient tasses et assiettes à la cuisine. En arrivant, Candy demanda l'heure à Myf, la Fleur tatouée d'oiseaux bleus, et se tourna vers Alice d'un air consterné.

« Oh, mon chou, je suis désolée. Il est plus tard que je pensais. Je crains de devoir m'occuper du déjeuner sans tarder, sinon les Fleurs en pâtiront, toutes dans tous les sens du terme. Je t'emmènerai à la rivière une autre fois. »

Alice scruta son visage.

« Non, ne me regarde pas comme ça. Je ne peux pas te laisser y aller seule. »

Alice continuait à la fixer.

« Bon sang », murmura Candy entre ses dents. « Écoute, seulement si tu promets de faire plus attention que tu ne l'as jamais fait de ta vie. De. Ta. Vie. » Candy fronça les sourcils. « Et seulement si tu promets de revenir dès que tu auras jeté un coup d'œil à la rivière. Aussitôt. Je ne plaisante pas. »

Alice hocha énergiquement la tête.

« Et encore une chose : ne dis pas à June ni à Twig que je t'ai laissée sortir seule dès le premier jour où elles t'ont confiée à moi. »

Alice haussa les sourcils.

« Oh. D'accord. Aucun problème de ce côté-là. » Candy croisa les bras. « Très bien, Alice Blue, finit-elle par céder. Tu peux aller à la rivière toute seule et explorer. Mais ne me trahis pas. On n'obtient pas facilement une deuxième chance dans cette maison. »

Alice courut vers Candy et jeta ses bras autour de sa taille. *J'ai confiance en toi.*

Pendant les dix minutes suivantes, Candy lui répéta comment se rendre à la rivière : aller jusqu'au chemin au bout des champs de fleurs. Le suivre à travers le bush jusqu'à la rivière. Ne pas s'écarter du chemin. Ne pas entrer dans la rivière. Ne pas essayer de traverser la rivière. Ne faire absolument rien d'autre que de suivre le chemin jusqu'à la rivière.

Après qu'Alice eut hoché la tête trois fois à chaque mot, Candy se montra satisfaite.

« OK. Dans ce cas, je vais préparer le déjeuner. À tout à l'heure mon chou. »

Alice resta sans bouger, hésitant encore à croire qu'elle avait l'autorisation de quitter la maison. En haut des marches, Candy se retourna. *Va,* articula-t-elle silencieusement avec un sourire en lui faisant signe de s'éloigner.

Alice partit en courant le long du champ de fleurs, avec les indications de Candy encore à l'oreille. Sans s'arrêter, ni regarder en arrière, ni hésiter. Si elle n'avait pas perdu sa voix, elle aurait renversé la tête en arrière et poussé un cri de triomphe. Elle courait, les yeux fixés sur le sentier crayeux au bout du jardin qui s'enfonçait dans la forêt. *À la rivière*, chantait-elle en silence. *À la rivière.*

Lorsque le bush l'enveloppa, Alice ralentit son allure. Les rayons du soleil traversaient les cimes des arbres, dessinant des taches de lumière à ses pieds. Les criquets et les oiseaux-cloches chantaient à l'unisson, accompagnés parfois par le coââ-coââ d'une grenouille arboricole. Alice regarda au-dessus d'elle les troncs noueux des eucalyptus, écouta le chuchotement des branches et des feuilles dans le vent. Les papillons monarques virevoltaient au-dessus des buissons de coton sauvage. Elle observa les rochers couverts de lichens, les crosses chevelues des jeunes fougères arborescentes, et les tapis odorants de fleurs sauvages pourpres. L'air sentait la terre sèche, la vanille et l'eucalyptus. Elle avait presque oublié pourquoi elle était là jusqu'au moment où elle l'entendit. Elle s'immobilisa et écouta. Le bruit ténu, mais reconnaissable entre mille ; l'eau l'appelait aussi clairement que si elle avait été la voix de sa mère. Alice s'élança vers la rivière, ses cheveux flottant derrière elle.

Le sentier s'interrompait dans une clairière au bord d'une large rivière verte. Elle n'ondulait pas, ne grondait pas, ne se brisait pas comme la mer ; elle coulait calmement tel un chant continu. Alice se sentit attirée vers elle, comme semblait l'être tout ce qui l'entourait : les racines des arbres qui plongeaient dans l'eau, les longs filaments de mousse qui flottaient dans le courant, attachés aux rochers à moitié immergés.

N'entre pas dans la rivière.

Alice demanda silencieusement pardon à Candy en se débarrassant de ses bottines. Elle venait d'enlever ses chaussettes quand elle remarqua un étroit sentier qui longeait la berge.

Elle essaya de voir où il menait. Les indications de Candy ne mentionnaient aucun autre chemin. *On n'obtient pas facilement une seconde chance dans cette maison.* Alice s'avança lentement dans sa direction. Elle allait juste jeter un coup d'œil. Mais, à sa grande déception, le chemin ne menait nulle part. Il se terminait brusquement, presque aussitôt, dans un petit espace circulaire ombragé au bord de la rivière, à peine assez grand pour contenir deux personnes. Alice piétina la terre, avec un soupir de dépit. Mais, au moment où elle faisait demi-tour, son regard fut attiré par quelque chose : la lisière dorée d'une masse sombre qui cachait le soleil. Elle eut un mouvement de surprise en découvrant la taille de l'eucalyptus géant au bord de la rivière. Son tronc était le plus gros qu'elle eût jamais vu. L'arbre tendait ses bras si haut qu'on n'en voyait pas la cime. Elle avait les mains moites à la seule pensée d'y grimper. Ses branches étaient chargées de fleurs et de longues feuilles parfumées en forme de croissants. Ses racines baignaient dans la rivière, créant des poches remplies de fruits, de feuilles et de fleurs. C'était le roi des arbres. Mais le plus fascinant pour Alice était l'endroit sur le tronc où était gravée une liste de noms. L'inscription des premiers se situant plus haut que le niveau de ses yeux, Alice dut se hausser sur la pointe des pieds et incliner la tête en arrière pour les lire tous. Elle reconnut le nom de Ruth Stone, mais aucun des autres ne lui évoqua rien, jusqu'à ce qu'elle tombe sur les deux derniers.

June Hart.

À côté du nom de June apparaissait une profonde entaille, où Alice imagina qu'un autre nom avait été gravé autrefois. Sous l'inscription de June se trouvait celle du père d'Alice : *Clem Hart.* Et, à côté, une entaille similaire, où un autre nom avait dû être inscrit. Alice tenta sans y parvenir de comprendre le sens de ces inscriptions, comme si elles étaient un langage secret semblable à celui des fleurs. *Ruth Stone. Jacob Wyld. Wattle Hart. Lucas Hart. June Hart. Clem Hart.* Plus les deux qui avaient été supprimés.

Le cri rauque d'un cacatoès la fit sursauter. L'étroitesse de l'endroit et la suppression de ces deux noms la rendaient nerveuse.

Quand le cri retentit à nouveau, Alice s'empressa de regagner la clairière près de la rivière, et s'y tint haletante, cherchant à calmer les battements de son cœur.

Le cours tranquille et régulier de l'eau l'apaisa. La chaleur et l'humidité de la mi-journée pesaient sur sa peau. La sueur dégoulinait le long de son dos. *Promets de revenir dès que tu auras jeté un coup d'œil à la rivière. Aussitôt.*

Alice ne put résister. Elle ôta son tee-shirt et son short en un clin d'œil, les abandonna près de ses chaussures et descendit sur la rive sablonneuse. Quand l'eau froide lui lécha les pieds, un frisson familier la parcourut. La dernière fois qu'elle avait nagé lui paraissait si éloignée qu'elle se rappelait à peine le goût salé de l'eau. Elle entra dans la rivière jusqu'aux genoux, rassurée par la lenteur du courant, puis jusqu'à la taille, laissant traîner ses mains à la surface. Ses épaules se détendirent. La forêt craquait et bruissait autour d'elle.

Elle se tourna vers l'eucalyptus, songeant aux noms gravés sur son tronc. *La rivière est une autre histoire*, lui avait dit June quand elles étaient ensemble dans le champ de fleurs. *Elle appartient à ma famille depuis des générations. À notre famille.* Alice regarda le lit sablonneux au fond de l'eau. Une rivière était donc quelque chose que l'on pouvait posséder ? Comme si quelqu'un vous disait qu'il possédait la mer ? Alice savait que vous pouviez être la proie de la mer quand vous y entriez. Pourtant, la pensée de faire partie de cet endroit d'une façon ou d'une autre réchauffa un coin de son cœur. Au-dessus d'elle, un kookaburra jacassa. Alice hocha la tête. Assez réfléchi. Elle fit un pas en avant et s'enfonça dans les remous de l'eau verte, laissant ses questions sans réponse à la surface.

La douceur de l'eau et la totale absence de sel la surprirent. Ses yeux ne la piquaient pas. Elle laissa des bulles s'échapper de sa bouche et les regarda monter à la surface et éclater. Le cœur de la rivière battait à ses oreilles. Son père lui avait dit un jour que toute l'eau finissait par retourner à la même source. Une autre question lui vint : pourrait-elle remonter la rivière en nageant, à travers le temps, jusque chez elle ?

Cette question l'absorba si longtemps qu'elle resta sous l'eau jusqu'à avoir les poumons en feu. Elle donna un grand coup de pied au fond et remonta à la surface en crachotant. Respirer lui était aussi douloureux que lors de la nuit de l'incendie. Soudain la lumière du bush ne lui parut plus aussi accueillante, ni l'eau aussi apaisante. Elle sortit de la rivière en trébuchant, gravit péniblement la berge en toussant et faillit s'écrouler sur le sol sec. Elle toussait sans pouvoir s'arrêter, pliée en deux, les mains posées sur les genoux.

« Ça va ? »

Elle se retourna brusquement en direction de la voix.

Il était là. Sur l'autre rive. Le garçon de la voiture.

Alice se plia en deux, prise d'un accès de toux, les yeux et le nez coulant, incapable de s'arrêter. Plus elle se retenait, plus elle toussait. Quand elle se mit à pleurer, la toux se transforma en haut-le-cœur. Dans son dos, elle entendit un grand bruit d'éclaboussures juste avant de constater que des gouttes d'eau dégoulinaient sur ses pieds. Le garçon était à côté d'elle, trempé.

« Inspire. Expire. » Il posa ses mains entre ses omoplates. Elle leva les yeux vers lui et suivit ses instructions.

Inspirer. Expirer.

Inspirer. Expirer.

La toux se calma peu à peu.

Quand elle se releva, elle s'aperçut trop tard qu'elle n'avait sur elle que sa culotte. Les joues brûlantes, elle saisit son tee-shirt et son short. Incapable de regarder le visage du garçon, elle partit en courant sur le sentier.

Il l'appela « hé ! ». Alice ne se retourna pas.

Elle ne s'arrêta qu'en sortant du bush, à l'orée de la ferme des fleurs, pour enfiler ses vêtements. C'est seulement alors qu'elle aperçut qu'elle était pieds nus. Ses bottines étaient restées au bord de la rivière.

Elle courut le long des champs de fleurs vers la maison, savourant la tiédeur du soleil de l'après-midi sur sa peau. Elle ne savait pas quoi faire pour récupérer ses bottines, à part essayer de sortir plus tard sans se faire remarquer pour aller les chercher.

De l'autre côté des champs, les climatiseurs de l'atelier bourdonnaient. À l'intérieur, les Fleurs s'occupaient de leur moisson de la matinée. Alice gravit d'un bond l'escalier de la véranda à l'arrière de la maison. Les tables étaient débarrassées, les chaises repoussées contre les murs. Depuis combien de temps était-elle partie ? Avait-elle raté le déjeuner ? Son estomac répondit par un grognement. Alice s'avança sur la pointe des pieds vers la moustiquaire.

Il n'y avait apparemment personne à l'intérieur. Twig et Candy étaient peut-être dans l'atelier avec les autres. Alice se détendit. Elle alla à la cuisine, cherchant quelque chose à manger, et trouva du pain, du beurre et de la vegemite. Assez pour se faire deux sandwichs.

« Tu as un appétit digne de celui de Harry aujourd'hui. »

Pétrifiée, Alice se retourna, se forçant à sourire calmement à Twig, qui se tenait dans l'embrasure de la porte.

« Candy m'a dit que tu avais déjeuné plus tôt dans ta chambre après une matinée chargée. Elle m'a dit que tu n'en avais pas laissé une miette. »

Hésitante, Alice hocha la tête. Elle avait loupé le déjeuner. Elle s'était sans doute absentée plus longtemps qu'elle ne l'avait cru, et se sentait mal à l'idée d'avoir des ennuis, ou pire, d'en causer à Candy. Celle-ci cependant lui avait trouvé un alibi qui la ravit.

« Un bon appétit est aussi important qu'un bon comportement, c'est souvent ce que je dis, déclara Twig en s'éloignant dans le couloir. Écoute, au sujet de Harry, quand tu auras fini tes sandwichs, viens me rejoindre dans le salon, si tu veux bien. »

Alice laissa échapper un soupir. Twig ne semblait avoir remarqué ni ses pieds nus et noirs de poussière, ni ses cheveux mouillés.

Restée seule dans la cuisine à manger ses sandwichs, Alice ne put s'empêcher de sourire. Il y avait une chose désormais, une chose à Thornfield qui n'était qu'à elle. Sa première visite à la rivière n'appartiendrait jamais qu'à elle seule. Et au garçon, bien sûr. À ce souvenir, elle sentit ses joues s'enflammer. Elle posa son sandwich. Il avait soudain perdu toute saveur.

Le salon était clair et spacieux. Twig était assise sur le canapé ; Harry, à ses pieds, soupirait quand elle lui grattait les oreilles. Alice les rejoignit. Elle s'assit à côté de Twig, à l'endroit même où June l'avait portée ce matin avant de disparaître. Elle avait l'impression que des jours entiers s'étaient écoulés depuis. Au-dehors, Alice remarqua que le pick-up de June était garé près de l'atelier. Avait-elle l'intention de les rejoindre ? Elle se sentit mal à l'aise à cette pensée. Elle se frotta les yeux. Elle avait les paupières lourdes tout à coup.

« Je suppose que June t'a dit que notre Harry avait des pouvoirs particuliers ? » demanda Twig.

Alice fit oui en bâillant.

« J'ai pensé que je pourrais t'apprendre comment s'adresser à Harry, quand on a besoin de son aide. »

En entendant son nom, les oreilles de Harry se dressèrent sans conviction sous les doigts de Twig. Il était affalé contre ses jambes, la mâchoire pendante, bavant par intermittence. Pas vraiment un *super chien,* pensa Alice.

« Harry est ce qu'on appelle un chien d'assistance. As-tu déjà entendu parler des chiens d'assistance, Alice ? »

Elle secoua la tête. Avant Harry, le seul chien qu'elle n'ait jamais connu était Toby, et il n'était pas son assistant. Il était son meilleur ami.

« Les chiens d'assistance sont spécialement dressés pour aider les personnes qui ont besoin d'être rassurées. Les chiens comme Harry peuvent percevoir les émotions des gens. Ils peuvent te réconforter et te distraire quand tu es triste, effrayée ou inquiète. » Twig sourit, laissant Harry lui lécher la main. « Harry t'a peut-être apporté un peu de réconfort et de distraction depuis ton arrivée ? » demanda-t-elle en se tournant vers Alice.

Alice se rappela qu'il était resté près d'elle dans le pick-up quand June l'avait amenée à Thornfield. Qu'elle l'avait trouvé près d'elle quand elle s'était réveillée la nuit au milieu d'un cauchemar, et qu'il s'était débrouillé pour lui faire descendre les escaliers la veille. Elle contempla son large sourire, découvrant ses dents, ses oreilles bordées de noir, sa tête dorée. Ce n'était pas Toby, mais Twig avait raison : il y avait chez Harry quelque chose de réconfortant

« Nous faisons surtout appel à lui lorsqu'une personne nouvelle vient nous rejoindre à Thornfield. Donc, si à un moment donné tu as besoin de lui, si tu es bouleversée, effrayée ou paniquée, souviens-toi que Harry est toujours là, prêt à t'aider. Comme nous le sommes toutes. » Twig sourit. Elle caressa les oreilles du chien, lui tapota les flancs. « Il réagit le plus souvent à la voix, mais nous utilisons aussi des indications visuelles. Je vais te les apprendre, d'accord ? »

Pendant le reste de l'après-midi, Alice s'exerça à parler à Harry. Elle attrapa vite le coup. Claquer des doigts devant elle indiquait à Harry qu'il devait se placer entre elle et un intrus, érigeant ainsi une sorte de barrière. Claquer des doigts dans son dos lui indiquait de venir se placer derrière elle. Taper des mains lui signifiait d'entrer dans une pièce et d'allumer la lumière, afin qu'Alice ne se retrouve pas dans l'obscurité. C'était l'ordre qu'elle préférait. Voir Harry trottiner dans le salon et appuyer sur l'interrupteur du lampadaire placé au sol la réjouissait.

« Il connaît chaque pièce de la maison, Alice, et l'emplacement de tous les interrupteurs », dit Twig mi-sérieuse, mi-souriante.

Le dernier commandement, lui passer la main sur la tête de gauche à droite, ordonnait à Harry d'entrer dans un endroit, de repérer les intrus qui s'y trouvaient et d'aboyer. Alice n'aimait pas cette idée.

« Très bien, Alice, c'est parfait. Tu apprends vite. S'il t'arrive encore de te sentir seule ou mal, souviens-toi que tu peux faire appel à Harry. »

À la fin de la journée, lorsque la porte de l'atelier s'ouvrit et que les rires des Fleurs fusèrent par les fenêtres ouvertes, Alice savait comment s'y prendre pour donner des ordres à Harry. Elle se laissa tomber sur le canapé, trop fatiguée pour s'entraîner davantage.

« June va bientôt arriver pour dîner, dit Twig. Tu devrais aller prendre un bain et te coucher tôt. La journée a été bien remplie. »

Alice hocha la tête. Elle n'avait pas vraiment envie d'un bain, mais la voix apaisante de Twig donnait à tout ce qu'elle disait une impression de sagesse. En la suivant dans le couloir jusqu'à la salle de bains, Alice fit claquer ses doigts dans son dos. Harry arriva aussitôt derrière elle.

Twig ouvrit la moustiquaire et s'assit sur les marches de la véranda, profitant des dernières lueurs du jour. Elle se roula une cigarette, l'alluma et tira une bouffée, sentant le tabac pétiller en brûlant, la fumée emplir ses poumons. Elle souffla un léger panache vers les premières étoiles. De l'autre côté des champs de fleurs, une lumière dorée éclairait les fenêtres de l'atelier. June n'en était pas sortie depuis son retour en début d'après-midi. Twig était occupée à trier la paperasse dans le bureau, en attendant qu'Alice revienne de la rivière, quand elle avait entendu June monter les marches de l'entrée d'un pas lourd. Elle s'était levée pour l'accueillir. June l'avait arrêtée d'un geste désapprobateur.

« Twig », avait-elle dit avant qu'elle puisse ouvrir la bouche. Elle avait les yeux rougis. Harry s'élança entre elles deux, manquant de les renverser.

« Elle est à la rivière, avait expliqué Twig. Dès son retour, je vais lui apprendre comment s'adresser à Harry. » Twig caressa la tête du chien. « Elle a besoin d'une aide pour venir à bout d'une crise de panique.

– *Si* elle a une autre crise de panique. » June avait soupiré. « Je l'ai inscrite à l'école. Elle commence la semaine prochaine. Je lui dirai ce soir. »

Twig serra les poings. June ne s'était pas montrée aussi obstinée concernant l'éducation de Candy Baby. Twig en connaissait la raison : Candy avait été une bénédiction. Alice était son sang.

« Et cette inscription a pris toute la matinée ? » Twig avait jeté un regard au pick-up de June à travers la moustiquaire de l'entrée. Le coin d'une boîte sculptée en bois de noisetier sortait d'une bâche dans la benne. Twig haussa les sourcils. Elle savait exactement ce que June avait fait : exhumer de vieux fantômes de son garde-meuble en ville.

« Calme-toi, Twig. Ce n'est pas ce que tu crois. La journée a été un cauchemar.

– Bien sûr que ça a été un cauchemar, avait répondu Twig d'un ton sarcastique. Surtout pour ta petite-fille, mais, dis donc, qu'est devenu ton petit-fils depuis que tu l'as laissé de côté comme une mauvaise herbe ? »

Les mots s'écrasèrent comme du verre brisé à leurs pieds. En voyant l'expression de June, Twig aurait voulu les reprendre et les avaler l'un après l'autre. June avait quitté la maison comme une furie et s'était précipitée dans l'atelier, claquant la porte derrière elle. Elle n'en était pas sortie depuis.

Twig alluma une autre cigarette. Elle était reconnaissante à June de ne pas lui avoir rejeté son propre chagrin à la figure. Sa colère n'était pas seulement due au fait que June avait séparé les enfants de

Clem. Il y avait autre chose, bien sûr. Il y avait ses propres enfants. Il y avait ce jour, trente ans plus tôt, où les représentants des services sociaux étaient arrivés chez elle dans leur rutilante Holden, porteurs d'une ordonnance du tribunal l'accusant de négligence parentale. Parce qu'elle n'avait pas de mari. Parce qu'elle laissait souvent Nina et Johnny à Eunice, sa sœur, pendant qu'elle cherchait du travail. Parce qu'elle était pauvre. Parce que le service d'assistance familiale avait décidé que la seule chance qu'avaient ses enfants de devenir de vrais Australiens était qu'ils soient élevés par une vraie famille australienne. Une famille blanche. L'un d'eux avait maintenu Twig de force tandis que l'autre lui prenait Johnny et Nina des bras. Ils hurlaient. Twig s'était mise à chanter, tentant de les calmer, mais ils s'étaient montrés inconsolables, avaient arraché des poignées de marguerites du buisson devant la maison, cherchant à se raccrocher à n'importe quoi tandis qu'on les emmenait. Twig s'était effondrée près des marguerites déchiquetées, flétries et desséchées au soleil : les dernières choses que ses enfants avaient touchées. Elle était à la même place, chantant dans l'âcre vent du nord-ouest, redressant les fleurs mortes comme si elle pouvait les replanter, lorsque Eunice était rentrée de son travail. Twig avait tenté de continuer à vivre, espérant qu'un jour Nina et Johnny trouveraient un moyen de revenir, mais quand Eunice avait disparu à son tour quelques années plus tard, elle était partie. Elle avait erré le long de la côte, s'était enfoncée à l'intérieur des terres, allant de ville en ville en auto-stop. Jusqu'au jour où elle s'était aventurée dans l'allée de Thornfield, attirée par la curiosité, puis par les pleurs d'un bébé.

Un éclat de rire lui parvint du dortoir et interrompit sa rêverie. Elle s'essuya les yeux à son tee-shirt. Elle avait demandé à Candy de servir le dîner des Fleurs dans le dortoir. Si June devait apprendre à Alice qu'elle irait bientôt à l'école, elles avaient besoin d'être seules. À condition que June daigne sortir de l'atelier.

Comme si elle avait lu dans ses pensées, la porte de l'atelier s'ouvrit. Twig dissimula le bout rougeoyant de sa cigarette et resta assise immobile dans la pénombre tandis que June s'avançait vers la maison. Si elle aperçut Twig, elle n'en montra rien. La porte de devant s'ouvrit et se referma. Les charnières du buffet de la salle à manger grincèrent tandis que June mettait le couvert. Plus loin dans le couloir, la baignoire se vidait en gargouillant. La porte de la salle de bains s'ouvrit. Des pas légers parcoururent le couloir jusqu'à la cuisine. Le soupir du four en s'éteignant. Le murmure de la voix de June. Un bruit de chaises sur le plancher de la salle à manger au moment où June et Alice s'asseyaient. Le cliquetis des couverts sur la vaisselle de porcelaine pendant qu'elles mangeaient.

Alice devait être morte de faim après son expédition à la rivière. Twig avait su aussitôt d'où elle venait quand elle était tombée sur elle un peu plus tôt dans l'après-midi. Sa chemise était boutonnée de travers, ses cheveux mouillés étaient pleins de feuilles, et ses pieds couverts de sable. Mais il y avait une lumière dans ses yeux et une couleur à ses joues qui avaient amené Twig à se taire. Elle savait mieux que quiconque que Thornfield avait mille façons de réparer les âmes blessées qui venaient y trouver un foyer. Pour le moment, c'était la rivière qui aiderait Alice à se rétablir. Pour Twig, dès le premier jour de son arrivée à Thornfield, son remède avait été June.

Alice était couchée dans son lit, encore abasourdie par la nouvelle que June lui avait apprise pendant le dîner. Elle était inscrite à l'école locale. Elle commençait les cours la semaine suivante.

« Je suis allée voir le principal aujourd'hui, avait raconté June. Il a suggéré que Harry t'accompagne en classe afin que tu aies un ami au début. »

L'école. Elle avait lu un tas de choses sur le sujet. Il y avait des professeurs, des salles de cours, des pupitres, des crayons, des livres. Et des enfants, des terrains de jeu, des petits sandwichs coupés en triangle. Et il fallait lire, écrire, faire des devoirs. Et elle pourrait emmener Harry avec elle.

Alice se tourna sur le côté et pensa à la rivière. Ce qu'elle avait ressenti sous la surface de l'eau, et cette impression étrange quand le garçon avait posé sa main sur ses épaules pour l'aider à respirer.

Une brise lui chatouilla le menton. Alice s'assit dans son lit. Un des rideaux blancs de sa chambre se gonflait dans l'obscurité. Elle ne se rappelait pas avoir ouvert une fenêtre. Elle alluma la lampe.

Sur le plancher au pied de son lit étaient alignées ses bottines bleu ciel.

Dans l'une d'elles, il y avait un bouquet de fleurs sauvages à l'odeur de vanille.

Twig roulait une troisième cigarette quand elle entendit un bruit sourd sur le côté de la maison. Elle retint sa respiration et écouta. Des pas crissaient sur le chemin qui menait aux champs de fleurs. Quand le garçon apparut, Twig ne bougea pas. Elle respira lentement. Tenant dans une main la cigarette encore éteinte et dans l'autre son briquet, elle se demanda s'il allait se retourner. Juste avant que le sentier entre dans la forêt, il tourna la tête et elle vit son visage dans le clair de lune : c'était le fils de Boryana, les yeux rivés sur la fenêtre d'Alice éclairée par la lampe.

Quand il regagna le chemin et disparut dans la forêt, Twig alluma sa cigarette d'une main tremblante. Elle avait déjà vu cette scène. Quand c'était la jeune Agnes Ivie qui logeait dans l'ancienne salle des cloches. Et Clem qui s'introduisait par la fenêtre pour lui apporter des fleurs.

11

Lys des marais

Signification : **amour caché**
Crinum pedunculatum / Australie orientale

Très grand vivace que l'on trouve en général à la lisière des forêts, mais aussi à la limite des hautes eaux près des mangroves. Fleurs blanches délicates et parfumées, en forme d'étoiles. Les graines germent parfois encore attachées à la plante mère. Leur sève était utilisée autrefois pour soigner les piqûres de méduses.

Alice passa le reste de la semaine avec les Fleurs. Pendant le thé du matin, elle faisait les mots croisés du journal avec Boo , cette dernière connaissait une quantité de mots. Plus tard, elle récoltait du miel dans les ruches avec Robin, qui lui montrait comment manger le miel qu'on venait de recueillir et la laissait mettre un peu de son rouge à lèvres qu'elle gardait toujours dans la poche de son tablier. Elle suivait Olga, Myf et Sophie dans les rangées de fleurs, coupant celles qui étaient à peine écloses. Elle aidait Tanmayi à faire de l'eau de rose avec des pétales fraîchement cueillis, écoutait avec ravissement ses histoires de Sitha, la princesse qui s'était livrée elle-même à la terre après avoir été accusée de sorcellerie, et de Draupadi, la princesse qui avait jeté un sort aux cent hommes qui l'avaient maltraitée. L'après-midi, Alice restait près des établis dans l'atelier, à confectionner des colliers avec des pétales, des tiges, des feuilles et du fil, pendant que Francene, Lauren, Caroline et Amy s'occupaient des commandes de fleurs, enveloppaient les bouquets dans du papier kraft retenu avec de la ficelle. Elle fredonnait avec Rosella dans la serre à semis et aidait Vlinder à arroser les buissons de coton sauvage où venaient butiner les papillons monarques qui voletaient au-dessus d'elles.

Le vendredi, à la fin de la journée, Alice, Twig et Candy rejoignaient les douze autres femmes sur la véranda. Elles défaisaient leurs tabliers, ôtaient leurs grands chapeaux de paille et s'éventaient. June allait prendre une glacière dans la maison et en sortait des bouteilles givrées de ginger beer, les faisant circuler comme des nectars ambrés. Les Fleurs étaient assises la tête renversée en arrière, les yeux mi-clos. Les allées de fleurs, les serres tunnels, les ruches blanches et le bush vert argenté au loin tremblotaient dans le crépuscule comme un rêve.

Alice regardait furtivement les visages autour d'elle tout en sirotant sa boisson. La plupart du temps, les Fleurs étaient enjouées et assidues. Mais, cet après-midi sur la véranda, quelque chose changea. Personne ne parlait. Alors que le soleil déclinait, tout ce que les Fleurs avaient vécu, aimé, tout ce qu'elles avaient abandonné affluait en elles. Leurs épaules s'affaissaient. Parfois, l'une d'elles pleurait. Elles se réconfortaient mutuellement. Et June était assise au milieu, impassible, le dos raide.

Alice avait compris qu'elle n'était pas si différente d'aucune d'entre elles. Même de June. Tout le monde avait besoin de silence de temps en temps. Et c'était la magie de Thornfield ; c'était un endroit où il était possible de dire les choses qu'on ne pouvait pas exprimer. Et, à sa manière, Alice commençait à comprendre le pouvoir d'une langue parlée avec des fleurs. Depuis son escapade à la rivière, chaque soir après le dîner, quand elle montait dans sa chambre, une nouvelle fleur était piquée dans ses bottines bleu ciel au pied de son lit.

Assise sur la véranda, June regardait le soleil se lever sur la ferme tout en soufflant sur la vapeur qui montait de sa tasse de café noir. L'air matinal était piquant, comme une première promesse d'hiver. Elle sortit la flasque de sa poche et versa une rasade dans sa tasse, la porta à ses lèvres et but à petites gorgées, savourant la chaleur qui la gagnait.

Alors que les champs se baignaient de lumière, il vint à l'esprit de June qu'elle aurait pu se trouver à n'importe quelle époque à contempler le lever du soleil sur Thornfield en fleurs. Cela aurait pu être quatre-vingts ans plus tôt. Ruth Stone serait apparue, sortant de l'atelier, dans le contre-jour cuivré de l'aube, les mains enfoncées dans les poches de son tablier, quand le chagrin n'avait pas encore cerné ses yeux.

June termina son café, ramassa ses gants de jardinet, les fourra dans les poches de son gilet. Elle s'avança dans la lumière naissante du matin, marcha à travers champs, vers les serres de semis construites par sa mère. Son envie d'avoir juste une dernière conversation avec sa mère était parfois telle qu'elle n'osait respirer de peur de se briser en mille morceaux. Savoir qu'Alice éprouvait le même chagrin en pensant à sa mère la tourmentait. La tendance de l'histoire à se répéter était cruelle.

L'air à l'intérieur des serres était lourd de promesses de renouveau. June ferma les yeux un instant. Elle avait passé des heures avec sa mère à cet endroit, recueillant les attentes que les gens portaient dans leurs cœurs sous forme de poignées de jeunes pousses et de graines tandis que sa mère lui racontait des histoires de Thornfield. *Écoute-moi, à présent, Junie*, disait Wattle Stone. *Ce sont les dons de Ruth. Ce sont eux qui nous ont permis de survivre.*

Enfant, l'imagination de June était captivée par les histoires sur sa grand-mère. Elle passait des heures au bord de la rivière à caresser le nom de Ruth gravé dans le tronc de l'eucalyptus géant, et celui de Jacob Wyld à côté.

La première fois où elle était allée en ville, les rumeurs concernant Ruth allaient bon train. Certains disaient qu'elle était née d'une femme qui se trouvait à bord du dernier bateau de convicts envoyés en Australie. D'autres qu'elle était une descendante d'une sorcière de Pendle Hill qui avait échappé à son destin. Elle avait pour toute possession un petit carnet rempli d'un étrange langage. On racontait que c'était un livre de sorts. Quelques-uns juraient en avoir vu l'intérieur ; rempli de fleurs, disaient-ils. La seule chose sur laquelle tout le monde s'accordait était que Ruth Stone avait été échangée par madame Beaumont, propriétaire d'un bordel dans un relais routier de la ville voisine, contre les dernières vaches à lait de Thornfield, une ferme à moitié en ruine à la périphérie de la ville. Wade Thornton, le propriétaire qui y vivait en reclus, avait vu ses terres se transformer en poussière durant la pire sécheresse qu'ait connue la région. Lui-même avait droit à son propre lot de commérages. Il était connu pour chercher à noyer ses démons dans le rhum. Après l'arrivée de Ruth Stone, le recours à son corps devint pour lui le meilleur exorcisme.

Ruth ne mit pas longtemps à trouver le moyen de s'échapper de la maison. Dès que Wade avait fini le porridge qu'elle avait préparé pour le dîner, elle attendait qu'il ait éclusé son quatrième verre pour se glisser dehors sous prétexte d'aller chercher du bois pour le poêle et elle courait jusqu'à la rivière, alors réduite à un mince filet d'eau. Elle s'y cachait jusqu'à ce que Wade finisse inévitablement par s'écrouler ivre mort. Au pied de l'eucalyptus géant, Ruth s'asseyait et se laissait aller à chanter et pleurer. Lire et chanter étaient alors les deux seules occupations qui l'empêchaient de perdre l'esprit. Elle chantait des histoires que sa mère lui avait apprises, qui parlaient de fleurs capables de dire des choses que les mots étaient impuissants à exprimer. Elle chantait un soir près de l'eucalyptus quand un conducteur de troupeau sans travail, n'ayant rien dans les poches que des graines, s'était engagé dans le lit desséché de la rivière, comme envoûté par son chant qui le guidait jusqu'à elle. À la vue de Ruth en pleurs au clair de lune, on raconte que Jacob Wyld s'accroupit sans un mot dire et planta des graines à ses pieds, dans la terre entre les racines de l'eucalyptus. Cette nuit-là, à l'endroit où les larmes de Ruth étaient tombées, on vit éclore un incroyable tapis de lys vanille sauvages – et une tout aussi folle histoire d'amour entre Ruth et Jacob.

Ils se retrouvaient à la rivière dès que Ruth pouvait s'échapper. Il lui apportait des graines de fleurs et elle lui donnait les maigres restes de nourriture qu'elle dérobait dans la maison.

Bientôt Ruth eut assez de semences pour cultiver un petit carré ombragé près de la maison, où se dressait un mimosa à moitié mort. Le sol y était si sec qu'elle mit un mois à l'ameublir avec le peu d'eau qu'elle parvenait à apporter de la rivière. Un jour d'hiver, le mimosa explosa en un flamboiement de couleur jaune. Ruth tomba à genoux, émerveillée. On pouvait en sentir le parfum jusqu'en ville. Les abeilles bourdonnaient autour de l'arbre, s'enivrant de son nectar. Sous le mimosa apparurent des cercles de pousses vertes. Ruth les dessina chacune dans son petit carnet. Les voyant s'épanouir, si différentes des digitales et des perce-neige des chansons de sa mère, Ruth nota ce qu'elles signifiaient pour elle, adaptant le langage victorien des fleurs. La beauté étrange de ces fleurs sauvages, capables de fleurir dans les conditions les plus rudes, était pour elle un enchantement ; mais aucune ne la ravissait davantage que les plus rouges d'entre elles avec leurs cœurs couleur du sang le plus sombre. *Signification*, écrivit Ruth dans son carnet, *À cœur vaillant, rien d'impossible.*

Alors que les fermes agonisaient, en proie à l'extrême sécheresse, que les fermiers faisaient faillite, que plus rien ne sortait de terre ; quand la ville paraissait sur le point d'être rayée à jamais de la carte, calcinée par la chaleur, Ruth Stone avait créé une ferme de fleurs indigènes.

La nouvelle se répandit rapidement. Les gens vinrent voir par eux-mêmes l'explosion de couleurs au milieu de la poussière et des cornes de vaches. Puis ils revinrent, apportant des boutures de leurs jardins mourants. Ruth les planta toutes et, grâce à ses soins, on les vit s'épanouir en massifs luxuriants. Wade Thornton cessa de s'enivrer. Il ouvrit les portes de Thornfield au public. Les gens affluèrent, apportant leurs houes, leurs bidons d'eau, leurs graines. Ruth leur indiqua où aller et quoi planter. Ils construisirent des serres, travaillant du lever au coucher du soleil, soignant les nouvelles pousses. L'air était lourd d'espérance. Quand Thornfield fut en pleine floraison, tout le monde se joignit à Ruth pour cueillir les fleurs, les mettre en bouquets et les emporter dans la fraîcheur de la nuit jusqu'au plus grand marché de fleurs du pays. À chaque bouquet était attachée une carte manuscrite expliquant la signification donnée par Ruth à chaque fleur. Avant l'heure du déjeuner, ils avaient tout vendu, et ils rapportèrent à Thornfield des commandes supplémentaires pour ces fleurs qui parlaient le langage du cœur de Ruth. Les habitants de la ville commencèrent à reprendre espoir.

Les jours passèrent, d'autres fleurs d'hiver s'épanouirent, d'autres projets de vente virent le jour. De son côté, Wade Thornton, toujours sobre, seul dans l'obscurité de sa maison, à observer le visage rougi et souriant de Ruth, sentait monter en lui une amertume grandissante.

Un soir, peu après le succès de la première récolte de Thornfield, il but assez de rhum pour faire croire à Ruth qu'il était ivre mort, puis attendit d'entendre ses pas s'éloigner dehors. Il la suivit sous le ciel étoilé, le long du chemin qu'il avait lui-même dégagé longtemps auparavant, jusqu'à la rivière. Puis, caché derrière les buissons, il attendit. Quand un homme sortit du lit de la rivière et prit Ruth dans ses bras, une rage aveugle s'empara de lui. Chaque fois qu'il voulait prendre Ruth, il devait mouiller ses doigts pour la pénétrer, et elle détournait le visage, les yeux vides, le corps inerte. Mais, dans les bras de cet homme, Ruth était vivante, rayonnante, lumineuse. Dans le pâle clair de lune de l'hiver, elle prit la main de l'homme et la posa sur son ventre. Elle souriait. Ses yeux brillaient. Avec un rugissement, Wade Thornton se rua hors des buissons et assomma Jacob Wyld avec un galet. Il bâillonna Ruth, l'attacha à un arbre et la força à le regarder noyer son amant.

June frissonna, se frotta les bras dans l'air humide de la serre. Le poids de l'héritage de Thornton l'oppressait autant aujourd'hui que dans sa jeunesse, le jour où elle avait été dévastée en apprenant ce qui était arrivé à sa grand-mère. *Sois attentive maintenant, Junie,* disait sa mère, quand elle lui enseignait l'art des fleurs. *Ce sont les dons de Ruth. Ce sont eux qui nous ont permis de survivre.*

Que lui dirait sa mère aujourd'hui ? se demanda June en scarifiant de nouvelles boutures pour les aider à se développer. Wattle Stone dirait à sa fille : *Junie, Thornfield appartient par sa naissance à Alice. C'est à toi de le lui apprendre.*

« Alice, il faut se dépêcher. ». La voix de June montait en spirale dans la cage d'escalier.

Alice était assise sur son lit dans son uniforme raide et amidonné. Harry lui léchait le genou. Elle poussa un soupir, prit son nouveau cartable posé sur son lit et descendit en traînant les pieds.

« Allons, ne sois pas comme ça, lui lança June dans la cuisine en lui tendant la boîte contenant son déjeuner. Tu vas bien t'amuser. Tu vas te faire de nouveaux amis. »

Dehors, June ouvrit la portière du pick-up de la ferme. Harry grimpa à l'intérieur. Alice resta plantée en haut des marches de la véranda. Ses pieds refusaient d'avancer. June lui tendit une main.

« Harry est prêt à t'accompagner », dit-elle en lui faisant signe de le rejoindre. June l'aida à monter dans le pick-up. Harry jappa joyeusement. Alice soupira. June ferma la portière, faisant tinter ses bracelets.

« C'est parti », dit-elle, contournant le pick-up pour y monter. Tandis qu'elle s'éloignait de la maison, un chœur de cris et d'acclamations s'éleva derrière elles. Alice se retourna pour regarder par la fenêtre arrière. Les Fleurs couraient derrière elles, poussaient des cris enthousiastes, sifflaient, lançaient des serpentins, jetaient des confettis.

« Ça va être super, Alice !

– Vas-y, Alice !

– Passe une bonne première journée à l'école, Alice ! »

Alice se pencha par la fenêtre, agita frénétiquement la main. June klaxonna en s'éloignant. Alice la vit s'essuyer les yeux.

Quand elles atteignirent la route, June appuya sur l'accélérateur.

Alice s'agrippa au collier de Harry au point d'en avoir mal aux doigts.

L'école primaire de la ville était un ensemble de petits bungalows à bardeaux entourés d'eucalyptus. Les feuilles et les noix craquaient sous les pas d'Alice et de June, dégageant une odeur citronnée. Harry tirait sur sa laisse, reniflant tout sur son passage, manquant de faire tomber Alice. Devant le bâtiment principal, June se pencha pour arranger le col de la fillette. Son haleine sentait la menthe. Alice observa son visage, si proche. Elle avait le même regard que son père. June se leva et redressa les épaules.

« Allons, viens maintenant. Tu vas y arriver. »

En pénétrant dans le hall d'accueil, Alice se demanda à laquelle d'entre elles s'adressait June.

Alice resta à attendre avec June et Harry. La réceptionniste leur dit que le professeur d'Alice viendrait bientôt la chercher, au moment de la récréation. June mâchait son chewing-gum à la menthe comme si elle ruminait. Elle ne cessait de balancer sa jambe. Alice tenait la laisse de Harry en le caressant. June consultait sa montre.

Quelque part dans le parc, une sonnerie retentit.

« Plus que quelques minutes, Alice », murmura June. Harry s'approcha d'elle et lui lécha la main. June lui gratta les oreilles. Il arrondit le dos et lâcha un long pet. June toussota, mais resta impassible. Alice rougit jusqu'aux oreilles. La réceptionniste se racla la gorge. Quand l'odeur les atteignit, June fut prise d'un fou rire. Elle se moucha bruyamment, comme si le bruit pouvait masquer l'odeur, et se leva, cherchant fébrilement à ouvrir les fenêtres. Alice voulut l'aider et Harry resta assis sur son arrière-train, haletant, souriant.

« Je suis vraiment désolée, dit June d'une voix enrouée à la réceptionniste, vraiment désolée. » La femme hocha la tête, tenant un mouchoir sous son nez. Elles finirent par ouvrir les fenêtres et se détendirent, soulagées. Alice regarda avec curiosité le flot d'enfants de tout âge qui sortaient des classes avant de retourner s'asseoir. Un instant, elle imagina Harry pétant à côté d'elle en classe. Elle se pencha en avant et le serra contre elle, puis elle passa sa laisse à June, dont le regard s'adoucit.

« Tu vas te débrouiller toute seule, maintenant », dit-elle avec un sourire. Alice hocha la tête.

La porte s'ouvrit. Un jeune homme entra. Il avait la joue marquée d'un trait de craie blanche.

« Alice Hart ? »

Il plissa le nez en s'approchant, renifla et jeta un coup d'œil vers Harry. June se leva pour le saluer. Alice resta en retrait. Une des chaussettes de l'homme lui tombait sur la cheville. Sa jambe était couverte d'un fin duvet blond, pas de gros poils bruns comme ceux de son père.

« Bien, Alice, dit-il en souriant. Je suis monsieur Chandler, ton nouveau professeur. »

Il s'essuya la main sur son short et la lui tendit. Alice regarda June, qui l'encouragea d'un signe de tête. La main de M. Chandler resta tendue en l'air. June lui murmura quelque chose, qu'Alice n'entendit pas. Il laissa retomber sa main. Au bout d'un moment, il se frotta le menton, comme le faisait Twig quand elle était plongée dans ses pensées.

« Dis-moi, Alice, est-ce que tu aimes les livres ? J'ai besoin d'une aide pour la bibliothèque de notre classe, et je me suis dit que tu arrivais juste à point. »

Après une hésitation, Alice lui tendit la main.

Jusqu'à ce que sonne la cloche de trois heures, le temps s'écoula avec une lenteur de tortue.

« Nous nous revoyons tous demain », lança M. Chandler alors que les camarades d'Alice se précipitaient hors de la classe.

Elle s'attarda pour ranger son cartable.

« Comment ça s'est passé, Alice ? Pas trop difficile pour un premier jour ? »

Alice secoua la tête sans le regarder. Elle ne s'était pas fait d'amis. Parce qu'elle ne parlait pas. Parce que tout le monde se comportait comme si elle sentait aussi mauvais que Harry. Elle aurait dû le garder avec elle à la réflexion. Elle aurait eu au moins de la compagnie.

« Quelqu'un vient te chercher ? demanda M. Chandler.

– Moi. » Candy Baby se tenait dans l'embrasure de la porte, mâchant un chewing-gum rose, apparition aussi inattendue et incongrue qu'une fleur de printemps en hiver ; à ses pieds, Harry balayait le sol de la queue. Le regard d'Alice s'éclaira à leur vue.

En se dirigeant vers le parking, alors que Candy interrogeait Alice sur sa journée et que Harry, tout excité, lui léchait le visage, elles croisèrent un groupe de filles qu'elle avait remarquées dans sa classe.

« Voilà la débile ! cria l'une d'elles.

– Pardon, qu'est-ce que vous dites ? » demanda Candy.

Alice avait envie de rentrer à la maison, de retrouver sa chambre et ses livres, de regarder les Fleurs travailler. Elle jouait avec la fermeture à glissière de son cartable quand elle entendit un gémissement. Elle s'arrêta, l'entendit à nouveau et s'éloigna de Candy et Harry. Derrière l'un des bungalows de l'école, elle découvrit le garçon de la rivière. Il était étendu dans une plaque de spinifex, les plantes porc-épic. Il avait la joue couverte d'ecchymoses, la lèvre fendue, les jambes lacérées d'égratignures sanguinolentes.

« Alice ? appela Candy inquiète en s'avançant derrière elle. Oggi !

– C'est rien », dit-il. Il regarda Alice. « Tu n'es pas la seule à qui on s'en prend parce que tu n'es pas comme les autres. »

« Les débiles sont amoureux ! » Un ricanement leur parvint des buissons voisins. Candy se précipita dans leur direction, secoua les branches, forçant les camarades d'Alice à s'enfuir. Alice n'y prêta pas attention. Elle se fichait que tout le monde pense qu'elle était comme Oggi.

Il grimaça quand Alice l'aida à se relever. Elle ramassa son sac et lui fit signe de s'appuyer à son épaule. Oggi était plus facile à soutenir que sa mère quand elle était malade. Il était de sa taille.

Ils clopinèrent ensemble jusqu'à la grille d'entrée. Candy ouvrit le pick-up, plaça leurs sacs à l'arrière à côté de Harry et les aida à monter sur le siège passager.

« On va te ramener à la maison, mon grand. Mets un peu de calendula sur tes égratignures et tu seras bientôt frais comme un gardon. Je n'en dirais pas autant de celui qui t'a fait ça. Que Dieu lui vienne en aide quand Boryana le saura.

– Il ne faut rien lui dire », implora Oggi.

Candy secoua la tête et passa la marche arrière. Ils roulèrent en silence. Harry s'agitait sur la plateforme arrière, humant le vent. Lorsqu'ils atteignirent Main Street, Alice s'absorba dans la contemplation des boutiques colorées. Des images lui revinrent, elle se revoyait sortant du champ de cannes, découvrant les magasins de mode, le café avec la fleur jaune sur la table, la bibliothèque de l'autre côté de la rue, et la bibliothécaire qui avait un si gentil sourire et lui avait donné le livre sur les selkies. Sally. Alice s'efforça de se représenter plus clairement son visage, mais il s'éloignait dans son souvenir.

Au sortir de la ville, Candy tourna et s'engagea dans un chemin de terre.

« Que ces vieux géants sont beaux ! » s'exclama-t-elle en se penchant en avant sur le volant pour regarder les arbres qui s'élevaient vers le ciel. Alice admira leurs troncs blanc et argent, se rappelant les histoires que lui racontait sa mère sur des pays couverts de tellement de neige que les arbres, la terre et le ciel ne faisaient qu'un. « Nous y voilà. » Candy s'arrêta dans une petite clairière près de la rivière. Alice regarda les reflets de l'eau. C'est donc ainsi qu'il l'avait trouvée ; la rivière avait conduit Oggi jusqu'à elle.

Oggi sortit avec peine du pick-up et boitilla jusqu'à une petite maison de bois, avec une large véranda sur le devant et des rideaux de coton rouge. La porte était ouverte.

« Oggi ? » appela une voix à l'intérieur. La femme aux cheveux noirs et aux lèvres écarlates apparut sur le seuil. « Qu'est-ce qui t'arrive ?

– Oggi a eu des problèmes à l'école », expliqua Candy en sortant du pick-up.

Boryana laissa échapper un torrent de paroles dans un langage qu'Alice ne connaissait pas. Elle fit tout un foin en voyant les bleus sur le visage de son fils et les coupures de spinifex. Il leva les mains comme pour se rendre et répondit dans le même langage que celui de sa mère. Harry aboyait sans relâche au fond du pick-up jusqu'à ce que Candy lui ôte sa laisse. Il sauta de la plateforme et courut vers Boryana, jappant de plus belle en la voyant gesticuler.

« Du calme, du calme Harry. » Boryana lui caressa la tête d'une main rassurante. « Tout va bien. Oggi est un grand garçon qui peut se débrouiller tout seul apparemment et qui ne veut pas me dire qui lui a fait ça. » Boryana croisa les bras.

« Nous ferions mieux de partir, Bory, et de vous laisser tranquilles tous les deux, dit Candy. Viens, Harry.

– Quoi ? Non ! Entre une minute. Viens boire un thé. June ne dira rien.

– Tu parles, dit Candy. C'est le premier jour d'école de cette petite – Candy passa son bras autour d'Alice – et June sera impatiente de savoir comment ça s'est passé. Bory, je te présente Alice. La petite-fille de June. Notre nouvelle Fleur. »

Alice sourit timidement, incapable de quitter Oggi des yeux.

« Bon. Je suis vraiment contente de faire ta connaissance », dit Boryana. Ses mots avaient des inflexions riches et épaisses. Elle prit la main d'Alice et la secoua vigoureusement.

« Mon Oggi et toi êtes amis, hein ?

– On va à l'école ensemble. » Oggi avait fait un pas en avant.

Boryana hocha la tête. « Très bien. » Elle jeta un coup d'œil à Candy. « Vraiment, tu ne veux pas prendre une tasse de thé vite fait ? On dirait qu'on a des choses à se raconter. » Alice regarda Candy d'un air suppliant.

« D'accord, d'accord. Mais en vitesse », céda-t-elle.

Les deux femmes entrèrent dans la maison bras dessus bras dessous en bavardant. Oggi et Alice restèrent seuls, intimidés.

« Je vais te montrer les alentours », dit Oggi en désignant la rivière. Alice fit claquer ses doigts derrière elle et Harry la suivit.

Il y avait une petite roseraie bien entretenue derrière la maison et un poulailler avec trois grosses poules. Alice s'assit sous un niaouli tandis qu'Oggi ouvrait le poulailler pour laisser les poules vagabonder. Harry les renifla, puis se coucha en boule, indifférent.

« Celle-ci s'appelle Pet, c'est ma préférée », dit Oggi, désignant une grosse poule noire ébouriffée, qui recula effarouchée quand il tendit son bras écorché vers elle. Alice ferma brusquement les yeux, s'efforçant en vain de chasser l'image du corps nu de sa mère couvert de meurtrissures sortant de la mer.

« Ça va, Alice ? »

Elle haussa les épaules. Oggi se dirigea vers la roseraie et ramassa les feuilles et les pétales qui jonchaient le sol. Quand il en eut de pleines poignées, il les apporta à Alice et les disposa par terre autour d'elle. Il fit plusieurs fois l'aller-retour jusqu'à ce que le cercle soit complet. Alors, il sauta à l'intérieur et s'assit.

« C'est ce que je faisais après la mort de mon père pour me consoler. » Oggi entoura ses genoux de ses deux bras. « Je me disais que tout ce qui était à l'intérieur du cercle échappait à la tristesse. Je traçais un cercle de la dimension que je voulais, petit ou grand. Un jour, maman n'arrêtait pas de pleurer et j'ai encerclé toute la maison. Sauf qu'il m'a fallu utiliser tous les pétales des roses, et sa réaction n'a pas été celle à laquelle je m'attendais. »

Des papillons jaunes voletaient autour des roses. Alice observa leurs ailes, petites flammes jaune citron. Elle se souvenait de leur vol au-dessus de la mer en été, les revoyait se réchauffant au soleil au milieu des casuarinas, ou la nuit, quand ils venaient se cogner à la fenêtre de sa chambre.

« La mine dans laquelle travaillait mon père s'est effondrée. Pendant longtemps ma mère est restée assise à l'attendre sur la véranda. Une rose à la main. »

Tout comme la reine qui avait attendu pendant si longtemps le retour de son amoureux qu'elle s'était transformée en orchidée. Alice frotta ses bras parcourus d'un frisson.

« Tu as froid ? » demanda-t-il. Elle secoua la tête. Ils restèrent assis à regarder la rivière.

« C'est pour ça que je cueille des fleurs pour toi et que je les mets le soir dans tes bottines », dit calmement Oggi.

Alice cacha son visage derrière ses cheveux.

« Je sais ce que c'est. D'être triste et seul. » Oggi tournait un pétale de rose entre ses doigts. « On ne devait pas rester longtemps ici, on attendait que mon père ait gagné assez d'argent pour aller vivre dans un autre pays, mais, maintenant qu'il n'est plus là, nous ne pouvons plus partir. Maman n'a pas les papiers nécessaires pour travailler ailleurs. »

Alice lui lança un regard interrogateur.

« Ce que je veux dire, c'est que nous ne sommes pas australiens, maman n'est pas née ici. Aussi nous ne sommes pas officiellement autorisés à séjourner sur le territoire. Si nous essayons de quitter la ville ou de partir n'importe où ailleurs, maman dit que nous pourrions être arrêtés et séparés. Elle serait obligée de retourner dans son pays sans jamais revenir. Et elle ne veut pas partir, parce que c'est – c'était – le pays de mon père. C'est pour ça que nous restons tous les deux seuls et que maman ne travaille pas beaucoup, et que je n'ai pas le droit d'avoir des amis à l'école. En plus, personne ne veut être mon ami. Ils disent que ma mère est une sorcière. C'est ce qu'ils disent de toutes les femmes de Thornfield. »

Alice ouvrit de grands yeux.

« Non, non, ne t'inquiète pas, dit-il. Ce n'est pas vrai. »

Elle soupira, soulagée.

Oggi ramassa une pierre par terre. « Maman rêve de retourner en Bulgarie un jour, et c'est ce que je ferai quand je serai grand. Gagner assez d'argent pour l'emmener dans la vallée des Roses. »

Alice porta un pétale de rose à son nez. Le parfum lui rappela ses rêves d'incendie.

« Maman dit que c'est là que je suis né. Dans la vallée des Roses, en Bulgarie. Pas que ce soit un endroit précis. Maman dit que c'est plutôt quelque chose que l'on ressent. Je ne sais pas vraiment ce que ça veut dire. Sauf que des rois y sont enterrés, et que les roses y sont parfumées parce qu'on a enterré de l'or avec leurs os. »

Alice haussa les sourcils.

« Bon, j'ai inventé ce dernier truc sur l'or et les os. Mais tu ne trouves pas que ce serait super ? Si des ossements de rois et des trésors étaient enterrés sous ces vallées de roses magiques ? »

Des pas s'approchèrent derrière eux.

« Il faut que nous partions, mon cœur. » Candy souriait.

Alice et Oggi enjambèrent le cercle de pétales de roses et suivirent Candy jusqu'à l'entrée de la maison où Boryana les attendait.

« Tiens, Alice. Un petit cadeau de bienvenue. » Boryana lui tendit un petit pot de verre recouvert d'un bout de tissu retenu par un ruban.

« C'est de la confiture de rose, dit-elle. Elle est magique sur un toast. »

« Au revoir Alice, lui cria Oggi. À demain à l'école. »

Demain. Alice agita la main tandis que Candy démarrait. Elle le verrait demain.

Sur le chemin du retour, elle tâta ses joues brûlantes. Elle imagina que le soleil rayonnait encore sur son visage.

12

Mimosa de Cootamundra

Signification : **blesser pour guérir**

Acacia baileyana / Nouvelles Galles du sud

Petit arbre élégant au feuillage gris duveteux persistant, aux fleurs en forme de boules jaune d'or. S'acclimate facilement, robuste, facile à cultiver. Floraison abondante en hiver. Parfum doux et capiteux. Riche en pollen recherché par les abeilles, favorise la production de miel.

June marchait d'un pas traînant dans le couloir obscur, allumant quelques lampes. L'horloge sonna deux heures du matin. À l'aube, il lui faudrait affronter le long trajet jusqu'au marché aux fleurs. Mais c'était dans deux heures. Juste un petit verre.

Depuis plusieurs semaines, les nuits lui paraissaient interminables, vaines et fiévreuses. Son lit portait le poids de fantômes trop nombreux, immobiles à ses pieds, tenant des rameaux de mimosa en fleur. L'hiver était toujours la saison la plus difficile. Les commandes de fleurs diminuaient brutalement. Les vieilles histoires ressortaient de terre après les premières gelées. Et, cet hiver, Alice était arrivée.

Bien qu'elle ne parlât toujours pas, Alice souriait plus souvent. L'école l'avait d'une certaine manière réveillée, sortie de la profonde paralysie du chagrin. Elle n'avait pas mouillé son lit depuis des semaines ni eu d'autre crise de panique. Twig avait mis ses conseils en sourdine. Alice avait toujours un livre ouvert sur les genoux, avec une fleur séchée en guise de marque-page. Elle allait souvent rejoindre Candy à la cuisine ou dans le jardin d'herbes aromatiques, l'aidant à concocter une nouvelle recette. Elle déambulait dans ses petites bottines bleues, suivant Twig comme une ombre à travers l'atelier.

Mais quels que fussent les efforts de June pour garder un l'œil sur elle, même quand les jours devenaient de plus en plus froids, Alice s'arrangeait pour disparaître et revenir parfois à la maison les cheveux mouillés. June savait qu'elle avait découvert la rivière. Et probablement aussi l'eucalyptus de la rivière. Cependant, elle ne pouvait se décider à raconter à Alice l'histoire de Thornfield, l'histoire de ces femmes dont elle descendait. Une fois qu'elle aurait prononcé le nom de Ruth, le récit ne pourrait suivre qu'un seul flot : celui qui menait à Wattle, puis à June, et directement à Clem et à Agnes – et au choix qu'elle avait fait.

June était debout au comptoir de la cuisine avec la bouteille de whisky ouverte devant elle. Elle s'en versa un autre verre. Elle était fatiguée. Lasse de porter le poids d'un passé trop lourd à faire revivre. Elle était lasse des fleurs qui parlaient de choses que les gens n'osaient pas exprimer. De cœurs brisés, de solitude et de fantômes. Du sentiment d'être incompris. Quand elle songeait à parler enfin à Alice de sa famille, June hésitait à l'idée d'être tenue une fois encore pour responsable des secrets qui poussaient au milieu des fleurs de Thornfield. Il devait y avoir un autre moyen de guérir le chagrin de l'enfant que de lui révéler la vérité sur sa famille, dont June pensait qu'elle ignorait probablement tout, en dépit du matin où Alice avait semblé la reconnaître. Rien n'indiquait qu'Alice savait pour quelle raison son père avait emmené sa mère loin de Thornfield, ni que June aurait pu changer d'avis, tenter de retenir Clem, et peut-être sauver Agnes. Mais elle avait laissé son fils partir, et il avait emmené la mère d'Alice avec lui. Parce que June n'avait pas voulu céder devant sa rage. Parce que Agnes aimait davantage Clem qu'elle n'était capable de s'aimer elle-même.

June emporta le whisky dans le salon, buvant au goulot. Quand Alice était arrivée à Thornfield et s'était pelotonnée dans ses bras, en cachant sa tête dans son cou, June s'était sentie envahie d'un amour dont elle n'avait pas osé garder le souvenir. Elle ne pouvait courir ce risque. Elle ne supportait pas l'idée qu'Alice puisse penser du mal d'elle. Les jours se suivaient et les histoires restaient tues. Elle passait son temps à remettre au lendemain : quand Alice ira à l'école, je le lui dirai. Quand Alice sourira, je le lui dirai. Quand Alice le demandera, je le lui dirai. *Fais attention, June*, l'avait avertie Twig, *le passé a une curieuse façon d'engendrer de nouvelles pousses. Si tu ne t'en occupes pas immédiatement, ces histoires se ressèmeront d'elles-mêmes.*

June s'affala sur le canapé, la bouteille de whisky dans la main, assaillie par le passé. Les histoires de Thornfield n'étaient jamais loin de ses pensées.

Le meurtre de Jacob Wyld avait anéanti Ruth. Elle avait accouché seule au bord de la rivière et donné à leur enfant le nom de Wattle, le mimosa qui avait fleuri pour la première fois pendant la sécheresse. C'était tout ce qui restait du jardin de Ruth, et tout ce qu'elle pouvait offrir à sa fille : un prénom qui lui donnerait le courage de survivre dans une maison où elle retrouverait Wade Thornton et ses excès. *J'étais décidée à ne pas le laisser détruire mon esprit, comme il avait détruit celui de ma mère. Ses yeux étaient devenus aussi vides que des carapaces de cigales traînant dans la poussière, là où jadis poussaient des fleurs, Junie*, lui disait souvent Wattle.

Les gens de la ville oublièrent Thornfield lorsque Ruth cessa de vendre des fleurs au marché et qu'elle laissa son jardin dépérir et mourir. Ils se détournèrent quand Wade se présenta au bureau du service social pour y toucher la pension de Ruth, et ils ignorèrent Wattle, la petite fille qui habitait Thornfield, dont certains disaient qu'elle avait été élevée plus par les oiseaux que par sa mère. Tous, sauf Lucas Hart, qui avait vu Wattle pour la première fois un jour où il marchait seul le long de la rivière. Il l'avait prise pour une sorte de sirène avec sa peau aux reflets verts sous l'eau et ses longs cheveux noirs mêlés de feuilles et de fleurs. Bien qu'il ne l'eût jamais croisée à l'école, dans les magasins ou à l'église, elle captiva à jamais son imagination. Chaque fois qu'il allait à la rivière, il espérait la trouver en train de nager. Il était fasciné par la façon dont ses membres élancés fendaient l'eau, comme si sa vie en dépendait. Le temps passant, tous les deux grandirent. Elle devint une jeune femme recluse, que l'on voyait rarement en ville, et il partit terminer ses études de médecine. Ni la vie citadine ni ses études ne purent la lui faire oublier. Le souvenir de Wattle courait dans ses veines comme une fièvre. Il revint chez lui, devint médecin en ville, et marcha tous les soirs le long de la rivière. Il avait eu connaissance des rumeurs qui couraient au sujet de Wade Thornton. Apparemment, personne ne s'en mêlait. C'était une affaire privée entre un homme et sa femme. Sauf que, comme le savait Lucas, Ruth Stone n'avait jamais été l'épouse consentante de Wade Thornton, pas plus que Wade n'était le père de Wattle Stone. Tous les soirs, en suivant le bord de la rivière, il se promettait d'aller frapper à la porte de Thornfield et de se présenter. Et tous les soirs, il s'aventurait jusqu'à la lisière du domaine de Thornfield et rebroussait chemin. Jusqu'à cette fois où il entendit un cri de femme, suivi d'un coup de feu, puis le silence.

Lucas s'élança sur le chemin qui menait de la rivière à la maison de Thornfield et trouva dans la cour Wattle Stone un fusil à la main, effondrée sur le corps de Wade Thornton, baignant dans une flaque de sang noir comme de l'encre. *Êtes-vous blessée* ? s'écria Lucas. *Est-ce vous qui saignez ? Wattle ? Êtes-vous blessée* ? Wattle se redressa, figée, d'une pâleur atroce, les yeux aussi noirs que le sang qui baignait ses pieds. *Wattle* ? hurla Lucas, pris de panique. Lentement, elle secoua la tête. *Ce n'est pas moi*, murmura-t-elle, le fusil tremblant dans sa main. Ils se regardèrent, chacun émettant un vœu silencieux.

La nouvelle de la mort de Wade Thornton déclencha une vague de spéculations à travers toute la ville. Certains laissaient entendre que Ruth l'avait ensorcelé et poussé au suicide. D'autres disaient que la fille de Ruth l'avait assassiné. Les femmes de la famille Stone, avec leurs fleurs, étaient réputées porter malheur. Elles étaient une malédiction pour la ville, car l'incapacité de Ruth à conserver l'exploitation des champs de fleurs avait diminué les revenus des habitants et ruiné leurs espoirs. Les pêcheurs sur la rivière s'empressèrent d'ajouter leurs commérages, prétendant avoir vu Ruth la nuit, parlant à quelque chose dans les hauts-fonds. Quand on apprit qu'une morue de Murray avait été vue dans la rivière, l'indignation fut à son comble ; le Roi de la rivière n'aurait jamais dû se trouver dans un cours d'eau aussi loin au nord, elle avait jeté un mauvais sort. Tout le monde avait oublié que Ruth Stone et sa ferme de fleurs avaient jadis sauvé la ville de la sécheresse.

Les médisances ne cessèrent que lorsque le docteur Lucas Hart témoigna en public : il avait vu Wade Thornton titubant dans un état d'ébriété avancée, tirant des coups de feu en entreprenant de nettoyer ses fusils de chasse, pour finir par se blesser mortellement. La police déclara la mort accidentelle, et la ville s'intéressa à d'autres sujets. Wattle Stone épousa Lucas Hart un bouquet de mimosa à la main. Ils s'installèrent à Thornfield avec Ruth.

Puis nous t'avons eue, Junie, disait toujours sa mère, arrivée à ce point de l'histoire en regardant June, les yeux embués. *Et les gens sont redevenus aimables ; tu avais brisé la malédiction de Thornfield.*

Un jour où elle gardait June dans son berceau à côté d'elle, Wattle avait ressorti l'ancien carnet de Ruth. Pendant que Lucas était à son cabinet, elle entreprit d'emprunter des ouvrages à la bibliothèque municipale. Elle lisait à voix haute, identifiant les dessins de Ruth et dressant la liste des graines qu'elle devait commander en ville, pendant que June gazouillait près d'elle. Durant une douzaine de saisons, Wattle s'évertua à redonner vie à la ferme de fleurs de sa mère. Les gens commencèrent à apprécier les bouquets qu'elle vendait sur les marchés. *Retour du bonheur*, disait un bouquet de waratahs, chacune de la taille d'un cœur humain. *Dévotion*, signifiaient les boronias roses, une gerbe de corolles odorantes. Bientôt les seaux se vidèrent. Tout le monde se disputait les fleurs de Thornfield.

Bien que Wattle ait redonné vie au jardin, elle n'arrivait pas à réprimer la folie qui habitait l'esprit de Ruth. Elle chérissait sa mère au même titre qu'elle chérissait sa propre enfant, elle s'efforçait de la rendre heureuse, mais tous les soirs elle la voyait se glisser hors de la maison. Wattle restait éveillée, attentive aux craquements du plancher, jusqu'au soir au clair de lune où, serrant June contre sa poitrine, elle décida de suivre sa mère vers la rivière. Elle la vit jeter des fleurs dans l'eau, sans cesser de monologuer.

Maman, Wattle s'avança dans la lumière argentée sur la rive sablonneuse. Le regard de sa mère était lucide et vif. *À qui parles-tu, maman* ?

À ton, père, ma chérie, répondit Ruth simplement. *Le Roi de la Rivière.*

Des bulles éclatèrent à la surface au moment où une fleur était entraînée sous l'eau. Wattle ne distingua pas par quoi. Elle fit demi-tour et courut retrouver son mari, dans la chaleur de son lit.

Ruth mourut pendant son sommeil, alors que June avait à peine trois ans. Wattle la découvrit un matin, les cheveux mouillés, pleins de feuilles d'eucalyptus et de lys vanille.

Elle léguait par testament tout ce qu'elle possédait à Wattle. Elle lui demandait seulement une chose : que Thornfield ne passe jamais aux mains d'un homme sans mérite. Et cela ne devait jamais arriver ; à la plus grande fureur de Clem Hart.

Sois attentive, à présent, Junie, la voix de sa mère résonnait dans son souvenir. *Ce sont les dons de Ruth. Ce sont eux qui nous ont permis de survivre.*

June poussa un profond soupir quand les premières lueurs du jour apparurent dans le ciel. Elle se leva du canapé et se dirigea en titubant vers sa chambre, les dernières gouttes de whisky tournoyant au fond de la bouteille.

Le premier jour des vacances de Noël, debout à sa fenêtre, Alice contemplait le sentier vierge qui s'enfonçait dans le bush jusqu'à la rivière. Oggi et elle devaient se retrouver le lendemain matin, dès leur réveil, pour le dixième anniversaire d'Alice. Oggi était le meilleur ami qu'elle n'ait jamais eu. Ça n'avait rien d'étonnant, car Toby était un chien, et Candy était beaucoup plus vieille, et Harry était aussi un chien, et un livre n'était pas vraiment une personne.

Elle se détourna de la fenêtre pour retourner à ses livres de classe étalés par terre. Harry agita sa queue au moment où elle s'asseyait. Elle avait un devoir de vacances à faire : écrire le compte rendu d'un livre qu'elle aimait particulièrement, et dire pourquoi. Contrairement aux autres enfants, Alice s'était réjouie quand monsieur Chandler avait distribué les devoirs. Elle avait su aussitôt quel livre choisir : les histoires de selkies, le livre que Sally lui avait conseillé à la bibliothèque. Le livre que June lui avait fait porter à l'hôpital avant qu'elles ne se soient rencontrées.

Elle s'approcha des rayonnages, passa les doigts sur le dos des livres jusqu'à ce qu'elle trouve l'histoire des selkies. Quand elle le sortit de l'étagère, un autre livre glissa sur le sol. Alice le ramassa, c'était un livre relié en toile avec un titre en lettres dorées et une illustration fanée sur la couverture. C'était le livre qui parlait de la fille qui portait son nom et du pays merveilleux dans lequel elle était tombée.

Alice l'ouvrit. Son sang se glaça quand elle lut la dédicace.

« Bonjour, mon chou. Je t'ai apporté un chocolat chaud. » Candy se tenait dans l'embrasure de la porte, une tasse fumante à la main. « Alice ? Qu'y a-t-il ? » Elle posa la tasse. « Montre-moi. » Elle lui prit le livre des mains. Alice la regarda lire la dédicace. « Oh… » Sa voix faiblit.

La colère s'empara d'Alice. Elle flanqua Candy dehors, claquant la porte derrière elle. Harry se mit à aboyer. Alice rouvrit la porte et le mit dehors lui aussi.

Elle resta enfermée toute la journée. Candy lui apporta un dîner chaud, auquel elle ne toucha pas. Après avoir tenté de lui parler à travers la porte, Twig battit en retraite et demeura assise sur la terrasse en fumant cigarette sur cigarette.

Ce n'est qu'à la nuit tombée que les phares du pick-up cahotant de June apparurent dans l'allée. Alice était assise dans son lit, le livre serré dans ses mains. La porte d'entrée s'ouvrit. Les clés de June atterrirent dans l'assiette de verre posée sur le secrétaire. Des pas fatigués franchirent l'entrée jusqu'à la cuisine. L'eau coula dans l'évier, puis s'arrêta. Le tintement des bracelets. Le chuintement de la bouilloire, suivi par un sifflement et le soupir de l'eau fumante versée sur le sachet de thé. Le son argentin d'une cuillère heurtant le rebord d'une tasse en porcelaine. Un moment de silence, puis les pas de June se dirigeant vers l'escalier.

« June. » La voix de Twig dans l'entrée.

« Attends une minute, Twig.

– June, je...

– Attends, Twig. »

Ses pas dans l'escalier. Qui montent. Montent. Un coup frappé à la porte d'Alice.

« Bonsoir, Alice. » June ouvrit la porte. Harry se précipita vers elle en aboyant. Alice ne leva pas les yeux. Elle donna un coup de pied rageur contre le bois de son lit. « Comment s'est passée ta journée ? »

June fit le tour de la chambre, une main dans une poche, sa tasse de thé dans l'autre. Elle enjamba le devoir d'Alice étalé sur le sol et s'approcha des rayons de livres. Alice gardait les yeux fixés sur ses bottines. June se tourna vers elle et se figea.

Alice lui tendait le livre qu'elle tenait à deux mains, ouvert à la page de la dédicace, où sa mère avait écrit son nom, encore et encore, dessinant chaque « A » comme un cœur transpercé.

Agnes Hart. Madame A. Hart. Monsieur et madame C & A Hart. Madame Hart. Mme Agnes Hart.

Et en dessous l'écriture de son père.

Chère Agnes,

J'ai trouvé ce livre en ville, et pensé à toi. Je sais que c'est la seule chose que tu as emportée à Thornfield, et j'espère que tu ne verras pas d'inconvénient à en avoir un second exemplaire de ma part.

Avant de l'acheter à ton intention, je n'avais pas lu cette histoire. Mais je la connais maintenant, et elle me fait penser à toi. À cette impression de tomber quand tu es là, mais de la plus délicieuse des manières. Comme si j'étais dans un labyrinthe dont je ne voulais pas trouver la sortie. Tu es la chose la plus magique, la plus extraordinaire qui me soit jamais arrivée, Agnes. Tu es plus belle qu'aucune des fleurs qui poussent à Thornfield. Je pense que c'est pour cela que maman t'aime autant elle aussi. Je pense que tu pourrais être la fille qu'elle n'a jamais eue.

Je voulais aussi te remercier de m'avoir raconté tes histoires sur la mer. Je n'ai jamais vu l'océan, mais quand tu me regardes, il me semble comprendre ce que tu m'as décrit. La nature et la beauté. Nous irons peut-être la voir un jour. Nous nagerons peut-être ensemble dans la mer.

Je t'aime,

Clem Hart

June se frotta le front. Harry haletait et remuait nerveusement la queue.

« Alice », commença-t-elle.

Alice semblait hors d'elle-même, comme à l'hôpital quand elle voyait des serpents de feu s'enrouler autour de son corps, la changeant en quelque chose de méconnaissable. Elle se leva de son lit, balança son bras en arrière et lança de toutes ses forces le livre en direction de June. Il l'atteignit en plein visage et tomba bruyamment sur le sol, le dos se déchirant sous le choc.

June eut à peine un tressaillement. Une méchante meurtrissure apparut sur sa pommette. Alice jeta un regard noir à sa grand-mère. Pourquoi June ne réagissait-elle pas ? Pourquoi n'était-elle pas en colère ? Pourquoi ne s'en prenait-elle pas à Alice ? Elle y voyait trouble. Elle empoigna ses cheveux, avec l'envie de hurler. À quelle époque sa mère se trouvait-elle à Thornfield ? Pourquoi personne ne lui avait-il dit qu'elle avait vécu ici ? Que c'était ici que ses parents s'étaient rencontrés ? Et qu'est-ce qu'elle ignorait d'autre ? Pourquoi le lui avait-on caché ? Pourquoi ses parents étaient-ils partis ? Elle avait mal à la tête.

June s'approcha d'elle, mais Alice la chassa à coups de pied. Harry poussa un grognement, arpentant la chambre. Alice n'y fit pas attention.

« Oh, Alice. Je suis désolée. Je sais que tu as mal. Je sais. Je suis désolée. »

Plus June tentait de la consoler, plus la colère d'Alice montait. Elle donnait des coups de pied, mordait, griffait les mains de June. Elle se démenait de toutes ses forces, contre le corps robuste de June, contre l'existence à Thornfield, contre l'éloignement de l'océan. Elle luttait contre les brimades à l'école, les remarques qui les visaient, elle et Oggi. Elle tapait du pied, se révoltait parce que les gens étaient condamnés à mourir. Elle ne voulait pas avoir besoin de Harry, elle ne voulait pas qu'il y ait un goût de tristesse dans la cuisine de Candy, et des larmes dans le rire de Twig.

Tout ce que voulait Alice était se libérer et courir à la rivière, plonger dans l'eau et nager, loin, loin, tout au bout de la baie.

Retourner chez sa mère. Retrouver l'haleine douce de Toby sur sa joue. Retrouver son bureau. Rentrer chez elle.

Soudain fatiguée, elle éclata en sanglots. Elle aurait voulu n'être jamais venue à Thornfield, où rien n'était aussi simple qu'on le croyait. Et elle aurait voulu n'être jamais, jamais entrée dans l'atelier de son père.

13

Copper-cups

Signification : **ma capitulation**

Pileanthus vernicosus / Australie occidentale

Arbuste élancé qui se développe dans les landes, les dunes et les plaines côtières. Ses fleurs magnifiques vont du rouge à l'orange et au jaune. La floraison a lieu au printemps, sur des rameaux grêles couverts de petites feuilles dures. Les bourgeons sont recouverts d'une couche huileuse brillante.

Jamais June n'aurait pensé que ce seraient les parents d'Alice eux-mêmes qui se chargeraient d'apprendre à leur fille qu'ils avaient vécu à Thornfield. Mais c'était leur écriture : Agnes s'exerçant à épeler son futur nom, Clem décrivant leur avenir. Avant l'arrivée d'Alice, June croyait avoir enfermé tout ce qui témoignait de l'existence d'Agnes et de Clem dans des boîtes qu'elle avait mises au garde-meuble en ville. Elle n'avait pas pensé à vérifier les rayonnages de livres dans l'ancienne salle des cloches.

Quand Alice se calma, exténuée, June la porta jusqu'à la salle de bains du bas, où Twig avait fait couler un bain chaud. June s'efforça d'éviter le regard de Twig. Elle n'aurait pas dit un mot, ce n'était pas son genre, mais June devinait ses pensées. *Le passé a une curieuse façon d'engendrer de nouvelles pousses.*

June passa rapidement devant la cuisine, où Candy faisait chauffer du lait pour Alice, et se dirigea en silence vers sa chambre. Elle referma soigneusement la porte derrière elle. Le coffret en noisetier était posé sur le lit, là où elle l'avait laissé. Elle le regarda avec méfiance.

Le matin où Alice avait eu sa crise de panique et où June était partie au volant de son pick-up, elle était certes allée inscrire Alice à l'école, mais elle s'était surtout longuement attardée au garde-meuble, cherchant le réconfort des souvenirs et des reliques du passé. Quand elle avait décidé de rentrer, elle avait emporté le coffret en noisetier avec elle, pensant trouver à l'intérieur ce qu'elle cherchait pour l'anniversaire d'Alice.

Elle resta assise près du coffret, hésitante, examinant le minutieux travail de menuiserie, imaginant les heures que Clem y avait passées. Après le bureau qu'il avait confectionné pour Agnes, qui se trouvait dans la chambre du clocher, le coffret était l'œuvre dont Clément était le plus fier. Il s'y connaissait en graines et en plantes, mais il était exceptionnellement doué pour transformer des arbres abattus en rêves. Il avait juste dix-huit ans quand il avait terminé le coffret, un âge où un garçon pense pouvoir sculpter son âme sous forme d'une boîte en noisetier et devenir un homme.

Sur un côté du couvercle étaient gravés trois portraits de Ruth. Sur l'un, elle apparaissait les mains pleines de graines, des fleurs à ses pieds. Sur le deuxième, on la voyait de profil, le ventre arrondi. Sur le dernier, elle était beaucoup plus âgée, le dos courbé, le visage ridé, empreint de sérénité, assise au bord de la rivière, des fleurs dans les bras et le vague reflet d'une morue de Murray géante dans l'eau à côté d'elle. Sur l'autre côté, il y avait Wattle, portant bébé June dans ses bras, une couronne de fleurs dans les cheveux, la maison et un champ de fleurs à l'arrière-plan. Au centre, Clem s'était représenté lui-même, avec un homme sans visage debout derrière lui. À côté de Clem se tenait June, souriante, et de l'autre côté, une jeune fille s'approchait, une gerbe de mimosa dans les bras.

C'était ainsi que se voyait Clem : au centre de l'histoire de Thornfield. Et c'était pour cette raison, se rappela June, qu'il avait fait ce qu'il avait fait : il avait quitté la ferme avec Agnes après que June avait décidé de ne pas lui léguer Thornfield. En fait, son propre fils avait entendu sa mère dire à la femme qu'il aimait qu'elle le jugeait indigne de sa succession.

June s'empara de sa flasque et but une longue gorgée. Puis une autre. Encore une autre. Le martèlement dans sa tête cessa.

En regardant le visage d'Agnes sculpté par la main de son fils, June dut admettre à contrecœur à quel point Alice lui ressemblait. Le même pas léger. Le même cœur généreux. Donner à Alice quelque chose qui avait appartenu à sa mère était le moins que June puisse faire. Elle souleva le crochet de cuivre qui maintenait le couvercle et ouvrit le coffret. Les souvenirs l'assaillirent, sans qu'elle puisse les arrêter. Le parfum de miel des hivers au bord de la rivière. L'amertume des secrets.

June avait dix-huit ans quand elle s'était tenue près de sa mère pour disperser les cendres de son père au pied du mimosa. Plus tard, quand tout le monde s'était rassemblé dans la maison pour partager des histoires sur les enfants que son père avait mis au monde et les vies qu'il avait sauvées, June s'était enfuie au bord de la rivière. Elle n'avait pas couru sur le chemin de terre blanche depuis son enfance. Elle connaissait trop bien l'histoire des malheurs arrivés aux femmes de sa famille. Elle avait besoin que les choses soient en ordre et était effrayée par l'idée que l'amour puisse être aussi passionné qu'injuste. Elle détestait l'eucalyptus où sa grand-mère et sa mère avaient gravé leur nom, rappelant le bonheur et la malédiction que l'amour avait apportés à chacune d'elles. Ce jour-là cependant, le corps brûlé par le chagrin, June avait traversé le bush, attirée par l'appel de l'eau.

En arrivant à la rivière, le visage sillonné de larmes et ses bas noirs déchirés, elle avait aperçu un jeune homme qui nageait nu dans l'eau couleur de thé, les yeux tournés vers le ciel.

S'essuyant rapidement les joues, elle avait repris contenance. *Vous êtes dans une propriété privée*, avait-elle annoncé de son ton le plus hautain.

Il avait gardé un calme désarmant. Comme s'il l'attendait. Il avait des cheveux noirs et les yeux clairs.

Venez, avait-il dit, les yeux rivés sur ses vêtements noirs. *Rien ne vous fera mal dans l'eau.*

Elle avait essayé de l'ignorer. Mais, sous son regard, elle avait senti des picotements hérisser sa peau ; le soulagement de pouvoir ressentir autre chose que la mort et le chagrin était plus doux que le miel des ruches de son père.

June avait commencé à déboutonner sa robe ; lentement au début, puis fébrilement, elle s'était débarrassée de tous ses vêtements de deuil et avait plongé dans l'eau. Elle s'était laissée couler au fond de la rivière, rejetant l'air de ses poumons à la surface. Du sable et des gravillons s'étaient logés entre ses orteils. L'eau emplissait ses oreilles, son nez, ses yeux.

Il avait raison. Ça ne lui faisait pas mal.

Quand la pression dans ses poumons était devenue douloureuse, elle avait jailli hors de l'eau, cherchant l'air. Il était resté à une certaine distance, la regardant à travers l'eau verte. Sans vraiment comprendre ce qu'elle faisait, June avait nagé vers lui.

Plus tard dans l'après-midi, près d'un petit feu crépitant dans un creux de la berge, ils étaient restés enchevêtrés l'un dans l'autre. Le corps de June brûlait de douleur et de plaisir. Elle s'était déjà amusée avec des garçons dans les buissons derrière l'école, mais c'était la première fois qu'elle allait jusqu'au bout. Avec un homme, pas un garçon. Elle avait suivi du bout du doigt la trace d'une cicatrice rougeâtre sur sa poitrine. Il en avait une autre à la même hauteur sur le dos. June les avait embrassées toutes les deux, goûtant l'eau douce de la rivière sur sa peau.

Où habites-tu ? avait-elle demandé.

Il s'était dégagé de son étreinte.

Partout, avait-il répondu en remettant ses chaussures. Elle l'avait regardé, comme frappée par l'évidence. Il s'apprêtait à partir.

Elle ramena ses vêtements sur son corps. *Est-ce que je te reverrai ?*

Tous les hivers, répondit-il. *Quand le mimosa refleurit.*

Pour June, l'amour était comme la rivière ; stable, constant et pur. Ça ne ressemblait en rien à la funeste histoire d'amour de sa grand-mère avec le Roi de la Rivière, ni à l'union tranquille de son père et de sa mère. Elle resterait maîtresse de la situation, elle n'abandonnerait pas son cœur à un homme, pas plus qu'elle ne graverait son nom dans un arbre pour témoigner de sa peine. Son amour ne serait pas une histoire inachevée. Il reviendrait. Quand le mimosa refleurirait. Et le mimosa refleurissait toujours.

Après la mort de son père, les jours s'étaient étirés, interminables, gris et ardus. La maison sentait les fleurs fanées. June s'était consacrée à la ferme, passant de longues journées à s'occuper des fleurs et à livrer les commandes dans les villes voisines. Le soir, après avoir préparé un repas auquel Wattle touchait à peine, elle s'enfermait dans l'atelier, où elle s'entraînait à presser des fleurs dans de la résine de bijoutier. Elle y restait jusqu'à avoir la vue brouillée. Parfois, elle s'endormait sur son bureau et se réveillait avec un torticolis et des pétales de fleurs collés à ses joues. Elle fuyait le chagrin de sa mère chaque fois qu'elle le pouvait ; elle ne supportait pas de voir les ravages que l'amour pouvait laisser derrière lui.

Au mois de mai suivant, elle avait commencé à faire le guet ; dès les premiers bourgeons de mimosa, elle courait à la rivière. Elle retenait son souffle pendant sa course. *Je respirerai quand je le verrai.* Je *respirerai quand je le verrai.*

Elle y était allée tous les jours. La fin de l'hiver approchait. Les fleurs de mimosa commençaient à tomber. Les vêtements de June flottaient sur ses épaules et ses hanches. Des ombres violettes cernaient ses yeux. Plus son teint devenait fiévreux et ses doigts noirs de terre, plus les champs de fleurs prospéraient. Un après-midi, à la fin du mois d'août, alors qu'elle traversait la clairière et se dirigeait vers la rivière, elle vit un petit feu brûler, avec un quart rempli de thé au-dessus. Il l'avait regardée, la transperçant de ses yeux clairs.

Où étais-tu passé ? avait-elle demandé.

Il avait détourné le regard. *Je suis ici, maintenant.* Une nouvelle balafre, bleue et irrégulière, soulignait son œil droit.

June s'était élancée contre lui, pressée dans ses bras, écoutant les battements de son cœur à travers sa chemise en flanelle.

Elle n'était pas rentrée chez elle pendant trois jours.

Ils avaient campé au bord de la rivière, mangé un ragoût de pois et de jambon avec du pain cuit sous la cendre, fait l'amour près du feu, et des guirlandes de pâquerettes au soleil. Il ne lui avait pas dit où il était allé. Elle ne lui avait pas dit à quel point elle avait besoin qu'il reste.

Quelques mois plus tard, des articles parurent dans la presse sur des braquages de banque en ville. On disait que les voleurs étaient des anciens combattants, de retour de la guerre. Les villageois dans les campagnes étaient incités à la prudence. *Ces criminels sont armés, dangereux et cherchent un endroit où se cacher.*

Durant le printemps, l'été et l'automne, Thornfield avait été un flamboiement de fleurs, résultat du travail sans relâche de June. Tout entière absorbée par leur culture pour oublier ses tourments, elle ne s'était pas rendu compte à quel point sa mère était devenue fragile, jusqu'à devenir l'ombre de la femme qu'elle avait été.

Sois attentive à présent, Junie, avait dit Wattle à la fin. *Ce sont les dons de Ruth. C'est grâce à eux que nous avons survécu.*

Sans que June s'en aperçoive, la maladie avait dévoré le peu qui restait du cœur de sa mère. Pour ses funérailles, June avait cueilli tout le mimosa qui était en fleur à Thornfield.

Ils avaient passé leur troisième hiver près de la rivière sans beaucoup parler. Il ne lui demandait pas pourquoi elle pleurait. Elle ne demandait pas d'où venaient les traces de blessures sur ses poings. Tout comme lui, elle n'avait pas envie d'entendre les réponses.

À l'arrivée du printemps, June s'était rendu compte qu'elle était enceinte. Elle avait accouché seule par un jour venteux d'automne et nommé son fils Clematis, l'étoile montante. Lorsque le mimosa avait refleuri, June avait su avant même d'arriver à la rivière avec son bébé emmailloté qu'il ne serait pas là – et qu'il ne reviendrait jamais.

À la ferme, désespérée, seule avec son nouveau-né, June avait passé des nuits entières à pleurer de remords et d'effroi sur son oreiller, craignant que sa mère ne soit morte à cause de sa négligence ; craignant que son fils n'ait hérité du cœur dur de son père. Les nuits s'étaient succédé, identiques, jusqu'au jour béni où l'amitié avait trouvé le chemin de sa maison.

June fouilla dans la boîte en noisetier jusqu'à ce qu'elle le trouve : un bouquet d'asters blancs. Elle les prit avec précaution dans ses mains, les tournant et les retournant entre ses doigts.

C'est par un clair matin de printemps que Tamara North était arrivée à Thornfield avec une petite valise et un pot d'asters sur lequel était inscrit son nom. June avait répondu au coup frappé à la porte d'entrée, sans avoir fait sa toilette, puant le lait caillé, Clem hurlant dans ses bras et une ferme de fleurs mourantes à sa charge. Elle avait proposé immédiatement du travail à Tamara. De quel genre, elle n'en était pas sûre, jardinière ou amie, June avait besoin des deux. Tamara avait posé sa valise et son pot de fleurs et pris Clem des bras de June.

Il faut mettre un bébé énervé dans l'eau, avait-elle dit. *L'eau les calme.*

Elle s'était dirigée d'un pas assuré vers la salle de bains, comme si elle était certaine de l'endroit où elle allait et de ce qu'elle faisait. June était restée dans le couloir, hébétée, à écouter couler l'eau du bain et le chant apaisant de Tamara tandis que s'atténuaient les gémissements de Clem.

La première nuit, après avoir laissé Tamara mettre Clem au lit et s'installer dans sa nouvelle chambre, June avait coupé quelques fleurs du pot qu'elle avait apporté. Elle en avait suspendu un petit bouquet la tête en bas près de la fenêtre pour les faire sécher et pressé d'autres dans le *Dictionnaire de Thornfield* avec une nouvelle inscription.

Buisson d'asters. Votre présence adoucit mes peines.

Tamara avait pris ses ordres auprès de Twig et adouci les peines de June. Même quand June ne voulait pas l'écouter.

Elle remit les fleurs séchées dans la boîte, passa un doigt sur les volutes sculptées. C'était la dernière chose que Clem lui avait offerte avant de découvrir que Thornfield ne serait jamais à lui. Avant que le caractère explosif qui couvait sous sa peau depuis la naissance ne l'envahisse irrévocablement. *Je voudrais ne t'avoir jamais connue et que ce soit mon père qui m'ait élevé*, avait-il hurlé à sa mère avant d'empoigner Agnes et de filer dans son pick-up. Le son rauque de sa voix et sa pâleur maladive étaient encore présents à l'esprit de June ; le regard vide d'Agnes à travers la fenêtre du passager.

June sentit sa gorge se nouer en se demandant si son fils avait choisi le noisetier intentionnellement, sans même savoir que sa signification, *réconciliation*, la hanterait pendant des années. Étouffant un sanglot, elle fouilla hâtivement dans le coffret jusqu'à ce qu'elle trouve ce qu'elle souhaitait offrir à Alice pour son anniversaire.

Elle sécha ses larmes, rabattit brutalement le couvercle en tendant une main mal assurée vers sa flasque. Après quelques bonnes gorgées, elle quitta la pièce, traversa la maison et sortit pour aller à l'atelier.

Longtemps après que tout le monde fut couché, June travailla à son bureau, assise sous la lampe de bijoutier jusqu'à ce que les yeux la brûlent et que la flasque soit vide. Quand elle eut terminé sa lettre à Alice et emballé son cadeau, June éteignit la lumière. Elle sortit de l'atelier, se dirigea jusqu'à la maison en vacillant dans l'obscurité, entra d'un pas mal assuré et monta jusqu'à la chambre de sa petite-fille.

Alice remua dans son sommeil. Elle s'assit dans son lit. Dans le mince rayon de lune qui éclairait la fenêtre, elle aperçut June assise à son bureau, mais, incapable de garder les yeux ouverts, elle retomba sur son oreiller et se rendormit. Quand elle se réveilla, il faisait jour. Son dixième anniversaire. Se souvenant de sa vision de la nuit, Alice bondit hors du lit. Sur son bureau étaient posés un cadeau et une lettre.

Elle déchira l'emballage, ouvrit l'écrin à l'intérieur et resta bouche bée. Un grand médaillon d'argent était attaché à une chaîne du même métal. Le couvercle du médaillon renfermait, pressé dans de la résine, un bouquet de pétales rouges. Alice glissa un ongle dans le fermoir. Le couvercle s'ouvrit instantanément. Une photo en noir et blanc de sa mère la regardait derrière une mince lame de verre. Des larmes brûlantes roulèrent le long de ses joues. Elle enfila le collier et ouvrit la lettre.

Chère Alice,

Parfois, certaines choses sont simplement trop difficiles à dire. Je sais que tu peux le comprendre mieux que quiconque.

Quand j'avais à peu près ton âge, j'ai commencé à apprendre le langage des fleurs auprès de ma mère, ton arrière-grand-mère – qui à son tour l'avait appris de sa mère – en utilisant des fleurs qui poussent ici, chez nous. Elles nous aident à dire ce que les mots parfois sont incapables d'exprimer.

J'ai le cœur brisé de ne pouvoir te rendre ce qui t'a été enlevé. De même que tu as perdu ta voix, il semble que j'aie perdu en partie la mienne quand il s'agit de parler de ton père et de ta mère. Ce n'est pas juste. Je le sais. Je sais que tu attends des réponses. Je le devine en vivant à tes côtés. Quand je retrouverai la partie de ma voix qui a disparu, sois certaine que je te donnerai toutes les réponses possibles à toutes les questions que tu te poses. Je te le promets. Peut-être retrouverons-nous ensemble notre voix.

Je suis ta grand-mère. J'ai beaucoup aimé tes parents. Et je t'aime. Je t'aimerai toujours. Nous sommes l'une pour l'autre notre seule famille. Et nous le resterons, toujours. Twig et Candy aussi.

C'est l'unique photo que je possède de ta mère. Elle t'appartient à présent. J'ai confectionné ce médaillon avec des pétales de pois du désert. Pour les femmes de notre famille, ils signifient le courage. À cœur vaillant, rien d'impossible.

Thornfield est la maison de ta mère, de ta grand-mère, de ton arrière-grand-mère et de ton arrière-arrière-grand-mère. À présent, elle peut aussi être la tienne. Elle t'ouvrira ses secrets exactement comme ce médaillon. Si tu le lui permets.

Ta grand-mère qui t'aime.

June

Alice replia soigneusement la lettre et la glissa dans sa poche. Elle garda le médaillon ouvert dans la paume de sa main, contemplant le visage de sa mère. June avait peut-être raison. Certaines choses étaient trop difficiles à dire. Certaines étaient difficiles à garder en mémoire. Certaines étaient tout simplement trop difficiles à comprendre. Mais June l'avait promis : si Alice pouvait retrouver sa voix, elle trouverait les réponses.

Dans la fraîcheur du matin pourpre, elle enfila ses bottines bleues et sortit de la maison.

En bas dans le bureau, Twig garda le téléphone à l'oreille, longtemps après la fin de la conversation. Son cœur battait la chamade. Tout avait été trop simple : l'adresse des services d'adoption de l'État était inscrite dans les pages jaunes. Elle avait décroché le téléphone, composé le numéro, dit qu'elle s'appelait June Hart et qu'elle voulait déposer une demande d'information concernant l'adoption de son petit-fils. Elle avait donné son adresse postale à l'attention de Tamara North, directrice de la ferme de Thornfield, et on l'informa que les formulaires nécessaires lui parviendraient dans un délai de sept à dix jours. Cela n'avait pas pris plus de cinq minutes. Puis la ligne fut coupée. Twig resta assise sans bouger, écoutant la tonalité retentir à son oreille. C'était le son du destin mis en branle, un son qu'elle n'était jamais parvenue à entendre au cours de ses efforts pour retrouver ses enfants. Sur le papier, il n'y avait aucune trace de l'existence de Nina et Johnny. Mais Twig célébrait leur anniversaire tous les ans en repiquant un jeune plant. Il y en avait plus de soixante à Thornfield aujourd'hui.

Au-dehors, le soleil déversait ses rayons sur les Fleurs, occupées à cueillir des rameaux de mimosa qu'elles rassemblaient dans des seaux. L'une d'elles chantait un vieux cantique. Twig eut envie de le fredonner à son tour, mais elle y renonça. Elle n'allait plus à l'église depuis de longues années.

Aucun bruit n'émanait de la chambre de June. Twig savait qu'elle était restée éveillée jusqu'aux premières heures du matin, cherchant à se faire pardonner du mieux qu'elle pouvait, à l'aide de fleurs. Mais le remords était une semence étrange ; plus vous l'enterriez, plus il s'escrimait à repousser. Si June ne voulait pas parler du bébé à Alice, Twig était prête à le faire à sa place. Cela signifiait qu'elle avait besoin d'informations.

En se penchant pour raccrocher le téléphone, elle vit quelque chose briller au soleil à l'extérieur. Clignant les yeux, elle le suivit du regard. La lumière se reflétait dans le nouveau collier d'Alice tandis qu'elle passait furtivement derrière les Fleurs et s'enfonçait dans le bush. Twig savait qui elle s'apprêtait à rejoindre au bord de la rivière. Mais elle n'avait pas l'intention de l'en empêcher. Cette enfant avait besoin de toute la consolation et du réconfort qu'elle pouvait trouver.

Alice courait à toutes jambes à travers les champs de fleurs. L'herbe sèche de l'hiver craquait sous ses pieds et l'air froid lui brûlait les poumons. Au bout du terrain les mimosas resplendissaient, répandant leur parfum sucré. Les Fleurs étaient déjà au travail, et Alice se baissa pour rester hors de leur vue, coupant à travers champ pour rejoindre le sentier qui s'enfonçait dans le bush. Le médaillon rebondissait en cadence contre sa poitrine.

À cœur vaillant, rien d'impossible.

Arrivée à la rivière, elle s'arrêta pour reprendre haleine et contempla l'eau verte où baignaient galets et racines. Elle s'attarda un moment, perdue dans ses souvenirs. Elle revoyait la mer. Tout lui semblait si loin, presque dénué de réalité, comme l'étaient ses rêves. C'était une pensée qui lui faisait horreur, que son existence au bord de la mer et tout ce qu'elle y avait aimé n'étaient rien de plus aujourd'hui que le feu qu'elle affrontait dans son sommeil. Que Toby, posant sa patte sur sa jambe quand elle lui faisait la lecture bien qu'il fût sourd, n'était rien d'autre que la brève lueur d'un rêve d'incendie. Ou que sa mère, dans son jardin, avec ses pieds nus et ses mains délicates, ne représentait qu'une mince volute de fumée. Sa mère connaissait-elle cette rivière ? S'était-elle tenue à l'endroit même où Alice se tenait à présent, à contempler l'eau ? Son nom figurait-il parmi ceux qui avaient été gravés dans l'écorce de l'eucalyptus ? Elle pouvait presque sentir la douceur de sa peau, la chaleur de ses bras.

Alice sortit la lettre de June de sa poche et la déplia. La feuille tremblait dans sa main. *Quand je retrouverai la partie de ma voix qui a disparu, sache que je te donnerai toutes les réponses possibles aux questions que tu te poses. Je te le promets. Peut-être retrouverons-nous ensemble notre voix.*

Elle replia la feuille de papier et la remit dans sa poche. Des gouttes de sueur perlèrent sur son front tandis que les souvenirs de son père lui venaient à leur tour à l'esprit. Elle le revoyait sortant de son atelier, les bras tremblant sous le poids du bureau qu'il venait de lui fabriquer, les yeux pleins d'espoir. Des yeux qui s'assombrissaient si rapidement. Dévastant tout sur son passage, projetant sa mère contre un mur avant de s'avancer en rugissant vers Alice.

Les paupières closes, les bras ballants, Alice serra les poings, prit une profonde respiration et hurla. C'était si bon qu'elle cria à nouveau, imaginant que sa voix se mêlait au flot de la rivière et courait jusqu'à la mer, rejoignait l'océan et attirait, tel un chant magique, sa mère, l'enfant qui n'était pas encore né et Toby jusqu'à elle. Jusqu'à la maison, où ils pourraient émerger de son rêve embrasé, hors de danger.

Quand elle finit par avoir mal à la gorge, Alice se débarrassa de ses bottines et de ses vêtements et en fit un tas sur la berge. Craignant de l'abîmer, elle détacha son médaillon et l'enfouit à l'intérieur d'une de ses bottines. L'eau verte coulait. Elle y trempa, toute tremblante, un orteil. Hésita un moment. Prit son courage à deux mains. *Un-deux-trois*. Et se jeta dans la rivière. L'étreinte glacée de l'eau la fit remonter à la surface, crachotant des pétales de roses couleur de feu. Troublée, elle baissa les yeux. Un autre pétale se collait à sa peau glacée. Puis un autre, et un autre. Elle regarda autour d'elle. Allongé sur la rive, Oggi s'amusait à éparpiller des pétales dans le courant. Une épaisse couverture et un sac à dos étaient posés à côté de lui. Elle l'aspergea d'eau en souriant.

« Hello, Alice. »

Elle lui fit un signe de la main, trébuchant sur les pierres.

« Tiens. » Il se leva pour lui tendre la couverture, détournant la tête. « J'ai pensé que tu viendrais nager aujourd'hui, même par ce froid. » Tremblante, elle prit la couverture et l'enroula autour d'elle. « Bon anniversaire », dit-il. Son sourire la réchauffa. Ils allèrent ensemble récupérer ses bottines et ses vêtements. Oggi s'assit et commença à défaire son sac à dos. « Sais-tu qu'en Bulgarie tu as droit à deux fêtes par an ? Une pour célébrer le jour de ta naissance, une autre pour honorer ton prénom. Ce jour-là, tous ceux qui portent le même prénom font la fête. Je ne sais pas s'il existe une fête pour Alice. En tout cas, la tradition veut que les gens arrivent sans être invités, et celui dont c'est la fête leur offre à boire et à manger. »

Alice fronça les sourcils.

« Mais je n'ai jamais aimé cette tradition, alors c'est moi qui t'ai apporté une surprise. »

Alice le regarda d'un air radieux. Elle s'assit à côté de lui. Oggi tira de son sac un paquet enveloppé de tissu, décoré de roses, noué aux quatre coins. Il fit signe à Alice de l'ouvrir. Le tissu s'écarta, dévoilant un pot de confiture d'un rouge éclatant et un présent de forme plate emballé dans du papier. Elle sourit. Oggi sortit alors de son sac à dos une boîte avec des toasts beurrés, un couteau et une petite flasque.

« Je suis sûr que tu ne sais pas que ton anniversaire tombe à la fin de la saison des roses. » Il ramassa des pétales et traça un cercle autour d'eux. « En Bulgarie, elles fleurissent de mai à juin, quand la vallée déborde de roses de toutes les couleurs. » Quand il eut fini, Alice et lui se trouvaient à l'intérieur d'un cercle parfait de pétales couleur de flamme. « Les roses sont cueillies une par une et placées dans des paniers d'osier avant d'être portées à la distillerie. C'est là qu'elles sont transformées en confiture, huile, savon ou parfum. »

Alice fit tourner le pot de confiture entre ses mains. Il miroitait dans la lumière froide. Oggi déboucha la flasque.

« C'est ce que nous buvons pour les fêtes. Cela s'appelle du *rakija*. Nous disons *nazdrave*. » Après avoir bu une gorgée, il lui tendit la flasque.

Alice hocha la tête et suivit son exemple. Tous deux toussèrent et crachèrent. Alice s'essuya la bouche à la couverture.

« C'est fort, je sais, mais les adultes adorent ça », se moqua Oggi. Alice fit une grimace dégoûtée et lui tendit le flacon. Il le reboucha en riant. « Ouvre ton cadeau. »

Elle commença par déchirer un coin du papier kraft, puis arracha impatiemment tout l'emballage. Le livre avait un dos craquelé, des pages jaunies, et l'odeur du *Dictionnaire de Thornfield.* Alice passa un doigt sur les lettres du titre.

« J'ai pensé que ça te ferait plaisir. Une des histoires décrit une fille de la mer qui perd sa voix. »

Elle lui lança un regard interrogateur.

« Et comment elle la retrouve », ajouta-t-il.

Alice se pencha spontanément vers lui pour l'embrasser sur la joue. Elle ne prit conscience de son geste qu'en se rasseyant et en voyant Oggi porter aussitôt ses doigts à l'endroit où elle avait posé ses lèvres. Cherchant désespérément à faire diversion, elle sortit le médaillon du fond de sa bottine.

« Montre », s'exclama Oggi. Alice souleva le couvercle. Oggi examina la photo à l'intérieur.

« C'est ma mère », fit-elle en articulant lentement chaque mot.

Oggi lâcha le médaillon et sursauta comme si elle l'avait pincé. « Qu'est-ce que… » Son visage exprimait la stupéfaction. « Alice, tu as parlé ? Tu parles ? C'est vrai ? Tu peux parler ? »

Elle émit un petit rire. Elle avait oublié à quel point c'était bon de pouvoir rire.

« Elle parle ! » Oggi se leva et se mit à courir en rond. Alice referma le médaillon et passa la chaîne autour de son cou.

Oggi s'immobilisa, se pencha vers elle. « Que penserais-tu d'un petit-déjeuner d'anniversaire ? » dit-il en reprenant sa respiration.

« Oui, s'il te plaît, dit-elle timidement.

– Elle a dit "oui, s'il te plaît" ! » Il rit, plaça ses mains en porte-voix et poussa des vivats. « Alice, c'est le plus bel anniversaire de ma vie, et ce n'est même pas le mien !

– Merci beaucoup pour mes cadeaux », prononça-t-elle lentement, se réhabituant à la forme des mots. Elle serra le livre contre elle.

« Je t'en prie », dit-il en souriant. Il dévissa le couvercle du pot de confiture. « Maman l'a préparé spécialement pour ton anniversaire. » Il plongea le couteau dans le pot et étala une grosse couche de confiture sur un morceau de pain. « Avec des roses de son jardin, qui portent mon nom.

– Qu'est-ce que tu veux dire ? » Elle prit le pain qu'il lui tendait.

« C'est le nom de leur couleur, expliqua-t-il, en se préparant une tartine.

– Oggi est donc une couleur ? » s'étonna-t-elle. Elle aussi portait le nom d'une couleur.

« Plus ou moins, répondit Oggi. Cha chignifie feu, ajouta-t-il, la bouche pleine.

– Pardon ? »

Oggi rit et avala sa bouchée. « Mon nom est Ognian, dit-il. Cela signifie le feu.

– Oh », fit Alice. Le murmure de la rivière se mêlait au chant du korimako. Le soleil d'hiver transperçait la ramure des arbres.

« Dis quelque chose d'autre, demanda Oggi au bout d'un moment.

– Quelque chose d'autre », répéta Alice, les joues écarlates, heureuse de le faire rire.

Quand Alice rentra à la maison, June surveillait le grésillement de la poêle à frire. Candy et Twig étaient assises à la table de la cuisine, plongées dans leur lecture. Harry était couché aux pieds de Twig. Il remua la queue en voyant Alice. Les trois femmes levèrent les yeux. Personne ne fit de remarque sur ses cheveux mouillés ou ses pieds pleins de sable.

« Bon anniversaire, dit June, les yeux fixés sur le médaillon.

– Bon anniversaire, mon chou. » Candy referma son livre de recettes.

« Hello Alice. Bon anniversaire. » Twig replia son journal.

June courbait le dos, Candy était très pâle et Twig se tenait immobile comme une statue. Toutes les trois s'efforçaient de sourire, mais aucune n'avait l'air heureuse.

« Je fais des pancakes. Tu en veux ? » La voix de June était mal assurée.

Alice lui sourit le plus gentiment qu'elle pût.

« Elles seront bientôt prêtes. » June versa davantage de pâte dans une poêle.

Alice se percha sur l'une des chaises. Harry s'assit à ses pieds.

« Est-ce que tu as envie d'une boisson pétillante pour ton anniversaire ? » proposa Twig en repoussant sa chaise. Alice fit oui de la tête. Twig alla chercher dans le buffet une flûte à champagne, pressant au passage la main de June. Alice observa les trois femmes. Les épaules tremblantes de June. Les yeux tristes de Twig. Les cheveux bleus de Candy, qui, si éclatants qu'ils fussent, ne pouvaient masquer son chagrin. Alice n'était pas la seule à être triste, pas la seule à qui manquaient des êtres chers.

June servit les pancakes avec du beurre et du sirop. Twig posa une flûte de jus de pomme et d'eau gazeuse devant l'assiette d'Alice.

« Merci June. Merci Twig », dit Alice.

June laissa tomber sa spatule pleine de pâte, Twig resta bouche bée. Candy poussa un cri perçant. Harry hésita entre l'envie de lécher la pâte sur le sol et celle de tourner en rond autour d'elles.

Les femmes se précipitèrent sur Alice, l'étreignirent.

« Parle encore, Alice !

– Dis Candy Baby !

– Est-ce que tu peux dire Twig ? »

Debout au centre, Alice regarda les trois visages autour d'elle, serrés comme les pétales d'un bouton de fleur. En leur parlant, c'était elle qui leur faisait un cadeau d'anniversaire.

Elle sourit en les voyant danser autour d'elle. Elle avait retrouvé sa voix. C'était à June désormais de tenir sa promesse et de répondre à ses questions.

Oh que je languis, oh que je soupire
Après la saison des fleurs

Emily Brontë

14

Gommier rouge des rivières

Signification : **enchantement**
Eucalyptus camaldulensis / dans tous les États et territoires.

Arbre australien emblématique. Écorce lisse qui se détache du tronc en longs rubans. Large et dense couronne de feuilles. Les graines ont besoin de régulières pluies de printemps pour survivre. Les fleurs durent du printemps jusqu'à la mi-été. Porte le surnom lugubre de « faiseur de veuves », car il lui arrive souvent de perdre de grandes branches (d'un diamètre qui peut atteindre la moitié du tronc).

Alice serrait le volant à s'en faire blanchir les phalanges. Elle gardait les yeux fixés sur le feu de circulation, attendant qu'il passe au vert. Sa jambe gauche tremblait à force de garder le pied appuyé sur l'embrayage.

« Okay, Alice, allez jusqu'au bout de Main Street, puis vous exécuterez un demi-tour, s'il vous plaît. » L'agent de police gardait la tête baissée, gribouillait sur son carnet. C'était tôt dans la matinée, avant la ruée des écoliers et l'ouverture des magasins. Les averses du printemps faisaient miroiter les rues comme du vif-argent dans la lumière du matin. Alice plissa les yeux. Le feu passa au vert.

Elle leva le pied gauche de l'embrayage. *Attends de le sentir s'engager*, lui avait répété mille fois Oggi, assis à côté d'elle dans le vieux pick-up de la ferme. Penser à lui la calma. Lorsque l'embrayage fut engagé, elle pressa le pied droit sur l'accélérateur. La voiture fit un léger bond en avant, un bond de kangourou.

Soulagée, elle serra à nouveau le volant, souriant en elle-même. Elle jeta un coup d'œil à l'agent. Son visage était impassible.

En descendant Main Street, elle resta attentive à la limitation de vitesse. Au sortir de la ville, la route s'étirait devant eux, comme un long ruban, avant de tourner en direction du bush. Alice garda les yeux fixés sur l'endroit où elle s'enfonçait entre les eucalyptus. Elle aurait voulu continuer ; rien que d'imaginer tous les endroits où elle pouvait mener faisait battre son cœur plus vite.

« Garez-vous là, faites demi-tour, je vous prie, ensuite, nous retournerons au poste. »

Alice hocha la tête. Elle ralentit et mit son clignotant, mais remarqua la ligne double au milieu de la route. Elle éteignit le clignotant et continua tout droit.

« Alice ? »

Elle garda les yeux fixés sur la route. « Double ligne, sergent. Interdiction de traverser. » Alice s'évertua à rester calme. « Je tournerai sur la gauche plus loin, au Fatty Patty's. On regagnera le poste par là. »

L'agent s'efforça de rester de marbre, mais le sourire qui traversa fugitivement son visage n'échappa pas à Alice. Elle tourna à la boutique de *fish and chips* et s'engagea dans les rues plus calmes de la ville jusqu'au poste.

June et Harry l'attendaient sur le parking.

« Bravo ! » June applaudit. Harry jappa d'une voix rauque. Il était devenu un vieux chien maintenant.

« C'est moi qui conduis pour rentrer à la maison ! » cria Alice, levant le poing en l'air en suivant l'agent dans le poste de police. Un court instant plus tard, elle sortit avec son permis en poche. L'agent avait beau lui répéter de garder une pose sérieuse, la photo du permis était barrée d'un large sourire.

Alice engagea le pick-up dans l'allée de Thornfield et fit prudemment demi-tour devant la maison. Elle enclencha le frein, mais laissa le moteur tourner.

« Où vas-tu ? » Haussant les sourcils, June détacha sa ceinture. Le regard de Harry allait de l'une à l'autre. « Les Fleurs t'attendent avec impatience.

– Je sais, je vais seulement chercher Oggi, répondit Alice d'un air rayonnant, puisque j'ai été reçue et *tutti quanti.* »

Une ombre passa sur le visage de June. « Bien sûr. Il y a des pancakes pour tout le monde. » Elle souriait, mais son regard s'était durci.

Alice traversa la ville, aspirant longuement l'air frais jusqu'à ce que cesse de tourner dans sa tête tout ce qu'elle aurait voulu dire à June. Harry haletait à côté d'elle. Plus elle s'éloignait de Thornfield, plus elle sentait le calme revenir en elle. Plus elle se rapprochait d'Oggi, plus elle était heureuse. Comme elle ne l'avait jamais été depuis l'âge de neuf ans.

Quand elle vira à gauche sur la route de terre, prenant le dernier tournant avant le panneau qui indiquait la limite de la ville, Harry se mit à aboyer.

« On y est presque. » Alice rit. Elle pensait parfois que Harry aimait Oggi encore plus qu'elle.

Elle s'arrêta devant sa maison ; il l'attendait sur la véranda. L'émotion qui la saisit était si forte qu'elle s'imagina presque voir des étincelles jaillir de ses doigts quand elle saisit la poignée de la portière.

« Je l'ai eu », exulta-t-elle en sortant du pick-up, son permis à la main, Harry sur ses talons.

Le visage d'Oggi s'illumina. Alice aurait voulu s'abreuver de ce regard, de cette lumière qui brillait dans ses yeux parce qu'il l'aimait.

« Je savais que tu l'aurais », dit-il en prenant son visage entre ses mains, l'embrassant longuement. Ses cheveux lui tombaient sur les yeux et elle les repoussa, faisant tinter les bracelets qu'elle portait au poignet. Elle les avait mis pour l'occasion. *Gommier rouge des rivières. Enchantement.*

« Tu veux faire un tour avec moi ? demanda-t-elle avec un sourire faussement timide.

– Certainement, répondit-il, l'embrassant à nouveau. Mais, d'abord, j'ai quelque chose pour toi. »

Elle haussa les sourcils avant qu'il lui cache les yeux d'une main, posant l'autre au creux de ses reins.

« Prête ? » Ses lèvres effleurèrent son oreille.

« Qu'est-ce que tu as inventé ? » Elle se cramponna à lui tandis qu'il la guidait hors de la véranda.

« C'est bon. Tu peux regarder. » Il ôta sa main. Elle étouffa un cri.

La Coccinelle vert menthe écaillée avait un capot rouillé et un enjoliveur en moins. Autour du rétroviseur, un collier de pétales rouge flamboyait.

« Oggi ! s'exclama Alice. Comment as-tu fait ? » Elle ouvrit la portière et s'assit sur le siège moelleux du conducteur, caressant le grand volant mince.

« J'ai fait des heures supplémentaires à la scierie. » Il haussa les épaules. « Et… et j'ai pu l'avoir pour un bon prix au bar. »

Elle éclata de rire. Plus tôt dans l'année, Oggi avait travaillé la nuit au pub local.

« Tu as escroqué un ivrogne pour moi ?

– C'est le moins que je pouvais faire, dit-il avec un demi-sourire en l'attirant à lui.

– Mais, si je n'avais pas eu mon permis ? »

Il caressa la peau nue entre son débardeur et sa jupe, passant un doigt sous le haut de sa culotte. Elle sentit un picotement à l'intérieur de ses cuisses.

« Je savais que tu l'aurais », répliqua Oggi.

Alice garda les yeux ouverts pendant qu'elle l'embrassait. Elle voulait se souvenir longtemps de ce moment, le garder en elle à jamais : l'éclat de la lumière, le chant des oiseaux-bouchers, le murmure de la rivière verte derrière eux. Le désir qu'elle éprouvait pour lui courut dans ses veines comme une fièvre : il était l'être qu'elle aimait le plus au monde.

Alice arriva à la maison au volant de sa nouvelle Coccinelle, Oggi et Harry la suivant dans le pick-up. Elle avait peine à croire qu'elle conduisait une voiture qu'Oggi lui avait achetée. C'était une merveille avec sa peinture verte écaillée, le *bang* sonore des portières quand on les refermait. Le grand volant, les petits sièges raides et les pédales souples. Et par-dessus tout, les grondements et les vibrations du moteur, si forts qu'elle pouvait à peine entendre la stéréo. Toutes les heures de travail qu'il avait accomplies pour économiser assez d'argent. Tout ça pour elle. Un frisson parcourut son corps au souvenir des moments qu'ils avaient passés au bord de la rivière. Elle n'en aurait jamais assez de lui.

Lorsqu'elle s'arrêta devant Thornfield, Alice pressa le milieu du volant et rit en entendant le joyeux klaxon de la Coccinelle. Oggi se gara à côté d'elle. Les Fleurs s'élancèrent dans l'allée entre la maison et l'atelier pour les accueillir.

« Tu as réussi, mon chou ! » s'écria Candy d'une voix perçante, une trace de pâte sur le menton, l'enveloppant dans une éteinte qui sentait la cannelle. Les autres se pressèrent autour d'elle, s'exclamant à la vue de la Coccinelle.

Twig apparut derrière elles. « Hé, tu l'as eu ! dit-elle. Félicitations, Alice ! » Elle l'embrassa sur la joue.

« Merci », dit Alice, hésitante. Elle chercha à croiser les yeux de Twig. « Qu'y a-t-il ? » demanda-t-elle.

Twig regarda Oggi, puis Alice. « June, heu, elle est… »

Une pétarade les interrompit. June sortait de l'arrière de la maison au volant d'un pick-up Morris Minor. Il était peint d'un jaune éclatant, avec des enjoliveurs chromés entourés d'un cercle blanc. Comme elle tournait pour se garer, Alice lut l'inscription sur la portière.

Alice Hart, floriographe. Ferme de Thornfield où fleurissent les fleurs sauvages.

Son cœur se serra. Quand elle avait eu dix-sept ans, June avait commencé à parler de lui confier un rôle dans la direction de Thornfield une fois qu'elle aurait terminé sa scolarité. Ce n'était pas cette perspective qui la troublait, mais le fait que June ne lui avait jamais demandé si c'était ce qu'elle désirait. Et elle était bien consciente que June ne mentionnait jamais Oggi lorsqu'elle parlait de son avenir

« C'est un cadeau de la part de nous toutes, dit June en sortant du pick-up. Tout le monde y a contribué.

– Oh, c'est… c'est… balbutia Alice. C'est merveilleux, June. Tout le monde. Tout le monde, merci à vous toutes. »

June croisa son regard. « Et ça, qu'est-ce que c'est que ça ? demanda-t-elle en désignant la Coccinelle.

– Tu ne vas pas le croire, bégaya Alice. Oggi me l'a achetée avec ses économies. »

Le sourire de June se figea. « Oggi, dit-elle avec un ricanement. Quel cadeau extraordinaire de ta part pour Alice, quand tu ne peux même pas t'offrir une voiture pour toi. C'est formidable que nous ayons eu la même idée ! Comme ça, Alice aura le Morris et toi, Oggi, tu pourras garder la Coccinelle. Tout le monde est gagnant. » Elle frappa dans ses mains. « Bon, Candy a passé toute la matinée à préparer un vrai festin.

– Oui, dit Twig, d'une voix trop forte en s'élançant vers la maison. Venez tous, allons manger »

Dans l'allée, elle se glissa près d'Alice. « Ne t'énerve pas, la prévint-elle. Elle prépare cette surprise depuis six mois : elle est un peu décontenancée, c'est tout. »

Alice se força à acquiescer. *Mais pourquoi s'agit-il toujours d'elle ?* aurait-elle voulu crier.

Quand Oggi la rejoignit, Alice ne put soutenir son regard. Il lui prit la main, la serra et ne la lâcha plus jusqu'à ce qu'elle lève les yeux vers lui. Malgré l'humiliation qu'il devait ressentir, il lui fit un clin d'œil. Au bout d'un moment, elle lui serra la main à son tour.

Après un brunch à l'atmosphère tendue, Alice et Oggi s'éclipsèrent et coururent à la rivière. Ils s'assirent sur la berge. Elle tressa une couronne de fleurs sauvages pendant qu'il faisait des ricochets avec les pierres blanches de la rivière. Elle sentait l'intensité des longs regards qu'il coulait vers elle, mais n'arrivait pas à parler. Elle ne savait quoi dire. Comment s'excuser de l'attitude de June. Comment s'excuser de ne pas avoir pris sa défense et celle de son merveilleux cadeau. Comment s'excuser de ne pas s'être rebiffée. Il finit par rompre le silence.

« Elle ne peut pas se comporter comme ça, te traiter de cette façon. Comme si tu étais juste quelque chose dans son jardin à qui elle pouvait ordonner de fleurir ou non. » Oggi ne la regardait pas.

Alice liait les tiges de marguerites ensemble.

« C'est ce que je ressens parfois, dit-elle. L'impression d'être un de ses semis dans sa serre. Je ne franchirai jamais la chape de sa protection. Mon avenir est écrit.

– Qu'est-ce que tu veux dire ?

– J'ai l'impression que mon destin est scellé. Tu sais ? Comme, si c'était fini. Je suis là où je serai toujours.

– C'est ce que tu veux ? » Il scruta son visage.

Elle protesta. « Tu sais bien que non. »

Après un long moment, il s'éclaircit la voix. « Alors, j'ai une autre surprise pour toi. »

Il plongea la main dans sa poche et en sortit une carte postale écornée. Il la tendit à Alice. Elle reconnut une scène des histoires qu'il lui racontait. La vallée des Roses.

« Écoute, l'an prochain, lorsque tu auras dix-huit ans, nous aurons fait assez d'économies pour nous enfuir. » Il frotta son pouce sur son annulaire et elle sentit une vague de chaleur monter le long de son bras jusqu'à son cœur. « Nous pourrons prendre un avion pour l'Allemagne, puis un train pour Sofia. Nous dormirons à la belle étoile, boirons du *rakija* pour nous tenir chaud et ferons cuire les pommes du jardin de ma grand-mère. Je cultiverai des roses et tu pourras les vendre sur les marchés. Nous pourrons être des personnes différentes, vivre des vies différentes Nous serons ensemble, seulement nous deux. » Il prit ses deux mains dans les siennes. « Alice. » Ses yeux cherchèrent une réponse dans les siens.

Les poumons d'Alice se dilatèrent, avides de terres recouvertes de neige, de villes pavées et de jardins de roses jaillissant des ossements des rois. Elle ne comprit pas pourquoi Oggi riait jusqu'à ce qu'elle s'aperçoive qu'elle hochait énergiquement la tête.

« Oui, dit-elle tandis qu'il l'attirait contre lui. Oui », dit-elle en riant à son oreille. Il l'entoura de ses bras, tremblant. Le soleil mouchetait le visage d'Alice de taches dorées. Oggi embrassa son front, ses joues et ses lèvres. Il lui parla d'autres endroits où ils iraient, des choses qu'ils feraient dans leur nouvelle vie. Ensemble.

Candy débarrassa les dernières assiettes du brunch et se prépara un café noir. Elle le but en regardant les Fleurs se disperser dans les champs. On ne les entendait pas rire et bavarder comme à l'accoutumée. Un froid était tombé sur Thornfield. Après le brunch, Alice et Oggi s'étaient éclipsés, croyant passer inaperçus. June s'était enfermée dans son atelier, claquant la porte derrière elle. Twig était allée surveiller ses semis de pois du désert. Et Candy récurait les casseroles avec de la paille de fer jusqu'à en avoir mal aux doigts.

On ne pouvait plus l'ignorer : le temps de l'enfance d'Alice était révolu. Ni Twig, ni Candy, ni June ne mentionnèrent combien il était douloureux de reconnaître la joyeuse confiance d'Agnes et la violence de Clem dans son regard. Parfois, quand Alice passait près d'elle dans la maison ou dans les champs, le premier réflexe de Candy était de chercher de la fumée dans le ciel ; elle était sûre de sentir quelque chose brûler.

Même si elle n'avait plus entendu parler de Clem après qu'il fut parti avec Agnes, Candy n'avait jamais rompu leur promesse. Elle était restée ici, sa vie liée à la sienne, à travers sa fille à présent, qui devenait une femme avec sa propre personnalité. Une femme qui ne semblait pas avoir hérité des démons de Clem et était apparemment capable de se libérer de l'histoire de Thornfield. Ce que Candy n'était jamais parvenue à faire.

Elle but la dernière goutte de son café, avalant avec une grimace un fond d'amertume. À trente-cinq ans, elle était restée la petite fille de neuf ans, l'enfant dans une cabane en bois, liée à une ombre qui ne reviendrait jamais.

Quand l'après-midi se rafraîchit, Alice rentra en courant à la maison, impatiente de tenir entre ses doigts un crayon et un journal. Qu'écrirait-elle sur cette journée ? La nature brillait de mille feux : les ailes jaunes des papillons Cléopâtre qui voletaient au-dessus des buissons et des fleurs ; l'odeur citronnée des feuilles d'eucalyptus écrasées sous ses pas qui flottait dans l'air ; la qualité dorée de la lumière. La voix d'Oggi résonnait à ses oreilles. *Nous serons des personnes différentes, nous vivrons des vies différentes.*

Le visage de June lui apparut pendant qu'elle courait. Comment prendrait-elle son départ de Thornfield ? Le remords lui serra le cœur.

Alice ralentit pour reprendre sa respiration et chercha à repousser le visage de June. Quand elle reprit sa course, son pouls battait au rythme de ses pas.

15

Orchidée dame bleue

Signification : consumé d'amour

Thelymitra crinita / Australie occidentale

Orchidée vivace, fleurit au printemps. Les fleurs sont d'un bleu intense en forme d'étoile. Leur floraison est indépendante des feux de brousse, mais des feux périodiques sont nécessaires pour empêcher d'autres buissons plus grands de les étouffer.

Cette année-là, l'année des dix-huit ans d'Alice, Twig vit ce que personne n'avait remarqué à Thornfield. Nuit après nuit, elle resta assise dans l'obscurité et vit s'ouvrir la moustiquaire à l'arrière de la maison et Alice, ses longs cheveux flottant dans son dos, descendre en douce les marches de la véranda et pénétrer dans les champs de fleurs sous le clair de lune. Twig s'attardait à fumer longtemps après avoir vu disparaître la silhouette argentée de la jeune fille dans le bush. Elle savait que June voulait la garder à l'abri, mais il était évident que la vérité se trouvait sur le chemin qui menait à la rivière : Alice était profondément, violemment, aveuglément plongée dans le buisson du premier amour.

Le soir où Alice eut dix-huit ans, après le merveilleux rôti et la pièce montée à la vanille préparés par Candy, tout le monde monta se coucher légèrement éméché par le champagne que June avait commandé pour l'occasion. Twig alla s'asseoir sur la véranda à l'arrière de la maison et se roula une cigarette, savourant le silence hivernal des étoiles. Les choses changeaient. On le sentait dans l'air, comme le parfum d'une nouvelle saison. Alice était tourmentée. Twig se reprochait de lui mentir chaque fois qu'elle posait des questions sur sa famille. Elle avait beau accuser June de malhonnêteté, elle en était complice ; elle aussi avait gardé des secrets vis-à-vis d'Alice pendant presque aussi longtemps que June.

Quand le formulaire que Twig avait rempli et renvoyé au service des adoptions n'avait eu aucun résultat, elle s'était rabattue sur les pages jaunes du téléphone. Elle avait donné au premier détective privé qui avait répondu le nom de la femme qu'Agnes avait fait mettre dans son testament, et le nom de la ville où Alice avait grandi. Peu après la rentrée d'Alice à l'école, la réponse du détective était arrivée par mail. Twig avait dû marcher jusqu'à la rivière pour se calmer et pouvoir lire. Le petit frère d'Alice était en bonne santé, à la garde de la femme qu'Agnes avait choisie comme tutrice de ses enfants, si June se révélait dans l'incapacité de les élever. Alice et son frère vivaient éloignés l'un de l'autre, sans le savoir. En était-il de même pour Nina et Johnny ? Contrairement à ce que l'on pouvait croire, Twig savait que Thornfield ne pouvait pas sauver une femme de son passé. Elle avait eu une vie agréable ici, élevé Candy et fait de son mieux avec Clem. Elle avait pris soin d'Agnes et des autres Fleurs, dirigé la ferme et géré une affaire prospère. Mais, même à Thornfield, on ne pouvait pas changer le passé, que June le veuille ou non. Les rapports entre Twig et June n'avaient plus été les mêmes depuis que June était revenue à la ferme avec Alice seule dans le pick-up. *Je suis l'exécutrice testamentaire, Twig*, avait-elle maintes fois déclaré d'une voix avinée au cours des années. *J'ai fait un choix difficile, dans le meilleur intérêt de chacun.* Twig avait dissimulé dans la serre à semis le rapport du détective et une copie du testament d'Agnes. Elle attendait depuis neuf ans le bon moment de les donner à Alice. Ils étaient encore cachés, parmi les semis de pois du désert.

Quand la moustiquaire s'ouvrit, elle se recula dans l'ombre et vit Alice se faufiler dans les champs de fleurs, une légère odeur de champagne flottant dans l'air derrière elle. Elle avait bu plusieurs flûtes au dîner. Quelque chose se préparait dans sa vie, Twig le sentait comme on perçoit un changement dans le ciel. Elle compta en silence, attendit une bonne minute avant de se hâter à sa suite sur le chemin qui menait à la rivière.

Oggi attendait sur la berge ; un petit feu brûlait près du grand gommier rouge des rivières. Il était resté inhabituellement silencieux durant le dîner. Twig s'accroupit derrière un bosquet de maigres eucalyptus à écorce de fer et vit Alice s'élancer vers lui comme si elle ne l'avait pas vu depuis des années. Ils s'embrassèrent tendrement, leur peau teintée de bronze par l'éclat des flammes. L'expression du visage d'Oggi à la vue d'Alice émut Twig aux larmes. Elle avait aimé ainsi autrefois. Elle n'avait pas oublié l'impression que l'on ressentait à s'exposer si ouvertement, entièrement au regard d'une autre personne.

Ils s'écartèrent l'un de l'autre et Alice resta assise, appuyée contre lui. « Parle moi encore du plan. »

Il lui embrassa le haut du front. « On se retrouve ici demain à minuit. Chacun avec une valise. Il faut voyager léger. » Il lui embrassa la tempe, la joue, le cou. « On prend le premier bus pour l'aéroport et on achète nos billets. Le vol sera si long que tu auras l'impression que l'avion n'atterrira jamais, mais il finira par se poser à Sofia, où nous irons chez mes grands-parents boire du *rakija*, manger de la salade *choska*, dormir pour effacer l'effet du décalage horaire. Nous nous réveillerons et monterons dans le funiculaire jusqu'au mont Vitosha, où nous resterons sur le lac de pierres à contempler le monde. Le matin, nous marcherons avec les chèvres. Les clarines à leur cou sonneront mieux que les cloches le jour de Noël. Le week-end, nous prendrons le pick-up de mon grand-père et franchirons la frontière de la Grèce, nous nagerons dans la mer et mangerons des olives avec du fromage grillé.

– Oggi, chuchota Alice d'une voix rêveuse en se tournant vers lui. Est-ce que tu as ton couteau de poche ? »

Ils gravèrent leur nom dans le tronc de l'eucalyptus, puis s'enlacèrent, s'embrassant avec l'avidité de l'adolescence. L'enfant qui était arrivée à Thornfield, si silencieuse, si pétrifiée de terreur, était plus vivante que Twig ne l'avait jamais vue.

Elle se redressa sans faire de bruit, secoua les crampes qui lui saisissaient les mollets et rebroussa chemin. Dans la serre des semis, elle déterra la pochette de plastique contenant les papiers jaunis où figurait la vérité sur la vie d'Alice et rentra dans la maison pour attendre son retour.

Elle s'assit sur le canapé. Hésita à se préparer un café. Ferma les yeux une minute.

Twig regretterait toute sa vie ce jour où elle sombra dans un sommeil si profond qu'elle n'entendit pas le plancher craquer quand Alice rentra à son tour.

Le lendemain matin, Alice était partie faire une livraison en ville quand June descendit. Twig prenait son thé dans la cuisine. Elle se tourna pour en offrir une tasse à June, mais s'immobilisa. June se tenait dans l'embrasure de la porte, le journal d'Alice dans une main.

« June ? » Twig jeta un coup d'œil au journal, aux pages noircies de l'écriture cursive d'Alice.

June sortit lentement par la porte de derrière. Elle resta un moment assise sur la véranda à fixer les champs de fleurs. Twig la suivit et posa une tasse de thé à côté d'elle. Les cacatoès piaulaient au-dessus de leur tête. June ne dit pas un mot.

Pendant le reste de la matinée, Twig s'occupa des Fleurs, prenant soin de les éloigner de June. Même Harry l'évita. De temps en temps, Twig jetait un coup d'œil à la véranda. Que l'arrivée d'Alice lui ait apporté ou non la paix, June en avait été profondément changée. Alice était désormais une jeune fille amoureuse prête à voler de ses propres ailes. Et June savait mieux que personne que rien au monde n'est plus déterminé qu'une femme qui sait ce qu'elle veut.

Au milieu de l'après-midi, June se décida à bouger. Twig hésita, s'attendant à la voir se diriger vers son atelier ou monter dans son pick-up. Au lieu de quoi, elle la vit rentrer dans la maison, aller dans son bureau, où elle s'enferma. Twig la suivit et pressa son oreille contre la porte. Elle l'entendit parler sans distinguer ce qu'elle disait. Après un long silence, elle frappa. Une fois, puis à nouveau plus fort. Elle tourna la poignée et ouvrit. June raccrocha le téléphone au moment où elle pénétrait dans la pièce.

« Qu'est-ce que tu as fait ? » demanda sèchement Twig.

June était assise à son bureau. Elle se retourna et regarda par la fenêtre le pick-up d'Alice s'avancer en cahotant dans l'allée. Toutes les deux virent Alice et Oggi sortir du véhicule et se diriger ensemble vers l'atelier, parlant et riant.

« Ce que j'avais à faire », répondit June. Une larme roula sur sa joue.

Cela faisait des années que Twig ne l'avait pas vue pleurer. L'absence d'odeur de whisky dans la pièce ne fit que renforcer son inquiétude.

June s'essuya brusquement les joues et se leva. « Ce que je devais faire, répéta-t-elle. Tu comprends, Twig ? » Elle se tenait debout, comme si elle cherchait à cacher quelque chose à la vue de Twig.

« Que se passe-t-il ? » demanda Twig, avançant d'un pas.

L'air troublé, June essaya de fourrer dans un tiroir la pile de lettres qui encombrait son bureau, mais ne parvint qu'à les répandre sur le sol. Elle étouffa un juron. Twig s'accroupit, rassembla méthodiquement les lettres et les photos, toutes du même petit garçon. Elle se tourna vers June. « Comment as-tu pu les lui cacher ? murmura-t-elle.

– Parce que je sais ce qui est bien pour elle, dit sèchement June. Je suis sa grand-mère. »

Twig se redressa et lui jeta un regard noir, les lettres tremblant dans ses mains. Sans prononcer un mot de plus, elle les jeta à la figure de June et s'en alla, claquant la porte derrière elle. Dehors, le vent soufflait. Elle s'appuya contre la rambarde de la véranda et aspira de longues goulées d'air frais. Alice et Oggi folâtraient dans l'atelier.

Elle croisa les bras sur sa poitrine pour se protéger du vent. Elle frissonnait jusqu'aux os ; il venait du nord-ouest.

Alice ouvrit doucement la porte de sa chambre et s'immobilisa en haut de l'escalier en colimaçon, l'oreille aux aguets. Les seuls bruits dans la maison étaient le tic-tac régulier de l'horloge et les ronflements étouffés qui parvenaient de la chambre de June. Un poids soudain pesait sur tout son corps. Elle se rappela la nuit où elle était arrivée à Thornfield, incapable de parler et avec à peine la force de tenir droite sa tête lourde de chagrin. June lui avait lavé la figure avec une serviette chaude. *Je ne m'en vais pas*, avait-elle dit. Et c'était vrai. Elle avait toujours été là. Quand elle rentrait de l'école, parmi les fleurs du jardin, au bout de la table du dîner, dans l'atelier à surveiller les arrangements floraux d'Alice. Elle pensa aux mains de June, ses mains calleuses, qui tenaient le volant, lui faisaient signe à la porte, ébouriffaient les oreilles de Harry, tenaient Alice par la main. Fort. Trop fort.

Après un dernier regard à sa chambre, Alice souleva sa valise et se glissa dans l'escalier comme une ombre, aussi évanescente que les souvenirs de Thornfield dont elle essayait désespérément de se dépêtrer.

Elle parcourut le hall sur la pointe des pieds ; Harry remua dans son coussin, faisant tinter son collier. Elle s'agenouilla pour l'embrasser sur la tête. Même dans son sommeil, il gardait ses secrets.

Elle ouvrit la moustiquaire en tremblant, aspira longuement l'air parfumé de la nuit. Arrivée au bas de la véranda, elle se mit à courir.

Les broussailles écorchèrent ses chevilles nues quand elle s'enfonça dans le noir à travers le bush. Des larmes brouillèrent sa vue, mais elle continua. La nuit était froide, sèche et remplie du chant des cigales. Le clair de lune auréolait le monde d'une lumière laiteuse. L'avenir d'Alice s'ouvrait rayonnant devant elle, un charbon ardent prêt à s'enflammer.

Elle atteignit la rivière, posa sa valise, s'essuya le front. Dans le clair de lune, elle examina les noms gravés sur l'eucalyptus, les noms des femmes de sa famille qui s'étaient assises à cet endroit et avaient jeté leurs rêves dans la rivière. Elle effleura son propre nom, celui d'Oggi, et porta ses doigts à son nez, humant l'odeur du bois, se rappelant le jour lointain où elle était venue pour la première fois à la rivière, pensant qu'elle pourrait la suivre jusque chez elle. Au lieu de quoi, la rivière lui avait amené Oggi. Il était sa maison désormais. Il était son histoire.

Elle s'installa avec soin sur le rocher gris au pied de l'eucalyptus et attendit d'entendre les pas d'Oggi. Elle sortit le médaillon de sous son chemisier. « Je suis là », murmura-t-elle en regardant le portrait de sa mère. Elle drapa son écharpe autour d'elle et se laissa aller contre le tronc de l'eucalyptus.

Elle pencha la tête en arrière, contemplant les étoiles.

Elle attendit.

Le cri rauque d'un cacatoès rosalbin la réveilla. Elle avait mal au cou et la peau humide. Avec une grimace, elle se redressa, frissonnante. La rivière bouillonnait dans la lumière froide du matin.

Elle cria le nom d'Oggi, se leva et enjamba en claudiquant les rochers gris et les racines des arbres près de la berge. Aucun billet coincé entre les pierres, rien d'attaché aux branches basses de l'arbre. Peut-être l'attendait-il à la ferme. Des caquètements s'élevèrent dans les arbres tandis que les kookaburras entamaient leur chœur matinal. Alice souleva sa valise et courut, coupant à travers les longues herbes et les arbres, s'efforçant de dominer la peur qui lui nouait estomac.

Quand elle atteignit Thornfield, les Fleurs étaient éparpillées dans les champs, occupées à soigner les plantes. Alice se mit à pleurer. Elle gravit les marches à l'arrière de la maison et entra dans la cuisine. Debout devant le comptoir, June buvait un café.

« Bonjour, ma chérie. Que puis-je faire pour toi ? Tu veux un toast ? Une tasse de thé ?

– Il est ici ? demanda Alice d'une voix brisée.

– Qui ? demanda June calmement.

– Tu sais très bien qui.

– Oggi ? » June posa sa tasse, fronça les sourcils. « Alice, dit-elle, contournant le comptoir pour l'embrasser. Alice, que se passe-t-il ?

– Où est-il ?

– Chez lui, je suppose, s'apprêtant à aller travailler comme tu devrais le faire, dit June, dévisageant Alice. Que se passe-t-il ? »

Alice se dégagea brusquement de l'étreinte de June, saisit ses clefs au crochet du mur et courut vers son pick-up.

Une peur panique s'empara de tout son corps tandis qu'elle fonçait à travers la ville. Elle vira brusquement sur la gauche dans l'allée de la maison d'Oggi, le pick-up dérapa sur la terre et fit une embardée en s'arrêtant.

Sur la terrasse, il y avait deux fauteuils et une petite table, avec une rose fraîche dans un vase, comme si Boryana allait apparaître et proposer de servir le thé.

Alice courut jusqu'à la porte d'entrée, s'attendant à la trouver fermée. Elle s'ouvrit sans résister. Il n'y avait rien d'anormal. Aucun signe de confusion. Aucun indice de désordre, crise ou raison qui aurait pu l'empêcher de venir la rejoindre à la rivière. Elle parcourut la maison. Elle semblait habitée et accueillante, mais quelque chose clochait. Elle était trop ordonnée. Ou peut-être qu'Alice refusait tout simplement de reconnaître la vérité la plus profonde et la réponse la plus évidente : il avait emmené Boryana chez eux en Bulgarie ; il avait changé d'avis et était parti sans Alice. Le vent sifflait à travers la maison vide.

À l'arrière, le jardin de roses resplendissait. Alice songea aux vallées de roses qui jaillissaient de l'or et des ossements des rois, une mer de pétales couleur de feu. Elle arracha les fleurs de leurs tiges, répandant les pétales à ses pieds.

Il était parti sans elle.

Alice était debout au milieu d'une mer de pétales quand June arriva. Elle ne sentit pas ses genoux céder. Quand elle revint à elle, elle était par terre, recroquevillée dans les bras de June. L'odeur de la peau de June, de la terre fraîchement labourée, du whisky et des pastilles de menthe.

« Tu t'es évanouie, Alice. Ne t'inquiète pas. Je te tiens », dit doucement June.

Alice se mit à sangloter. « Il est parti sans moi. »

June resserra son étreinte, la berça d'avant en arrière.

Toutes les deux restèrent longtemps ainsi, jusqu'à ce que les pleurs d'Alice se transforment en hoquets.

« Rentrons maintenant. » June lui caressa doucement les bras. Alice hocha la tête.

Elles se relevèrent, s'époussetèrent et contournèrent la maison, chacune en direction de son pick-up. Alice conduisit lentement jusqu'à Thornfield. June la suivit à une courte distance.

En arrivant, Alice monta directement dans sa chambre. June la laissa aller. *Elle doit être épuisée.* Elle repoussa l'image d'Alice attendant Oggi toute la nuit. Ce qui était fait était fait, pour le bien de sa petite-fille. C'était pour le mieux. *C'était pour le mieux*, se répéta-t-elle plus fermement. C'était fini. Alice était rentrée. Elle avait du chagrin, mais c'était le genre de chagrin qu'elle était assez jeune pour surmonter. Elle était en sécurité. Assez près de sa grand-mère pour qu'elle puisse la protéger.

June alla au réfrigérateur et se versa un verre d'eau pétillante. Elle prit un citron, le coupa en rondelles et en fit tomber deux dans son verre. Elle alla rapidement chercher une bouteille de whisky dans le bar, la déboucha et remplit son verre. Après l'avoir remué avec son petit doigt, elle se tint devant l'évier et l'avala d'un coup.

Bientôt, Thornfield serait à la charge d'Alice. C'était la prochaine étape. Une jeune fille au cœur brisé était aussi vulnérable qu'une maison de bois sans coupe-feu à la saison des incendies ; n'importe quelle étincelle pouvait la consumer. Exactement comme June avait vu Agnes, une orpheline, consumée par Clem. Et il y avait Alice, à présent, issue d'eux deux. Quand une expression qui lui rappelait Clem passait sur le visage de sa petite-fille, June se précipitait sur sa flasque avant même le petit-déjeuner. À d'autres moments, le caractère doux et fantasque d'Alice lui donnait l'illusion qu'Agnes était revenue.

Elle ne le supporterait pas. Elle ne ferait pas la même erreur deux fois ; elle ne perdrait pas de nouveau sa famille. Elle avait fait le nécessaire pour s'en assurer. Ce dont Alice avait besoin désormais, c'était d'indépendance et de distraction. D'un sentiment de valeur, d'un but dans la vie et de liberté. Exactement ce que June avait l'intention de lui donner.

Alice creusa et taillada le tronc du gommier rouge jusqu'à en avoir mal au poignet. Elle était retournée à la rivière tous les soirs pendant une semaine. Plus les jours passaient sans explication, ou sans qu'Oggi lui-même vienne les lui donner, plus Alice se sentait maudite par la rivière et tous les secrets qu'elle abritait. À commencer par le nom en haut de la liste sur le tronc de l'arbre : Ruth Stone.

Au cours des années, Alice n'avait pas appris grand-chose sur Ruth en dehors de ce que Candy lui avait raconté quand elle avait neuf ans : Ruth Stone avait apporté le langage des fleurs à Thornfield et l'avait développé en plantant les graines de fleurs australiennes que son amant infortuné lui avait données. Chaque fois qu'Alice interrogeait Twig et Candy à propos de Ruth, elles lui disaient de demander à June, mais quand Alice s'adressait à elle, June restait évasive. *C'est grâce à Ruth Stone que Thornfield a survécu,* disait-elle, ou quelque chose d'aussi sibyllin, du genre *C'est grâce à Ruth que cette terre sera un jour à toi.* Alice avait envie de rétorquer qu'il était grotesque de penser qu'on pouvait posséder la terre, les arbres, les fleurs ou la rivière. Mais une pensée plus troublante l'avait toujours travaillée. *Et mon père* ? demanda-t-elle un jour à June. *N'est-ce pas lui qui aurait dû hériter de Thornfield ?* June n'avait pas répondu.

Bien que June lui ait promis par écrit pour son dixième anniversaire que, si elle retrouvait sa voix, elle répondrait à ses questions, elle n'avait jamais voulu parler de Clem. Ni d'Agnes. Elle n'avait jamais dit comment ils s'étaient connus, ni pourquoi ils étaient partis. Tout ce qu'Alice savait sur ses parents et sur ce qui s'était passé entre June et son père, elle l'avait déduit de demi-vérités. Elle savait que l'histoire de sa famille était enfouie dans la terre où June cultivait les fleurs qui disaient ce que personne n'osait exprimer ; si seulement Alice savait où creuser. En harcelant les Fleurs pendant des heures, elle avait pu en tirer une simple vérité : même June n'était pas à l'abri du destin et de l'amour. L'un et l'autre avaient dévoré des parties entières de sa vie et recraché ce qui restait pour en faire la femme qu'elle était aujourd'hui. Le père de June était mort quand elle était jeune ; son amant et son fils l'avaient quittée. Chaque fois que June avait aimé un homme, elle avait eu le cœur brisé. Alice était liée à June par le sang et par le chagrin, et maintenant par une promesse qui leur avait été faite et les avait laissées toutes deux en larmes à attendre au bord d'une rivière.

Alice continuait à entailler le tronc de l'arbre avec son couteau de poche, grattant le nom d'Oggi sur l'écorce. Elle taillada les lettres de son nom, son sourire, son bon cœur et son aimable caractère. Quand elle eut fini, elle jeta le couteau et toutes les pierres qui lui tombaient sous la main dans la rivière.

Elle se laissa tomber par terre et se recroquevilla en boule, sanglotant. Elle ne se laisserait plus jamais prendre par l'amour.

Par la fenêtre, June regardait Alice revenir de la rivière. Elle marchait d'un pas lourd de chagrin, le visage aussi hagard que le jour où June l'avait ramenée de l'hôpital des années auparavant. Mais, au moins, elle était là. June ne l'avait pas perdue.

Alice entra par la porte de derrière. June s'affaira à préparer le thé.

« June… », commença Alice, mais elle ne termina pas sa phrase.

June se retourna et lui ouvrit les bras. Alice l'examina comme si elle pesait le pour et le contre dans son esprit, avant de s'avancer vers elle.

Serrant sa petite-fille dans ses bras, June pensa à son entrée préférée dans le *Dictionnaire de Thornfield*, le pois du désert et sa signification : *À cœur vaillant, rien d'impossible.* Ruth Stone l'avait écrite de son écriture en pattes de mouche. June avait appris tout ce qu'elle savait sur les pois du désert de sa mère et dans les livres. Combien ils étaient fragiles et difficiles à cultiver, bien que poussant à l'état sauvage dans certaines des régions les plus rudes d'Australie. Mais combien, dans de bonnes conditions, leur floraison était une explosion flamboyante.

Le paysage est la destinée.

Alice Hoffman

16

Pois amer

Signification : **beauté revêche**
Daviesia ulicifolia / dans tous les États

Buisson épineux avec des fleurs éclatantes rouge et jaune. Fleurit l'été. Se reproduit facilement, après scarification. Les semences ont une viabilité de plusieurs années. Impopulaire chez les jardiniers à cause de son caractère épineux, mais bénéfique aux petits oiseaux qui s'y abritent des prédateurs.

De la véranda à l'arrière de la maison, Alice observait le ciel d'après-midi s'assombrir sur les champs de fleurs. Elle enfouit son visage dans les plis de son écharpe. Les orages l'effrayaient autant à vingt-six ans que dans son enfance.

Février était un mois tourmenté pour tout le monde à Thornfield. Les vents d'orage d'été soufflaient depuis le nord-ouest, ravageurs, menaçant d'arracher les champs de fleurs, d'endommager les serres-tunnels et le jardin potager. Ces journées consécutives de chaleur sèche et de vents furieux étaient éprouvantes ; elles remuaient la poussière et les cendres de souvenirs depuis longtemps oubliés et réveillaient les blessures et non-dits enfouis au creux des rêves ou d'histoires inachevées. Par ces nuits suffocantes, les cauchemars allaient bon train. À la mi-février, aucune des femmes de Thornfield n'échappait au tourment.

Pour Alice, le pire était le vent qui hurlait dans les champs de fleurs, criant son nom. Ce ciel imprévisible lui rappelait toujours le jour fatal où elle s'était introduite dans l'atelier de son père.

Elle souleva le médaillon dissimulé sous sa blouse de travail. Les yeux de sa mère la regardaient depuis la photo noir et blanc au grain apparent. Alice se souvenait encore de leur couleur ; elle revoyait la façon dont ils changeaient avec la lumière, dont ils s'éclairaient quand elle racontait des histoires. Elle rappelait son regard lointain quand elle était dans son jardin, emplissant ses poches de pétales.

Elle frappa ses bottines l'une contre l'autre en regardant les champs de fleurs secoués par les vents de travers. Elle se dit qu'elle n'aurait sans doute jamais pu quitter Thornfield, l'endroit où sa mère avait trouvé la sécurité et le réconfort, où elle avait appris à parler aux fleurs. L'endroit où ses parents s'étaient rencontrés et, espérait-elle, où ils s'étaient aimés pendant un temps, comme elle avait aimé Oggi.

Instinctivement, Alice repoussa la pensée d'Oggi. Elle s'interdisait les si hypothétiques. Et si elle l'avait cherché quand il n'était pas venu à la rivière ce soir-là ? Si elle était partie à sa recherche dans la vallée des Roses ? Si elle l'avait retrouvé, et qu'ils avaient nourri de nouveaux projets ? Si elle était allée étudier dans une université à l'étranger, à Oxford par exemple – où elle avait lu que les immeubles étaient en grès couleur de miel –, plutôt que de prendre des cours par correspondance sur la table de cuisine de June ? Si elle avait dit non à June, le jour de ses dix-huit ans, et refusé de s'occuper de Thornfield ? Si elle n'était jamais allée dans l'atelier de son père ? Si sa mère avait quitté son père et élevé Alice à Thornfield, avec Candy, Twig et June ? Avec son plus jeune frère ?

Et si, et si, et si ?

Elle consulta sa montre. June et quelques Fleurs étaient parties au marché aux fleurs de la ville la veille et devaient revenir dans l'après-midi, mais si Alice attendait plus longtemps pour les aider à décharger, elle ne pourrait plus aller à la poste. Les affaires reprenaient après Noël, et il y avait des montagnes de commandes à honorer : les bijoux de June étaient plus populaires que jamais.

Alice traversa la maison et s'arrêta à l'entrée pour mettre son Akubra. Elle ouvrit lentement la moustiquaire. Un tourbillon de poussière ocre vint s'enrouler au pied des escaliers.

« Souffle du démon », murmura-t-elle.

Il oscilla pendant un moment, forme presque humaine de haute et large stature, puis se dispersa et disparut. Alice poussa un soupir, se rappelant qu'on était en février, le mois où le passé resurgissait, où les fantômes se réveillaient.

Elle monta dans son pick-up, appréciant le calme à l'intérieur de la cabine. Elle lança un coup d'œil au siège passager, regrettant la présence de Harry. Alors qu'Alice ne s'était pas encore habituée à l'immense vide de son absence, la mort de Harry avait précipité June dans le réconfort éhonté de sa bouteille de whisky, sans restriction ni discrétion.

C'était à partir de là qu'elle avait commencé à changer. En vieillissant, June devenait de plus en plus nerveuse, agitée par la moindre chose, que ce soit l'arrivée du courrier, un coup de vent d'ouest ou la floraison de l'acacia baileyana. De temps en temps, Alice l'entendait murmurer le nom de Clem, et elle s'était mise à confectionner ses bijoux uniquement à partir de fleurs qui racontaient des histoires de perte et de pleurs. Elle restait de plus en plus souvent les yeux fixés au loin, sur quelque chose qu'Alice ne voyait pas. De quoi se souvenait-elle ? Pleurait-elle enfin son fils ? Alice aurait voulu lui poser toutes ces questions, mais le silence était plus facile. Le silence et les fleurs. Parfois, elle les laissait sur l'établi de June. Un bouquet de lys zéphyr mauves : *Je ressens ta bienveillance.* June laissait toujours sa réponse sur l'oreiller d'Alice. Un bouquet d'étoiles de Bethléem : *Tout le monde t'aime.*

Alice resta assise dans son pick-up, à regarder les eucalyptus mouchetés, la maison, l'atelier recouvert de plantes grimpantes, l'herbe de blé, les fleurs sauvages dans les fissures entre les rochers.

Thornfield était devenu toute sa vie et le langage des fleurs, sa langue de prédilection.

Elle soupira et tourna la clef de contact. Le ciel s'assombrissait. Tout en s'éloignant, Alice regarda Thornfield rétrécir au loin dans le rétroviseur.

L'orage grondait quand Alice se gara et commença à décharger les commandes. Elle les transporta à la poste et prit son courrier. Dehors, la lumière de l'après-midi était d'un vert sinistre. Éblouie par un éclair, Alice se précipita dans son pick-up. Elle mit le contact et ouvrit son courrier, s'efforçant d'ignorer la peur qui lui nouait l'estomac. Des relevés de banque, des notes de téléphone, des factures, de la pub. Et une enveloppe manuscrite. Adressée à elle personnellement. Alice la retourna. Elle venait de Bulgarie.

Elle déchira l'enveloppe, parcourut trop rapidement le griffonnage à l'encre noire, son regard s'arrêtant à peine tous les trois ou quatre mots. À la fin de la lettre, il y avait son nom, écrit de sa main : Oggi.

Elle reprit à partir du début, se forçant à lire lentement, s'arrêtant sur chaque mot.

Zdravey Alice,

Je ne sais combien de fois j'ai essayé de t'écrire cette lettre. J'aurais probablement rempli une boîte entière avec mes tentatives, les lettres pleines de tout ce que je n'avais pas le courage de te dire. Mais le cliché est réel : le temps guérit les blessures mieux que n'importe quoi d'autre. Suffisamment d'années ont passé maintenant. Cette lettre, je vais l'écrire et te l'envoyer.

La vérité est que, depuis le soir où nous devions nous retrouver à la rivière, tu es toujours restée dans mon esprit. J'ai lu sur Internet que tu as pris les rênes de Thornfield et que l'affaire est depuis flo-

rissante. J'ai aperçu ta photo actualisée au cours des années. Je vois dans tes yeux la jeune fille de mes souvenirs.

Mais c'était il y a longtemps. Nous sommes des personnes différentes aujourd'hui. Nous avons des vies différentes.

Je vis et travaille à Sofia avec ma femme, Lilia. Il y a cinq ans, nous avons eu une fille. Elle se nomme Iva. Elle me fait penser à toi lorsque nous étions jeunes. Elle est farouche et aventureuse, rêveuse et sensible, et elle aime les livres. En particulier les contes de fées. Son préféré est une célèbre histoire bulgare qui parle d'un loup bon et naïf, et d'un renard malin et effronté. La morale est que les gens retors essayeront toujours d'abuser de la faiblesse des autres, si on les laisse faire. Iva me demande de la lire et de la relire. Je la lis autant de fois que je peux ; Iva plaint toujours le loup. Elle me demande pourquoi le loup ne voit pas à quel point le renard est fourbe. Je ne sais jamais quoi lui répondre.

Après tant d'années, je t'écris maintenant pour refermer la blessure. Je voudrais que tu sois heureuse. Après tout ce qui est arrivé, je voudrais que tu aies une belle vie.

Prends soin de toi. Prends soin de Thornfield.

Vischko nai-hubavo, Alice. Tous mes vœux.

Oggi.

Alice se mordit la lèvre inférieure. Elle laissa tomber la lettre et se pencha sur le volant pour regarder les éclairs traverser les nuages. Des rosalbins criaient dans la cime argentée d'un eucalyptus. La route devant elle l'attirait, l'appelait hors de la ville. Elle aurait tant voulu savoir où elle pouvait mener. Que se passerait-il, si elle la suivait maintenant, sans plus s'arrêter ? Le fardeau de ses rêves enfuis pesait lourdement sur ses côtes, écrasées par le poids de ses soupirs. Elle les imaginait comme des fleurs pressées, chacune écrasée alors qu'elle était à peine éclose, souvenir de ce qui aurait pu être. Elle essuya ses larmes et embraya. La vérité était qu'elle était la seule à blâmer. De n'avoir pas suivi Oggi. De n'être pas partie quand elle en avait l'occasion. Pourquoi était-elle restée ?

Voilà ce qu'elle avait fait de sa vie : se consacrer corps et âme à une terre où poussaient les secrets et les fleurs, qui lui appartiendrait un jour – et dont elle ne voulait pas le moindre centimètre.

Elle relut la lettre, en proie au désespoir en parcourant ces lignes.

Je vois dans tes yeux la jeune fille de mes souvenirs.

Mais c'était il y a longtemps. Nous sommes des personnes différentes aujourd'hui. Nous avons des vies différentes.

Sans vraiment savoir ce qu'elle faisait, Alice appuya sur l'accélérateur dans un crissement de pneus. Sur une impulsion, elle prit la direction opposée à Thornfield, longea Main Street. Elle vira brusquement sur la gauche dans un chemin caché parmi les buissons, traversa le mur de broussailles jusqu'à l'allée d'eucalyptus et arriva devant l'ancienne maison d'Oggi. Elle n'y était pas revenue depuis huit ans.

Quand elle s'engagea dans la clairière, Alice étouffa un cri. Elle sauta du pick-up sous les grondements de l'orage. Les roses d'Ognian avaient envahi la maison. Elles grimpaient le long des murs, couvraient la façade et le toit. Tout n'était que buissons en fleurs, une maison consumée par un feu de roses. Le parfum était entêtant.

Alice cria son nom à la cantonade. Le vent lui piquait le visage. Elle marcha de long en large. Pendant huit ans, il avait su où elle était et ce qu'elle faisait de sa vie. Il lui avait fallu huit ans pour lui écrire. Mais il ne lui donnait aucune réponse. Pourquoi n'était-il pas venu la retrouver cette nuit-là près de la rivière ? Que lui était-il arrivé ? Pourquoi avait-il attendu si longtemps pour la contacter ? Qu'est-ce qu'il n'avait pas eu le courage de lui dire ? Comment pouvait-il vivre avec une autre femme la vie qu'ils avaient imaginée ensemble ? Pourquoi lui parlait-il autant du conte de fées préféré de sa fille ? Pendant tout ce temps, il savait où elle était, alors qu'elle ne savait rien de lui, pas même s'il allait bien ; pendant des années, elle avait cherché son nom sur Internet sans rien trouver. Pour elle, c'était comme si Oggi était un rêve.

Le vent arrachait les roses de leurs tiges, les répandait aux pieds d'Alice. Elle ramassa une poignée de pétales et les réduisit en miettes, frappa du poing la maison couverte de roses, arracha les grimpants, s'égratignant aux épines. Elle arracha, s'agrippa, pleura, en proie à un déchaînement de rage, de chagrin et d'humiliation.

Une soudaine averse glaciale mit fin à sa crise. Alice resta stupéfiée en revenant à la raison. Elle courut vers son pick-up, trempée. La pluie crépitait sur le pare-brise. Elle s'assit, reprenant sa respiration. Regarda la maison à travers le pare-brise.

Un éclair frappa le bush, suivi par un énorme craquement quand un eucalyptus s'abattit sur le sol. Alice hurla et exécuta un demi-tour. Elle partit sur les chapeaux de roues, des pétales de rose accrochés à sa peau humide.

Quand elle arriva à Thornfield, l'agitation était à son comble, il fallait fermer la maison, le dortoir et l'atelier, empêcher les choses de s'envoler, transporter à l'intérieur tout ce qui n'était pas attaché. La pluie avait diminué, mais le vent se déchaînait.

« Que se passe-t-il ? demanda-t-elle à June en protégeant ses yeux bouffis.

– La tempête, cria June. Nous avons fait la course contre elle pendant tout le trajet depuis la ville. La météo annonce des pluies torrentielles et des inondations.

– Des inondations ? » Alice regarda avec effroi les champs de fleurs.

« C'est ce qu'ils disent. Il faut se dépêcher, Alice. Vite. »

La pluie ne diminua pas. Elles s'escrimèrent à protéger la ferme, mais il n'y avait pas grand-chose à faire pour sauver les parterres des caprices du vent et des torrents de pluie. L'électricité fut coupée peu après le coucher du soleil. La lumière des lanternes et des bougies brillait aux fenêtres du dortoir et de la salle à manger. Assises autour de la table, Candy, Twig, June et Alice mangeaient les restes de manioc au curry que Candy avait fait revenir sur le réchaud à gaz de camping.

« Ça va, mon chou ? demanda Candy, offrant à Alice un bol de coriandre hachée. Tu es bien silencieuse. »

Alice refusa la coriandre avec un geste de sa fourchette. « C'est seulement l'orage. » Les mots d'Oggi tournaient dans ses pensées. Quelque chose la tourmentait à propos du conte de fées qu'aimait tant sa fille. Elle jeta ses couverts sur la table d'un geste coléreux, plus bruyamment qu'elle ne le voulait. « Pardon », dit-elle, pressant ses doigts contre ses tempes. Le vent passait sous les portes et faisait vibrer les vitres. La tempête se renforçait. La maison était-elle en danger ? « Bon Dieu, j'ai l'impression de ne pas pouvoir respirer. » Alice repoussa sa chaise. Elle se leva et se mit à arpenter la pièce.

« Alice ? » L'inquiétude marquait le visage de June. « Qu'y a-t-il ?

– Rien », lui répondit-elle sèchement. Elle battit des paupières pour empêcher les larmes de couler, s'efforçant de repousser l'image des roses ardentes consumant la maison.

« Ce n'est pas seulement la tempête, et ce n'est pas rien, Alice. Que se passe-t-il ? » demanda Twig à son tour.

Alice revit soudain la branche qui était tombée devant la maison d'Oggi. « Qu'est-ce que vous ne me dites pas ? s'écria-t-elle. Qu'est-ce que je ne sais pas ?

– Quoi ? » June pâlit.

« Je ne sais pas. Je… juste, je ne sais pas… » Alice secoua la tête. « Je suis désolée. » Elle poussa un soupir et ferma les yeux un instant. « J'ai reçu une lettre inattendue d'Oggi aujourd'hui et ça m'a bouleversée. » Elle ouvrit les yeux. Le regard de Candy allait de June à Twig. Twig fixait calmement Alice. Le visage de June était impassible.

« Qu'est-ce qu'il dit ? » Twig reposa sa fourchette.

« Pas grand-chose. » Alice secoua la tête. « Seulement qu'il veut refermer "les vieilles blessures". Il est marié et a un enfant. Il me souhaite "une belle vie". » La voix d'Alice se brisa. « Mais il ne dit pas pourquoi il m'a laissée en plan, ni ce qui est arrivé pour qu'il s'en aille. Et je ne comprends pas… Je ne sais pas comment je suis arrivée ici, comment ma vie en est arrivée là. » Elle respira longuement, se mit à haleter. « Je ne sais pas qui je suis censée être ni à quoi je suis censée appartenir… » Elle s'interrompit. « Et maintenant, il y a cette maudite inondation qui arrive, et j'ai peur. Je ne sais pas qui je suis hors d'ici. Que va-t-il arriver si nous perdons les fleurs ? Pourquoi ne parlons-nous pas davantage ? De tout ? J'en ai assez de tous ces silences entre nous. Je veux savoir. Je veux avoir une vraie conversation plutôt qu'un bouquet de fleurs chaque fois que je dis quelque chose de blessant. Je veux savoir, June, supplia-t-elle, se tournant vers sa grand-mère. Je veux l'entendre de ta bouche. Tout. Sur mes parents. D'où je viens. J'ai seulement ce sentiment terrible de… de… » Elle ne termina pas sa phrase, frustrée, gesticulant en l'air. « D'attendre, quelque chose qui n'arrivera jamais. Tu as dit que si je retrouvais ma voix, June, tu trouverais les réponses… » Ses épaules s'affaissèrent de désespoir.

Des ombres s'accrochaient aux pommettes de June. « Alice », dit-elle, se levant pour faire un pas vers elle. Alice chercha son regard, pleine d'espoir. La pluie hurlait au-dehors.

« Je ne m'en vais pas. Tu m'as, moi », dit June d'une petite voix.

La déception d'Alice fut cuisante. « C'est ta réponse pour tout, n'est-ce pas, dit-elle amèrement. Tout balayer, parce que je t'ai. » Voyant sa grand-mère ébranlée par le ton tranchant de ses mots, Alice se reprit. « Je suis désolée, dit-elle, retrouvant son calme. Je suis vraiment désolée.

– Non, murmura June. Non, tu as raison d'être en colère. » Elle replia sa serviette et quitta la pièce. Après un moment, Twig se leva et partit à sa suite.

Alice prit sa tête entre ses mains. June essayait seulement de prendre soin d'elle. Pourquoi ne pouvait-elle pas simplement lui ficher la paix ?

Mais une autre question la hantait. Pourquoi June était-elle incapable de lui dire ce qu'elle voulait savoir ? Et d'ailleurs, pourquoi est-ce qu'Oggi n'en était pas capable non plus ? S'il avait fait l'effort de lui écrire huit ans plus tard, après avoir fait sa vie et fondé unc famille, pourquoi ne pas tout lui dire ?

Candy commençait à desservir.

« Je suis désolée », répéta Alice.

Candy hocha la tête. « C'est la faute de personne, mon chou. Tout le monde a des histoires tristes. Sûr que c'est le cas ici. Ça l'a toujours été. C'est comme ça que poussent nos fleurs. » Elle s'affaira avec les couverts. « June est tellement empêtrée dans ses histoires qu'elle ne sait pas par où commencer. »

Alice s'écria. « Qu'elle commence par le plus simple ! Avec : "Alice, voilà comment tes parents se sont rencontrés", ou "Alice, voilà pourquoi ton père est parti", ou "Alice, voilà qui était ton grand-père".

– Je comprends. Mais elle pense probablement que si elle raconte une histoire, elle devra en raconter dix qui lui sont reliées. Arrache une seule racine et toute la plante est en danger. Cette pensée a dû la terrifier. Tu imagines ? Être confrontée à des choix quand tu es quelqu'un qui aime tout contrôler comme June ? » Candy s'arrêta sur le seuil de la porte, les couverts dans une main et une lampe à pétrole dans l'autre. « Ce doit être un véritable fardeau d'être incapable de dire à quelqu'un ce que vous souhaiteriez qu'il sache, parce que vous avez la trouille de plonger au fond de vous-même pour déterrer une histoire impossible à réécrire.

– Mais où cela me mène-t-il ? La seule personne de ma famille qu'il me reste ne veut pas me parler de notre famille. Tout ce que je sais, je l'ai appris par ouï-dire, et si je chéris ce que toi ou Twig, ou même Oggi, m'avez raconté sur cette maison et sur mes parents, j'aurais voulu l'apprendre de la bouche de June. Vous n'avez pas les mêmes histoires qu'elle.

– Non, nous n'avons pas les mêmes, dit Candy. Mais comme je te l'ai toujours dit, tu as la chance d'avoir une histoire, mon chou. Tu sais au moins d'où tu viens. N'oublie pas quel cadeau…

– Je ne l'oublie pas, l'interrompit Alice, s'efforçant de garder une voix ferme. Je sais que tes intentions sont bonnes, Candy, mais je commence à en avoir assez qu'on me donne encore et toujours le conseil d'apprécier ce que j'ai, afin de ne pas me raconter les histoires que je ne connais pas. Les histoires que June m'a promis de me raconter un jour. Ce qu'elle n'a jamais fait. »

La pièce s'emplit du bruit de la pluie. Après un silence, Candy s'éclaircit la voix.

« Je suis vraiment désolée pour Oggi. »

Alice ne répondit pas.

Cette nuit-là, Alice se débattit dans une mer démontée pleine de rêves. Encore et encore, elle essayait d'appeler sa mère qui avait laissé ses vêtements sur la plage. Encore et encore, la mer de feu la tenait captive. Sur la plage roussie, un loup et un renard se poursuivaient dans les dunes, leurs queues en feu. Dans les hauts-fonds, un garçon faisait voguer un bateau de papier, dont les bords étaient carbonisés. Alice se réveilla trempée d'une sueur froide, les tempes battant d'épuisement. Elle alluma sa bougie et descendit à la cuisine se préparer un thé.

Dans le couloir, elle s'arrêta. Des voix lui provenaient de la cuisine et l'air empestait le whisky. Elle s'approcha.

« Tu vas finir par la perdre, June. » Twig parlait d'une voix sifflante. « C'est ce que tu veux ? Tu dois lui dire la vérité. Tu le lui dois.

– Tais-toi », bredouilla June.

Alice se glissa le long du mur.

« Tu crois tout savoir, mais tu sais que dalle. T'es juste une autre de ces bonnes femmes qui écoutent tout ce qu'on raconte et croient tout connaître.

– Je ne peux pas parler avec toi dans cet état. Il faut que tu ailles te coucher, June.

– J'ai bien vu que tu l'aimes beaucoup, tu crois que je l'aime pas ? Tu crois que j'chais pas qu'elle est un des enfants que tu pouvais pas élever ?

– Fais attention, June.

– Ooooh, fais attention, June. » June émit un hoquet.

Alice se tenait à la porte.

« J'ai sauvé cette fille, siffla June, se reprenant. Je l'ai sauvée. Oggi lui aurait volé son avenir, et brisé le cœur. On a déjà vu ça, Twig. Ne me dis pas le contraire. Appeler les services de l'immigration a été la meilleure chose que j'aie jamais faite pour elle. »

Le choc atteignit Alice en plein cœur. Elle se souviendrait de cette nuit, comme si elle avait regardé la scène par la fenêtre sans être elle-même concernée. Son entrée soudaine dans la cuisine, les yeux noirs de fureur, les mains tremblantes. L'horreur et le regret dans les yeux de Twig quand elle s'était rendu compte qu'Alice les avait entendues. Le sourire aviné de June s'efforçant de garder sa contenance. Le hurlement qu'elle-même avait poussé. Les tentatives de Twig pour la consoler. Les pleurs de June. L'immense chagrin dans les yeux de Twig quand elle avait dit la vérité à Alice.

« Il a été expulsé. » Sa voix tremblait. « Lui et Boryana ont été renvoyés en Bulgarie. »

Bouillant de rage, Alice se tourna vers June. « Tu les as fait expulser ? » hurla-t-elle. June rentra le menton, le regard fuyant.

« Que se passe-t-il ? demanda Candy en entrant, le visage encore fripé de sommeil.

Saisie d'une poussée d'adrénaline, Alice tourna les talons et s'enfuit de la cuisine. Elle monta dans sa chambre, chercha fébrilement son sac à dos et le remplit au hasard de tout ce qui lui tenait le plus à cœur. Puis elle redescendit, bouscula les femmes sur son passage et détacha ses clefs et son chapeau de leurs crochets. Elle ouvrit brusquement la porte de l'entrée et fut repoussée en arrière par le vent et la pluie. Elle trébucha pour reprendre son équilibre. Twig et Candy la suppliaient de ne pas partir. La scène suivante se joua dans son esprit comme la précédente, lentement et déformée : elle se retournait, contemplait leurs visages, pleins d'inquiétude. À l'arrière, June vacillait dans l'obscurité.

Alice leur lança un regard courroucé. Puis, elle pivota sur elle-même et s'élança dans la tempête, claquant la porte derrière elle.

Les essuie-glaces ne balayaient pas assez vite la pluie torrentielle. Alice agrippa le volant tandis que son pick-up faisait de l'aquaplaning sur la route de terre inondée, ses bras tremblaient sous l'effort. Elle gardait le pied appuyé sur l'accélérateur, craignant de caler si elle ralentissait ou, pire, de perdre courage et de rebrousser chemin.

Elle avait l'intention de traverser la ville sans s'arrêter et de pénétrer dans le bush, en direction de l'est. Mais, après avoir roulé pendant à peine quelques kilomètres, elle appuya sur le frein : dans le halo de ses phares une partie de la route disparaissait sous l'eau. La rivière avait débordé. Alice appuya sa tête contre le volant : les champs de fleurs allaient être inondés ; les semis emportés.

Lorsqu'elle leva les yeux, elle fut frappée par l'obscurité qu'elle voyait dans son rétroviseur. Et si elle n'allait pas vers la côte est, mais gagnait l'intérieur des terres ? Loin de l'eau. Elle fit vrombir le moteur. Quelques secondes s'écoulèrent. Alice braqua le volant et refit à toute allure le chemin qu'elle venait de parcourir. À l'embranchement vers Thornfield, son pied hésita sur l'accélérateur. Elle le pressa à fond, serrant plus fort le volant, filant vers l'ouest dans le noir.

Twig et Candy eurent beau crier et supplier, June refusa de rentrer. Elle resta dehors à tituber, fouettée par les éléments. Alice reviendrait. June gardait les yeux fixés devant elle, afin d'être là à la minute où elle verrait les phares d'Alice. Sa petite-fille allait revenir. Et June pourrait alors lui expliquer.

Le whisky dans ses veines se dissipait ; elle commençait à sentir le picotement du froid. Quand arriva la rafale suivante, June tomba à genoux. La porte de devant s'ouvrit d'un coup et Twig sortit précipitamment avec un manteau.

« Lève-toi, June, cria-t-elle dans le vent. Lève-toi, bouge ton cul et rentre. » Elle l'enveloppa du manteau et l'aida à se relever.

« Non. Elle reviendra, et je veux être là pour l'accueillir. » June tremblait. « Alice va rentrer à la maison, et je lui expliquerai tout. »

Twig lui jeta un regard furieux. June se prépara à une réponse cinglante de sa part.

Les deux femmes se tinrent ainsi pendant quelques secondes, dressées l'une contre l'autre, jusqu'à ce que Twig passe son bras autour de June et qu'elles bravent ensemble les seaux d'eau que le ciel leur déversait sur la tête.

17

Banksia magnifique

Signification : **je suis ta prisonnière**
Banksia speciosa / ouest et sud de l'Australie

Arbuste à petites feuilles muni de « dents » proéminentes. Les épis jaune crème fleurissent toute l'année et conservent les graines qui s'ouvriront à la chaleur. Leur nectar attire les oiseaux, en particulier les amateurs de miel.

Alice conduisit sous l'orage pendant le reste de la nuit. À l'aube, elle s'arrêta pour prendre de l'essence à un relais routier non loin de la frontière de l'État. Après avoir fait le plein, elle se gara sous un eucalyptus, appuya sa tête à la fenêtre et s'endormit. Quand elle se réveilla, le soleil brûlait son visage et elle avait la bouche sèche. Elle sortit du pick-up et entra dans le relais routier, d'où elle sortit dix minutes plus tard avec un gobelet en carton de café noir réchauffé, un beignet ranci recouvert d'un glaçage rose, et une carte routière. Elle avala une gorgée de café, deux bouchées de beignet, et jeta le reste aux ordures. Ses roues patinèrent sur les gravillons quand elle s'engagea sur la route, suivant la direction de l'ouest, sa carte ouverte sur le siège à côté d'elle. Elle ne voulait penser à rien d'autre qu'à ce qui se trouvait droit devant elle. Elle n'avait qu'un seul objectif, s'éloigner le plus possible de l'eau.

Plus elle s'enfonçait dans l'intérieur des terres, plus le paysage alentour paraissait asséché, insolite. Les larges étendues d'herbe jaune étaient ponctuées d'affleurements rocheux et de ravines bordées d'eucalyptus vrillés. Ici et là surgissait le toit en tôle ondulée d'une ferme, un réservoir d'eau couleur argent près d'un moulin à vent. Le tout sous un ciel d'un bleu infini.

Son téléphone portable tomba en panne de batterie dès le premier jour. Elle ne prit pas la peine de chercher son chargeur dans son sac. Lorsqu'elle était fatiguée, elle se garait n'importe où au bord de la route, verrouillait les portières et dormait. D'un sommeil profond, sans rêve. Quand elle traversait des villes à une seule rue qui semblaient émerger de la poussière jaune comme les fleurs sauvages après la pluie, elle s'arrêtait pour faire le plein et acheter un club sandwich ou une boîte de pêches au sirop qu'elle mangeait avec ses doigts. Parfois, elle achetait un gobelet de thé au lait qu'elle avalait tout en étudiant sa carte. Le nom d'une ville avait attiré son attention. Elle se trouvait à quelques jours de route sous une chaleur accablante, mais cela ne la dissuada pas. Au relais routier suivant, elle acheta un vaporisateur, le remplit de l'eau du robinet et s'en servit durant l'étape suivante, s'aspergeant le visage pour se rafraîchir. Le soleil tapait sans merci.

La troisième nuit, la sueur dégoulinait encore le long de son dos après le coucher du soleil, Alice repéra une enseigne au néon qui clignotait aux abords d'une ville minière. Elle se gara sur le parking d'un motel et paya un supplément pour une chambre avec l'air conditionné et une kitchenette. Dans un commerce à proximité, elle trouva un mélange prêt à l'emploi pour faire des pancakes. Elle acheta aussi une boîte, un morceau de beurre et du sirop d'érable. Elle fit frire les pancakes avant même d'ôter ses bottines. Affalée en culotte sur le couvre-lit, Alice découpa les pancakes en lanières, les tartina de beurre et de sirop et les mangea tandis que l'air conditionné diffusait un souffle froid fétide. Le ronron des films diffusés vingt-quatre heures sur vingt-quatre sur le câble l'expédia à nouveau dans un sommeil sans rêve.

Le lendemain matin, quand elle déposa les clefs de la chambre à la réception, le soleil venait à peine de se lever, mais il faisait déjà chaud. Une fois dehors, elle crut tout d'abord qu'il s'agissait d'une illusion d'optique, mais elle regarda autour d'elle et s'immobilisa. La veille au soir, dans le noir, elle n'avait pas remarqué que la couleur de la terre avait changé de façon spectaculaire. Bien qu'elle ait entendu parler du Centre rouge, ce n'était pas le rouge auquel elle s'attendait. Il se rapprochait davantage de l'orange. Couleur de rouille. De feu. Interdite, Alice ferma les yeux et écouta. Le chant des oiseaux, le bourdonnement des climatiseurs derrière elle, le vent du désert, un faible jappement. Elle rouvrit les yeux et s'avança vers son pick-up, cherchant l'origine du jappement.

Un chiot était tapi sous un buisson non loin, le pelage fauve, avec une tache blanche au milieu du dos. Alice examina les alentours. Il n'y avait aucune autre voiture sur le parking, aucune à l'horizon sur la route. Le chiot jappa à nouveau. Il ne portait pas de collier et avait des plaques de peau à nu sur les flancs. Au moment où Alice les examinait, des mouches vinrent s'agglutiner sur la tache blanche de son dos. Le chien n'appartenait à personne, ou à quelqu'un qui ne s'occupait pas de lui. Alice regarda sous son ventre. Une femelle. Elle prit le chiot sous un bras, ouvrit la portière et le laissa tomber sur le siège passager.

« Qu'est-ce que tu penses du nom de Pippin ? » demanda-t-elle. Le chiot glapit. « C'est trop formel ? » Alice démarra et s'engagea sur la route, continuant à suivre les panneaux qui indiquaient la ville qu'elle avait repérée sur sa carte.

« Bon, ce sera Pip alors, dit-elle. Il nous reste moins d'une demi-journée de route. »

La ville d'Agnes Bluff[1] se dressait au pied de l'escarpement rocheux en forme de tour dont elle avait tiré son nom. La rue principale était bordée d'eucalyptus mouchetés et ponctuée de vitrines de magasins victoriens couleur de dragée. Une agence de presse,

1. Note du traducteur : *bluff* signifie « escarpement » en anglais.

quelques galeries désertes, une bibliothèque, deux cafés, une épicerie et une station d'essence. Alice s'y arrêta et s'apprêtait à faire le plein quand Pip poussa un cri en pissant sur le siège du passager. Son urine était rouge.

« Oh, Pip », dit Alice. Le chiot gémit.

Alice se rua à l'intérieur de la station et revint avec des instructions écrites sur un bout de papier. Elle démarra sur les chapeaux de roues, priant le ciel d'avoir assez d'essence pour arriver chez le vétérinaire le plus proche.

Pip poussait des gémissements à fendre l'âme dans les bras d'Alice tandis qu'elle tambourinait à la porte de la clinique. Abritant ses yeux d'une main, elle regarda à travers la vitre. Une horloge sur le mur indiquait qu'il était une heure et trois minutes. Un écriteau sur la porte précisait que la clinique fermait à une heure le samedi. On était samedi ? Elle n'en avait pas la moindre idée. Elle continua à frapper jusqu'à ce qu'un homme de son âge apparaisse avec un stéthoscope autour du cou derrière le bureau de la réception. Il déverrouilla et ouvrit la porte.

« Je peux vous aider ?

– Je vous en prie », implora Alice.

Elle le suivit dans le cabinet de consultation. Il enfila une paire de gants et prit Pip des bras d'Alice. Il se pencha pour inspecter sa peau à l'endroit où elle était pelée. Braqua une lampe sur ses yeux, puis à l'intérieur de sa gueule. Quand il se redressa, son visage avait perdu son expression affable.

« Votre chien a la gale.

– Oh, ce n'est pas mon chien, je veux dire, si, elle est à moi. Je… je l'ai trouvée ce matin. Je veux dire, nous nous sommes trouvées. À un relais routier. »

Il l'examina pendant un moment. « Vous feriez bien de vous laver les mains », dit-il plus gentiment, désignant d'un signe de tête un lavabo dans l'angle de la pièce. Alice se lava les mains à l'eau chaude.

« C'est à cause de l'odeur », dit-il.

Alice le regarda sans comprendre, en se séchant les mains à une serviette en papier.

« Vous ne la sentez pas ? »

Elle fourra ses mains dans ses poches. « Je, euh, je n'avais pas remarqué.

– C'est pour cette raison qu'elle se gratte tout le temps. »

Il avait raison. Le chiot n'avait pas cessé de se gratter depuis qu'elle l'avait trouvé. « Il y a le sang, aussi. Je viens de le voir, dans son urine… » Elle se tut.

« Elle a attrapé une méchante infection urinaire, c'est la cause des saignements. Elle a aussi une grosse fièvre, due sans doute à la malnutrition. » Il ôta ses gants et les jeta dans la corbeille. « Malheureusement, c'est assez courant chez les animaux errants dans le coin. »

Le vétérinaire souleva Pip et la mit dans une cage vide. Elle se mit aussitôt à hurler.

« Hé ! » Alice s'avança.

« Elle a besoin d'être soignée sans tarder, la coupa-t-il. Je vais m'en occuper. » Alice n'insista pas. Pip se recroquevilla dans le fond de la cage, la queue entre les pattes.

Au bureau d'accueil, le vétérinaire lui demanda quelques détails.

« Je n'ai pas, euh… » Elle se tut.

« Vous venez d'arriver en ville ? »

Elle hocha la tête.

« Vraiment ?

– Ouais.

– Travailleuse intermittente ? »

Elle fronça les sourcils.

« Un jour ici, un jour là ? »

Elle secoua la tête.

« Vous avez un endroit où loger ? »

Alice ne répondit pas. Il écrivit rapidement quelques mots sur un carnet et lui tendit la feuille qu'il venait de déchirer.

« Allez au Bluff Pub. Demandez Merle. Dites-lui que vous venez de ma part.

– Merci. » Alice prit le papier, jeta un coup d'œil à l'en-tête. *Moss Fletcher. Agnes Bluff, vétérinaire.* Moss. Elle se souvint d'une entrée dans le *Dictionnaire de Thornfield. Mousse. Amour sans réserve.* Elle murmura un vague au revoir et partit aussi vite qu'elle le put.

Dehors, elle se heurta à un mur de chaleur. Rien ici n'était familier. Le ciel était d'un bleu blanchi, vide, s'étirant sans fin. Il n'y avait aucune trace de rivière, aucun parfum de fleur. Alice avait la tête qui tournait, son pouls s'accéléra.

Elle marcha en trébuchant jusqu'à son pick-up, assourdie par les battements affolés de son cœur. S'efforçant de respirer calmement, elle tenta de saisir la poignée de la portière. En vain. Ses mains s'ouvraient et se refermaient. Des souvenirs lui revenaient ; les rugissements de l'océan et du feu.

Elle essaya de fermer les yeux, de surmonter sa terreur. De se protéger, avant que tout ne devienne noir autour d'elle.

Moss inspecta une dernière fois les animaux avant de fermer la clinique. Le chiot d'Alice était sous médicament et dormait. Il sortit dans la touffeur de l'après-midi, lourd des vapeurs de diesel et des relents de poulet du fast-food voisin. L'odeur lui rappela ce qui l'attendait : une autre soirée solitaire chez lui.

Il traversa le parking jusqu'à son van, remarqua un pick-up d'un jaune brillant. *Alice Hart. Floriographe. Ferme de Thornfield, où s'épanouissent les fleurs sauvages.* Il n'y avait personne à l'intérieur. Il fit le tour de la plateforme et trouva Alice évanouie sur le bitume, le nez ensanglanté.

Moss se précipita vers elle, criant son nom. Elle ne fit pas un mouvement. Sa peau était d'une pâleur effrayante. Il vérifia sa respiration et son pouls, puis sortit son téléphone mobile de sa poche et composa à la hâte le numéro du centre médical. Il prit soin de ne pas la bouger. Lorsque le médecin décrocha, Moss répondit à ses questions machinalement, le cœur battant.

Pitié, ça ne va pas recommencer.

Ce n'était pas un océan de feu. Alice flottait dans une rivière. Une rivière d'étoiles. Elles coloraient sa peau d'un vert argenté. Couchée sur le dos, elle les regardait descendre en pluie du ciel nocturne. Certaines restaient prises dans les plus hautes branches des eucalyptus qui se profilaient dans la nuit. D'autres étaient coincées dans ses cils et entre ses orteils. Elle en avala quelques-unes. Elles avaient un goût agréable et frais. Elle en prit une poignée, surprise par leur légèreté, et les disposa soigneusement autour d'elle. Un cercle d'étoiles. Au centre duquel rien ne pouvait l'atteindre.

Elle toussa en reprenant conscience, croyant cracher des étoiles.

« Oggi, prononça-t-elle.

– Oui, Alice, vous allez être un peu groggy. Allez-y doucement. »

Alice ouvrit les yeux. Une femme lui souriait en braquant une lumière dans chacun de ses yeux. La sensation réveilla ses souvenirs ; elle était sur un lit d'hôpital dans une chambre blanche. Il y avait une aiguille plantée dans son bras. Elle se raidit et tourna la tête de l'autre côté. Un homme était assis sur la chaise près de son lit, la regardant fixement. Il leva la main. Alice leva la sienne pour le saluer en retour. Le vétérinaire. C'était le vétérinaire. Moss quelque chose. *L'amour sans réserve.*

« On vous a mise sous perfusion, Alice. Vous étiez complètement déshydratée. C'est quelque chose que nous voyons souvent chez les visiteurs qui ne sont pas habitués à la chaleur du désert. C'est probablement pour ça que vous vous êtes évanouie. » La femme était vêtue d'une blouse blanche avec le nom *Dr Kira Henrix* cousu sur la poche. « Questions de routine à présent. Avez-vous des antécédents de tension artérielle basse dans votre famille ? »

Alice n'en savait rien Elle secoua la tête.

« Des crises d'anxiété, ou de panique ?

– Non, pas depuis mon enfance, répondit-elle calmement.

– Et qu'est-ce qui les provoquait ? »

Le vent ? La vue d'une fleur ? La flamme persistante d'un rêve ?

« Je ne sais pas, dit Alice.

– Vous a-t-on prescrit des médicaments ? »

Alice secoua la tête à nouveau.

« Heureusement, votre nez n'est pas cassé et guérira vite. Du repos, désormais. Et il faut boire beaucoup. Si vous ne vous sentez pas bien, revenez me voir. Moss dit que vous venez d'arriver en ville aujourd'hui. »

Alice hocha la tête.

« Où logez-vous ? »

Alice jeta un regard à Moss. Il soutint son regard pendant un moment avant de parler.

« Au pub, doc. Une chambre au pub.

– Hmmm », fit le docteur. Elle tapota l'épaule d'Alice, puis se tourna vers Moss en levant les sourcils. « Je peux vous dire un mot ? »

Ils se tinrent un instant dans l'angle de la chambre opposé au lit. Alice les observa. Le docteur Kira était très sérieuse, alors que Moss paraissait décontenancé.

« Très bien », dit vivement le docteur Kira en terminant leur discussion. Elle retourna auprès d'Alice. « On va ôter le goutte-à-goutte de votre bras maintenant, Alice, et vous laisser tranquille. Mangez des repas légers. Beaucoup de sommeil. »

Alice hocha la tête, les yeux baissés.

Moss ouvrit la portière du côté passager et la referma après qu'Alice se fut installée d'un air las dans le siège. L'intérieur était immaculé. Un petit arbre en carton, parfumé à l'eucalyptus, était accroché au rétroviseur.

Ils roulèrent en silence. Moss se racla la gorge à plusieurs reprises.

« Je, euh, je vous ai trouvée sur le parking après avoir fermé la clinique, dit-il sans la regarder. Je ne vous ai pas bougée, j'ai appelé le docteur Kira, et elle est venue et vous a emmenée en ambulance. J'ai l'ai suivie dans mon van. »

Alice gardait les yeux fixés devant elle, se représentant Moss la trouvant évanouie. Un profond sentiment de honte lui brûla les yeux. *Tu ne vas pas pleurer maintenant.*

« Nous y voilà », dit Moss en s'arrêtant devant la clinique. Il fouilla dans sa poche et sortit les clefs du pick-up. « Elles étaient dans votre main quand je vous ai trouvée. » Il avait l'air de s'excuser, comme s'il était responsable de son évanouissement.

« Merci, dit-elle doucement. Pour tout. » Elle saisit vivement ses clefs, le vit tressaillir quand le métal lui érafla le doigt. « Pardon », murmura-t-elle en se couvrant le visage des mains. Elle soupira, secouant la tête. « Merci », répéta-t-elle et elle sortit, se dirigea vers son pick-up. Mais, quand elle vit l'inscription sur le panneau de la portière, elle se figea. Là, à vue d'œil, était exposé tout ce qu'elle s'efforçait de laisser derrière elle.

Alice Hart. Floriographe. Ferme de Thornfield, où fleurissent les fleurs sauvages.

« Alors, euh, Alice ? »

Elle se tourna, s'efforçant de lui cacher la portière.

« Ça ira ?

– Oui, dit-elle avec un hochement de tête. Merci. Je vais prendre une chambre au pub. »

Il détourna les yeux, puis la regarda à nouveau. « Le docteur Kira m'a demandé de veiller sur vous pendant les prochaines vingt-quatre heures. » Il s'éclaircit la voix. « Ça ne vous ennuie pas ? »

Alice se força à sourire. « Me reposer. Boire. Manger. C'est sûrement à ma portée. » Elle avait juste envie de se glisser dans un lit, de remonter les couvertures sur sa tête et ne plus mettre les pieds dehors. « Merci quand même.

– Oui. Bon. » Un autre long silence. « Bon, Merle au pub a mon numéro de téléphone, si vous avez besoin de quelque chose », dit-il en démarrant. Alice hocha la tête, soulagée de le voir s'éloigner.

Elle monta dans son pick-up et retourna à la station d'essence. Après avoir fait le plein, elle examina les rayonnages à l'intérieur, trouva la peinture pour retouche. La seule couleur disponible était turquoise. Elle prit une boîte et un pinceau. En se dirigeant vers la caisse, un stand d'autocollants colorés attira son regard. Elle en prit un paquet, paya et partit.

Sur le parking du pub, elle s'attaqua à son pick-up à coups de pinceau et de peinture. Dans la lumière déclinante de son premier jour dans le désert central, elle recouvrit son nom, ce qu'elle était et l'endroit d'où elle venait de la couleur turquoise de l'oubli.

Merle n'était pas au pub quand Alice arriva. Une jeune fille avec un fort accent remplit sa fiche, récitant d'un ton enthousiaste le menu du dîner. Alice fit mine d'écouter avec attention. La fille avait une carte du monde tatouée à l'intérieur du bras. De minuscules étoiles parsemaient la carte. À quoi cela ressemblait-il de quitter tout ce que l'on connaissait pour choisir d'explorer l'inconnu ? À quoi cela ressemblait de n'avoir pas d'autre but que de voyager et d'amasser des expériences si fortes et riches que vous les gardiez à jamais gravées sur votre peau ? Chaque étoile se moquait d'Alice. *Je n'y suis pas allée. Je n'y suis pas allée. Je n'y suis pas allée.*

« Mademoiselle ? » La fille lui agitait une carte du menu sous le nez, souriant de toutes ses dents.

« Excusez-moi. » Elle secoua la tête. « Puis-je dîner dans ma chambre ?

– Avec un bon pourboire. »

Alice passa sa commande, monta avec son sac à dos, ouvrit la porte de sa chambre et la referma derrière elle.

Elle s'assit sur son lit, délaça ses bottines et se jeta de côté sur l'oreiller, laissant éclater les sanglots qui lui comprimaient les côtes depuis des jours entiers.

18

Immortelle orange

Signification : **écrit dans les étoiles**
Waitzia acuminata / Australie occidentale

Vivaces avec de longues feuilles étroites et des fleurs orange, jaunes et blanches à la texture de papier. Fleurit au printemps après un hiver pluvieux. En masse, ces fleurs sont spectaculaires. On les trouve par milliers parmi les broussailles et dans le désert de l'Ouest, les gens viennent souvent de loin pour les admirer.

Alice fut réveillée par le soleil. Elle rejeta d'un coup de pied son drap humide de sueur et s'assit, frottant ses paupières collées par le sel de ses larmes. Sa chambre était baignée d'une clarté orange. Elle alla à la fenêtre et écarta les rideaux. Une lumière éclatante pénétrait directement dans la pièce, réfléchie par le rocher qui dominait la ville poussiéreuse. Alice regarda aussi loin que portait sa vue, au-delà des immeubles et des rues, contemplant les dunes ondulées de sable rouge, les ravines de spinifex et les chênes du désert. Elle se souvint des crabes soldats, du vent qui soufflait de la mer, des cannes à sucre vertes, de l'eau argentée de la rivière et des champs de fleurs colorées. L'air du désert était si sec et léger que sa transpiration s'évaporait avant même de perler sur sa peau. Elle était plus esseulée qu'elle n'avait jamais été, loin de tout, d'aucun endroit connu.

« Je suis ici », chuchota-t-elle.

Après avoir pris un café et un scone au bar, Alice sortit du pub et regagna son pick-up. Elle vérifia que la peinture turquoise sur les portières était sèche, chercha les autocollants dans la boîte à gants. Elle en couvrit les deux portières, puis recula d'un pas, croisant les bras. Elle n'aurait jamais pensé qu'une couche de peinture et quelques autocollants de papillons monarques suffisaient à vous rendre anonyme.

Plus tard, elle se rendit à l'épicerie et remplit le compartiment congélateur de son mini-réfrigérateur de glaçons à la limonade. Elle en suça trois d'affilée et resta couchée sur son lit à regarder par la fenêtre le soleil de midi blanchir les arbres. Dans l'après-midi, quand l'air se rafraîchit un peu, elle partit à la découverte de l'étrange étendue de terre rouge.

Elle fit le tour du promontoire, examinant les buissons rabougris d'érémophile, les touffes de spinifex et les chênes malingres du désert. Elle s'arrêta à la vue des fleurs sauvages qui poussaient parmi les rochers et en cueillit deux, qu'elle empocha. Lorsqu'une nuée bruyante de passereaux s'envola au-dessus de sa tête, dans le ciel clair de l'après-midi, Alice avala sa salive avec peine, submergée par la sensation d'irréalité qui se dégageait du paysage désertique.

Les jours et les nuits s'écoulèrent. La plaie de son nez guérit. De temps en temps, un souvenir se réveillait, et Alice le laissait venir. Mais s'il la ramenait à la nuit où elle avait quitté Thornfield, elle le chassait : elle refusait de penser à la trahison de June ou à ce qui était arrivé à Oggi et Boryana. Avaient-ils été arrêtés ? Avaient-ils eu peur ? Savaient-ils que c'était June qui les avait signalés ?

Pour organiser ses journées, Alice avait agencé son emploi du temps suivant le soleil ; elle se gorgeait de la lumière du désert. Tous les matins, elle s'asseyait sur le rebord de sa fenêtre, au-dessus du toit en tôle ondulée de l'hôtel. Aux premières lueurs du jour, le soleil peignait les affleurements rocheux et les plateaux d'un éventail de couleurs : bordeaux lie-de-vin, ocre brillant, bronze chatoyant et caramel. Contemplant l'étendue sans fin du ciel, elle s'efforçait de respirer plus profondément, comme pour aspirer l'espace, comme si elle voulait créer une sorte de vastitude similaire en elle-même.

Après le lever du soleil, elle allait se promener. La ville occupait un ancien lit de rivière asséché, où poussaient d'épais gommiers fantômes dans un sable caillouteux. Alice flânait au milieu des troncs à l'écorce crème marbrée de blanc et de rose, se penchant pour examiner une pierre gris pâle ou une noix d'eucalyptus. On imaginait difficilement que de l'eau avait un jour coulé à cet endroit, comme si la rivière n'était qu'un mythe, quelque chose qui en des temps immémoriaux était monté au ciel sur les ailes des cacatoès noirs.

Au milieu de la journée, aux heures les plus chaudes, Alice restait dans sa chambre avec la climatisation réglée au maximum, zappant d'une chaîne de télévision à l'autre. Lorsque la température se rafraîchissait en fin d'après-midi, elle sortait se promener à nouveau. Le soir, après dîner, elle trouvait refuge dans la pénombre et contemplait les étoiles.

Deux semaines passèrent. Elle ne retourna pas chez le vétérinaire. Elle ne lut pas ses e-mails. Elle jeta la carte SIM de son mobile.

À son grand étonnement, certains aspects du désert lui apportaient un tel réconfort qu'ils lui semblaient presque avoir un pouvoir médicinal. Le rouge feu de la terre, l'émotion qu'elle ressentait quand elle la prenait dans ses mains, aussi douce que de la poudre. Le chant mélodieux des oiseaux. La lumière au début et à la fin de chaque jour. Le vent chaud, le bleu-vert argenté des feuilles d'eucalyptus, le ciel infini, diapré de quelques nuages et, par-dessus tout, les fleurs sauvages qui poussaient dans le lit de la rivière, parmi les racines et les pierres. Alice avait commencé à les cueillir et les presser dans un cahier sans s'avouer que c'était la présence familière des fleurs qui lui apportait le plus grand réconfort.

Un matin, elle constata qu'elle avait rempli un cahier entier de fleurs séchées. Après avoir fini son petit-déjeuner au bar, elle alla en ville en acheter un autre.

Marchant le long d'une rue tranquille près du lit asséché de la rivière, elle découvrit la bibliothèque municipale. Elle sourit à la vue de la fresque délavée du mur, probablement une tentative de donner au petit immeuble cubique l'apparence d'une pile de livres. L'intérieur était un havre de fraîcheur dans la chaleur torride.

Alice parcourut les allées de livres avec plaisir, se rappelant la bibliothèque de son enfance, la lumière tamisée d'ombres pastel qui tombait des vitraux illustrés de contes.

« Sally, murmura-t-elle.

– Puis-je vous aider ? demanda la bibliothécaire depuis l'allée suivante.

– Où se trouvent vos livres de contes ? demanda Alice.

– Près du mur du fond. »

Alice passa la main sur le dos des livres qu'elle se rappelait avoir lus dans son enfance. Elle revoyait son bureau, son sac de bibliothèque, les fougères de sa mère. Elle chercha un livre en particulier et ne put retenir un petit cri lorsqu'elle le trouva.

Plus tard, après s'être inscrite à la bibliothèque et avoir rangé sa carte dans sa poche, Alice emprunta le maximum de livres autorisés et les emporta dans sa chambre d'hôtel. Elle passa l'après-midi à les feuilleter, soulignant d'un doigt une phrase ou une autre, s'interrompant de temps en temps pour poser le livre ouvert sur sa poitrine, levant son regard sur les ombres mouvantes des eucalyptus sur le mur. Ce soir-là, elle acheta un plat à emporter de nouilles thaïlandaises avec un supplément de chili et six canettes de bière fraîche, puis s'allongea sur son lit sous le climatiseur et se plongea dans le livre qu'elle avait tant aimé autrefois, le livre rempli d'histoires de femmes qui se dépouillaient de leur peau de phoque et renonçaient à la mer pour l'amour d'un homme.

Un après-midi, alors qu'Alice revenait du lit de la rivière avec une poignée de fleurs sauvages, Merle, la propriétaire du pub et de l'hôtel, l'arrêta au bar.

« Alice Hart, dit-elle, un appel téléphonique pour vous. »

Alice suivit Merle dans une petite pièce derrière le bar. Ses paumes étaient moites. June l'avait-elle retrouvée ?

Elle posa les fleurs Le combiné du téléphone était posé sur le bureau. Alice attendit d'être seule, essuya ses mains moites sur son short et saisit l'appareil.

« Allô », dit-elle. Elle pressa son autre main sur son oreille pour atténuer le brouhaha du pub en fin de journée.

« J'ai pensé que vous aimeriez savoir que votre chien va très bien », dit Moss à l'autre bout de la ligne.

Alice poussa un soupir.

« Allô ?

– Bonjour, dit-elle soulagée.

– Bonjour à vous ! » Moss rit.

« Pardon. » Alice se serait giflée. « Merci de me prévenir. C'est une très bonne nouvelle.

– J'ai pensé que vous seriez contente. Quand pouvez-vous venir la chercher ? Elle est remplumée, joyeuse et aussi apprêtée que la permanente de Merle. »

Son rire surprit Alice. Ainsi que la chaleur de sa voix.

« Demain, dit-elle malgré elle.

– Formidable. » Un silence. « Comme allez-vous ?

– Bien, dit Alice. Excusez-moi, je n'ai pas…

– Pas de problème. Vous étiez occupée. À vous reposer. Et à emprunter tout le catalogue de la bibliothèque municipale.

– Quoi ?

– C'est une petite ville. » Moss rit franchement. « Tout se sait par ici. Apparemment, vous aimez lire. »

Merle se raclait la gorge à la porte.

« Désolée, je dois m'en aller, dit Alice.

– Bon, à demain.

– Où ? demanda Alice.

– Au Bean, dans Main Street. Onze heures ?

– D'accord. »

Alice raccrocha.

« Pardon, murmura-t-elle à Merle en quittant son bureau.

– Pas de problème. » Merle eut un sourire étrange, haussant un sourcil. « Envie d'une bière, mon chou ? C'est *happy hour.*

– Peut-être, je pourrais l'emporter dans ma…

– Non. » Merle l'interrompit en levant une main. « Personne ne boit seul chez moi. Venez vous asseoir au bar. Racontez-moi ce que vous fabriquez ici, terrée seule dans mon pub au milieu de nulle part. J'adore les histoires. »

La pensée de raconter à quelqu'un ce qu'avait été sa vie avant d'arriver à Agnes Bluff lui répugnait. Les paroles de Moss résonnaient à ses oreilles : *Tout se sait par ici.*

Moss raccrocha le téléphone et le fixa comme s'il pouvait lui fournir les réponses aux questions qu'il se posait sur Alice Hart. Des questions qui le harcelaient depuis leur première rencontre. Il avait attendu en vain qu'elle vienne reprendre le chiot. Ses conversations régulières avec Merle le tenaient au courant. Elle était toujours là. Elle allait bien. Elle ne s'était plus évanouie, autant qu'on le sache. *Pourquoi t'inquiètes-tu autant ?* lui avait demandé Merle. *Toi en particulier, tu devrais savoir qu'on ne peut pas sauver tous les vagabonds.* Moss avait changé de sujet. Il ne pouvait pas dire à Merle qu'Alice était, depuis les cinq dernières années, la première personne qui lui avait donné l'impression qu'il avait quelque chose à offrir, quelque chose à donner. Après avoir perdu Clara et Patrick, il ne s'était jamais attendu à ressentir à nouveau un tel émoi. Et pourtant. Elle était là. Alice Hart. Une femme qui savait comment parler avec des fleurs.

Il alla au réfrigérateur, prit une bière et regagna son bureau. Un doigt sur la souris ressuscita l'écran noir de l'ordinateur. Le pouls de Moss s'accéléra à la vue de sa photo qu'il avait trouvée plus tôt. C'était le résultat de ses recherches *Alice Hart. Floriographe. Ferme de Thornfield.* Son profil se trouvait dans la rubrique *Qui sommes-nous ?*. Sur la photo, elle se tenait au milieu d'un champ de fleurs, entourée d'eucalyptus rabougris, tenant à la main un bouquet de fleurs sauvages si grand qu'il éclipsait presque son corps. Elle regardait l'appareil de biais. Un léger sourire sur les lèvres. Les yeux clairs. Ses cheveux retenus par un chignon dans lequel était piquée une énorme fleur rouge en forme de cœur…

Alice Hart a passé la plus grande partie de sa vie à Thornfield et grandi avec le langage des fleurs. C'est une floriographe de talent qui peut vous aider à créer l'arrangement parfait pour dire ce que vous avez sur le cœur. Consultation sur rendez-vous seulement.

Il avait ensuite cherché le mot *floriographe* sur Internet : *personne parlant couramment le langage des fleurs, un mode de communication qui a connu son apogée à l'époque victorienne.* Il avait espéré que des recherches sur Google pourraient apaiser sa fascination pour Alice, mais son histoire énigmatique n'avait fait que la nourrir.

Moss s'enfonça dans son fauteuil en lisant les coordonnées de Thornfield. Il but une gorgée de bière, souleva le téléphone et le reposa. Il hésita pendant quelques instants, puis composa finalement le numéro indiqué sur le site.

Il s'apprêtait à raccrocher quand une voix féminine répondit, une voix pleine de sanglots.

Alice s'installa au bar. Les rayons du soleil couchant emplissaient le pub d'un kaléidoscope de couleurs.

Merle posa un dessous de verre sur le comptoir avant de servir une bière bien glacée à Alice. « À la tienne », dit-elle en levant un petit verre de bourbon. « À nous maintenant, Alice Hart, dis-moi ce que tu fabriques ici toute seule ? D'où viens-tu ? Où vas-tu ? »

Alice prit sa bière entre ses deux mains.

« Oh, ne sois pas timide. Tout le monde ici a une histoire. Tu crois être la seule nana qui a atterri dans le désert pour devenir quelqu'un d'autre ? Excuse-moi, chérie, mais tu n'es pas aussi spéciale. » Merle pianota avec ses ongles peints sur le bar. Un cri s'éleva depuis la terrasse. « Hé, toi, arrête tes conneries ! » beugla Merle, faisant sursauter Alice. « T'en va pas, mon chou, je vais juste régler ça. »

Alice poussa un soupir de soulagement. Autour d'elle le brouhaha montait régulièrement à mesure que le pub se remplissait. Emportant les fleurs et sa bière, elle descendit de son tabouret et se faufila dehors dans la fraîcheur du crépuscule bleu. Elle prit une gorgée de bière et ouvrit son poing. Les fleurs étaient écrasées. Comme elle les regardait, Alice sentit une présence dans son dos.

« Pardon, je ne voulais pas vous faire peur », dit une femme, levant une blague à tabac en guise d'explication. Sa voix était agréable. Alice hocha la tête, serrant sa bière dans sa main. La femme se roula une cigarette et l'alluma. Elle portait un uniforme, mais dans la pénombre Alice ne put distinguer l'insigne. Elle chassa la fumée du visage d'Alice en soufflant.

« C'est le seul pub à des kilomètres à la ronde. Toujours plein à craquer.

– Je sais, dit Alice. J'habite ici.

– Oh, d'accord. Longtemps que vous êtes en ville ?

– Un mois aujourd'hui.

– Vous vivez dans le Territoire depuis longtemps ? » Elle leva les sourcils à l'adresse d'Alice.

« Un mois aujourd'hui, répondit Alice, consciente de sourire.

– Ha, ha. Alors il vous faudra quasi deux mois.

– Pour ?

– Pour commencer à avoir l'impression que vous n'êtes pas sur une autre planète. Je parie que vous débarquez de la ville ou de la côte, hein ? Y'a chez vous cet air typique d'animal pris au piège des phares. »

Alice la regarda fixement. « Comment savez-vous que ce n'est pas mon air habituel ? »

La femme resta silencieuse un moment, puis rit doucement. « Merde, vous avez absolument raison. Désolée. C'était grossier de ma part. »

Alice hocha la tête, examinant la mousse de sa bière.

« J'habite plus loin sur la route. J'ai grandi dans la terre rouge, dit la femme en souriant. Ce qui peut expliquer mes super-talents mondains. »

Alice ne put s'empêcher de lever les yeux et de lui sourire.

« À propos, je m'appelle Sarah.

– Alice. »

Elles se serrèrent la main.

« Qu'est-ce que vous faites ici, Sarah ? » Alice désigna son uniforme.

« Je m'occupe du parc, répondit Sarah, désignant du pouce une vague direction par-dessus son épaule.

– Le parc ?

– Le Kililpitjara. Le parc national. Vous n'y êtes pas encore allée, je suppose ? »

Alice secoua la tête.

« Un endroit très spécial. » Sarah écrasa son mégot. « Et vous, qu'est-ce que vous faites ?

– Je... euh... » Alice hésita. « Oh, dit-elle en se frottant le front. Je travaille dans la communication.

– La communication ? » répéta Sarah.

Alice hocha la tête. « J'ai un diplôme de l'Open University. Je... », elle se tut. Recommença. « Je dirigeais une ferme horticole. Mais plus maintenant. » Si Sarah remarqua son hésitation, elle n'en montra rien.

« Bon Dieu. La façon dont tout ça marche m'étonnera toujours. » Sarah rit, secouant la tête. Alice regarda le pub sans comprendre. « Non, non, dit Sarah. Pas le pub. Le désert. Les gens qui vont et viennent, les coïncidences de dingue. »

Alice sourit poliment.

« On a un job qui se libère pour un ranger chargé de s'occuper des visiteurs du parc. C'est pour cette raison que je suis en ville, pour parler à quelques personnes, trouver quelqu'un qui corresponde au poste. » Elle sourit à Alice. « C'est pas facile parce qu'on a besoin de quelqu'un capable de faire le boulot, mais qui soit aussi qualifié en communication. »

Alice hocha lentement la tête. Elle commençait à comprendre.

« C'est bien payé. On est logé, continua Sarah. Si je vous donne ma carte et que ça vous intéresse, vous pouvez m'envoyer un e-mail et je vous donnerai plus de détails. »

Alice avait les paumes moites. Cela faisait longtemps qu'elle n'avait pas ressenti un peu d'espoir. « Ce serait formidable », dit-elle, époussetant quelque chose d'invisible sur ses bras.

Comme Sarah sortait une carte de la poche de sa chemise et la lui tendait, Alice vit plus distinctement son badge. Il indiquait

Parc national du Kililpitjara et portait le motif du drapeau indigène australien : la moitié du haut noire et la moitié du bas rouge, avec un cercle jaune au milieu. Au centre du cercle jaune, un bouquet de pois du désert.

« Merci », dit-elle en prenant la carte.

Sarah regarda l'heure et se prépara à partir. « Je dois y aller, mais j'ai été heureuse de vous rencontrer, Alice. J'attends avec impatience votre e-mail. »

Elle se fondit dans la foule. Alice examina la carte. Elle portait le même emblème que la chemise de Sarah. Elle n'eut pas besoin du dictionnaire de Thornfield. Elle avait appris la signification des pois du désert le matin de son dixième anniversaire, quand elle avait ouvert le médaillon et lu la lettre de June.

À cœur vaillant, rien d'impossible.

Le lendemain matin, à l'ouverture à neuf heures, Alice attendait devant la bibliothèque. Elle se précipita sur les ordinateurs avec la carte de Sarah, qu'elle avait déjà cornée. Elle tapa l'adresse du parc dans le moteur de recherche et attendit. Elle avait rendez-vous avec Moss dans deux heures.

Après un long moment, la page d'accueil du parc national apparut. En haut s'affichait une photographie du paysage. Alice se pencha en avant, impatiente.

Un ciel mauve pâle. Quelques traînées de nuage. Une tache de lumière abricot sur la ligne violette de l'horizon. Une vue de feuillage vert sur la terre d'un rouge lumineux.

Alice mit un moment à comprendre qu'elle regardait un cratère vu du ciel. Elle ne prit conscience de ses dimensions qu'une fois la photo entièrement téléchargée sur l'écran, quand elle distingua une petite route de terre et les minuscules points blancs des véhicules.

Son regard fut attiré par le centre du cratère, rempli de fleurs sauvages rouges. Elle tapota nerveusement sur le bureau en attendant qu'un agrandissement des fleurs apparaisse. Elle s'immobilisa. Le cœur du cratère était un cercle de pois du désert de Sturt rouge sang, en pleine floraison.

Alice tenait son médaillon serré tout en lisant :

Si le Kililpitjara, ou le cratère Earnshaw, ne fut « découvert » par la population non indigène qu'au début des années cinquante, les Anungu l'ont de tout temps considéré comme un lieu sacré. Géologiquement, le cratère correspond à l'impact d'un météorite tombé il y a des centaines de milliers d'années. Dans la culture Anungu, c'est l'endroit où le cœur endeuillé d'une mère s'est abîmé sur la Terre. Il y a longtemps, Ngunytju habitait les étoiles. Une nuit, alors qu'elle ne regardait pas, son bébé est tombé de son berceau céleste sur la Terre. Quand elle s'en est aperçue, Ngunytju a été inconsolable. Elle a arraché son cœur et l'a jeté sur la Terre, afin qu'il se mêle à celui de son enfant.

Alice s'interrompit. Elle s'appuya au dossier de sa chaise, absorbant les images de la création du cratère avant de poursuivre sa lecture :

Au milieu du Kililpitjara pousse un cercle sauvage de mal̲ukur̲u*, les pois du désert de Sturt, qui fleurissent neuf mois par an. Les visiteurs viennent du monde entier pour voir le cœur de Ngunytju en fleur. C'est un site sacré d'une profonde signification spirituelle et culturelle pour les femmes Anangu. Elles vous y accueillent et vous invitent à apprendre l'histoire de cette terre. Une fois au centre du cratère, elles vous demandent de ne pas cueillir les fleurs.*

Alice revint à la photo. Elle ouvrit rapidement un autre onglet. Créa une nouvelle adresse mail, écrivit rapidement un message à

Sarah et cliqua « envoyer » avant de pouvoir revenir sur sa décision. L'ordinateur répondit avec un joyeux petit ping. *Envoyé.*

Alice s'affala dans sa chaise, contemplant le cratère céleste. La légende attira son regard :

Dans la langue pitjantjatjara, Kililpitjara *signifie* « appartient aux étoiles ».

19

Buisson de perles bleues

Signification : **ma valeur cachée**
Maireana Sedifolia / Australie du Sud
et Territoire du Nord

Se développe dans le désert et dans les environnements salés. Ce buisson bas crée un écosystème fascinant, une mine de trésors souvent cachés : geckos, troglodytes, champignons et lichens. Bonne résistance à la sécheresse, feuillage persistant vert argenté qui forme un couvre-sol dense retardateur de flamme.

Alice se hâtait le long de Main Street, la tête pleine d'étoiles et de fleurs couleur de sang aux cœurs noirs. Elle vérifia le nom du café écrit sur le dos de sa main, avec les indications de Merle. Descendre Main Street, tourner à gauche. Chercher des plantes et des tables dépareillées. Elle avait un quart d'heure de retard.

Le Bean Café, situé dans une ruelle, offrait un assemblage de chaises colorées et de tables bringuebalantes, tachées de peinture. Entre chaque table, il y avait une petite jungle de plantes en pot. Comme un havre luxuriant au milieu du désert.

Assis à une table sous un arbre parasol, en pot également, Moss jouait avec la grille métallique d'une petite cage.

« Bonjour », dit Alice en le voyant. Il se redressa, visiblement soulagé. Pip bondit dans la cage, frétillant à la vue d'Alice. Elle avait grossi, retrouvé son poil duveteux et ses yeux clairs. Alice eut soudain la gorge serrée.

« Je n'étais pas sûr que vous viendriez », dit-il.

Une jeune fille avec des dreadlocks arriva dans un nuage de patchouli pour prendre leur commande. « Café ?

– Un cappuccino, s'il vous plaît », dit Moss. La serveuse se tourna vers Alice.

« La même chose, merci », dit Alice. La fille prit leurs commandes et disparut à l'intérieur.

« Alors », reprit Moss. Alice fit mine d'être absorbée par Pip. « Comment allez-vous ? »

Elle serra les lèvres, remua la tête de haut en bas comme une mascotte sur le tableau de bord d'une voiture. « Bien », dit-elle. Pip lui mordillait les doigts.

« Plus d'étourdissements ? »

Elle se cala dans sa chaise et croisa son regard. Il avait l'air sincèrement préoccupé. « Non », fit-elle. La serveuse revint avec leurs cappuccinos.

Moss sourit et changea de tactique. « Donc, Pip est en pleine forme. Je lui ai donné des antibiotiques assez costauds. »

Alice hocha la tête. « Merci.

– Vous voulez la tenir ? » demanda-t-il.

Elle eut un grand sourire.

Il ouvrit la porte de la cage. Alice poussa un petit cri quand le chiot sauta dans ses bras, lui léchant le menton, reniflant ses oreilles.

« Elle n'aurait pas survécu si vous ne l'aviez pas recueillie, dit Moss. Il arrive que les besoins des animaux ne soient pas différents des nôtres. Un peu d'affection peut s'avérer aussi efficace que la médecine. »

Des images vinrent subitement à l'esprit d'Alice. Le sourire espiègle de Candy. La démarche calme et mesurée de Twig. Les mains agitées de tremblements de June.

« Cet air sec et brûlant, c'est l'enfer », marmonna-t-elle en s'essuyant les yeux. Elle les ferma un instant, s'imaginant vue du ciel, un point indistinct perdu dans l'immensité du désert.

« Alice ? » Moss se pencha en avant et lui toucha le bras. Alice sursauta, serrant Pip contre elle. Elle ne se sentait pas faible. Elle n'avait pas besoin d'aide.

« Je n'ai pas besoin d'être sauvée », dit-elle doucement.

Une étrange expression apparut brièvement sur le visage de Moss. Son regard se fixa derrière elle, en direction de Main Street, des marchands qui installaient leurs étals à l'ombre des arbres.

« Loin de moi cette pensée, dit-il lentement. Mais je sais ce que c'est de se retrouver seul ici. » Il posa ses mains sur la table. « J'ignore si vous le connaissez, mais nous avons un dicton dans le coin, Alice. L'homme blanc échoue dans le Centre rouge pour deux raisons : soit pour fuir la loi, soit pour se fuir lui-même. C'est certainement vrai…

– Je ne fuis pas, le coupa-t-elle, l'indignation lui empourprant les joues. Je ne fuis rien du tout. » Elle s'efforça de dissimuler le tremblement de son menton. Elle ne voulait pas qu'il la voie pleurer. « Vous ne me connaissez pas, Moss. Je n'ai pas besoin d'être protégée. Je n'ai pas besoin… » Elle faillit prononcer le nom de June. « Je n'ai pas besoin d'aide », dit-elle.

Moss leva la main en signe de capitulation. « Comme vous voudrez », dit-il. Ses yeux s'étaient assombris. Pourquoi ne la contredisait-il pas ? Pourquoi ne luttait-il pas ? Elle était prête à se battre.

« Je n'ai pas demandé à être secourue », continua-t-elle d'une voix haut perchée. Pip jappa dans ses bras. Alice se rendit compte qu'elle la tenait trop serrée.

« Je ne comprends pas de quoi vous m'accusez, ni pourquoi vous êtes tellement fâchée. Vous êtes arrivée dans ma clinique et vous vous êtes évanouie sur mon parking. Qui ne vous viendrait pas en aide dans une situation pareille ? »

L'émotion accumulée jaillit du plus profond d'Alice en un long soupir. Épuisée, elle longea du doigt les motifs de la table en formica, suivant le blanc veiné de bleu, ondulant comme une vague. Un souvenir lui revint : son père louvoyant sur sa planche à voile vers l'horizon.

Sans ajouter un mot, Moss posa un billet de dix dollars sur la table et repoussa sa chaise. Alice ne leva pas les yeux quand il s'éloigna, mais, lorsqu'il atteignit le bout de la ruelle, elle ne put s'empêcher de l'appeler. Il tourna la tête.

« Et pour vous, demanda-t-elle, c'était la loi ou vous-même ? »

Moss s'immobilisa un instant, les yeux baissés, les mains dans les poches. Quand il releva la tête, la tristesse contenue dans son regard bouleversa Alice. Il eut un demi-sourire et partit sans lui répondre.

Elle resta sans bouger, fixant l'endroit où il s'était tenu quelques secondes auparavant. Ce fut seulement quand Pip lui mordilla les doigts qu'elle se rendit compte que Moss ne lui avait fait payer aucuns soins.

Cet après-midi-là, Moss accéléra sa course jusqu'à ce que ses muscles brûlent. Il ralentit et adopta une allure de jogging pour gravir le chemin qui franchissait la crête du Agnes Bluff.

Il s'était décidé à lui parler, pour tenir la promesse faite à Twig. Mais lorsqu'elle était arrivée au café, si réservée et si fragile, il en avait été incapable. Il n'avait pu se comporter comme ce médecin qui s'était avancé vers lui dans la salle d'attente de l'hôpital et avait prononcé les mots qui l'avaient ébranlé à jamais. Il n'avait pu se résoudre à être pour Alice celui dont elle se souviendrait pour toujours comme l'homme qui lui avait annoncé la mort de sa seule parente.

Il se rappela les mots de Twig. *C'est son cœur qui a tué June. Une crise cardiaque massive, après les inondations.* Il ne connaissait pas June, mais ces mots l'avaient ému. *June et Alice avaient une relation difficile, mais elles n'avaient que l'une l'autre pour seule famille.* La voix de Twig s'était étranglée. *Est-ce qu'Alice va bien* ? Moss avait répondu oui sans hésitation. Et naturellement, étant donné les circonstances, il lui dirait de téléphoner. Bien sûr, il lui dirait que Twig avait besoin d'elle à la maison.

Moss s'arrêta au sommet, le souffle court, contemplant la ville. Qu'avait-il déclenché en appelant Thornfield ? Pourquoi s'était-il mêlé de la vie d'une inconnue ?

Il se pencha en avant, s'efforçant de respirer à fond par la bouche comme on le lui avait conseillé à l'hôpital des années auparavant. C'étaient leurs premières vacances en famille. Patrick était assis dans son siège bébé, serrant dans sa main son seau et sa pelle. Clara portait une nouvelle robe d'été de couleur vive. Moss avait quitté la route des yeux pendant quelques secondes. À peine quelques petites secondes. Les pneus avaient dérapé sur le gravier, et à la vitesse où ils roulaient, le 4×4 s'était retourné. Il en était sorti avec quelques points de suture et une minerve. *Vous avez de la chance d'être en vie*, lui avait dit le médecin. *Et Clara et Patrick* ? Moss avait hurlé jusqu'à ce qu'on lui donne des calmants.

À tort ou à raison, Moss ne voulait pas – ne pouvait pas – être le porteur de ce genre de nouvelles à Alice.

L'appel téléphonique arriva deux jours plus tard.

« Téléphone pour toi, dit Merle en s'appuyant contre l'encadrement de la porte.

– Qui est-ce ? » Alice recula d'un pas.

« Ma petite, je fais ici toutes sortes de boulots, mais pas celui de secrétaire particulière.

– D'accord, dit Alice. Désolée. » Elle enferma Pip dans sa chambre et suivit Merle en bas de l'escalier. « Merci de me laisser garder Pip ici, ajouta-t-elle en entrant dans le bureau.

– Pas de souci. Moss me revaudra ça », dit Merle. Alice attendit de la voir partir pour prendre le téléphone.

« Allô ? demanda-t-elle anxieusement.

– Alice, ici Sarah Covington. J'ai reçu votre candidature pour le poste de ranger. Merci. »

Alice respira, soulagée. Elle avait craint de recevoir un appel de Thornfield.

« Alice ?

– Oui, excusez-moi. Je vous écoute.

– Bon. Vos références sont excellentes. Gérer une exploitation de fleurs n'est pas une mince affaire. Notre poste vacant étant un contrat temporaire, nous n'avons pas besoin d'un entretien d'embauche, ce qui signifie, Alice, que j'aimerais vous proposer ce job sur-le-champ. »

Alice sourit.

« Allô ?

– Excusez-moi, désolée, Sarah. Oui. Merci ! Oui. » Elle était prise de vertige.

« Parfait. Quand pouvez-vous commencer ?

– Quel jour sommes-nous ?

– Vendredi.

– Lundi ?

– Vous êtes sûre ? Vous n'avez pas besoin de davantage de temps pour faire vos valises et vous organiser ?

– Non.

– D'accord pour lundi alors. Je vous accueillerai au quartier général du parc à votre arrivée. Je demanderai à la borne d'entrée de me prévenir de votre passage.

– La borne d'entrée ?

– Vous comprendrez quand vous y serez.

– Bon. Kililpitjara. Lundi. La borne d'entrée. Le quartier général. Je vous retrouve là-bas.

– À très vite, Alice. »

La conversation fut interrompue. Alice raccrocha, le cœur battant.

Le lundi matin était clair et chaud. Alice et Pip parcoururent le lit à sec de la rivière pour la dernière fois. Profitant de l'occasion, Alice cueillit des feuilles de l'arbre corail à ailes de chauve-souris. *Soigne les peines de cœur*, écrivit-elle plus tard de mémoire dans son carnet de notes après les avoir toutes collées sauf une sur la page. Elle fourra ses quelques affaires dans son sac et, après un dernier coup d'œil, quitta la chambre du pub où elle avait trouvé refuge.

« Est-ce qu'on te reverra ? » demanda Merle à Alice tandis qu'elles attendaient l'autorisation de paiement de sa carte. Elle ôta le reçu de la machine et le tendit à Alice. Alice le prit en la remerciant d'un signe de tête et le fourra dans sa poche. Elle n'aurait jamais imaginé dépenser un jour l'argent qu'elle avait économisé pour visiter le monde avec Oggi pour vivre seule au milieu du désert.

« Qui sait ? » répondit-elle en se dirigeant vers le parking, sans un regard en arrière.

Elle fourra ses affaires dans le pick-up, ouvrit la portière, siffla Pip et monta à sa suite. Elle sortit de sa poche la dernière feuille de l'arbre corail et la coinça sur le rétroviseur. *Soigne les peines de cœur.* Au moment où elle démarrait, Pip se redressa sur ses pattes arrière et aboya, éveillant chez Alice un souvenir qui la harcelait. Au feu, elle s'engagea dans la rue de la clinique vétérinaire. Mais quand elle aperçut la camionnette de Moss, le courage lui manqua et elle accéléra.

La route miroitait dans la chaleur du matin. Derrière elle, Agnes Bluff disparaissait au loin. À un embranchement, Alice prit la direction de l'ouest et s'enfonça dans le désert. Elle baissa sa vitre, appuya son bras sur le rebord de la fenêtre et reposa sa tête contre le dossier du siège. Elle imagina que la chaleur estomperait ses souvenirs, comme le soleil de l'Australie centrale avait blanchi les carcasses qui jonchaient la terre aride. Sans rien laisser derrière lui hormis des ossements décolorés et de la poussière.

Alice conduisit pendant trois heures dans le désert avant d'atteindre une station-service. Elle s'arrêta pour faire le plein et donner à boire à Pip. Camping-cars, 4×4 et cars de touristes passaient sur la route dans un grondement continu. Alice se rappela sa conversation avec Moss. L'homme blanc échoue dans le Centre rouge soit pour fuir la loi, soit pour se fuir lui-même. Alice fit remonter Pip dans le pick-up. Elle n'avait commis aucun crime, mais n'était pas une exception.

Jetant un coup d'œil autour d'elle, elle se demanda ce qu'aurait vu quelqu'un qui regardait dans sa direction. Une fille au volant de son pick-up avec son chien, qui savait où elle allait et ce qu'elle faisait ? Elle espérait que personne ne devinait qu'elle n'en avait pas la moindre idée. Que personne ne se rendait compte qu'elle s'efforçait de croire qu'elle pouvait tout surmonter, si son désir de laisser tout derrière elle était assez fort.

Déambulant au milieu des familles, des randonneurs et des groupes de touristes, Alice songea avec un élan d'espoir à l'endroit vers lequel elle se dirigeait. Si elle pouvait faire sa vie là où un cœur endeuillé avait jadis heurté la terre et s'était transformé en fleurs, tout ce qu'elle avait laissé derrière elle pourrait peut-être aussi se transformer en quelque chose de significatif.

Le paysage de roches rouges fit peu à peu place à des dunes de sable immaculées. Il restait moins de cent kilomètres avant d'atteindre le Kililpitjara. Pour se distraire, Alice étudia la configuration des dunes. La plus proche se dressait comme une pyramide de sable rouge ridée par le vent. Elle essuya la sueur de son visage avec son tee-shirt. Ses cuisses collaient au siège de vinyle. Le soleil était au zénith, aveuglant comme du métal chauffé à blanc. Pip sauta sur le plancher et se lova à l'ombre. Alice appuya plus fort sur l'accélérateur.

« On est presque arrivés, Pip. »

Enfin, en atteignant le sommet d'une légère côte, Alice vit une ombre violette se dessiner à l'horizon. Elle cligna des yeux plusieurs fois pour s'assurer qu'il ne s'agissait pas d'un mirage. En s'en rapprochant, elle se pencha en avant. Derrière les ondulations des dunes, apparaissaient des toits d'immeubles. Quelques voiles blanches. Des cars de tourisme. Une bifurcation, avec deux panneaux identiques de chaque côté : *Bienvenue au cratère Earnshaw.* Alice continua à avancer jusqu'à la borne d'entrée du parc national du Kililpitjara. Elle s'arrêta devant la fenêtre d'un bâtiment de brique et de tôle ondulée, où l'accueillit une femme vêtue du même uniforme que celui que portait Sarah.

« Bonjour. » Alice se pencha vers la grille de l'interphone en bas de la fenêtre. « Mon nom est Alice Hart. »

La femme consulta un tableau avant de lever la tête en souriant.

« Allez-y, Alice. Sarah vous attend au QG. » Sa voix grésilla dans l'interphone tandis qu'elle pressait sur le bouton qui levait la barrière.

Alice avança, fascinée par la dimension du cratère qui s'offrait à sa vue. Il était aussi mouvant qu'un rêve, changeant de forme à chaque tournant de la route. Se détachant comme une peinture ocre et rouge sur le bleu du ciel, il était d'une beauté étrange et envoûtante. Les dunes, parsemées de spinifex, de bosquets de mulgas et de chênes du désert, semblaient s'étendre à l'infini, dévorer tout l'espace. Après des semaines passées dans le désert, Alice trouva réjouissant de se sentir si petite, étrangère, hors du monde. C'était comme si elle pouvait, à tout instant, se réinventer elle-même entièrement, sans que personne ne s'en aperçoive. Qu'elle pouvait être tout ce qu'elle choisirait d'être.

Vingt minutes plus tard, elle s'arrêta devant un bâtiment à colombages se fondant parfaitement avec la végétation alentour, dominé par la présence majestueuse du cratère. Alice coupa le contact et entendit le moteur craquer en refroidissant. Elle s'épongea à nouveau le visage avec son tee-shirt, mit sa laisse à Pip et sortit du pick-up pour la désaltérer. Elle attacha sommairement la laisse au robinet et laissa la chienne boire son content au robinet. Une moustiquaire s'ouvrit dans son dos. Alice se retourna et vit Sarah en sortir, un sourire aux lèvres.

« Bienvenue, Alice.

– Merci », murmura-t-elle dans un soupir. Elle se demanda soudain si la présence d'un chien dans un parc national posait un problème. « Sarah, je ne l'ai pas mentionné, mais j'ai un chien…

– D'autres rangers en ont aussi. Votre cour est clôturée. » Sarah lui fit un signe de tête. « Venez. Il y a les contrats à signer, l'uniforme à essayer, et tout le bataclan, ensuite je vous montrerai où vous logerez. »

Le pas d'Alice était plus léger en suivant Sarah à l'intérieur. Parfois, cela semblait si facile de tout laisser derrière soi, de recommencer.

Alice déposa une pile d'uniformes verts sur le siège à côté d'elle et sortit du parking à la suite de Sarah en direction de la route qui contournait le cratère. La gigantesque paroi extérieure était trompeuse, on aurait dit le flanc d'une chaîne de montagnes, une ligne de crête plutôt qu'une formation rocheuse circulaire. Alice frissonna à sa vue : sa taille, son âge, l'impact du météorite quand il avait touché la terre. À quelle époque cela s'était-il produit ? Pip bâilla sur son siège.

« Tu as raison, Pip », murmura Alice. Elle aussi était fatiguée. Il faisait trop chaud. Elle n'était pas en état de philosopher sur les corps célestes.

Sarah quitta la route de ceinture pour une autre plus étroite, dépourvue d'indications, qui sinuait à travers les mulgas. Alice aperçut quelques constructions entre les arbres et un ovale poussiéreux. La route débouchait sur un rond-point qui comptait trois embranchements. Sarah prit le premier, roula lentement le long de la clôture d'un terrain renfermant un grand hangar en aluminium, plusieurs pompes à essence et des abris en grillage métallique où étaient garés des engins et véhicules marqués au logo du parc. En passant, Alice aperçut deux rangers à l'intérieur. L'un portait un chapeau mou à larges bords et des lunettes de soleil. Il conversait par-dessus le toit de sa voiture avec l'autre garé non loin de lui. Bien qu'elle ne pût voir ses yeux, il tourna la tête et suivit son pick-up du regard quand elle passa devant eux.

Elles franchirent une dune et à la sortie d'un virage débouchèrent sur l'ensemble des logements du personnel du parc. Elles s'arrêtèrent devant un bâtiment trapu en briques blanches, flanqué d'un abri en grillage et entouré d'une clôture fermée par un cadenas. Alice se demanda à quoi servaient toutes ces mesures de sécurité et ces clôtures, de qui ou de quoi avait-on besoin de se protéger. Sarah descendit de son pick-up et fit signe à Alice d'entrer dans le garage.

« C'est tout ce que tu as ? » demanda-t-elle en s'emparant du sac à dos d'Alice et de sa boîte de carnets. Pip sauta de la voiture et partit en exploration.

« Mes draps et mes instruments de cuisine sont à l'arrière. J'ai fait des achats avant de partir d'Agnes Bluff. »

Sarah prit une clef attachée à sa ceinture et ouvrit la porte d'entrée. Pip courut devant elles.

La maison était inondée de lumière et sentait le désinfectant. Alice posa ses affaires sur la table de la salle à manger et regarda à travers une porte vitrée coulissante. Le jardin à l'arrière était envahi d'acacias sauvages, de spinifex et de buissons de thryptomène.

« Il y a une bouilloire et du thé sur le comptoir, et du lait longue conservation dans le réfrigérateur, dit Sarah. L'important ici est de savoir où se trouvent la commande de la clim et le compteur électrique. » Sarah montra l'interrupteur près de la porte d'entrée et l'abaissa. Un faible ronronnement emplit la maison et de l'air jaillit des grilles de ventilation au plafond. « C'est un système à évaporation, refroidi par eau, ce qui veut dire que tu n'auras jamais moins de vingt-cinq degrés environ, mais il fonctionne. »

Alice hocha tête.

« Le compteur électrique est à l'extérieur, à l'arrière près du réservoir d'eau, donc s'il y a un court-circuit, c'est là qu'il faut aller pour rétablir le courant. C'est là que l'on insère la carte d'électricité rechargeable. Il y en a déjà pour cinq dollars pour démarrer. Tu peux la recharger au magasin de Parksville.

– Parksville ?

– C'est l'endroit où nous sommes, dit Sarah en riant. Le cœur de la vie de la communauté du parc. » Elle fit un geste circulaire. « Les employés du parc habitent de ce côté-ci de la dune » – elle désigna la dune de sable rouge qui s'élevait derrière la clôture de la maison d'Alice. « De l'autre côté, il y a une petite épicerie, le terrain de cricket, la salle commune et les logements des visiteurs. À une vingtaine de kilomètres, il y a le complexe touristique, où séjournent les touristes. C'est là qu'on trouve le supermarché, la poste, la banque, la station-service et plusieurs pubs et restaurants. »

Alice hocha la tête à nouveau.

Le regard de Sarah s'emplit de compassion. « Une chose à la fois, camarade. Tu vas vite t'habituer. J'ai demandé à un des rangers de passer cet après-midi et de te faire visiter.

– Merci, dit Alice.

– Je te laisse t'installer. Je te retrouverai demain matin, fraîche et en forme.

– Merci, répéta Alice, pour tout. »

Le pick-up de Sarah disparut au loin. Alice s'appuya à la porte et ferma les yeux. La maison s'emplit de silence. *Je suis ici.* Elle inspira. *Je suis ici.* Expira.

Pip lui lécha la cheville. Alice regarda le chiot. Pip inclina la tête de côté. Alice soupira. Elle faisait face à sa nouvelle vie.

Le long du mur, il y avait une haute bibliothèque en bois, un bureau gris massif et une chaise. Alice s'assit et posa ses mains à plat sur le bureau, pensant à ses carnets de notes sur les fleurs. Elle contempla le jardin derrière la maison, se réjouit d'y voir autant de plantes indigènes. C'était là qu'elle écrirait. Les souvenirs lointains du bureau où elle travaillait quand elle était petite lui revinrent, se rassemblant au bout de ses doigts : le bois neuf de couleur claire, l'odeur des crayons de couleur, des épluchures de taille-crayon, du papier. Les fougères vertes et veloutées du jardin de sa mère. Alice secoua la tête, focalisa son attention sur le bureau qu'elle avait sous les yeux et sur la vue : de la terre rouge, des buissons verts, et une clôture métallique qui séparait le jardin des dunes avoisinantes, le tout sous un ciel d'azur.

À côté du bureau, une arcade s'ouvrait sur la chambre principale. Alice se leva pour préparer son nouveau lit.

Elle resta ensuite debout devant la fenêtre. Au loin, la paroi rouge du cratère miroitait dans la chaleur comme un rêve incandescent.

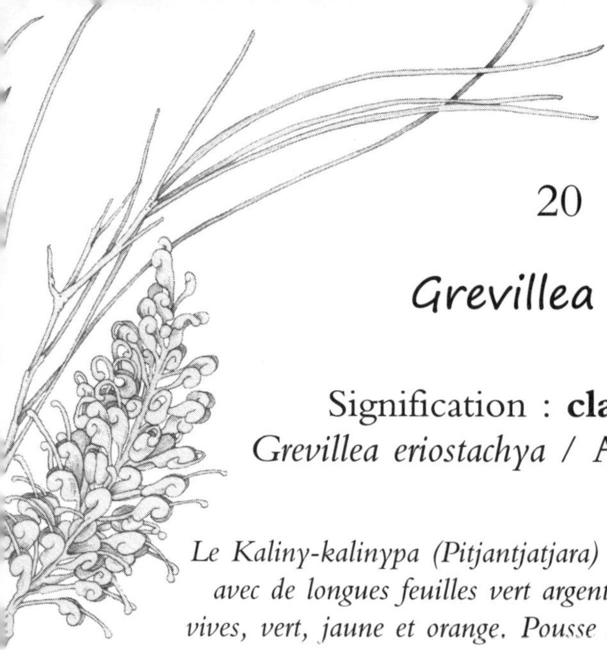

20

Grevillea miel

Signification : **clairvoyance**

Grevillea eriostachya / Australie centrale

Le Kaliny-kalinypa (Pitjantjatjara) est un arbuste broussailleux avec de longues feuilles vert argenté et des fleurs de couleurs vives, vert, jaune et orange. Pousse habituellement sur les dunes ou les collines de sable rouge. Les fleurs contiennent un nectar similaire au miel dont se régalent les enfants Anangu.

À cinq heures de l'après-midi, un klaxon retentit au-dehors. Alice jeta un regard par la fenêtre de sa cuisine et vit le visage de profil d'une femme au volant d'un des pick-up du parc. Elle posa sur le sol un bol d'eau pour Pip, lui gratta les oreilles et sortit de la maison. Ses tongs soulevèrent de petits nuages de poussière rouge.

« Alice ! » La femme repoussa ses lunettes de soleil sur son front et salua Alice comme si elles étaient des amies de longue date. « Je suis Lulu. » Elle avait des yeux couleur de feuille d'eucalyptus : vert pâle et brun noisette. Elle portait à son cou un mince collier de cuir auquel était attaché un pendentif d'argent en forme d'étoile.

« Salut, dit Alice timidement lorsqu'elle monta dans le pick-up.

– Je t'emmène voir le coucher de soleil, *chica* », dit Lulu. Elle appuya sur l'accélérateur et l'engin partit en cahotant sur la route de terre. Des galahs rose et gris filaient dans le ciel.

« Alors, tu viens d'où, Alice ? »

Le cratère se dressait devant elles, ses bords dorés par la lumière.

« Euh, de la côte est, puis de l'intérieur des terres. Dans une ferme. Je suis allée un peu partout, lâcha-t-elle la gorge serrée. Et toi ?

– Du Sud. De la côte, pas de la ville. » Lulu la regarda en souriant. « Donc, on est toutes les deux des filles de la mer. »

Alice acquiesça en silence. Des dunes, des ravines de sable rouge, des buissons verts et bruns défilaient à toute vitesse derrière sa fenêtre. Le rétroviseur du côté passager était couvert d'une poussière rouge. Elle avait fini par trouver étrangement apaisante cette couleur omniprésente. Elle examina l'intérieur de ses mains. Les petites rides de ses doigts en étaient remplies. Alice croisa les mains sur ses genoux.

Lulu s'engagea sur la route de ceinture. « Sarah a suggéré que je te montre où vivent les différents employés du parc, mais à quoi bon, en fait, puisque tu connais encore personne. Alors j'ai décidé de t'emmener à l'endroit où on voit les plus beaux couchers de soleil. » Elle désigna les ventres violets de quelques nuages épars. « Ça devrait être super. »

La paroi rouge du cratère s'élevait au loin. Au-dessus, le grondement saccadé d'un rotor d'hélicoptère. Des flashs éblouirent Alice.

« Des touristes, dit Lulu. Le cirque quotidien du coucher de soleil, *chica.* »

Alice regarda l'hélicoptère tourner en rond. « Le cirque du coucher de soleil », répéta-t-elle.

Le parking était bondé de cars, de voitures de location, de caravanes et de 4×4. Un ensemble de bruits confus s'élevait – brouhaha de voix, déclics d'appareils photo, bourdonnement des générateurs des cars, claquements de portières. Lulu s'arrêta à côté du pick-up d'un autre ranger.

« Bienvenue à ton premier coucher de soleil au Kililpitjara », clama-t-elle en descendant de voiture.

Alice s'apprêtait à la suivre quand quelque chose l'arrêta net. Lulu parlait avec le ranger au chapeau mou et aux lunettes de soleil.

Elle se sentit soudain vulnérable dans sa légère robe de coton. Frissonnant malgré la chaleur, elle croisa les bras sur sa poitrine, regrettant de ne pas porter comme eux l'uniforme unisexe et les robustes bottes de sécurité. Elle chercha à regarder dans une autre direction, mais Lulu ne lui laissa pas le choix.

« Alice, je te présente Dylan Rives. Dylan, Alice Hart. Notre nouvelle camarade. »

Elle se força à lever la tête vers lui, vit son reflet minuscule dans les verres de ses lunettes.

« Bonjour, dit-il avec un signe de tête. Bienvenue au pays des merveilles. »

Un frisson parcourut son corps. Elle s'efforça de garder son calme. « Merci.

– Ton premier jour dans ce trou ? » Dylan fit un geste vers la foule.

« Oui. Je commence demain.

– En route pour le baptême du feu », dit Lulu.

Alice haussa les sourcils.

Lulu rit. « T'inquiète pas, *chica*. Tout se passera bien. On a tous traversé ça. C'est la nature de l'endroit. »

Dylan était sur le point de réagir quand son attention fut attirée par un groupe de touristes.

« Je vais vous demander de rester derrière les barrières, s'il vous plaît. » Il fit revenir le groupe qui avait franchi une clôture, écrasant fleurs et plantes sauvages au passage, pour prendre une photo du cratère. Quand il rejoignit Lulu et Alice, elle sentit l'odeur de son eau de Cologne.

« S'ils n'avaient pas leurs fichues photos, je me demande s'ils se souviendraient qu'ils sont venus ici, dit-il d'un air songeur.

– C'est comme ça tous les jours ? » demanda Alice

Dylan hocha la tête. « Au lever et au coucher du soleil. Il y a deux ans, les guides touristiques ont commencé à écrire : "C'est l'endroit qu'il faut avoir vu avant de mourir." Depuis, le nombre de visiteurs a doublé. » Il se tourna vers Lulu. « Dis donc, Aiden t'a parlé d'hier soir ? »

Lulu se raidit, sur la défensive. « Je l'ai pas encore vu. Il était au coucher de soleil hier soir, et moi au lever ce matin. » Elle jeta un coup d'œil à Alice. « Aiden est mon copain », dit-elle. Alice nota un soupçon de tension dans sa voix.

« Ouais, mettons. » Dylan continua. « À la fin de sa patrouille hier après-midi, Ruby est entrée dans le cratère et a trouvé un groupe de *mingas* qui s'étaient égarés. Ils étaient à l'intérieur du Kuṯuṯu Kaana. Bien sûr, elle leur a demandé de sortir de la zone des pois du désert, et l'éternelle discussion a commencé : "Nous avons autant le droit à ces fleurs que n'importe qui. Je suis australien, cet endroit m'appartient autant qu'à vous, vous ne pouvez pas nous empêcher d'être ici." Les mêmes foutaises. Elle a dû appeler Aiden par radio en renfort. » Dylan secoua la tête. « Quand je suis arrivé au boulot ce matin, Ruby était dans le bureau de Sarah, qui l'engueulait salement. J'ai entendu Sarah parler de mains liées, de rapports d'incidents, et d'une réunion du personnel du parc.

– Merde, marmonna Lulu. Tu as vu Ruby aujourd'hui ? »

Il haussa les épaules. « Elle est allée dans les *homelands*, je crois.

– Sans doute. » Lulu hocha la tête.

Alice essayait en vain de suivre leur conversation. *Minga* ? *Homelands* ? Dylan et Lulu la regardèrent comme s'ils se rappelaient sa présence.

« Désolé, dit-il. Rien de tout ça n'a encore de sens pour toi.

– Mais ça en aura bientôt, assura Lulu.

– Sûrement. » Alice sourit. « Quel est cet endroit dont vous parliez ?

– Le Kuṯuṯu Kaana. C'est le cercle de pois du désert à l'intérieur du cratère. Cela signifie "jardin du cœur", expliqua Lulu.

– Jardin du cœur », murmura Alice.

Lulu hocha la tête. « Le problème est la fréquentation de son accès. Le chemin suit la circonférence du cratère à l'extérieur et monte à une plateforme qui a été aménagée après la Restitution, quand le lieu a été reconnu terre aborigène. Depuis la plateforme, le chemin pénètre dans le cratère et fait le tour des pois du désert, suivant un tracé qui existe depuis des milliers d'années. Traditionnellement, c'est un chemin de cérémonie pour les femmes. Les Anungu demandent depuis des années au parc de le fermer aux étrangers. Il en a été question pendant un moment, mais le boom du tourisme a tout arrêté.

– Pourquoi ? demanda Alice.

– L'argent vient des touristes, non ? Ils paient le ticket d'entrée pour s'approcher des pois du désert. Donc, le chemin qui mène au cratère et à Kuṯuṯu Kaana reste ouvert. Inévitablement, les touristes cueillent les fleurs pour ramener un souvenir chez eux. Et pour les femmes comme Ruby, dont les ancêtres ont toujours résidé là, c'est terrible. Chaque fleur est un morceau du cœur de Ngunytju.

– De qui ?

– De Ngunytju, dit Lulu. La Mère. »

Le cœur de la mère. Alice eut soudain la gorge serrée.

« Le principal problème est la menace qu'ils font peser sur les pois du désert. Si les touristes continuent de les cueillir, ils risquent d'endommager sérieusement les racines. Et si les racines des pois du désert sont détruites, les fleurs, qui sont littéralement le cœur de cet endroit, de son histoire, de son peuple, seront anéanties. »

Alice essaya de dissimuler les larmes qui lui montaient aux yeux. Pourquoi était-elle si bouleversée ?

« Tu comprendras demain pendant ta formation », dit Dylan.

Alice contempla les hordes de touristes qui continuaient à affluer. Certains sortaient des cars, une flûte de champagne à la main, enfournant des sandwichs au saumon. Des familles déballaient leur pique-nique et installaient des chaises pliantes, se réservant un emplacement au premier rang pour une vue imprenable sur le cratère et son chatoiement de couleur au coucher du soleil. D'autres s'étaient installés sur les toits de leur 4×4 pour observer le ciel. Il y avait de l'électricité dans l'air. *Sois calme.* Alice devait se retenir pour ne pas hurler. *Fais attention.*

Autour d'eux, les aiguilles filiformes des chênes du désert oscillaient dans la lumière orangée. Des nuées de papillons jaunes voletaient au ras des buissons d'acacia et de mulga. Le cratère changeait lentement de couleur tandis que le jour déclinait, passant de l'ocre au rouge flamboyant puis au brun cramoisi.

Le soleil glissa au-dessous de la ligne sombre de l'horizon, éclat étincelant lançant ses derniers feux vers le ciel. Devant cette immensité, Alice fut soudain envahie de la sensation qu'elle éprouvait, enfant, quand elle contemplait la mer.

Comme elle regardait le ciel, une sueur froide l'enveloppa. Sa vision se troubla, ses mains se mirent à trembler. Elle les coinça sous ses bras, serrant étroitement les paupières. *Pitié.* Sa respiration était courte, superficielle. *Respire*, s'exhorta-t-elle. Mais son cœur battait toujours aussi vite.

« Ça va ? » La voix de Dylan lui parvenait, lointaine. Se penchant vers elle, il retira ses lunettes de soleil.

Le moment qui suivit habiterait longtemps l'esprit d'Alice, désireuse d'en prolonger le souvenir : les rayons obliques du soleil, le ciel incandescent derrière Dylan, la sensation de l'air desséché sur sa peau, et le bourdonnement des mouches, semblable à celui des abeilles à Thornfield. Le bruissement des feuilles dans les mulgas, les vibrations de la terre sous ses pieds, comme si toutes les sensations qu'elle avait éprouvées dans sa vie n'étaient qu'une répétition de cet instant où elle croisait son regard pour la première fois. Ce n'était pas comme si elle était ensorcelée, avait reçu un coup sur la tête ou une décharge électrique, ça ne ressemblait à aucune des autres manifestations que les Fleurs lui avaient décrites à Thornfield.

Non. Pour Alice, tomber amoureuse n'était rien d'autre que se sentir tout à coup dévorée par un feu intérieur. Une sensation qui la consumait, comme si elle le connaissait et le cherchait depuis toujours.

Il était là.

Elle le regardait encore lorsque ses genoux cédèrent et qu'elle s'écroula sur le sol.

Un flot de lumière à travers ses paupières.

Alice, je suis là. Tu m'entends ?

Le visage de Lulu se dessinait dans un brouillard.

« Sally ? demanda Alice.

– Qui ? » Sa voix. La voix de Dylan. Dylan était accroupi à côté d'elle.

« Alice Blue », dit Alice, le regardant au fond des yeux.

« Elle va bien, elle dit seulement n'importe quoi. Rien d'inquiétant. » Lulu passa un bras autour des épaules d'Alice et l'aida à s'asseoir. « Doucement, *chica.* » Elle ouvrit une bouteille d'eau et la fit boire. Le parking était désert. Le ciel presque noir. Ils étaient assis dans une flaque de lumière provenant de la voiture de Lulu.

« Une façon comme une autre de se présenter, hein ? » fit Dylan.

Le rouge lui monta aux joues. « Désolée », dit-elle.

Il eut un léger sourire. « J'ai l'impression qu'on va devoir te surveiller de près, Alice Hart !

– Depuis quand tu n'as rien avalé ? » demanda Lulu d'un air sévère.

Alice se souvint du sandwich qu'elle avait mangé tôt dans la matinée à la station-service. Elle baissa la tête.

« Très bien. On dîne chez moi, dans ce cas. Viens. » Lulu soutint Alice. La silhouette du cratère se dressait sous le ciel étoilé. Alice regarda autour d'elle. L'endroit était totalement différent sans la foule. Son regard croisa celui de Dylan.

« Vous allez vous débrouiller toutes les deux ? » Il ne quittait pas Alice des yeux.

« Ça ira », dit Lulu fermement. Elle fit le tour de son pick-up et se mit au volant. Dylan referma la portière du passager, effleurant le coude d'Alice. Sa peau la brûla au contact de ses doigts.

« Merci, dit Lulu en mettant le contact.

– Occupe-toi d'elle », dit Dylan avec un geste de la main avant de s'éloigner. *Occupe-toi d'elle.* Une onde de plaisir traversa Alice. Elle le suivit des yeux dans la faible lumière.

Sur la route qui les ramenait à Parksville, Alice observa le ciel criblé d'étoiles. « Merci, Lulu », dit elle simplement.

Lulu lui pressa le bras. « Tout est un peu intense quand on débarque pour la première fois. Je te l'ai dit, c'est le baptême du feu, *chica.* »

Immobile dans l'obscurité au fond de son jardin, Lulu regardait le rayon lumineux de la torche qu'elle avait donnée à Alice pour éclairer sporadiquement le chemin de terre qui reliait leurs deux maisons. Quand Alice agita la torche, Lulu alluma la sienne et l'agita à son tour jusqu'à ce qu'Alice disparaisse à l'intérieur. Elle traversa son jardin. Un bruit d'eau lui parvint de la salle de bains. Aiden était sous la douche. Elle débarrassa les assiettes sales et les bouteilles de Corona vides, où flottaient encore des rondelles de citron, attendant qu'il ait terminé pour utiliser l'évier.

Il ne restait rien du dîner. Lulu avait préparé des tacos au poisson selon la recette de sa grand-mère, que celle-ci avait emportée avec elle depuis Puerto Vallarta au Mexique lorsqu'elle avait fait le tour du monde pour fuir un mariage arrangé. Le secret était le cacao. Une seule pincée. Alice mangea comme un chien affamé, nettoyant trois fois son assiette et éclusant des bières jusqu'à ce qu'elle arbore le sourire de satisfaction somnolent que Lulu cherchait à susciter chaque fois qu'elle faisait la cuisine. Comme le lui avait enseigné sa grand-mère.

C'était aussi sa grand-mère qui avait découvert qu'elle avait le don de prévoir l'avenir. *Tout comme moi*, disait-elle d'un air entendu. Prédire était un don que partageaient les femmes de sa famille, un fil qui courait ininterrompu de génération en génération, le don de voir le danger imminent, de pressentir un traumatisme inattendu, de deviner l'amour qui va éclore. *Aie confiance en toi, Lupita*, lui disait sa grand-mère, la regardant au fond des yeux. *C'est pour ça que nous t'avons appelée « petite louve ». Ton instinct te guidera toujours, comme les étoiles.*

Lulu avait douze ans à la mort de sa grand-mère. Sa mère, accablée de chagrin, avait banni les pratiques traditionnelles. Elle avait débarrassé leur maison des boîtes à souvenirs et des rosaires. Plus de chili au chocolat, plus de têtes de mort en sucre. Plus de feu, d'épices, de contes populaires. Pas de papillons monarques. Pas de prédictions. Mais les visions de Lulu ne s'étaient pas arrêtées. Sa mère l'avait emmenée consulter un médecin en ville. *Imagination hyperactive*, avait dit le docteur à Lulu en souriant. Il lui avait donné des bonbons, et à sa mère l'adresse d'un ophtalmologiste qui prescrivit des lunettes à Lulu. *Elles ont disparu ?* avait demandé sa mère, les yeux noyés de désespoir. Lulu avait remonté ses nouvelles lunettes sur son nez et hoché la tête. Elle n'avait plus jamais parlé à personne de ses visions. Mais elle se mit à passer des nuits à la fenêtre de sa chambre, parlant tout bas à sa grand-mère dans le ciel.

En grandissant, les visions de Lulu devinrent plus précises. Il suffisait qu'elle entende quelqu'un rire, sente l'odeur de la pluie, voie le jour tomber, une fleur s'épanouir, et un rideau s'ouvrait dans son esprit. Lui apparaissait alors une tranche de la vie de quelqu'un d'autre. *N'aie pas peur*, lui disait sa grand-mère. *C'est ton cadeau, Lupita.*

Des années plus tard, Lulu continua à avoir des apparitions, mais elles avaient rarement un sens – une inconnue courant sur une plage, un garçon qui lançait un bateau de papier dans la mer, une maison de fleurs engloutie par le feu –, mais Lulu les vivait aussi intensément que si elles lui rappelaient une expérience passée.

Trois semaines avant l'arrivée d'Alice, Lulu était dans son patio derrière la maison en train de rempoter des boutures, quand le rideau s'ouvrit : une nuée de papillons monarques la traversa, leurs ailes palpitaient si fort qu'elle fut prise d'éblouissement. Quand Lulu s'était arrêtée, dans l'après-midi, devant la maison d'Alice et avait vu de près les papillons monarques collés sur le côté du pick-up, elle avait entendu la voix de sa grand-mère. *Guerrero del fuego.* Soldat du feu. Lulu n'avait jamais su faire le lien entre l'une de ses visions et une personne qu'elle connaissait. Jusqu'à ce qu'elle rencontre Alice Hart.

« Lu ? » Aiden apparut dans le couloir, essuyant ses cheveux mouillés.

« Oui ? » Elle se retourna.

« Je me demandais si Alice était bien rentrée chez elle. »

Lulu fit oui de la tête. Bien qu'elle parlât souvent à Aiden de sa grand-mère, Lulu ne lui avait jamais révélé, ni à personne d'autre, son don de prédire l'avenir. Elle avait bien essayé à une ou deux reprises, mais n'avait jamais trouvé les mots appropriés et finit par mentir sans vergogne. Aiden en avait conclu que ses vertiges étaient héréditaires et lui disait souvent de se reposer ou de manger assez pour maintenir un niveau de sucre suffisant dans son sang.

Il posa sa serviette sur le dossier d'une chaise de la salle à manger et se dirigea vers le buffet.

« Alice a l'air d'une fille super, dit-il. On dirait que Dylan fait son numéro habituel. »

Il sortit un verre et la bouteille de vin rouge qu'ils avaient ouverte la veille.

« Oui », reconnut Lulu. L'angoisse la saisit au souvenir de l'expression d'Alice quand elle regardait Dylan.

« Sait-elle qu'il a une petite amie ? » Aiden se versa un verre.

Lulu fit couler l'eau dans l'évier, ajoutant trop de liquide vaisselle.

« Peut-être devrais-tu la mettre au courant ?

– Ce n'est pas à moi de le faire, *mi amor.* » Lulu ferma les robinets et resta le dos tourné.

« Je pense que c'est justement à toi de le faire, mon amour », répondit-il. Lulu plongea les mains dans l'eau chaude mousseuse et lava une assiette. Si seulement les erreurs passées étaient aussi faciles à effacer.

« Je lui trouve l'air un peu triste », dit-il en écartant doucement Lulu de l'évier pour prendre la suite. Il lui désigna le verre de vin qu'il avait rempli. Lulu se sécha les mains et but une gorgée.

Lulu alla jusqu'à la porte, son verre à la main. Elle posa la main sur la poignée.

« Dis bonjour à ta grand-mère de ma part », lui lança Aiden. Elle lui sourit, reconnaissante.

Dehors, la nuit était chaude et argentée ; dans le ciel criblé d'étoiles brillait une lune décroissante. Des chiens hurlaient au loin. Lulu s'assit sur la dune derrière leur jardin et but lentement son vin. La terre rouge était fraîche et douce. Elle en prit une poignée et la laissa couler entre ses doigts, le regard perdu vers les fenêtres éclairées d'Alice qui apparaissaient à travers les silhouettes des chênes du désert. Des flammes voltigeaient dans son esprit ; des papillons couleur de feu.

Au bout d'un moment, elle se tourna lentement dans l'autre direction, vers la maison de Dylan. Sa masse sombre se dressait silencieuse. Un mouvement dans l'ombre attira son regard. Elle avala une gorgée de vin et regarda dans l'obscurité, tremblante. Le souvenir de l'eau de Cologne de Dylan la submergea.

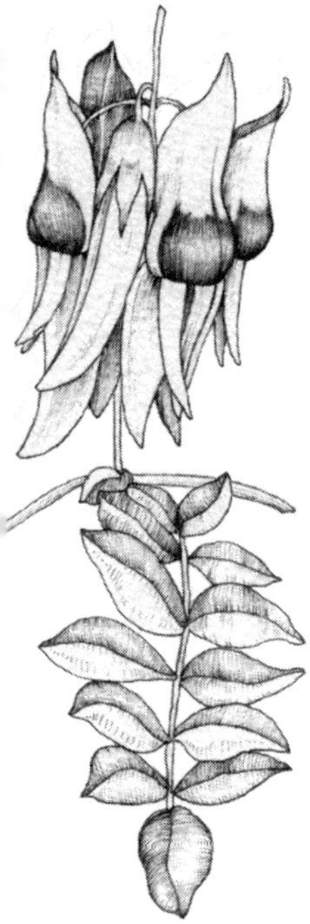

21

Pois du désert de Sturt

Signifie : **à cœur vaillant, rien d'impossible**

Swainsona formosa / Australie centrale

Le Malukuru (Pit.) est célèbre pour ses fleurs rouge sang en forme de feuilles, avec une partie centrale noire formant une boule, semblable à un œil de kangourou. Un spectacle étonnant dans le désert, évoquant une mer de flammes rouges. Les oiseaux en assurent la pollinisation. Se plaît dans les zones arides, mais a des racines très fragiles, ce qui freine sa propagation.

Dans la lumière encore indécise de l'aube, Alice et Pip traversèrent les buissons jusqu'à la grille du jardin à l'arrière de la maison. Pip remuait la queue, le nez collé au sol, reniflant les odeurs. Ils gravirent la dune de sable et redescendirent de l'autre côté jusqu'aux sentiers pare-feu, ainsi qu'on appelait les chemins autour de Parksville. *Ce sont des barrières*, lui avait expliqué Aiden la veille au soir. *Pour empêcher les flammes de se propager, si le bush prend feu.* Alice avait hoché la tête, s'efforçant d'avoir l'air intéressé, malgré l'impression de froid qui l'envahissait. Elle avait avalé une grande gorgée de bière pour chasser les souvenirs de fumée et de feu.

Elle bavardait avec Aiden pendant que Lulu faisait la cuisine. Elle aimait leur compagnie et leur maison : le rire rauque de Lulu, les tacos qui grésillaient, les pots de couleur vive d'aloe vera et de chili vert, les rayonnages emplis de livres, les reproductions des autoportraits de Frida Kahlo. Alice était envahie d'un sentiment d'attente, de quoi elle ne savait pas exactement. En rentrant dans sa maison vide à l'odeur de désinfectant, elle s'était sentie frustrée. Elle s'était couchée en rêvant de murs colorés, de pots brillants et de rayonnages remplis de livres.

Alice et Pip traversèrent un bosquet de chênes du désert et atteignirent la route de ceinture. Elles la traversèrent et s'enfoncèrent dans le bush, retrouvant le sentier qui zigzaguait jusqu'en haut du cratère et disparaissait derrière la crête.

« Viens, Pip », dit Alice.

Ses bottes craquaient sur le gravier. Le ciel commençait lentement à s'éclairer.

Lorsqu'elles atteignirent le belvédère, le col du tee-shirt d'Alice était trempé de sueur. Pip s'affala à côté d'elle, haletante. Des mouches noires bourdonnaient autour du visage d'Alice. Elle les chassa, embrassant du regard le décor qui l'entourait. De chaque côté du belvédère, les flancs ocre du cratère s'élevaient et ondulaient, vague rocheuse circulaire creusée dans le sol par la violence d'un impact inouï. Au centre, dans un cercle parfait, se dessinait un jardin sauvage de pois du désert en fleur, un cœur de mère, une mer mouvante de rouge. Le fond était tapissé d'une herbe incroyablement épaisse, d'un vert acide. Kuṯuṯu Kaana était plus stupéfiant que l'avait imaginé Alice ; il représentait tout ce qu'elle avait pu lire, entendre ou imaginer sur une oasis dans le désert.

À cœur vaillant, rien d'impossible.

La violence subite du souvenir de sa mère, du désir de revoir sa grand-mère et les femmes qu'elle avait laissées derrière elle la déchira. Le souffle coupé par le chagrin, elle se mordit la lèvre jusqu'à sentir le goût du sang.

Une fois rentrée chez elle, Alice prit une douche et se prépara pour le premier jour de son nouveau travail. Elle s'habilla avec soin, étrennant son uniforme vert de ranger, étudiant dans la glace les badges circulaires cousus sur ses manches. Elle suivit du doigt le dessin des pois du désert au centre du drapeau aborigène. Quelle différence avec son tablier de Thornfield ! C'était la première fois qu'elle était fière de porter un uniforme qu'elle devait à ses mérites.

Elle laça ses nouvelles bottes et ramassa son sac à dos et son chapeau. « Ne joue pas avec les serpents, promis ? » Alice embrassa Pip sur le museau, l'enferma dans le garage en grillage et monta dans son pick-up. En traversant Parksville, elle s'émerveilla de la beauté du jour. Le ciel était couleur lapis-lazuli, la lumière du matin citrine clair.

Quand elle s'arrêta sur le parking du quartier général, le cœur d'Alice se mit à battre plus fort. Elle respira lentement, essayant de se calmer.

« *Wiru mulapa mutuka pint-pinta* », murmura une voix mélodieuse à sa fenêtre.

« Pardon ? » Alice abrita ses yeux du soleil. Une femme se tenait à côté de son pick-up, vêtue de la même chemise qu'elle. Ses cheveux étaient serrés dans un foulard noir, rouge et jaune, sous un Akubra à large bord. Elle portait autour du cou un collier de graines brillantes écarlates. Son pantalon blanc était orné de perruches vertes, jaunes et bleues. L'ensemble offrait une vision si inattendue et joyeuse qu'Alice ne put refréner un grand sourire.

« Ruby », se présenta la femme. Alice descendit de voiture et lui serra la main. « Je disais seulement que j'aime bien ton pick-up aux papillons, dit Ruby.

– Oh », fit Alice en riant, songeant à tout ce que les autocollants sur les portières cachaient. « Merci, dit-elle.

– Je suis ranger senior ici, et c'est moi ton instructrice ce matin. Tu accompagneras d'autres rangers sur le terrain cet après-midi. »

Ruby se dirigea vers un pick-up du parc. « C'est toi qui conduis. » Elle jeta les clés à Alice.

« Oh, bien sûr. » Alice monta dans le pick-up et se pencha pour déverrouiller la portière du passager.

Ruby monta. « On prend la route de ceinture.

– Très bien. »

Le comportement de Ruby rappelait à Alice celui de Twig. Elle chercha quelque chose à dire, mais les mots restèrent collés à son palais, comme desséchés par la poussière.

« Je suis conseillère juridique, déclara Ruby au bout d'un moment. Je forme les nouveaux rangers comme toi. Je leur enseigne les histoires qui peuvent être racontées au public ici. Je suis aussi poète et peintre. Je suis présidente du Conseil des femmes du désert central, et je vis entre ici et Darwin. Ma famille…

– Le contraste doit être énorme », l'interrompit Alice, sautant sur l'occasion de participer à la conversation. « Passer d'ici à la ville. » Elle se tut, chercha à reprendre son souffle. « Ainsi vous êtes poète ? J'adore les livres. J'adore lire. J'ai toujours aimé écrire des histoires. Mais je n'ai pas beaucoup écrit depuis mon adolescence. » À sa propre consternation, l'excitation rendait Alice inhabituellement bavarde, elle n'arrivait pas à s'arrêter.

Ruby hocha la tête poliment, mais ne reprit pas la parole. Alice se mordit la lèvre. Elle n'aurait pas dû l'interrompre. Devait-elle s'excuser ? Essayer de changer de sujet ? Ruby attendait-elle qu'elle l'interroge sur Kililpitjara ? Que devrait-elle demander ? Y avait-il des questions qu'elle devait poser ?

Elle se concentra sur les changements de vitesse et s'efforça de ne pas aller trop vite. Comme elles approchaient du parking principal des visiteurs, la radio grésilla.

« Parc national dix-neuf, dix-neuf, ici sept-sept ; terminé. »

La voix de Dylan vibra en elle jusqu'au fond de ses os. Elle s'agrippa au volant. Ruby se pencha en avant et coupa la radio.

« Arrête-toi ici », dit-elle en désignant le parking. Le doute envahit l'esprit d'Alice. Cela se voyait donc tellement ? Ruby la croyait-elle plus intéressée par Dylan que par sa première journée de travail ? Est-ce que c'était le cas ? *Arrête,* se sermonna-t-elle.

Ruby descendit du pick-up. Alice la suivit. Au début du sentier, elle s'arrêta pour lire un ensemble de panneaux d'information. Ruby la rejoignit.

« Les touristes savent donc que le jardin du Cœur au centre du cratère est sacré et qu'il est interdit de cueillir les fleurs ? » demanda Alice.

Ruby hocha la tête. « C'est dans tous les guides, brochures et informations. Nous invitons les visiteurs à venir apprendre l'histoire de cet endroit, mais, pitié, qu'ils ne cueillent pas nos fleurs. »

Alice se souvint de la conversation qu'elle avait entendue le soir précédent. « Mais ils le font quand même ?

– Oui. Ils le font toujours », dit Ruby en s'éloignant, les mains derrière le dos.

Elles marchèrent en silence. Le chemin de terre rouge suivait l'extérieur du cratère, longeant des champs de spinifex, de buissons des émeus et de diverses graminées, traversant des bosquets de grands mimosas et de chênes du désert maigrelets. Au bout d'un moment, elles arrivèrent devant un immense rocher rouge qui montait la garde à l'entrée d'une petite grotte. Ruby le contourna et entra dans la grotte. Alice la suivit, accablée par la chaleur.

« Tu as du *kapi* ? » Ruby la regardait dans la pénombre, l'air interrogateur.

Alice resta interdite, plissant les yeux pour s'accommoder à l'obscurité.

« *Kapi*. De l'eau. »

Alice se décomposa en s'apercevant qu'elle avait laissé son sac à dos contenant eau et chapeau dans son pick-up au quartier général. Elle étouffa un juron et secoua la tête.

« À l'avenir, tu devras l'emporter partout avec toi. » Ruby secoua la tête et se tourna pour étudier le plafond de la grotte. Alice leva les yeux en mesurant sa propre stupidité. Il fallait être débile pour s'aventurer dans le désert sans eau !

Au bout d'un moment, elle retrouva son calme et se rendit compte que Ruby lui parlait à voix basse. Au-dessus de leur tête, tout autour d'elles, les parois étaient ornées des peintures ocre, blanches et rouges. Alice écouta Ruby lui expliquer les symboles que les femmes avaient peints des milliers d'années auparavant, racontant des histoires de pois du désert, de mères, d'enfants et d'étoiles.

« C'est sur cette terre que les femmes de ma famille ont toujours inscrit leurs histoires. Pour témoigner. Pour se lamenter. Pour honorer ceux qu'elles avaient aimé. C'est un lieu de tristesse. C'est pourquoi nous ne vivons pas ici. »

Alice s'approcha des peintures.

« La piste qui mène au cœur du Kililpitjara suit le sentier de cérémonie autour de Kututu Kaana, où les ma_lukur_u sortent du cœur de la mère étoile. » Ruby continua à voix basse : « Voilà pourquoi nous demandons aux gens de ne pas cueillir de fleurs. Chacune fait partie de ce cœur. »

Elles ne dirent plus un mot. Ruby inclina la tête en guise de conclusion, se tourna et sortit. Mais Alice s'attarda, fascinée par cet art pariétal, et se félicitant de l'heureuse coïncidence qui lui avait permis de rencontrer Sarah à Agnes Bluff.

Après avoir rattrapé Ruby, Alice se demanda à quoi ressemblait sa vie, consacrée à sauvegarder un lieu et son histoire, lesquels avaient été primordiaux pour la culture de sa famille du plus loin que quiconque se souvienne. Où trouvait-elle la force de continuer à se battre ? Et qui étaient ces gens qui voulaient ignorer les traditions de sa famille et de ce lieu, et cueillaient les pois du désert, arrachant des morceaux du cœur de la mère étoile ? Il y avait des panneaux partout autour d'eux. Personne ne pouvait invoquer l'ignorance.

Alice suivait Ruby en silence, laissant ses questions sans réponse.

Le sentier rejoignait la route de ceinture en un point appelé Kututu Puli, où un banc à côté d'un réservoir d'eau offrait une vision rapprochée de la paroi du cratère qui jaillissait littéralement du sol : une cascade de roches rouges et de blocs rocheux couverts de lichens argentés et vert menthe. Alice resta figée, fascinée. Puis elle se souvint du réservoir d'eau et se précipita, buvant tout son content.

« On a toujours soif ici, dit Ruby. C'est là que le cœur de Ngunytju a pris feu ct brûlé en touchant la terre. Et ces rochers sont des morceaux de son cœur en flammes. Les lichens sont la fumée qui s'élève encore au-dessus des braises, ils tachent la paroi du cratère. »

Alice ne put regarder Ruby, de peur qu'elle voie les larmes qui montaient à ses yeux. Elle se sentait minable.

« Tu habites aussi à Parksville ? » demanda-t-elle, sortant la première chose qui lui venait à l'esprit. Pourquoi ne posait-elle pas plus de questions sur l'histoire du cratère, qu'elle devait connaître pour son travail, et qui était la raison de sa présence ici ? Elle se maudit intérieurement.

« *Uwa*, oui, répondit Ruby. Mais seulement quand je suis ici pour la formation. Je viens pour vous apprendre notre culture. Comme je te l'ai dit, ma famille n'habite pas ici. C'est un endroit triste. Pas un endroit pour vivre. » Ruby secoua la poussière de ses mains. « Tu as toujours envie de continuer ?

– Oui. » Alice brûlait d'envie de demander pourquoi eux habitaient là, si ce n'était pas un endroit pour vivre.

En silence, elles firent le reste du circuit autour du cratère. Elles croisèrent un important groupe de touristes qui regagnait le parking principal. Alice leur adressa un regard soupçonneux ; l'un d'entre eux avait-il cueilli des pois du désert ? Des hirondelles décrivaient des arabesques dans le ciel en chantant. Le soleil traversait la cime des eucalyptus, déposant sur le sol des flaques de lumière. Finalement, le sentier sortit de l'ombre et suivit le flanc du cratère, ce même sentier qu'Alice avait découvert le matin même avec Pip. Elle s'abrita le visage de la main pour ne pas être éblouie. On n'était pas encore au milieu de la matinée, mais, sous les rayons directs du soleil, elle avait l'impression que la température approchait quarante degrés.

Sur la plateforme du belvédère, Ruby s'assit pour reprendre sa respiration. Alice en fit autant, observant le cœur des pois du désert.

« *Kungka*, je vais te raconter toute l'histoire de cet endroit, commença Ruby.

– Oh, oui, enchaîna Alice. Je l'ai lue sur l'Internet. Le cœur de la mère qui est tombé ici, après que son bébé se fut écrasé sur la Terre, créant un autre cratère non loin. » Elle parlait comme un robinet.

Cette fois, Ruby ne la regarda même pas. Elle serra les mâchoires, se leva et quitta la plateforme, prenant le sentier qui descendait dans le cratère.

Désemparée, Alice la regarda partir, sidérée par sa propre stupidité. *Vas-tu la fermer !* hurla-t-elle intérieurement. Elle voulait à tout prix impressionner Ruby et elle gâchait tout à force de discourir nerveusement.

Elle se prit la tête dans les mains. Elle n'avait jamais participé à un entretien d'embauche ni à une session d'orientation, elle n'avait jamais suivi une formation comme celle-ci. Elle ne s'était jamais éloignée du regard protecteur de June. C'était sa première véritable chance de faire quelque chose d'elle-même, par elle-même. Et elle foutait tout en l'air royalement.

À cœur vaillant, rien d'impossible.

Elle se redressa. Ajusta son uniforme, l'air résolu, et descendit à la suite de Ruby dans le Kuṯuṯu Kaana.

La température à l'intérieur du cratère était suffocante. Des vagues de chaleur montaient de la terre. Des oiseaux verts passaient en escadrille au-dessus d'elles.

« Ces tjulpus, dit Ruby en riant, gesticulant en direction des oiseaux. Quels casse-pieds. »

En s'approchant des fleurs, Ruby les désigna d'un geste, s'apprêtant à parler. Cette fois, Alice n'intervint pas.

« Les *mingas*, les étrangers, viennent pour l'histoire, mais quand ils arrivent ici, ils ont les oreilles bouchées. Ils veulent la connaître, pourtant ils ne l'écoutent pas. Ils l'entendent que s'ils en emportent un morceau avec eux. » La voix de Ruby était triste, mais ferme. « Il y a tellement de gens qui vont et viennent sur le sentier, qu'ils mettent en danger les racines. Les fleurs, les mal̲ukur̲u, sont résistantes. Elles poussent ici depuis des milliers d'années. Mais leurs racines sont fragiles, et si on descend dans le cratère et qu'on les maltraite, toutes les plantes vont mourir. C'est vrai. Nous demandons aux gens de ne pas y aller, mais ils y vont quand même. À l'intérieur du cercle. Pour cueillir des fleurs. Pour emporter un morceau du cœur de Ngunytju chez eux. Ils détériorent les racines. Ces racines s'étiolent, et nous tombons tous malades. »

Alice resta silencieuse, attendant un moment avant de parler. « Le pourridié, dit-elle. Les pois du désert de Sturt sont sujets à la pourriture de la racine. Si leurs racines sont endommagées, ils en mourront plus vite que de sécheresse. »

Le visage de Ruby afficha un mélange de surprise et d'admiration. « Dis donc, fit-elle en donnant un coup de coude à Alice. Tu es un peu *ninti pul̲ka* avec nos fleurs du cœur, pas vrai, *kungka* ? » Elle sourit. « Tu es maligne, hein ? »

Alice poussa un long soupir, relâchant ses épaules contractées.

« Tu es OK, *kungka*, dit Ruby avec un petit rire en repoussant une pierre du pied. Tu as juste besoin de te taire de temps en temps et d'ouvrir un peu plus tes oreilles. Calme ces pensées dans ta tête qui sont comme des tjulpus effrontés, dit-elle en montrant les perruches qui décoraient son pantalon, et tu comprendras l'histoire de cet endroit. »

Alice hocha la tête, incapable de la regarder en face.

Ruby tira Alice par la manche. « Écoute, quand tu portes notre drapeau sur la manche – elle indiqua les badges qui ornaient la chemise d'Alice –, tu as la responsabilité de raconter la véritable histoire, l'histoire de ce lieu, à tous les *mingas* qui viennent du monde entier. » Une bouffée de vent chaud les enveloppa, agitant avec un bruissement le cercle de pois du désert. « C'est un endroit désolé. Un lieu sacré, consacré à l'amour, la tristesse, le repos et la paix. Cette terre a recueilli des histoires rituelles de femmes pendant des millénaires. Celles de mes ancêtres qui ont pris soin de leurs enfants et de cette terre, pendant que la terre prenait soin d'eux. Ces fleurs, les malukuru, maintiennent leurs histoires en vie. Nous devons travailler ensemble à les protéger. C'est aussi ta mission maintenant, *Palya, Kungka Pinta-Pinta* ? »

Alice la regarda d'un air interrogateur.

« D'accord, la Fille Papillon ? » traduisit Ruby en souriant.

Qui aimerais-tu être quand tu seras grande, mon lapin ? La mère d'Alice était dans son jardin de fougères, un pot d'engrais dans les mains. Son visage était masqué par son chapeau de jardinage. Alice n'avait pas eu besoin de réfléchir longuement. *Un papillon, ou un écrivain*, avait-elle répondu en souriant. Tout ce qui lui permettrait d'être près du jardin de sa mère ou d'un livre.

« *Palya, Kungka Pinta-Pinta ?* demanda à nouveau Ruby.

– *Palya* », répondit Alice.

Ruby hocha la tête l'air satisfait et se dirigea, les mains derrière le dos, vers le chemin qui faisait le tour des fleurs et sortait du cratère. Alice s'attarda, jetant un dernier regard aux pois du désert, avant de s'éloigner à son tour.

Après avoir déjeuné d'un sandwich et d'un jus de fruits au café du centre des visiteurs, Ruby prit Alice à part. Elle avait une expression étrange. « Avant que tu ailles sur le terrain cet après-midi, il y a quelque chose que je veux te montrer. »

Alice la suivit en haut d'un escalier qui menait à une sorte de réserve sous le toit du centre. La pièce était exiguë et étouffante, remplie de rayonnages chargés de grandes boîtes en plastique. Ruby en prit une. Elle en souleva le couvercle et fit signe à Alice de venir regarder à l'intérieur. Elle était bourrée de lettres, certaines imprimées, d'autres écrites à la main. Dans chacune d'elles se trouvait un pois du désert pressé entre les feuillets.

« Les fleurs du pardon, dit Ruby. Elles viennent de gens qui les ont cueillies comme souvenirs, les ont emportées chez eux et ont fini par croire que la malchance qui les a frappés dans la vie était une malédiction pour avoir ignoré notre culture. » Elle montra les rayons dans son dos, remplis de boîtes similaires.

Alice se pencha sur la boîte ouverte.

« Vas-y. »

Fouillant parmi les lettres, Alice s'étonna du nombre de fleurs que les gens avaient cueillies et renvoyées. Des enveloppes provenant des quatre coins du monde contenaient des lettres priant qu'on leur pardonne, implorant qu'on les délivre de la « malédiction ». Une lettre manuscrite attira particulièrement son attention. Quand elle l'ouvrit, un pois du désert desséché atterrit dans sa paume. Elle lut à voix haute.

« Mon mari est tombé malade après que nous avons quitté Kililpitjara. Quand nous sommes arrivés chez nous en Italie, nous avons découvert qu'il avait un cancer. Quelques jours plus tard, le bus dans lequel se trouvait notre fils a eu un accident. Puis notre maison a été inondée. Veuillez accepter nos excuses de ne pas avoir respecté votre magnifique pays durant notre visite. Je vous en prie, délivrez-nous d'autres tragédies. Nous sommes tellement désolés d'avoir cueilli ces fleurs dans le cratère et pris ce qui ne nous appartenait pas. » Alice oscilla sur les talons, incrédule. « Elles sont toutes pareilles ? Demandant pardon et d'être libérés de la "malédiction" ? »

Ruby hocha la tête. « La "malédiction", un mythe qui s'est répandu dans le monde entier depuis que les *mingas* sont venus ici.

– Mais... Ce n'est pas vrai, n'est-ce pas ?

– Non ! dit Ruby. Ce n'est pas vrai. Juste le poids du remords dans l'esprit de ceux qui se sentent coupables. »

Alice laissa errer ses pensées, se rappelant la confession confuse de June le soir où elle avait quitté Thornfield. « Nous ne pouvons pas ignorer le mal que nous avons fait, dit Alice. Même si nous tentons de l'enfouir au plus profond de nous-mêmes. » Consciente que Ruby l'observait avec attention, Alice remit la lettre dans la boîte et se frotta les mains. « Est-ce qu'on leur répond parfois ? Est-ce qu'on leur dit que la "malédiction" est une invention et qu'elle n'a rien à voir avec votre culture ?

– Bah ! fit Ruby sèchement. J'ai mieux à faire que de courir après les *mingas* et de faire le boulot à leur place, leur expliquer ce qu'ils auraient dû voir et écouter quand ils étaient là.

– Je n'arrive pas à croire qu'il y en ait autant, dit Alice, feuilletant à nouveau les enveloppes.

– C'est pourquoi nous sommes tellement inquiets pour l'avenir des ma_lukur_u. Et pire, il y a encore davantage d'histoires conservées au QG. On a organisé des réunions pour décider quoi en faire. Il y a un ou deux chercheurs de l'université qui souhaiteraient établir le catalogue de toutes ces histoires. Mais il faudra qu'ils fassent vite. On va finir par manquer de place pour les entreposer. »

Une conversation avec sa mère revint à l'esprit d'Alice. *Le feu pouvait être un sortilège qui avait le pouvoir de transformer les choses.*

« On pourrait peut-être les brûler », laissa-t-elle échapper.

Ruby la considéra avec intérêt. « Peut-être », dit-elle.

Lorsque Alice rentra chez elle ce soir-là, elle pouvait à peine garder les yeux ouverts. Elle franchit sa porte d'un pas las, mit en marche la climatisation et resta sous la douche froide, à regarder l'eau se teinter de rouge en se mêlant à la terre.

Elle avait travaillé avec Lulu après le déjeuner. *Ruby t'a montré les fleurs du pardon ?* Alice avait fait signe que oui. *Eh bien, tu as sans doute fait les choses comme il fallait,* chica. *Ruby ne montre ces fleurs à personne, à moins d'être dans ses petits papiers.*

Debout sous la douche, se répétant les mots de Lulu, Alice rougit de plaisir. Elle s'était comportée comme il le fallait.

Elle partagea ensuite avec Pip un burger végétarien qu'elle avait rapporté du café et s'écroula dans son lit avant que la nuit soit tombée. L'air chaud charriait l'odeur capiteuse de la terre brûlée par le soleil et l'agréable conclusion de sa première journée.

Ses rêves furent emplis d'images de June. Chaque fois que sa grand-mère ouvrait la bouche pour parler à Alice, un torrent de fleurs brunes desséchées s'en échappait.

Ruby était dans son patio au coucher du soleil, regardant des arcs-en-ciel se former dans le filet d'eau pendant qu'elle arrosait ses plantes en pot. L'odeur minérale de la terre chaude et humide lui rappela immédiatement le souvenir de sa mère et de ses tantes, comme une chanson. Dans le ciel s'étalait une palette d'argile rose, d'ocre et de pierre grise. Les trois chiens de Ruby se coursaient le long de la clôture à l'arrière de la maison, les oreilles rabattues d'excitation. La partie la plus douce de la journée était toujours celle où ils étaient le plus joyeux.

Après avoir accroché le tuyau d'arrosage, elle emporta la hache dans le jardin et coupa quelques branches de wanaṟi. Le wanaṟi était le meilleur bois pour faire la cuisine, celui qui donnait les flammes les plus ardentes. Elle entassa le bois dans le trou à cet effet, suçant le sang de son doigt piqué par une écharde. Après avoir ratissé des aiguilles de chêne du désert, de petites brindilles et des morceaux de bois, elle en garnit les interstices entre les branches. Elle gratta quelques allumettes et le feu se mit à ronfler.

Ruby s'assit sur un rondin avec son stylo et son carnet, et détendit ses épaules. Une fois confortablement installée, elle ferma les yeux. Elle sentait le poids de sa famille absente tout autour d'elle. Depuis sa petite enfance, après qu'elle avait été enlevée à sa mère, la vraie constante de sa vie avait été le manque de famille. C'était comme une sorte d'invisibilité visible ; tous ceux que Ruby pouvait voir, c'étaient ceux qui n'étaient pas là.

Pendant que son dîner cuisait dans une poêle au-dessus du feu, le ciel commença à s'assombrir. Ruby dévissa le bouchon de son stylo et ouvrit son carnet.

Elle contempla les flammes. Elle attendit.

Les étoiles tournoyaient, les chiens somnolaient, et la brise chaude du désert soufflait. Elle attendit.

Le nouveau poème descendit des étoiles, la cherchant comme le faisaient la plupart de ses poèmes. Il roula par-dessus les dunes de sable et voltigea à travers le pays de sa mère, apportant terre, fumée, amour et chagrin.

Ce sont les graines qui nous lient
Et portées par le vent nous séparent
Le vent vient-il des origines
Du père ou de la mère
Mes origines iront-elles au gré du vent

Ou resteront-elles au loin si je pars
Le vent retiendra-t-il son souffle
Resterai-je ici pour mourir loin de chez moi

Ruby reposa son stylo et se frotta les mains. Elles tremblaient, comme chaque fois que ses ancêtres lui offraient un poème. Au bout d'un moment, elle le reprit et écrivit *Graines* en haut de la page.

Elle assaisonna et retourna son steak de *malu*[1], puis ajouta un morceau de beurre à l'ail sur ses pommes de terre. Elle se rassit et regarda les flammes danser. Des volutes de fumée s'enroulaient dans le ciel.

En attaquant son dîner, Ruby repensa aux fleurs du pardon qu'elle avait montrées à Alice. Ruby avait vu plus de visiteurs venir à Kililpitjara et en repartir qu'elle n'avait écrit de poèmes. Elle n'avait aucun mal à distinguer les touristes perdus et désœuvrés de ceux qui cherchaient sincèrement à comprendre. Quand Sarah avait installé Alice, pâle et tremblante, dans son logement de fonction, Ruby ne s'y était pas intéressée plus que ça. Mais la matinée qu'elles avaient passée ensemble l'avait fait changer d'avis. Il y avait chez Alice Hart le genre de détermination qu'un survivant décèle chez un autre survivant. Ruby ignorait ce qu'Alice était venue chercher, mais c'était une quête qui brûlait en elle, enflammait son regard.

---

1. « Kangourou ».

22

Spinifex

Signification : **plaisirs dangereux**
Triodia / Australie centrale

Le tjanpi (Pit.) est une herbe résistante aux feuilles pointues et piquantes qui couvre une grande partie des terres de sable rouge de l'intérieur de l'Australie, prospérant sur les sols les plus pauvres, les plus arides que peut offrir le désert. Ses racines en touffes plongent très profondément dans la terre, parfois jusqu'à trois mètres. Certaines variétés sont utilisées par les Anangu pour fabriquer une résine adhésive.

Alice se lança littéralement dans sa nouvelle vie au Kililpitjara. Elle continua sa formation avec Ruby, étudia l'histoire et les légendes du pays, et devint inséparable de Lulu, travaillant dans la même équipe pendant dix jours d'affilée suivis de quatre jours de repos. Elle écoutait attentivement et apprenait vite auprès des deux femmes. D'une voix assurée, elle guidait les touristes dans le cratère, leur racontait comment il s'était formé et les invitait à protéger le jardin du Cœur. Elle était toujours émue de les voir attentifs à ce qu'elle leur disait. Durant les semaines qui suivirent, aucune des personnes qu'elle avait accompagnées ne cueillit une seule fleur.

Après son travail, quand la température fraîchissait, Alice et Lulu avaient coutume de se promener dans les chemins pare-feu, ou de flâner dans le patio de l'une ou de l'autre, dégustant le chocolat au chili de Lulu accompagné d'une tasse de café noir. Sous un ciel d'améthyste, Lulu racontait à Alice des histoires de sa grand-mère, une femme qui avait des bagues turquoise à chaque doigt et une chevelure si épaisse qu'elle cassait les peignes en deux en tentant de la domestiquer. *Et toi, Alice ? Parle-moi de ta famille.* Alice avait trop peur de lui dire la vérité. Un flot d'anecdotes sortait alors de sa bouche, sur son père et sa mère, ses sept frères, les jeux auxquels ils jouaient en grandissant, les aventures qu'ils avaient vécues ensemble, sur leur famille heureuse au bord de la mer. Ces histoires lui venaient si facilement qu'elle n'avait même pas l'impression de mentir. Elles étaient à ses yeux aussi vraies que si elles étaient réelles ; elles étaient le monde dans lequel elle avait grandi, né des pages de ses livres.

Tard dans la nuit, quand elle était seule, Alice travaillait à ses carnets de fleurs. Ils étaient devenus sa consolation et son réconfort, avec ses collections de fleurs aplaties et séchées, ses dessins, ses récits. Ses souvenirs d'enfance, de solitude et de désarroi ; sa vie sans sa mère, pleine de ressentiment, de chagrin, de peur et de culpabilité. Ses rêves jamais réalisés. Son repentir. Son désir d'amour.

Au bout de quelques mois, Alice se sentit plus à l'aise. Elle connaissait tout le monde par son nom dans le parc et avait mémorisé les informations essentielles : les jours de livraison des vivres par camion, le nombre d'allers-retours entre Parksville et le centre touristique avec son pick-up avant que la jauge se mette à clignoter. Kililpitjara devint un refuge, un endroit où elle se sentait en sécurité. Où elle n'avait pas de passé. Personne ne savait rien de sa vie au milieu des cannes à sucre ou des fleurs. Dans le désert, elle pouvait simplement exister. Son travail la laissait toute courbatue, avec des ampoules aux mains et une fatigue physique si grande qu'elle ne rêvait plus d'incendie. Elle était fascinée par le désert : ses couleurs, son immensité, sa beauté étrange et stupéfiante. Quand elle ne participait pas à la patrouille du lever du soleil, Alice montait avec Pip jusqu'au belvédère. Les larmes lui venaient toujours aux yeux à la vue des pois du désert : elle avait besoin d'eux pour garder son équilibre, pour rester entière. Bien qu'elle ait appris à Pip à obéir à certains gestes comme le faisait Harry, elle n'avait pas de raison de les utiliser. Elle n'avait pas eu d'autres évanouissements. Son cœur ne s'affolait que lorsqu'elle se trouvait en présence de Dylan Rivers.

Un après-midi, à la fin de leur roulement de dix jours, Alice et Lulu étaient dans la cour du dépôt en train de laver leurs pick-up de service. Elles avaient mis la musique à fond et faisaient des plans pour leurs quatre jours de congé quand la voiture de Dylan franchit la grille de sécurité. Alice remit ses lunettes de soleil.

« Salut les filles, dit-il en s'approchant d'elles. Comment va ? »

Alice lui adressa un signe de tête. Un petit sourire, incapable de parler. Lulu lui jeta un coup d'œil avant de répondre d'un ton froid. « C'est notre dixième jour, donc tout va bien.

– Veinardes, dit-il. J'en suis qu'à la moitié. » Il ne quittait pas Alice des yeux. Son regard insistant la mettait mal à l'aise ; elle avait l'impression qu'il pouvait lire en elle, voir de quoi était fait son cœur : de sel, de fleurs indigènes, d'histoires et d'un désir sans espoir pour lui. Quand Lulu lui avait dit qu'il avait une petite amie, Julie, une guide touristique qui n'habitait pas en ville, Alice en avait été malade.

« Vous avez des projets pour vos jours de congé ? »

Elle pouvait sentir l'odeur de sa peau, de son eau de Cologne, fraîche et sucrée, qui lui rappelait un parfum de frondaison. Elle aurait voulu courir vers lui, monter dans son pick-up et partir, traverser autant d'aubes et de crépuscules qu'il le faudrait pour atteindre la côte ouest, pour passer de la dune rouge au sable blanc et tout recommencer au bord de la mer turquoise. Elle était douée pour les recommencements.

« Bien sûr, hein, Alice ? » L'interrogation de Lulu interrompit sa rêverie. Sans même savoir de quoi il s'agissait, Alice hocha la tête et sourit d'un air vague.

« Cool. Bon, j'y vais. Bonne journée. » En partant, Dylan agita lentement la main. Il avait des bagues d'argent aux doigts et des lanières de cuir autour du poignet.

« Fais gaffe, dit Lulu, d'une voix grave et sérieuse. C'est compliqué. Il n'y a que des coups à prendre. Fais gaffe. »

Alice détourna la tête. Du coin de l'œil, elle observa Dylan de profil au moment où il passait devant elles et sortait du dépôt. Les feux rouges de son pick-up percèrent la pénombre.

« Il est super comme collègue, *chica*, l'avertit Lulu. Mais pas davantage. Tu ne serais pas plus en sécurité que la petite fille du conte de fées qui s'aventure dans la forêt. »

Alice était contente du peu de lumière qui régnait autour d'elles, espérant dissimuler ainsi l'expression de son visage. Lulu trempa son éponge dans le seau d'eau savonneuse et se mit à nettoyer le pare-brise.

« Tu as couché avec lui, hein ? » demanda calmement Alice.

Lulu la regarda, puis détourna les yeux. « Je veux simplement t'éviter de souffrir. »

Alice avait la tête qui tournait. Elle ne supportait pas la pensée qu'ils aient été ensemble, elle refusait de l'imaginer avec une autre qu'elle.

Lulu essuya le pare-brise et plongea à nouveau l'éponge dans le seau, soupirant. « J'ignore ce que tu as laissé derrière toi, mais je sais que tu es venue ici pour te reconstruire, dit-elle. Alors fais-le, *chica*. Tu passes ton temps à dire à quel point tu aimes ma maison et que tu aimerais que la tienne lui ressemble, mais tu continues à vivre comme une nonne. Occupe-toi de la décorer. De l'embellir. Pars à l'aventure pendant les week-ends, explore. Il y a d'autres choses par ici que le cratère. Par exemple, il y a un canyon non loin d'ici qu'il faut voir au coucher du soleil. Alors, vis. Je t'en prie. Vis ta vie ici. » Lulu pointa du doigt son cœur. « Ne donne pas le meilleur de toi-même à quelqu'un qui n'en vaut pas la peine. »

Alice en avait marre. Elle n'avait parlé à personne de ce qu'elle avait laissé derrière elle et pourtant Lulu l'avait percée à jour.

Après avoir mis de l'ordre dans le dépôt, elles rentrèrent chez elles, roulant face à un crépuscule qui semblait peint à l'aquarelle. « Tu veux venir dîner ? demanda Lulu avec un enthousiasme un peu forcé. J'ai fait des enchiladas au fromage. Avec du guacamole. »

Alice grommela : « Non, je n'ai pas faim. Vraiment pas. »

Quand elles s'arrêtèrent dans l'allée de Lulu, la conversation qu'elle venait d'avoir avec son amie continua à la travailler. Elle rit aux plaisanteries de Lulu, mais ne cessait de se demander si Dylan et elle avaient couché ensemble. Pourquoi ne lui avait-elle pas répondu franchement ?

Plus tard, au moment de se mettre au lit, elle se persuada qu'elle ferait mieux de laisser tomber. Comme Lulu l'avait fait remarquer, elle s'était plutôt montrée discrète sur sa propre vie avant son arrivée dans le désert. Elle savait aussi bien que quiconque qu'il valait mieux que certaines histoires restent non dites.

Alice s'efforça de mettre en pratique les conseils de Lulu. Elle se rendit au magasin le jour de la livraison par camion et remplit un caddy de plantes, d'un hamac, d'une boîte de guirlandes lumineuses et de plusieurs lampes de jardin à éclairage solaire. Dans l'atelier du parc, elle récupéra des caisses de bois et des restes de peinture. Elle peignit les caisses en vert, les retourna et les utilisa pour y poser les pots de fleurs. Elle enfonça profondément les lampes dans la terre rouge de son jardin, suspendit son hamac et accrocha la guirlande lumineuse aux poutres du patio à l'arrière de la maison. Elle amassa divers objets, comme un oiseau fait son nid, et se dit que tout ça ne pourrait que lui faire du bien.

Elle passa des heures à faire du shopping sur Internet et acheta toute une panoplie de linge de maison orné de papillons monarques : des draps, une couette, un rideau de douche et une nappe. Elle découvrit un site d'aromathérapie et acheta un brûleur, une provision d'un an de bougies et un mélange d'huiles essentielles. Un soir, elle contempla sa bibliothèque, vide à l'exception de son carnet de notes d'Agnes Bluff, et commanda en ligne tous les livres que son bulletin de salaire lui permettait d'acquérir. Le jour où les cartons arrivèrent, elle les déballa et plaça les livres sur les rayons aussi délicatement que s'il s'agissait de jeunes plantes. En particulier les histoires de selkies.

Comme il avait des horaires et jours de travail inverses des siens, Alice n'avait aucune raison de rencontrer Dylan. Si, par hasard, ils se croisaient sur la route ou dans la cour de l'entrepôt, elle baissait la tête. Pour s'occuper, elle allait promener Pip autour du cratère quand elle ne faisait pas partie de la patrouille du soir. Elle montait avec elle jusqu'à Kuṯuṯu Puḻi pour voir le coucher de soleil sur les rochers rouges couverts de lichens. À force de travailler et de marcher, elle parviendrait peut-être à éteindre la brûlure de l'amour dans ses veines. Ses sentiments pour Dylan n'étaient peut-être en fait qu'une fièvre. Peut-être pourrait-elle la faire tomber.

Alors qu'elle avait un jour de repos, Alice errait sans but dans sa maison. Lulu et Aiden travaillaient. Ruby n'était pas chez elle. Alice avait accompli ses marches quotidiennes du matin et de l'après-midi, fait le ménage, un saut en ville pour acheter à Pip un nouveau jouet pour faire ses dents. Vers six heures du soir, il faisait déjà assez sombre pour qu'elle allume ses guirlandes et, après avoir résisté toute la journée, s'autorise à penser à Dylan.

Elle sortit dans le jardin noyé d'une lueur mauve. Depuis le premier jour, où elle avait allumé ses guirlandes, les petites ampoules étaient devenues les minuscules clignotants secrets de son cœur. Quand elle les regardait scintiller depuis son lit, elle était consumée par l'espoir que ces fragiles lumières accrochées dans l'obscurité parviendraient jusqu'à lui par-delà la dune, lui transmettraient tout ce qu'elle ne pouvait dire.

Une série de coups frappés à sa porte la fit sursauter. Pip huma l'air, aboya.

« J'arrive », cria Alice, se hâtant à travers la maison. Se pouvait-il que ce soit lui ? Elle ouvrit la porte.

« Heureuse pendaison de crémaillère ! clamèrent Lulu et Aiden à l'unisson.

– Oh, c'est vous ! » s'exclama-t-elle avec un grand sourire, cachant sa profonde déception.

Lulu portait en équilibre sur un bras un plat de tacos débordant de fromage fondant et couronnés de guacamole. De l'autre, elle tenait avec précaution le vase aux couleurs éclatantes qu'Alice avait souvent admiré chez elle, empli de roses du désert fraîchement cueillies. Alice se souvint de l'annotation manuscrite dans le *Dictionnaire de Thornfield* : *paix*. Aiden portait la gravure de Frida Kahlo qui attirait toujours le regard d'Alice dans leur maison, et six bouteilles de Corona.

« Pour toi, *chica* », dit Lulu avec un large sourire, tandis que Aiden et elle lui offraient leurs cadeaux. « On t'a vue te donner tout ce mal pour embellir ta maison, et on veut fêter ça avec toi. »

Incapable de parler, Alice parvint à souffler d'une voix rauque : « Entrez, entrez, envahisseurs chéris. » Elle renifla, émue, s'écartant pour les laisser passer. Comme elle allait refermer la porte, Pip poussa un jappement. « Quoi encore ? » demanda Alice. Elle jappa encore plus fort. Pendant un instant, Alice fut submergée d'un fol espoir. Mais, quand elle regarda dehors, ce fut Ruby qui apparut dans la lumière.

« Il faut que tu répares ta lampe à l'entrée, *Pinta-Pinta* ! dit Ruby, apportant une fraîche odeur de pain chaud à l'ail. C'est moi qui l'ai cuit. » Elle le tendit à Alice avec un hochement de tête et alla s'asseoir avec les autres à la table. Alice emporta le pain et les tacos de Lulu dans la cuisine, s'efforçant de sourire, ravalant ses larmes parce que ses merveilleux amis, venus frapper à sa porte, n'étaient pas Dylan. Elle s'affaira, leur servit à boire et dressa les assiettes, pleine d'une profonde gratitude et d'un sentiment de stupidité encore plus profond.

Après cette pendaison de crémaillère improvisée, la détermination d'Alice commença à faiblir. Elle refusait d'admettre qu'elle faisait des détours en chemin pour apercevoir son pick-up ou entendre sa voix sur le système de sonorisation du parc. C'était une soif comme elle n'en avait jamais connu. Elle se mit à renoncer à ses après-midi avec Ruby ou à mentir à Lulu en prétendant qu'elle avait besoin d'être seule. *Il se passe quelque chose,* chica. *Je le sens*, lui dit Lulu. Alice ne répondit pas.

Longtemps, elle s'était persuadée que ses promenades de l'après-midi n'avaient rien à voir avec lui. Chaque fois qu'Alice parcourait le sentier de terre rouge qui faisait le tour du cratère, elle niait qu'elle était poussée par une seule chose : le moment où à un détour, près des eucalyptus tordus, elle apercevrait le visage de Dylan. Elle voulait ignorer qu'elle choisissait délibérément l'heure de ses sorties de manière à tomber « par hasard » sur lui au coucher du soleil à Kuṯuṯu Puḻi. Il captivait l'attention des touristes de l'après-midi en leur racontant l'histoire du Kililpatjara, mais il levait toujours les yeux au moment où elle passait ; elle était électrisée de sentir son regard s'attarder sur son corps.

Ainsi se poursuivait leur comédie, jour après jour. Elle entamait sa marche, réglant au mieux son allure en fonction du temps que devait prendre la dernière patrouille de Dylan autour du cratère. Si elle pensait devoir ralentir, elle marchait d'un pas tranquille à l'ombre des mulgas, qui déployaient au-dessus du sentier leurs branches entremêlées. Ou bien elle prenait le temps de cueillir une poignée de fleurs sauvages du désert pour les presser plus tard dans son carnet de notes. S'il lui paraissait utile d'accélérer, elle partait au petit trot. Elle ne s'arrêtait pas pour profiter de la lumière ou du chant des oiseaux, ou pour respirer l'odeur de la terre chaude au moment où la journée devenait plus fraîche. Elle ne s'arrêtait pas pour admirer l'allée de mulgas ou penser aux fleurs sauvages. Un seul sujet occupait son esprit. Lui ; uniquement lui.

À Kuṯuṯu Puḻi, elle emplissait sa gourde d'eau. Elle s'asseyait toujours sur le côté du réservoir, face au soleil couchant. Elle savait que ses jambes et ses pieds étaient visibles depuis la route. C'était à lui de décider, s'il avait envie de lui parler. Elle contemplait le ciel ocre pendant qu'elle attendait.

Il viendra.

Le frisson qui la saisissait quand elle entendait le crissement de ses pneus sur le gravier était toujours aussi intense.

Il coupait le moteur. La portière s'ouvrait.

Il était là.

Si quelqu'un les avait observés, il n'aurait vu que deux amis tombant l'un sur l'autre par hasard. Chaque jour de la semaine.

« Bonjour, disait-il en souriant.

– Bonjour, répondait-elle, se montrant à peine étonnée à sa vue, n'ayant jamais besoin de forcer un chaleureux sourire.

Comme le soleil disparaissait, tous deux restaient assis à parler, prenant leur temps pour dévoiler avec prudence certains aspects d'eux-mêmes : ils ne parlaient jamais de la vie qu'elle avait eue avant d'arriver à Kililpitjara, ni de qui elle avait fréquenté. Ils bavardaient d'autres choses, chacun livrant à l'autre ses plus aimables demi-vérités.

« Est-ce que tu es jamais allée sur la côte ouest ? » demanda-t-il un jour, sans la regarder.

Avait-il lu ses pensées et ses rêves éveillés ? Elle détournait les yeux. « Pas encore », dit-elle d'un ton léger, chassant les mouches, regardant dans la même direction que lui, fixant les touffes de spinifex scintillantes de soleil. « Mais j'aimerais bien. Voir l'endroit où la terre rouge rencontre le sable blanc et l'océan turquoise. »

Il riait. « Alors, pourquoi restons-nous à traîner par ici ? »

Elle lui souriait. Des papillons jaunes virevoltaient au-dessus de l'herbe, ivres dans la lumière orange. Les lichens devenaient noirs dans l'ombre, et la paroi du cratère réfléchissait le flamboiement du couchant.

Bien que sa présence apaise les souvenirs douloureux qu'elle voulait oublier, la vie qu'Alice avait laissée derrière elle se glissait dans son cœur comme une plante grimpante, vrille après vrille, feuille après feuille. Alors qu'ils étaient en pleine conversation, elle se rendit compte que, dans sa tête, elle arrangeait des bouquets pour lui qui exprimaient silencieusement ses désirs les plus profonds de la seule manière qu'elle connaisse : grâce au langage muet des fleurs sauvages d'Australie.

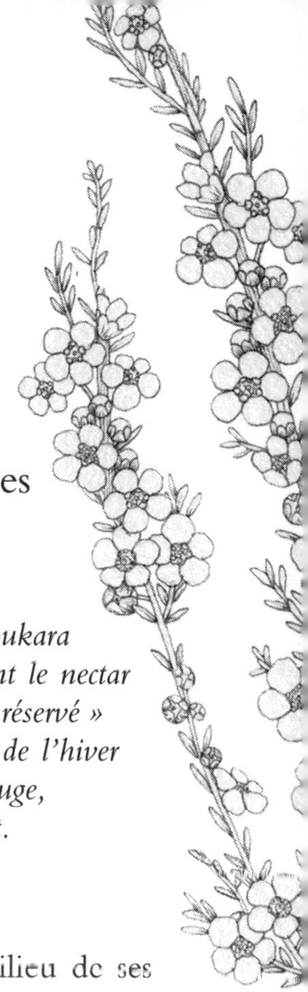

23

Myrte du désert

Signification : **flamme, je brûle**
Thryptomene maisonneuvii / Territoires du Nord

Traditionnellement, les femmes Anangu pilaient le pukara (Pit.) dans un bol de bois pour recueillir la rosée contenant le nectar de ses fleurs. Thryptomene, *dérivé du grec, signifie « réservé » ou « prude » ; cet arbuste d'apparence modeste se couvre de l'hiver au printemps de petites fleurs blanches au centre rouge, qui fleurissent comme si elles révélaient un secret.*

Le vingt-septième anniversaire d'Alice tombait au milieu de ses quatre jours de repos. Elle n'en avait parlé à personne, pas même à Lulu.

Elle était dans son lit à contempler le ciel d'hiver et s'amusait à en nommer les couleurs changeantes – bleu clair, lilas, pêche, rose champagne – avant que le soleil se lève et éclaire la terre rouge. Elle avait pris l'habitude de laisser ses guirlandes allumées jour et nuit. Elle songea aux commérages qu'elle avait entendus au restaurant du personnel : Dylan avait demandé un congé pour aller rendre visite à sa petite amie Julie. Elle avait accusé le coup, plus particulièrement parce que Dylan était venu la veille au Kuṯuṯu Puḻi et n'en avait pas parlé.

Elle se redressa. Son haleine formait des petits nuages vaporeux dans l'air. Pip sauta du lit pour gratter à la porte de derrière.

« C'est bien parce que c'est toi, Pip », grogna Alice en se levant péniblement pour la laisser sortir. Elle alluma le radiateur électrique, frissonnant en attendant que l'atmosphère se réchauffe.

En rentrant, Pip lui donna un coup de langue.

« Bonne idée, Pip, fit Alice, buvons à mon anniversaire. »

Elle alla dans la cuisine réchauffer une casserole de lait, en versa la moitié dans un bol qu'elle posa par terre pour Pip, et le reste dans un mug avec une dose de café. Elle prit un livre sur un rayonnage et se remit au lit. Pip la rejoignit, se léchant les babines.

Appuyée contre ses oreillers, elle but son café à petites gorgées et ouvrit son livre. Mais le spectacle qui s'offrait à ses yeux au-dehors était trop distrayant : la gelée blanche, qui s'était formée sur les thryptomènes pendant la nuit, fondait maintenant aux premiers rayons de soleil. Le ciel était bleu de Chine, parsemé de petits nuages rebondis. Au loin resplendissait le cratère. Alice avait la tête emplie des histoires qu'elle avait apprises sur ce site, de cette mère qui avait laissé son bébé reposer dans les étoiles et l'avait perdu quand il était tombé sur la Terre. L'histoire et le paysage ne faisaient qu'un ; même la disposition des étoiles au-dessus de la bordure nord du cratère épousait sa forme circulaire.

Elle se blottit plus profondément sous sa couette, regardant les papillons jaunes voleter au-dessus des buissons fleuris. Y avait-il les mêmes dans le jardin de Dylan ? Que faisait-il en ce moment, pendant qu'elle était seule chez elle le jour de son anniversaire ? Des larmes lui montèrent aux yeux. Elle se demandait rarement ce qu'elle serait devenue si sa vie avait été différente, mais aujourd'hui elle ne pouvait s'en empêcher. Si June n'était pas intervenue, Alice serait-elle en ce moment quelque part en Europe avec Oggi ? Est-ce qu'il l'aurait épousée elle et non Lilia, et Iva serait-elle leur fille ? Si Alice n'avait pas découvert la trahison de June, aurait-elle quitté la ferme de fleurs ? Et la question la plus douloureuse de toutes : sa mère serait-elle encore en vie si Alice n'était pas entrée dans l'atelier de son père ? Une pensée la heurta alors de plein fouet : sa mère avait un an de moins qu'elle quand elle était morte.

Quelqu'un frappa violemment à sa porte. Alice émergea de sa couette. Elle avait la peau gercée par les larmes. Pip lui lécha ses joues. Un autre coup la fit sursauter.

« *Chica* ? C'est moi. »

Alice s'assit et s'enveloppa dans sa couette pour sortir du lit et se traîner jusqu'à la porte d'entrée, qu'elle entrebâilla.

« *Dios mio !* dit Lulu à voix basse. Alice, qu'est-ce qui t'arrive ? » Elle poussa la porte et entra précipitamment, tenant dans ses bras une énorme paire d'ailes de papillon en tissu et un petit sac. « Bon, je tombe visiblement mal », dit Lulu en posant tout sur la table. Alice se laissa conduire jusqu'au canapé, où elle se pelotonna. Lulu arrêta le radiateur et ouvrit la porte pour laisser entrer le soleil d'hiver et aérer la maison. Elle prépara deux tasses de thé au miel et s'installa près d'Alice. Pip se précipita dehors pour courir après les papillons.

« Que se passe-t-il, *chica* ? demanda doucement Lulu. Tu n'es plus la même depuis quelque temps. »

L'image du visage de Dylan la consumait. Alice était incapable de regarder Lulu. « C'est seulement que ma mère me manque, Lu, murmura-t-elle. Ma maman me manque », répéta-t-elle. Sa voix se brisa, et un flot de larmes se répandit le long de son nez, coulant jusque dans sa tasse.

« Tu peux peut-être l'appeler ? Ou ton père ? Ou un de tes frères ? La vie est parfois dure ici, loin de sa famille, surtout une aussi grande que la tienne. » Lulu lui caressa le bras. Alice ne comprit pas, jusqu'à ce que lui revienne le goût amer de ses mensonges sur sa famille de conte de fées. Son visage s'assombrit.

« Hé », s'inquiéta Lulu.

Alice secoua la tête et s'essuya les yeux. Elle fouilla sous sa chemise et en sortit son médaillon. Elle le tendit à Lulu, qui le prit, passant doucement son pouce sur le pois du désert à l'intérieur.

« Voilà toute ma famille. » Alice l'ouvrit. Le jeune visage plein d'espoir de sa mère les regardait. Alice jeta un regard sur son jardin de thryptomènes sauvages. *Flamme, je brûle.* « La vérité est que je n'ai pas de grande famille. Il ne me reste même pas du tout de famille. » Au loin, un corbeau croassa. Alice s'attendait à un mouvement de colère de la part de Lulu, mais celle-ci lui sourit chaleureusement.

« Alors, c'est ta mère ? »

Alice hocha la tête. « Elle s'appelait Agnes. » Elle s'essuya le nez.

Lulu regarda la photo, puis Alice. « Tu lui ressembles tellement.

– Merci, dit Alice, le menton tremblant.

– Ne me réponds pas, si tu n'en as pas envie, mais… comment est-elle… » La voix de Lulu faiblit.

Alice ferma les yeux. Elle se rappelait la sensation qu'elle avait éprouvée au contact des muscles et des tendons de la jambe de son père quand elle s'y cramponnait sur la planche à voile. Les meurtrissures sur le corps nu de sa mère enceinte quand elle était sortie de la mer. Le frère ou la sœur qu'Alice ne connaîtrait jamais. La lampe qu'elle avait laissée dans l'atelier de son père.

« Je ne sais pas vraiment, dit-elle. Je ne sais pas. »

Lulu lui prit la main et reposa le collier au creux de sa paume. « Ce médaillon est ravissant.

– C'est ma grand-mère qui l'a fabriqué. » Alice referma sa main. « Dans ma famille, les pois du désert sont symboles de courage, dit-elle. *À cœur vaillant, rien d'impossible…* »

Elles restèrent assises en silence tout en buvant leur thé. Puis Lulu se leva, les mains sur les hanches.

« Pas question que tu restes seule aujourd'hui, déclara-t-elle. Aiden a allumé le feu et graissé la poêle à frire. On fait un barbecue cet après-midi et tu viens à la maison. »

Alice fit mine de protester.

« Non, c'est non négociable, *chica.* De plus, j'ai préparé du guacamole. » Lulu connaissait les faiblesses d'Alice.

Alice renifla et jeta un coup d'œil vers la table de cuisine. Les ailes de papillon déployées semblaient prêtes à prendre leur envol. Elle se tourna vers Lulu d'un air interrogateur.

« Oh, je fabrique un déguisement pour ma cousine. Elle joue dans une pièce de théâtre, et elle est à peu près de ta taille. Je voulais vérifier sur toi s'il est aux bonnes dimensions, dit Lulu.

– Quoi ? Tu veux que je me déguise ? Maintenant ? » Alice regarda piteusement de quoi elle avait l'air.

« Oui. Mais tu pourrais d'abord prendre une douche ? Et peut-être te laver les cheveux ?

– Pardon ?

– *Chica*, je ne peux pas envoyer à ma cousine un costume recouvert de tes larmes et de ta morve. Par ailleurs, ma grand-mère disait toujours que se laver est le meilleur remède contre la tristesse. En plus de son guacamole. Qui, comme je te l'ai dit, est tout frais préparé et t'attend à la maison. »

En entrant sous la douche chaude, Alice entendit le bruit des assiettes que Lulu lavait dans l'évier, chantonnant en les rinçant. Elle ne put retenir un sourire.

Déguisée en papillon monarque géant, Alice suivit Lulu sur le chemin de terre qui reliait leurs maisons. Les ailes orangées brillaient du même feu que la terre.

« Pourquoi me suis-je laissé convaincre de sortir de chez moi avec ce truc sur le dos ? ronchonna-t-elle.

– Pour que Aiden puisse prendre des photos pour ma cousine. J'avais oublié d'apporter mon appareil chez toi. Et d'ailleurs, qui s'intéresse à la façon dont tu es habillée, *chica* ? Au cas où tu l'aurais oublié, nous sommes ici dans le trou du cul du monde. »

Alice éclata de rire. Elle hésitait à admettre qu'elle se sentait mieux après avoir enfilé ce costume. Lulu n'avait négligé aucun détail : depuis les antennes en fil de fer plantées dans les cheveux d'Alice, jusqu'à la robe à pois noirs et blancs et aux ailes de monarque soigneusement peintes accrochées dans son dos, la transformation était totale.

Elles traversèrent le jardin de Lulu et entrèrent dans la maison.

« Aiden doit être dehors à s'occuper du feu. Je prends mon appareil et on va le rejoindre. » Lulu se hâta dans le couloir. Alice aperçut le guacamole sur le comptoir et se précipita, détachant le film qui le recouvrait pour y tremper un doigt.

« Surtout ne te gêne pas ! » s'écria Lulu depuis l'une des chambres. Alice rit en suçant son doigt.

« Bon, je l'ai trouvé. » Lulu revint avec l'appareil photo. Elle fronça les sourcils en regardant Alice. Alice leva les mains en signe d'innocence.

Elles sortirent. « Aiden ? » appela Lulu.

Un serpentin de papier se déroula à l'angle de la maison. Puis un autre. Et un autre.

« Lulu ? » interrogea Alice.

Lulu s'approcha d'elle, passa un bras autour de sa taille et la conduisit dans le jardin derrière la maison, où elle se trouva soudain face à la plupart de ses collègues du parc.

« Joyeux anniversaire ! » Ruby, Aiden, plusieurs autres rangers, et même Sarah l'attendaient, levant leurs gobelets de plastique.

Alice se couvrit le visage des deux mains. Lulu et Aiden avaient décoré leur jardin en l'honneur de son anniversaire. Des banderoles ornées de papillons étaient suspendues autour du patio, des velums de couleurs vives tendus entre les arbres. Un feu rougeoyait dans un trou. Il y avait des piles de coussins et de gros poufs sur un grand tapis rectangulaire, des guirlandes accrochées dans les buissons. Des sauces, des salades et des chips de maïs étaient disposées sur une table à tréteaux, à côté d'une glacière cylindrique d'au moins cinquante litres, sur laquelle une étiquette manuscrite annonçait : *Punch explosif.* Et, pour le plus grand plaisir d'Alice, toute l'assistance portait des ailes de papillon.

« Comme si nous ne savions pas que c'était ton anniversaire », dit en riant Lulu.

Alice la regarda ébahie, les mains pressées contre sa poitrine en signe de gratitude.

« Viens, dit Lulu. C'est l'heure du punch explosif. »

Quelqu'un mit de la musique. Aiden faisait cuire des brochettes au-dessus du feu. Alice, étourdie sous l'effet de la surprise et de l'alcool, alla saluer chacun, souriant, remerciant, embrassant les uns et les autres. Elle remplit des gobelets de punch, rechargea le feu, passa les amuse-gueules. Elle fit tout ce qu'elle pouvait pour ne pas penser à la seule personne qui était absente.

Le ciel s'assombrissait, le punch coulait à flots. Assise avec Lulu sur une couverture près du feu, Alice regardait les flammes monter vers le ciel couleur d'encre, lançant des étincelles semblables à des étoiles.

« Je ne sais pas comment te remercier », dit-elle.

Lulu lui pressa la main. « Cela me fait plaisir. »

Le feu brûlait dans un océan de couleurs : jaune, rose, orange, cobalt, prune, bronze.

« Je peux te faire une confidence ? demanda Lulu.

– Je t'en prie, dit Alice en souriant.

– Dès le jour de ton arrivée, quand je t'ai vue pour la première fois avec ton pick-up, j'ai su qu'il y avait quelque chose de spécial chez toi, *chica.* »

Alice lui flanqua un petit coup de coude affectueux. « Eh bien, c'est drôlement gentil de me dire ça.

– Je suis sérieuse, dit Lulu en buvant une gorgée de punch. Dans ma famille, les papillons monarques sont les filles du feu. Ils guident les âmes des guerriers qui sont morts au combat vers le soleil, et reviennent pour se nourrir du nectar des fleurs. »

Alice observait le feu qui sifflait et crépitait. Elle ramena la couverture autour d'elle, songeant à ce qui était caché sous les autocollants des papillons monarques de son pick-up, se souvenant de qui elle était la fille et la petite-fille.

« Quand j'ai vu pour la première fois les guerriers du feu sur ton pick-up, j'ai compris que tu allais tout changer dans notre vie. »

Les guerriers du feu. Alice ne sut quoi dire.

« Punch explosif ! Venez remplir vos verres de punch explosif », lança Aiden à la cantonade. Ses ailes étaient de travers, une de ses antennes était brisée et pendait au-dessus d'un de ses sourcils. Lulu s'étrangla de rire. Réconfortée par l'atmosphère joyeuse, Alice se joignit à elle.

« Viens. » Elle tira Lulu par la main vers la glacière. « Encore un peu de punch explosif. »

Elles burent et dansèrent sous les étoiles de l'hiver. En tourbillonnant dans la lumière, Alice aperçut ses ailes de papillon monarque. L'histoire de Lulu était restée imprimée dans son esprit : *Les filles du feu*.

Il arriva aux petites heures du matin. La musique s'était adoucie, le feu pétillait. Tous ceux qui n'avaient pas piqué du nez dans leur sac de couchage ou n'étaient pas rentrés chez eux en titubant étaient affalés sur les poufs et les coussins, enveloppés dans une couverture. Alice le vit à travers les flammes débarquer de son 4×4 et se diriger vers la glacière. Aiden lui donna une tape dans le dos et lui tendit un gobelet de punch. Dylan le descendit d'un trait.

« Voyage fatigant ? » demanda Aiden, remplissant à nouveau son gobelet.

Dylan le vida à nouveau.

« Comment va Julie ? »

Dylan secoua la tête. « Plus mon problème. »

Aiden le resservit. « Ah bon. Désolé, camarade.

– C'est la vie. » Dylan haussa les épaules.

Il se tourna pour inspecter le jardin. Ses yeux croisèrent ceux d'Alice.

Quand le ciel commença à pâlir, seuls Alice et Dylan étaient encore éveillés.

« C'est ta première nuit blanche dans le désert ? » demanda-t-il.

Alice hocha la tête, légèrement ivre, souriante, mordillant le bord de son gobelet de plastique. Dylan la regardait, comme hypnotisé.

« Bon, dit-il en levant les yeux vers le ciel. Je ne sais pas si quelqu'un te l'a dit, mais ça ne compte pas si tu ne vois pas le lever du soleil. »

Enveloppés dans une couverture, ils laissèrent Lulu et Aiden dans leur jardin jonché de sacs de couchage et entreprirent de gravir une dune.

« Regarde, le soleil se lève », dit-il à voix basse, sans quitter Alice des yeux. Elle sentit sa peau la picoter. Alors que le ciel clair miroitait d'une multitude de couleurs changeantes, Alice ouvrit les bras comme pour l'absorber.

« Ça me rappelle l'océan, murmura-t-elle. Tellement immense. » Les souvenirs tourbillonnaient dans sa tête.

« C'est vrai, dit Dylan. Il y a très longtemps de ça, les dunes étaient ensevelies par la mer. » Il décrivit un large cercle autour d'eux. « Le désert est un vieux rêve de la mer.

– Un vieux rêve de la mer », répéta-t-elle.

L'aube les enveloppait d'une lumière fauve. Il se tenait debout à côté d'elle, si près qu'elle sentait la chaleur de sa peau contre la sienne, bien qu'il ne la touchât pas.

« Tu es si belle », murmura-t-il à son oreille.

Au moment où le monde s'illuminait, il s'approcha d'elle et l'entoura de ses bras. Ils restèrent ainsi, enlacés sous le soleil levant, jusqu'à ce que la rumeur des premiers touristes brise le charme.

Lulu attendait à la grille de son jardin, titubant un peu, serrant contre sa poitrine un gobelet de punch presque vide. Le jardin était jonché de serpentins, de guirlandes, de papillons et de capsules de bouteilles. Elle oscillait, les yeux fixés sur la dune de sable derrière la maison d'Alice, où Dylan se cachait au milieu des mulgas, à l'endroit même où Lulu l'avait souvent vu se planquer pendant des mois, surveillant Alice derrière ses fenêtres.

Tout avait commencé l'après-midi où Alice était arrivée, quand elle avait traversé Parksville au volant de son pick-up jaune. Lulu faisait le plein à la pompe à essence quand Dylan s'était arrêté. Il était en train de lui parler de tout et de rien, comme à une bonne copine, manière, avait-elle pensé, de lui signifier que leur histoire était finie, quand soudain il s'était arrêté au milieu d'une phrase, le regard fixé sur la route. Se retournant, Lulu avait vu ce qu'il voyait : Alice avec ses longs cheveux noirs flottant par la fenêtre ouverte, un chien à côté d'elle. Elle les avait regardés. Elle l'avait regardé, lui. Lulu avait continué à parler, mais Dylan n'écoutait pas. Il était fasciné par Alice. Comme il l'avait autrefois été par elle.

Plus tard ce soir-là, après qu'Alice avait dîné avec Lulu et Aiden et était rentrée chez elle, Lulu était assise dehors sur la dune avec un verre de vin quand un mouvement dans l'ombre avait attiré son attention. Elle avait plissé les yeux pour mieux voir dans l'obscurité, le souffle coupé en le découvrant en train de se faufiler le long de la clôture derrière la maison. Instinctivement, Lulu s'était avancée jusqu'à l'angle de son jardin pour mieux voir Dylan accroupi sous les étoiles, caché par un buisson, épiant Alice. Dans sa nouvelle maison, Alice allait en hésitant de pièce en pièce, comme si elle était une invitée. Pendant un moment, elle resta assise sur son canapé, caressant son chien, fixant le mur. Son visage était tellement triste. Dylan avait attendu qu'elle aille se coucher et éteigne la lumière. Puis il s'était levé sans faire de bruit et était rentré chez lui. Lulu s'était réfugiée dans son lit, où Aiden d'une voix ensommeillée lui avait demandé pourquoi elle tremblait.

Le lendemain à la tombée du jour, Lulu était dans sa cuisine en train de piler du chili et des fèves de cacao quand une silhouette de l'autre côté de la fenêtre avait attiré son attention. Elle attendit le crépuscule avant de se glisser dans l'ombre. Cette fois encore, elle avait vu Dylan assis à la même place, la tête tournée vers les fenêtres ouvertes et éclairées de la maison d'Alice. Alice dansait dans sa cuisine, en préparant le dîner, ses cheveux mouillés répandus dans son dos. Un air de blues flottait dans l'air léger et velouté. Son corps suivait le rythme de la musique tandis qu'elle tournait autour de la cuisinière, apportait deux assiettes et servait le dîner. Une portion pour elle, une autre pour le chien. Dylan était resté jusqu'à ce qu'elle aille se coucher, puis était reparti chez lui.

Soir après soir, Lulu ne pouvait s'empêcher d'observer Dylan attiré par la lumière tombant des fenêtres d'Alice. Elle se sentait minable, mais c'était plus fort qu'elle. Elle attendait l'heure où les ombres s'allongeaient pour le regarder se glisser parmi les arbres. Protégé par l'obscurité, il s'asseyait au-dehors pendant qu'Alice buvait son thé et lisait un livre, ou regardait un film sur le canapé, son chien à côté d'elle. Il la regardait soigner ses plantes et ranger ses livres. Il s'était toujours tenu à une certaine distance jusqu'à la veille de l'anniversaire d'Alice. Elle venait de rentrer d'une promenade, quand Lulu avait vu Dylan sortir sans bruit de l'ombre et se glisser par la porte de la clôture derrière la maison d'Alice. Il avait contourné les buissons de thryptomène, se rapprochant dangereusement, dans la lumière des guirlandes. À l'affût. Attendant apparemment quelque chose que Lulu ne pouvait voir.

Elle n'avait pas résisté au désir de le suivre. Elle était sortie du jardin et avait fait un large crochet autour de la dune derrière la maison d'Alice. Cachée derrière le tronc d'un gros chêne du désert, elle avait vu Dylan en train d'observer Alice assise à son bureau, occupée à vider ses poches pleines de fleurs. Elle les pressait dans son carnet de notes, qu'elle maniait avec autant de précautions que s'il avait été un œuf d'oiseau. Elle commençait à écrire, s'arrêtait, scrutant l'obscurité. C'est alors que c'était arrivé, Lulu avait entendu Dylan retenir son souffle, Alice le regardait de ses grands yeux verts, comme s'il était la raison de l'espoir qui illuminait son visage. Lulu était rentrée chez elle en courant et avait vomi de la bile chaude dans le lavabo.

À la fin de la fête, Lulu avait fait semblant de dormir quand Dylan et Alice étaient partis ensemble. Sa première initiative serait-elle de partager un lever de soleil avec Alice, comme il l'avait fait avec elle ?

Lulu resta à sa porte derrière la maison, à faire le guet jusqu'à ce qu'ils apparaissent enfin, trébuchant sur les dunes. Dylan reconduisit Alice chez elle, s'attarda dehors longtemps après qu'elle fut entrée à l'intérieur. Le soleil était déjà haut dans le ciel quand il fit demi-tour et s'éloigna, un sourire hébété, grisé sur le visage. Lulu était restée à regarder, longtemps après qu'il fut retourné chez lui.

Le soir qui suivit son anniversaire, Alice était pelotonnée sur son canapé, regardant fixement la porte de la clôture du jardin derrière la maison. Regagnant leurs nids, des oiseaux descendaient en piqué du ciel, comme une constellation d'étoiles. Sur l'arbre mort noirci devant sa porte, la lumière du soir éclairait une longue traînée soyeuse laissée par une procession de chenilles. Alice avait lu un article à ce sujet dans le guide du parc consacré à la faune et à la flore : elles suivaient en file indienne le sillage de soie qu'elles laissaient derrière elles, invisible sauf quand il prenait la lumière.

Sa maison était silencieuse, à l'exception du cliquetis du radiateur électrique, du ronflement de Pip et de l'eau qui bouillait sur la cuisinière. Des effluves de citronnelle, de coriandre et de coco lui mettaient l'eau à la bouche. Elle surveillait la porte. Elle attendait. La lumière passa de l'or à la cannelle. La voix de Dylan résonnait à ses oreilles. *Je vais à la maison prendre une douche et je reviens. Par l'arrière.*

Elle revenait de la ville quand elle avait aperçu son pick-up au bord de la route du cratère et sa silhouette à côté du relais radio. Il la vit arriver et fit un geste de la main. Elle s'arrêta et sauta hors de sa voiture. Son corps était fiévreux à sa vue.

« *Pinta-Pinta.* » Rayonnant, il toucha le bord de son chapeau pour la saluer.

« Bonjour. » Elle eut un large sourire.

« Pas trop la gueule de bois ? »

Elle secoua la tête. « Non, étonnamment. Plutôt à court de sommeil.

– Moi aussi. »

L'odeur sucrée du mimosa d'hiver embaumait l'air.

« Comment s'est passée cette première journée de tes vingt-sept ans ?

– Jour de livraison. Je suis allée faire des provisions. » Elle rit.

« Ah. » Il hocha la tête d'un air entendu avec un petit rire. « Ça a été une journée formidable.

– C’est vrai. Mais elle n’est pas encore finie. » Elle s’interrompit, le regarda. « Que fais-tu ce soir ? lâcha-t-elle.

Il attarda ses yeux sur elle. « Pas grand-chose.

– Je vais faire une soupe au curry vert thaïe, proposa-t-elle.

– Miam.

– Alors, dit-elle, s’efforçant de paraître désinvolte, Ça te dit ?

– Avec plaisir. » Il sourit.

« Six heures ? »

Il hocha la tête. « Je vais à la maison prendre une douche et je reviens. Par l’arrière ?

– OK », dit-elle d’un ton léger.

Et elle l’apercevait maintenant, le faisceau de sa torche, coupant à travers le spinifex, éclairant son chemin jusqu’à elle. La lumière pâle des étoiles tombait sur les épaules de Dylan. Il éteignit sa torche et se fraya un chemin à travers les thryptomènes jusqu’au patio et ses guirlandes lumineuses.

« *Pinta-Pinta* ? appela-t-il à la porte.

– Bonsoir », dit-elle en souriant, traversant la pièce et lui ouvrant la porte de derrière. Il s’essuya les pieds sur le paillasson et entra. Elle huma le sillage invisible de son eau de Cologne et ferma brièvement les yeux. Il ôta son Akubra et jeta un regard approbateur à son intérieur : ses plantes en pots, ses tableaux, ses livres, ses tapis, sa cuisine, son bureau. Elle avait prétendu décorer sa maison pour son propre plaisir, mais tout avait été fait dans l’espoir de ce moment.

« Faim ?

– Oh oui, dit-il en se laissant tomber sur le canapé.

– Un verre pour faire passer la gueule de bois ?

– Bonne idée », dit-il. Elle ouvrit le réfrigérateur et y chercha dans le fond deux bouteilles de bière. Le pétillement quand elle les décapsula lui apporta un tel soulagement qu’elle aurait voulu en ouvrir une douzaine.

« Santé, dit-elle, lui en tendant une.

– Santé », dit-il avec un signe de tête. Alors qu'ils trinquaient avec leurs bouteilles, un feu joyeux l'embrassa.

La soupe thaïe et la boisson aidant, ils étaient affalés sur le canapé, le visage rougi par la chaleur, les bières, le chili et quelque chose d'autre. Ils avaient parlé d'eux-mêmes, décrit les endroits où ils avaient grandi. Ils étaient experts dans l'art de dissimuler, de ne dévoiler que certaines parties de leur vie. C'était ce qu'ils faisaient depuis des semaines. Mais à présent leurs histoires se tarissaient comme un étang salé au soleil.

« Ces putains de guirlandes », marmonna-t-il au bout d'un moment.

Le radiateur cliquetait et ronronnait.

« Qu'est-ce qu'elles ont, ces guirlandes ? demanda-t-elle tranquillement.

– Je ne vois qu'elles depuis toutes les fenêtres de ma maison. Elles m'obsèdent depuis des mois. »

Un frisson la parcourut. « Vraiment ? »

Il se tourna vers elle. Elle soutint son regard.

Soudain sa bouche fut sur la sienne, douce, impatiente. Alice lui rendit son baiser, profondément, gardant les yeux ouverts. Ce n'était pas un fantasme, il était là.

Ils se débarrassèrent de leurs vêtements, les laissèrent tomber sur le sol comme des peaux. Quand il se recula pour mieux la regarder, elle se couvrit de ses bras. Mais il les écarta, prit une de ses mains qu'il posa sur sa poitrine. À travers sa peau et ses os, elle perçut les battements de son cœur.

Il est ici. Il est ici.

Elle l'attira vers elle. Un halètement ; il pénétra en elle. Membres emmêlés, ne faisant qu'un. Sauvage, enivrant. Presque effrayant.

Des bribes de sensations dans son esprit. Du sable mouillé sous ses pieds, l'air léger dans ses poumons, le sel sur sa peau, le cri des mouettes au bord de la mer argentée. Le passage du vent soulevant ses cheveux dans les champs de cannes vertes. Le cours silencieux de la rivière. Des poignées de fleurs rouges arrachées à la terre.

24

Parakeelya à grandes feuilles

Signification : **par ton amour, je vis et meurs**

Calandrinia balonensis / Territoire du Nord

Parakyeelya (Pit.) est une plante grasse qui pousse dans les sols sablonneux des régions arides. Elle possède des feuilles charnues et ses fleurs d'un violet éclatant apparaissent en hiver et au printemps. En période de sécheresse, les feuilles sont source d'eau ; la plante elle-même, cuite, est comestible.

Après cette nuit, ils passèrent tous leurs moments libres ensemble. Alice savait qu'elle négligeait ses autres amis, en particulier Lulu, mais elle ne voulait être avec personne d'autre.

L'hiver touchant à sa fin, ils allumaient des feux de joie et dormaient à la belle étoile, Pip toujours roulée en boule à proximité.

« Tu devrais faire changer tes jours de travail, dit-il un soir comme elle reposait au creux de son coude, contemplant le ciel. Tu me manques trop pendant les week-ends, quand l'un de nous travaille et que l'autre est en congé. Je veux te voir davantage. »

Elle était aux anges ! Elle sourit, respira l'odeur de sa peau, un mélange de terre et de feuilles. Il retira son bras de dessous sa tête et s'assit. Il défit ses bracelets de cuir et se tourna vers elle, lui prenant doucement les mains. Elle sourit tandis qu'il enroulait et nouait les bracelets autour de ses poignets.

« *Ngayuku Pinta-Pinta* », dit-il d'une voix rauque.

Comme il l'attirait contre lui, la voix de Lulu lui revint un bref instant à l'esprit. *Tu n'es pas plus en sécurité avec lui que la fille dans le conte de fées qui s'enfonce dans la forêt.*

« *Ngayuku Pinta-Pinta* », répéta-t-il encerclant ses poignets. *Mon papillon.*

Elle plaqua son corps contre le sien.

Pendant qu'elle attendait l'autorisation de changer son emploi du temps, la vie d'Alice se concentra sur Dylan. Quand ils n'étaient pas de service, ils allaient le soir voir le soleil couchant, parcouraient les sentiers pare-feu, Pip sur leurs talons. Alice emplissait ses poches des fleurs qu'elle pressait dans ses carnets, et Dylan la prenait en photo. Quand elle faisait sa ronde du soir et finissait tard, elle rentrait directement chez lui et le trouvait en train de l'attendre après avoir préparé le dîner ou un bain moussant. Ces soirs-là, Pip et lui s'asseyaient près de la baignoire, appuyés contre le mur, pendant qu'il lui faisait la lecture. S'ils avaient tous les deux un jour complet de repos, ils faisaient du jardinage jusqu'à ce que leur peau tiédie par le soleil leur donne d'autres idées.

Un jour, elle avait évoqué le potager qu'elle cultivait avec sa mère quand elle était enfant. En revenant de son travail, elle découvrit qu'il avait creusé dans son jardin un carré de terre brune prête à être semée. La nuit, ils se pelotonnaient sur le canapé, à la chaleur du radiateur électrique, réglaient la télévision sur une des chaînes régionales et regardaient des films anciens sur la BBC. Les rares jours où le ciel d'hiver était nuageux et le soleil absent, ils restaient au lit. Ces jours-là devinrent synonymes de pancakes ; Alice en préparait une montagne, qu'ils emportaient au lit et dévoraient.

Par un froid après-midi, gavés de pancakes et de sirop, ils étaient couchés, regardant flotter des grains de poussière dans la lumière grise qui filtrait à travers les rideaux. Dylan poussa soudain un profond soupir et s'écarta d'elle. Il avait été agité, nerveux toute la journée, et avait évité son regard, même en faisant l'amour à moitié endormi. Alice ignorait ce qui le contrariait. Et elle ne savait pas pourquoi elle hésitait tant à le lui demander.

Elle traça des cercles sur sa poitrine nue, remonta à son cou et à son visage. Il ne réagit pas. « Qu'y a-t-il ? » murmura-t-elle. Il ne répondit pas. Elle attendit. Le questionna à nouveau.

« Rien, répondit-il sèchement, repoussant ses caresses. Désolé. » Il secoua la tête. « Désolé, *Pinta-Pinta.* » Il s'assit, les coudes posés sur les genoux, la tête penchée en avant.

Elle s'assit près de lui. Elle avait ce nœud familier au creux de l'estomac, qui la mettait profondément mal à l'aise. Elle choisit ses mots avec soin, attentive à ne pas le perturber davantage.

« Tu peux me le dire, offrit-elle, adoptant un ton léger. Quoi que ce soit. » Elle tendit lentement une main vers lui, hésita un instant avant de poser sa paume sur sa colonne vertébrale. Il pressa son dos contre elle.

« Je suis désolé, gémit-il, se tournant pour enfouir son visage dans le creux de son épaule. Je suis désolé. Cette fois, je ne vais pas tout foutre en l'air. »

Elle lui caressa les cheveux. « Je sais, dit-elle pour le calmer. « Je sais.

– Les choses vont s'améliorer, dit-il, comme s'il se parlait à lui-même. Je vais m'améliorer. » Il embrassa son cou, son visage, sa bouche, avec une insistance grandissante tandis qu'il la prenait dans ses bras.

Alice ferma les yeux en lui rendant ses baisers. Que voulait-il dire par s'améliorer ? Allait-il être différent, de quoi ? Comment ? Sa poitrine se serra.

« Je t'aime, murmura-t-il en se glissant entre ses jambes. Je t'aime », répéta-t-il encore et encore.

Elle but ses paroles et chassa les questions de son esprit.

L'hiver tirait à sa fin. Les matins se réchauffèrent, les passereaux firent leur apparition et quittèrent leurs nids. La vie commune d'Alice et de Dylan prenait de plus en plus d'ampleur. Sa passion grandissant, Alice ne put ignorer que cette situation mettait à l'épreuve son amitié pour Lulu. Après qu'on lui avait accordé de changer de tableau de service, elle la vit consulter l'affichage dans la cafétéria. À en juger par son expression en prenant connaissance des changements, elle comprit que Lulu était bouleversée.

« Hé, Lulu, dit-elle joyeusement, en prenant deux tasses propres. Veux-tu prendre un thé avec moi avant de partir au boulot ? »

Gardant un visage de marbre, Lulu passa devant elle sans répondre.

« Elle se sent probablement abandonnée, dit Dylan ce soir-là. Tu ne la connais pas depuis bien longtemps. Moi oui. Elle peut se montrer jalouse et bizarre pour une connerie de ce genre. »

Alice remua le risotto aux légumes qu'elle préparait. L'explication paraissait vraisemblable. Pour quelle autre raison Lulu se montrerait-elle aussi froide avec elle ? Mais elle ne pouvait s'empêcher de penser à la relation qu'elle avait eue avec Dylan. Elle but une gorgée de vin blanc et lui lança un regard de biais.

« Qu'est-ce qu'il y a ? » demanda-t-il.

Elle but une autre gorgée, détournant les yeux.

« Dis-le, insista Dylan en souriant. Je peux lire sur ton visage comme dans un livre, *Pinta-Pinta.* »

Enhardie, elle lui rendit son sourire. « Est-ce que Lulu et toi avez jamais… » Elle ne termina pas.

« Lulu et moi ? se moqua Dylan, secouant la tête. Je crois qu'elle a eu un faible pour moi dans le temps, quand nous avons fait connaissance, mais ce n'est jamais allé plus loin. » Il se tenait derrière elle, l'enveloppant étroitement dans ses bras. « Ne t'inquiète pas pour ça. C'est uniquement dans ta tête. Lulu se calmera toute seule. OK ?

– OK. » Alice s'inclina en arrière contre sa poitrine.

Une fois affectés au même tableau de service, Alice et Dylan devinrent inséparables. Ils partaient travailler et revenaient ensemble, prenaient leur déjeuner en commun. Elle préparait des pique-niques qu'ils ne terminaient jamais, s'éclipsant dans son pick-up et dans des endroits isolés derrière le quartier général du parc, à la recherche d'un peu d'intimité. Après le travail, ils partageaient quelques bières, regardaient le ciel changer, faisaient cuire leur dîner au-dessus du feu dans le jardin et flânaient en compagnie de Pip en observant les étoiles. Alice ne rentrait jamais chez elle et évitait de regarder en direction de sa maison, que n'éclairait aucune lumière.

Durant leurs premiers quatre jours de congé, Dylan la réveilla un matin en lui apportant une tasse de café et en la couvrant de baisers.

« Viens avec moi. » Il drapa la couette autour d'elle, la conduisit dans l'entrée et ouvrit en grand la porte moustiquaire. Dehors le matin était cristallin. Elle cligna des yeux, éblouie. Il avait chargé les bagages dans son 4×4 cabossé, et arrimé le matériel de campement sur le toit.

« Envie d'une petite escapade ? fit-il en haussant les sourcils.

– On pourrait aller sur la côte ouest ?

– Je ne pense pas qu'on puisse faire l'aller-retour en quatre jours, dit-il. Mais je connais un endroit qui est presque aussi bien.

– En route pour l'aventure, chantonna Alice en se glissant près de lui.

– Peut-être pas tout de suite », dit-il, tirant sur la couette dans laquelle elle était drapée.

Elle s'enfuit en poussant des petits cris tandis qu'il la poursuivait à l'intérieur de la maison.

Deux heures plus tard, Alice, Pip et Dylan roulaient sur la route principale dans un brouillard de sable rouge au milieu des spinifex dorés et de vieux chênes du désert. Toutes les vitres étaient baissées. Dans le rétroviseur, Alice voyait Pip humer l'air à la fenêtre, tirant la langue. Le paysage vallonné se transformait parfois en un plateau couvert de fleurs sauvages en pleine floraison. Alice était hypnotisée par ces étendues jaunes, orange, violettes et bleues. Dylan lui serra la cuisse, souriant. Il monta le son de la radio et se mit à chanter à tue-tête et faux. Alice ferma les yeux.

Au milieu de l'après-midi, Dylan ralentit et quitta la grand-route, s'engageant dans un chemin de terre dépourvu de signalisation qui se découpait entre des buissons et des touffes de rumex. Alice se demanda comment il connaissait cet endroit. Il attendit que les roues cessent de patiner avant d'accélérer, projetant derrière la voiture un nuage de poussière rouge. Ils s'enfoncèrent en cahotant dans une vaste étendue désertique. La solitude était à la fois grisante et angoissante. Alice se demandait où ils allaient. Elle jeta à Dylan un regard interrogateur, mais il se contenta de sourire.

Au bout d'un certain temps, ils bifurquèrent dans une piste étroite, presque invisible, qui escaladait une crête. Dylan engagea les quatre roues motrices, forçant le passage à travers des branches qui surplombaient le chemin. Des bouquets de fleurs sauvages tapissaient les affleurements ocre autour d'eux. Des eucalyptus géants à écorce blanche balançaient leurs longues feuilles gris-vert. Le ciel était d'un bleu saphir profond, traversé parfois par la silhouette sombre d'un faucon.

« *Pinta-Pinta.* » Dylan sourit en lui montrant le sommet de la crête. Arrivés sur l'autre versant, ils pénétrèrent dans un canyon creusé dans la roche, encadré d'acacias et de petits eucalyptus. Entre les rives de sable blanc coulait un torrent couleur de thé vert.

« C'est incroyable ! s'exclama Alice, stupéfaite.

– Attends de voir le coucher du soleil. » Il s'arrêta dans une clairière près d'un bosquet de chênes du désert, Alice se rendit compte qu'il n'avait eu besoin d'aucune carte pour se diriger.

« Comment connais-tu cet endroit ?

– Avant de travailler pour le parc, j'étais guide touristique, répondit Dylan, et un vieux bonhomme m'avait amené ici. C'était la région de ses grands-parents, un endroit où sa famille se réunissait pour des fêtes. Quand j'ai cessé d'être guide, il m'a dit que je devrais toujours revenir ici. » Il serra le frein à main. « Il m'a dit que je devrais y amener ma famille. » Il lui adressa un clin d'œil éloquent.

Alice crut que sa voix ne parviendrait pas à franchir la boule qu'elle avait dans la gorge.

Il se pencha vers elle. « Je n'arrive pas à y croire, tellement je suis heureux. »

Elle lui répondit par un long baiser. Il poussa un grognement. « Tu me fais perdre tous mes moyens, *Pinta-Pinta.* » Il secoua la tête. « Viens. Essayons d'installer notre campement. » Il sortit et ouvrit la portière arrière pour Pip qui se rua vers la rivière.

Alice resta un moment sans bouger, à regarder sa petite chienne s'amuser dans l'eau et Dylan débarquer en sifflotant le réchaud et la glacière. Sa petite famille. En s'avançant au soleil pour les rejoindre, elle se dit qu'elle n'avait jamais vécu un moment où elle s'était sentie aussi en accord avec elle-même.

Lorsque le soleil commença à décliner, ils installèrent leur sac de couchage, ramassèrent du petit bois et écoutèrent la musique douce que diffusait la radio de la voiture en buvant du vin rouge et coupant le fromage de chèvre, les champignons, les courgettes ainsi que les piments qu'ils voulaient faire griller plus tard sur un feu de camp. Une odeur de fumée de bois et d'eucalyptus emplissait l'atmosphère. Les cris stridents des cacatoès s'élevaient dans le ciel et les wallabys bondissaient dans les rochers alentour. Alice souriait sans cesse. Quand les parois du canyon commencèrent à changer de couleur, Dylan la prit par la main et l'emmena s'asseoir contre le tronc d'un eucalyptus au bord de l'eau. Elle se blottit entre ses jambes, pressée contre sa poitrine.

Il caressa son oreille. « Regarde. »

Le soleil se couchait, ses derniers rayons emplissaient les lieux d'une lumière caramel.

« C'est extraordinaire, murmura Alice.

– Attends. »

Serrée dans ses bras, Alice eut l'impression que toutes les couleurs du ciel ruisselaient sur les parois et se déposaient sur le miroir d'eau, qui les renvoyait vers le haut en arabesques lumineuses. Elle secoua la tête : le canyon et la rivière se reflétaient parfaitement l'un l'autre, tous deux baignés des couleurs flamboyantes du couchant. Cette vue rappela à Alice l'un de ses livres de contes de fées : l'histoire du calice qui se remplissait miraculeusement ; le puits à souhaits qui contenait le ciel.

Dylan resserra son étreinte. « Il faut le voir pour le croire, hein ? » dit-il.

Un souvenir lui coupa la respiration, comme si elle avait reçu un coup. *Il y a un canyon non loin d'ici qu'il faut voir au coucher de soleil pour en croire ses yeux.*

Alice se redressa. Se tourna vers Dylan. Il lui sourit.

« Combien de femmes as-tu amenées ici ? » lui lança-t-elle.

Son regard se figea. « Pardon ? »

Le cœur d'Alice se serra. Elle avait rompu le charme.

Il leva la main. « En voilà une drôle de question.

– Non, dit Alice d'un ton faussement désinvolte. Non, je veux dire… je veux dire, par exemple, as-tu jamais amené Lulu ici ? »

Elle était bouleversée, elle ne voulait pas se disputer avec lui, mais ne pouvait s'empêcher de s'interroger. Comment Lulu aurait-elle pu sinon connaître cet endroit au coucher du soleil ?

Dylan la repoussa brutalement et se dressa au-dessus d'elle. « Putain, c'est pas croyable », marmonna-t-il en regagnant le camp.

Sa poigne avait laissé des marques cuisantes sur la peau d'Alice.

« Dylan, cria-t-elle, trébuchant dans le sable à sa poursuite.

– Quoi ? » aboya-t-il. Il se retourna pour lui faire face, furieux, les yeux noirs de colère. « Je t'ai dit qu'il ne s'était jamais rien passé avec Lulu. Pourquoi me poses-tu une telle question, pourquoi fous-tu en l'air notre premier week-end ? C'est elle que tu crois avec sa foutue jalousie, hein ? Et qu'est-ce que tu cherches à savoir en demandant combien de femmes j'ai amenées ici ? Pour qui me prends-tu ?

– Oh mon Dieu », gémit Alice, le visage décomposé. Il avait raison. Lulu lui avait peut-être parlé d'un autre canyon, ou elle était venue ici sans Dylan. Alice n'était plus sûre de rien. Pourquoi ne pas laisser tomber cette histoire ?

Il donna un coup de pied dans le feu, déclenchant une pluie d'étincelles.

« Je suis tellement désolée », implora-t-elle en lui tendant la main. Il l'ignora. « Ne pouvons-nous pas tout oublier ? Je t'en prie. C'était stupide de ma part. Je ne sais pas pourquoi j'ai dit ça. Je suis désolée. Je t'en prie. » Elle tenta à nouveau de le convaincre.

« Laisse-moi me racheter. Je vais faire à dîner. Nous allons boire encore du vin. Oublions tout ça. D'accord ? »

Il lui lança un regard plein de mépris, puis se leva et lui tourna le dos.

« Dylan ? »

Il s'éloigna dans l'ombre violette laissée par le soleil couchant.

Tremblante, Alice prépara le dîner. Elle fit griller tous les légumes et le fromage, donna à manger à Pip et remplit leurs verres. Lorsqu'il revint, il faisait nuit depuis une heure ou plus. Le dîner était froid, le fromage durci et caoutchouteux. Il s'assit et piqua sa fourchette dans son assiette.

« Tu as même raté le dîner. » Il vida son assiette pleine dans le feu et prit son verre de vin. Le peu qu'Alice avait réussi à avaler lui restait sur l'estomac comme une pierre froide. Elle repoussa son assiette et laissa Pip finir son dîner.

« Je suis si triste », murmura-t-elle. Elle frotta son genou contre le sien. « Je regrette tellement. »

Il contempla le feu, sans réagir.

Elle s'excusa pendant des heures, jusqu'à ce qu'il finisse par lever une main et la poser entre ses jambes.

Cela lui prit une grande partie de la nuit et le reste du lendemain, mais, lorsqu'ils reprirent la route pour Kililpitjara, les efforts d'Alice pour se montrer aussi apaisante et docile que possible semblaient lui avoir ramené Dylan.

En s'arrêtant devant chez lui, il se pencha pour l'embrasser avant de sauter hors de sa voiture pour aller ouvrir la grille. Quand il eut le dos tourné, elle ne put retenir une grimace de douleur. Leurs ébats amoureux l'avaient laissée pleine de contusions et de meurtrissures. Il s'était montré plus brutal que de coutume, mais à présent, à son grand soulagement, il semblait être revenu à la normale.

Pendant qu'ils déchargeaient la voiture, Dylan s'arrêta pour l'embrasser tendrement. « Merci pour ce week-end presque totalement réussi », dit-il en plongeant son regard dans le sien.

Alice le regarda avec reconnaissance. Il faudrait simplement qu'elle se montre plus prudente à l'avenir. Qu'elle réfléchisse avant de parler.

Le printemps peignit le désert de toutes les couleurs de la palette. Les fleurs de grevilleas de miel couvrirent le sol de plaques ambre et jaunes, emplissant l'air d'un lourd parfum sucré. Des dragons barbus se prélassaient au soleil entre les touffes de spinifex. Chez Dylan, le carré potager planté par Alice sortit de terre. Les après-midi devinrent assez chauds pour manger des glaces et se prélasser au soleil ; Alice s'étendait sur une serviette de plage dans le jardin de Dylan, chantonnant les airs qu'elle écoutait sous son casque en lisant un livre, jusqu'à ce qu'il l'aperçoive dans son bikini. Il la désirait toujours autant. Le malentendu du week-end dans le canyon était depuis longtemps oublié. Les jours s'allongèrent, les étoiles devinrent plus scintillantes.

« Nous devrions faire un barbecue, suggéra-t-elle un soir pendant qu'elle faisait frire du piment doux au tofu avec une salade pour le dîner. La maison est tellement belle et nous serions si bien dans le jardin près du feu au milieu des grevilleas en fleur. »

Dylan resta muet. Il était assis à la table du dîner et les lumières de la cuisine empêchaient Alice de voir son expression.

« Chéri ? demanda-t-elle en écartant la poêle du brûleur.

– Bien sûr, dit-il. Ce serait formidable.

– Parfait, dit-elle joyeusement en apportant leurs assiettes à table. J'irai tâter le terrain demain au travail. » Elle l'embrassa et s'assit pour dîner. Il sourit sans dire un mot.

Le lendemain matin, c'est une Alice pleine d'impatience qui s'arrêta au quartier général. Dylan et elle avaient été tellement occupés l'un par l'autre qu'il serait bon de se rapprocher un peu de leur petite communauté.

Quand elle entra dans la salle du personnel, tout lui parut presque trop facile. Thugger et Nicko, deux rangers qu'elle connaissait de loin, s'entretenaient dans un coin, se plaignant de ne pas savoir quoi faire durant leur prochain week-end de congé.

Alice les interrompit. « Vous voulez venir à la maison pour un barbecue ?

– Super, merci camarade, dit Thugger.

– Oui, cool, approuva Nicko.

– Bon, c'est noté, dit Alice avec un grand sourire. On fera un feu dans le jardin de Dylan et il installera le grill. Nous pouvons…

– Oh, l'interrompit Thugger, jetant un regard à Nicko. J'avais complètement oublié. Je viens juste de m'en souvenir. On doit aller à Agnes Bluff pendant le week-end. Je suis, euh…

– C'est vrai, intervint Nicko. Bon sang, on a failli oublier. On a rendez-vous pour faire réviser nos bagnoles. »

Alice les regarda l'un après l'autre. Elle avait l'impression d'assister à une comédie.

« C'était moins une, dit Thugger, visiblement soulagé. Heureusement qu'on en a parlé.

– Une autre fois, camarade, dit Nicko.

– Merci quand même pour l'invitation », lança Thugger. Tous les deux sortirent précipitamment du bureau.

Lorsqu'ils furent partis, Alice se servit une tasse de thé. Elle serra les dents. Elle n'allait pas pleurer. Elle n'allait pas en faire un drame.

Le reste de la journée ne fut pas plus brillant. Elle enchaîna les erreurs sur le terrain et, pour comble, elle s'écrasa le pouce avec un marteau.

« Retourne au QG et demande-leur de te soigner, Alice. » Thugger l'exempta de service.

En sortant de l'infirmerie, Alice se rendit à la cafétéria pour se remonter. Soudain son cœur se serra. Lulu et Aiden bavardaient devant la bouilloire, leurs tasses à la main. Ils se turent sur-le-champ en la voyant. Elle s'approcha du comptoir où se trouvaient les sachets de thé, leur tournant le dos. Leur silence la tétanisa.

Aiden fut le premier à parler. « Ça va, Alice ? »

Sans lui laisser le temps de répondre, Lulu vida ostensiblement sa tasse dans l'évier et partit. Aiden jeta un regard impuissant à Alice, puis la suivit.

« Ça va très bien », répondit Alice dans un murmure qu'elle fut seule à entendre.

Les jours suivants se déroulèrent selon le même schéma : Alice mentionna l'idée d'une petite fête chez Dylan à ses autres collègues, mais n'obtint en réponse que des excuses embarrassées et peu crédibles. Dylan ne lui posa aucune question, et Alice n'aborda plus le sujet. À la fin de la semaine, elle était arrivée à la conclusion que, s'il connaissait tout le monde, Dylan n'avait aucun ami à Kililpitjara. Il l'avait elle. Uniquement elle. Et elle ne comprenait pas pourquoi.

Un soir où elle arrivait devant chez lui, elle se souvint d'un des livres qu'il lui avait lus, un recueil de contes de fées japonais. Dans l'un d'eux, une artiste pratiquait le *kintsugi*, la réparation des poteries avec de la laque mêlée de poudre d'or. Sur une illustration, une femme était penchée au-dessus d'un tas de fragments de poteries, prêts à être recollés. Elle tenait à la main un mince pinceau trempé dans de l'or. Alice avait été ravie par cette histoire où était célébrée la réparation de ce qui était cassé, pour en faire quelque chose de plus beau.

Elle descendit du pick-up pour ouvrir la grille et alla se garer derrière le 4×4 de Dylan. Elle claqua la portière avec détermination. Quel que soit ce qui le taraudait, quelle que soit la raison qui éloignait les gens de lui, quel que soit ce qui était cassé en lui, Alice se transformerait en or pour le réparer.

Quelques jours plus tard, le parc du cratère Enshaw envoya des invitations pour le bal du Bush annuel à toutes les compagnies de voyage et à l'ensemble du personnel.

Dylan avait montré peu d'enthousiasme lorsque Alice avait suggéré de s'y rendre. « Ça va être chiant à mourir, avait-il dit avec sarcasme.

– Oui, mais cela peut être amusant d'y aller tous les deux, non ? » dit-elle, tout excitée, glissant l'invitation sous un aimant sur la porte du réfrigérateur. Ils n'avaient assisté à aucune fête depuis l'anniversaire d'Alice. Elle avait envie d'une robe de soie dorée qu'elle avait vue sur Internet. Elle était prise de vertige à la seule pensée de pouvoir mettre une robe de bal et à l'idée que c'était l'occasion parfaite pour sortir et rencontrer du monde.

« Tu as vraiment envie d'y aller ? demanda Dylan dans son dos, interrompant ses réflexions.

– Oui, vraiment. J'aimerais boire et danser. » Alice lui passa les bras autour de la taille et pressa ses hanches contre les siennes. « Nous pourrions nous soûler un peu », le taquina-t-elle, se haussant sur la pointe des pieds pour l'embrasser dans le cou, « et en profiter pour aller voir le soleil se lever. » Elle lui ferait une surprise avec sa nouvelle robe, une belle coiffure, du rouge à lèvres, et elle porterait ce parfum qu'il aimait tant. « Ce serait un rendez-vous d'amoureux en quelque sorte, dit-elle en levant les yeux vers lui.

– Tu veux être mon amoureuse, *Pinta-Pinta* ? » Le désir troublait son regard.

« Toujours », répondit-elle, poussant un petit cri au moment où il la prenait dans ses bras et la portait jusqu'au lit. Ce sera merveilleux, pensa-t-elle. La plus belle de toutes nos nuits.

Le jour du bal du Bush, Alice rentra tôt pour se préparer. Elle passa sa robe dorée, appliqua du rouge sur ses lèvres et mit du mascara. Elle enfila ses nouvelles bottines de cow-boy aux talons décorés de papillons dorés. Quand Dylan poussa la porte, elle l'accueillit les joues enflammées. Elle lui avait préparé une bière glacée et avait intentionnellement négligé de porter une culotte, décidée à l'exciter.

Il hésita en la voyant, s'immobilisa.

« Prêt pour notre rendez-vous d'amoureux ? » fit-elle avec un large sourire. Elle se dandina dans sa nouvelle robe.

Dylan vida lentement ses poches sur le comptoir et se dirigea vers la cuisine sans prononcer un mot.

Son silence glacial la frappa en pleine poitrine. Elle l'entendit fouiller dans l'armoire à pharmacie et sortir des comprimés d'une boîte.

« Chéri ? demanda-t-elle, s'efforçant de masquer sa déception. Ça va ? »

Il ne répondit pas. Elle entra dans la cuisine.

« Chéri ? » répéta-t-elle.

Il lui tournait le dos. « C'est quoi, ce déguisement ? demanda-t-il durement.

– Quoi ? » Son cœur chavira

« Pourquoi es-tu attifée comme ça ? »

Alice contempla sa nouvelle robe. L'or lui parut soudain plus vulgaire que magique.

Il se tourna vers elle, le regard sombre. « Qu'est-ce qui t'a pris d'acheter cette tenue pour ce soir ? » Sa voix tremblait. « Qu'est-ce que tu cherches en te déguisant en poupée de luxe ? Tu veux que les mecs du parc se branlent en te voyant ? »

Alice resta figée sur place tandis qu'il tournait autour d'elle, l'examinant des pieds à la tête. Elle arrivait à peine à respirer.

« Réponds-moi », dit-il calmement.

Les larmes lui montèrent aux yeux. Elle n'avait pas de réponse. Elle n'avait plus de voix.

Ruby était assise près du feu dans sa cour, un stylo à la main et un carnet de notes ouvert près d'elle. Le bal du Bush ne l'intéressait pas. Elle avait eu toute la journée la prémonition qu'un poème allait lui venir, et elle ne voulait pas rater l'inspiration.

Au-delà des dunes, un mouvement dans l'allée de Dylan attira son attention. Le chien d'Alice détalait pour aller se cacher derrière un eucalyptus. À l'intérieur, la silhouette de Dylan faisait les cent pas derrière les fenêtres de la maison plongée dans la pénombre.

Ruby l'observa, respira profondément et appuya en tremblant la pointe de son stylo sur le papier.

La saison change
Il y a quelque chose d'âpre dans l'air

25

Chêne du désert

Signification : **résurrection**

Allocasuarina decaisneana / Australie centrale

Le Kurkara (Pit.) a une écorce aux sillons profonds, semblable à du liège ; c'est un retardateur de feu. Il pousse lentement, mais développe rapidement une racine pivotante capable d'atteindre l'eau à plus de dix mètres de profondeur. Les arbres adultes se coiffent d'une canopée large et épaisse. Beaucoup, dans le désert central, sont âgés de plus de mille ans.

Au milieu du printemps, quand les buissons de menthe cessèrent de fleurir et que commença la saison des pluies, Alice avait appris à déchiffrer les humeurs de Dylan de la même manière que, des années auparavant, elle avait appris à lire les marées. Aussi longtemps qu'elle se montrait attentionnée, alerte et disponible, ils étaient merveilleusement heureux.

Après une semaine de pluies incessantes, les routes de terre et les sentiers autour de Kililpitjara se transformèrent en une boue rouge humide et gluante. Des notices mettant en garde contre les risques d'enlisement apparurent sur les panneaux d'affichage du quartier général. Alice les lut attentivement, ce qui ne l'aida en rien le jour où, patrouillant derrière Kuṯuṯu Puḻi, elle s'engagea droit dans un bourbier. Ses pneus couverts de boue patinèrent. Elle essaya de creuser, de s'extraire lentement, en vain. Finalement, elle demanda de l'aide par radio.

Thugger fut le premier à répondre, et il la dégagea avec son treuil. Quand ils arrivèrent au quartier général, les autres rangers étaient au bout du parking, sous un chêne du désert autour d'une glacière et d'une table chargée d'amuse-gueules.

« Viens boire un coup, lui dit Thugger en sortant de son véhicule maculé de boue. On l'a sacrément mérité.

– *Pinta-Pinta*, l'appela Ruby qui était assise avec les autres et lui faisait de grands signes. Viens nous rejoindre. »

Alice se força à sourire à Thugger tout en répondant au salut de Ruby. Dylan n'était pas là. Peut-être était-il en route. Dans ce cas, mieux valait rester, sinon il serait contrarié si elle rentrait à la maison sans lui. Mais s'il n'avait pas l'intention de venir... Elle secoua la tête pour se libérer de pensées importunes et alla rejoindre le groupe. Elle ne resterait pas plus d'une heure.

Ruby lui tendit une bière. « Heureuse de te voir, *Pinta-Pinta.* »

Alice aussi était ravie de revoir Ruby. Elle ne put s'empêcher de sourire à la vue de son pantalon avec des perruches.

« C'est vrai, camarade, on ne t'a pas beaucoup vue par ici. Tu n'es pas venue au bal du Bush ? » demanda Nicko.

Thugger lui flanqua un coup de coude. Le silence se fit autour de la table. Les joues d'Alice s'enflammèrent.

« Qu'impooooorte ! » s'écria Thugger. Il leva sa bière.

Des acclamations retentirent autour de la table tandis qu'ils entrechoquaient leurs bouteilles. Alice but une longue gorgée. Au bout d'un moment, ses épaules se relâchèrent, les rides qui plissaient son front disparurent. Elle se sentit plus légère. La chaleur spontanée de leur groupe lui faisait l'effet d'un baume.

À sa troisième bière, elle pensa à regarder l'heure. Elle sursauta en s'apercevant qu'elle était là depuis deux heures.

Elle partit à la hâte en s'excusant et se rendit directement chez Dylan. Quand elle arriva à sa grille, elle la trouva fermée à clé. Il ne fermait jamais. Elle l'appela, mais sa voix fut étouffée par le vent. Où était Pip, était-elle avec lui ?

Alice traversa Parksville à toute vitesse et arriva en un temps record devant sa maison. Il y avait si longtemps qu'elle n'y avait pas passé la nuit qu'elle n'avait plus l'impression d'être chez elle. Derrière le portail, Pip l'accueillit en tournant en rond d'excitation. Dylan avait dû la déposer là. Alice ouvrit la porte de devant et entra.

À l'intérieur, l'odeur était infecte. Alice fouilla la maison et finit par découvrir un rat dans le piège sous la cuisinière. Elle nettoya à fond, prise de haut-le-cœur. Elle ouvrit portes et fenêtres et fit brûler de l'huile de bois de santal et de géranium dans son brûle-parfum. Les rayons de sa bibliothèque étaient couverts d'une mince couche de poussière rouge, elle passa le doigt sur les dos de ses livres laissés à l'abandon. Elle trouva une boîte de haricots dans le garde-manger, qu'elle fit réchauffer, et regarda Pip en manger la plus grande partie. Elle-même était incapable d'avaler quoi que ce soit. Elle appela Dylan au téléphone plusieurs fois dans la nuit, mais il ne décrocha pas. Tremblant de froid sous les guirlandes électriques du patio, elle resta à contempler sa maison qui se découpait sur les dunes à la lumière des étoiles.

Son estomac se noua encore plus. Dylan avait décidé de la punir. Parce qu'elle n'était pas revenue tout de suite à la maison. Parce qu'elle ne l'avait pas prévenu qu'elle allait boire une bière avant de le rejoindre. Parce qu'elle n'avait pas fait ce qu'il attendait d'elle. Elle en était sûre.

Alice rentra chez elle et ferma à clé. Elle prit rapidement une douche chaude, tâchant de décontracter ses épaules, puis elle se coucha. Pip s'installa à côté d'elle, ronflant doucement.

Alors qu'elle allait s'endormir, un bruit devant sa fenêtre la réveilla. Un craquement de brindilles sous des pas. Elle bondit hors de son lit et alla à la fenêtre. Elle écarta à peine le rideau, le sang battant à ses tempes. Pip aboya. Ses yeux s'habituant à la lumière des étoiles, Alice aperçut des ombres dans son jardin. Mais aucune n'était celle de Dylan.

Le lendemain matin, elle put à peine avaler une gorgée de café. Elle partit travailler, tremblant au volant de sa voiture. Quand elle arriva au quartier général, elle le vit s'avancer vers elle, souriant. Il prit son visage entre ses mains. Elle chercha craintivement son regard, mais ses yeux étaient pleins de tendresse. Il l'embrassa, lui caressa la joue.

« J'avais une migraine épouvantable hier soir. J'ai pris des calmants et me suis effondré, dit-il. J'aurais dû laisser un message sur ton répondeur ou une note. Désolé, ma chérie. Tu as quand même passé un bon moment avec les autres, j'espère ? »

Alice hocha lentement la tête, rouge de honte. Qu'est-ce qui clochait chez elle ?

Tout était dans sa tête.

Elle faisait de cet homme un monstre.

Les jours allongèrent, le soleil se levait chaque matin plus doré que la veille. Il ne fut plus question de la soirée où Alice s'était attardée pour boire un verre. Ni qu'ils fréquentent d'autres personnes. Quand ils étaient tous les deux ensemble, tout était paisible. Et c'était bien ainsi. Ils n'avaient pas la fibre mondaine. Tous les matins en se réveillant dans ses bras, elle savait que c'était là et uniquement là qu'elle voulait être. Ils avaient leurs bons et leurs mauvais moments, mais vivre en couple n'était pas toujours facile, se raisonnait-elle. Les accidents de parcours étaient inévitables de temps en temps.

Un jour particulièrement clair, Alice fut la première à rentrer du travail. Plus tôt dans la matinée, ils avaient décidé d'aller faire une longue marche, d'emporter une ou deux bières et de s'asseoir un moment sur une dune pour regarder le soleil se coucher. Elle venait d'enlever ses bottes de travail quand le téléphone sonna.

« Je vais être en retard, *Pinta-Pinta*, dit Dylan. Une pompe diesel est en rade. Je vais me dépêcher, mais je doute d'être là à temps pour notre sortie.

– Ne t'inquiète pas, chéri », dit-elle, espérant dissimuler sa déception. Elle se réjouissait à l'idée de sortir respirer l'air frais après une journée entière enfermée dans un bureau. « Je vais attendre ici avec Pip et préparer quelque chose de bon pour le dîner. »

Mais elle avait à peine raccroché que Pip commença à gratter à la moustiquaire. Alice regarda sa petite tête poilue pleine d'impatience. Il faisait un temps magnifique. Les dunes alentour promettaient de prendre des tons de rose pourpre dans le couchant. Alice se mordit l'intérieur de la joue. Elle n'avait pas emmené Pip se balader seule depuis qu'elle était avec Dylan. Une image de pois du désert, rouge sang dans la lumière du soir, lui revint en mémoire. Elle avait dit à Dylan qu'elle l'attendrait. Mais il faisait si beau. Il n'aurait pas voulu qu'elle reste à l'attendre à l'intérieur.

« Viens, Pip, appela-t-elle. Allons faire un tour entre filles. » Pip se mit à courir après sa queue jusqu'à ce qu'Alice lui mette sa laisse et qu'elles partent toutes les deux à travers les dunes en direction du cratère.

Alice tomba en chemin sur une succession de merveilles : des immortelles rose pâle et jaune pastel, des traînées de plumes grises et blanches, des rameaux d'eucalyptus chargés de bourgeons en fleur. Elle aspira l'odeur de la terre chaude et admira le ciel, mélange du bleu des crabes soldats et de toutes les nuances de violet d'un clam. *Le désert est un ancien rêve de la mer.* Alice sourit au souvenir de son premier lever de soleil en compagnie de Dylan. Comme elle gravissait le cratère, suivant le chemin qu'elle avait si souvent parcouru à son arrivée, une soudaine nostalgie l'envahit. Tout était si nouveau pour elle alors, elle était tellement incertaine de ce qu'elle venait chercher. Mais, aujourd'hui, elle avait un travail qu'elle appréciait, un homme qui l'aimait comme personne ne l'avait jamais aimée auparavant.

Quand elles atteignirent la crête et qu'Alice vit le Kuṯuṯu Kaana, le jardin du Cœur, dans toute sa splendeur écarlate, elle rejeta la tête en arrière et ferma les yeux, comblée. Elle était enfin arrivée chez elle, elle avait trouvé sa vie.

Alice quitta le cratère et rebroussa chemin tranquillement, en réfléchissant à ce qu'elle allait concocter pour le dîner. Elle s'immobilisa : le 4×4 de service de Dylan était dans l'allée devant sa porte. Elle fut prise de tremblements nerveux, tâtonna pour ouvrir le portail, tentant de calmer sa respiration. Depuis combien de temps était-elle partie ? Elle ne lui avait pas laissé de note. *Tout va bien. Tout ira bien. Elle s'avança vers la porte. N'en fais pas un monstre.*

À l'intérieur, tout était sombre et silencieux.

Elle appela : « Dylan ? Je suis là. » Elle détacha la laisse de Pip et ôta ses chaussures. « Dylan ? »

Plus tard, quand elle tenterait de rassembler ses souvenirs, il lui semblerait que tout était arrivé simultanément : son hurlement en voyant Dylan flanquer un coup de pied dans les côtes de Pip, les gémissements de douleur du chien ; les cercles de fureur noire autour de ses yeux au moment où il s'était jeté sur elle.

« Où donc étais-tu encore passée ? » Il l'empoigna. « Avec qui étais-tu ? Avec qui ? Dis-le. »

Des taches sombres flottèrent devant ses yeux. Sa gorge la brûlait tandis qu'il la secouait par le cou, faisant craquer sa colonne vertébrale.

« Dis-le. »

Il la poussa si violemment qu'elle fut projetée en arrière. Les gonds de la porte de la chambre cédèrent sous la violence de l'impact. Alice tomba sur le sol.

Elle resta étendue, peinant à retrouver son souffle. Son esprit vagabondait, il lui sembla qu'il flottait au-dessus d'elle, comme si elle regardait la scène au lieu d'en faire partie. Elle contemplait les moutons de poussière accumulés contre la plinthe. Ils la fascinaient. Ils étaient là, juste devant elle, et elle ne les avait jamais vus auparavant. Comment pouvait-elle ne les avoir jamais vus ?

Elle entendit un gémissement près d'elle, regarda sous le lit. La queue de Pip dépassait à peine.

« Viens, ma fille », parvint-elle péniblement à articuler. Sa gorge était en feu. Des élancements douloureux lui transperçaient le dos. Elle mit longtemps à rassurer Pip et à la faire sortir de dessous le lit. La serrant dans ses bras, elle se tassa contre le mur, lui caressa les oreilles et les flancs, tâtant ses côtes. Bien qu'elle tremblât de tous ses membres, Pip ne semblait pas avoir mal. Elle se laissait caresser, lui léchait le menton.

Alice ferma les yeux, se concentra sur sa respiration. Sa peau meurtrie la brûlait là où des hématomes commençaient à se former.

Le temps passa. Autour d'elle, la maison était silencieuse. On entendait seulement le ronronnement du réfrigérateur, les craquements du toit qui refroidissait après la chaleur de la journée.

Elle perçut un bruit dans le salon, retint son souffle pour mieux écouter.

C'était lui. Il pleurait.

Alice poussa un soupir de soulagement. La crise était passée.

Elle se redressa en chancelant. Pip fila à nouveau se réfugier sous le lit.

Dylan était assis sur le canapé, la tête dans les mains. En entendant ses pas, il leva les yeux. Son visage était défait et marqué par les larmes.

« *Pinta-Pinta*, murmura-t-il d'une voix brisée. Je… je… je regrette tellement. » Il baissa à nouveau la tête. « Pip n'a pas mal ? Je… je ne sais pas ce qui m'a pris. » Il chercha à reprendre son souffle. « J'étais tellement inquiet de ne pas te voir à la maison quand je suis rentré.

– J'étais seulement allée me promener avec la chienne. » Un souvenir de Toby lui revint distinctement en mémoire, le bruit de son corps heurtant la machine à laver.

« Tu ne sais pas, s'écria-t-il. Tu ne comprends pas. Il y a ici une douzaine de types qui sont bien mieux que moi. Tu ne vois pas comment ils te regardent. Mais moi, je le vois, je le vois, *Pinta-Pinta.* Et si tu te promènes sans moi, et que tu rencontres l'un d'eux en chemin, et que tu bavardes avec lui après le travail comme nous en avions l'habitude ? » Il renifla. « Si cela arrivait ? »

Les pensées d'Alice tourbillonnaient confusément dans sa tête. Ne comprenait-il pas à quel point elle l'aimait ?

« Et si tu commençais à parler avec l'un d'eux et qu'il tombait amoureux de toi ? poursuivit Dylan.

– Ça n'aurait aucune importance, Dylan, dit Alice. Tu ne comprends donc pas ? Il n'y a pas une chance que j'éprouve quoi que ce soit pour un autre que toi. »

Il se prit le visage à deux mains. « Je voulais seulement t'impressionner. Regarde ce que mon amour pour toi fait de moi. Je ne veux pas te perdre. Je suis pris de panique quand nous sommes séparés. Je veux seulement être avec toi et je suis perdu quand je ne le suis pas. Tu es l'amour de ma vie, Alice. L'amour », sa voix se brisa, « de ma putain de vie. »

Alice se mit à pleurer.

« Je ne te frapperais jamais, tu le sais, n'est-ce pas ? » Des larmes coulaient le long de ses joues. « Je ne te frapperais jamais, *Pinta-Pinta.* »

C'était vrai, pensa-t-elle. Il ne l'avait pas frappée. Sa peur lui avait fait seulement perdre contrôle.

« Je t'aime », dit-elle, d'une voix tremblante.

Il l'attira contre lui. « J'ai juste besoin que tu m'aides et ne me provoques plus comme cet après-midi, ça me rend fou. Peux-tu faire cela pour moi ? Pour nous ? »

Elle scruta son visage, la supplication dans ses yeux. Elle hocha la tête.

« Cela n'arrivera plus jamais. Plus jamais. » Il se pencha tout près d'elle. L'embrassa en tremblant. « Plus jamais jamais. »

Les lèvres d'Alice brûlaient quand elles rencontrèrent les siennes.

Plus tard dans la nuit, après des heures d'excuses, de larmes et de pardons, après avoir encore examiné Pip et balayé les débris, Alice laissa Dylan la mener dans la salle de bains. Il fit couler l'eau chaude dans la baignoire, la déshabilla tendrement et, une fois qu'elle fut dans le bain, la savonna doucement, murmurant des mots d'amour comme des prières au-dessus d'elle. Au bout d'un moment, il se débarrassa de ses vêtements et la rejoignit. Alice se détendit dans ses bras, presque régénérée, presque capable d'oublier qu'il était la cause de tout le mal qu'il essayait de guérir.

Le lendemain matin, Dylan laissa une tasse de café et une note griffonnée sur sa table de nuit. Il devait partir tôt, ne voulait pas la réveiller et se sentait horriblement mal après la soirée de la veille, mais il l'aimait plus profondément que jamais.

Alice fit la grimace en s'asseyant. Elle avait mal partout. Elle claudiqua jusqu'à la salle de bains et s'arrêta devant son image dans le miroir. Son cou était couvert de contusions qui avaient la taille et la forme des doigts de Dylan. Elle tourna la tête et entra dans la douche. Elle évita de regarder le miroir.

Quand elle fut prête à aller travailler, Alice appela Pip. La chienne resta invisible. Alice continua à l'appeler et à la chercher, s'affolant jusqu'à ce qu'elle la trouve cachée dans les buissons. Alice l'examina. Elle ne détecta rien de sérieux, s'assura qu'elle avait à manger et à boire avant de se hâter vers le quartier général.

« Un peu chaud pour porter un foulard, tu ne trouves pas ? » ironisa Thugger en la croisant dans la cafétéria. Alice se força à sourire et ajusta le foulard autour de son cou.

À son bureau, elle fit une recherche rapide sur Google, ouvrit ses e-mails, et sans réfléchir davantage commença à écrire :

Bonjour Moss,

Désolée de ne pas vous avoir contacté plus tôt. Je suis devenue ranger au parc de Kililpitjara. C'est formidable ici. Tout va très bien pour moi. J'espère que pour vous aussi.

Peut-être allez-vous pouvoir m'aider. Hier Pip a reçu un coup de sabot d'un cheval. Je l'ai examinée avec soin et elle ne semble pas souffrir, mais je suis quand même inquiète. Elle a l'air prostrée et je me demande si elle n'est pas en état de choc. Y a-t-il quelque chose que je pourrais lui donner, comme un anti-inflammatoire ? J'attends vos conseils avec impatience et vous remercie par avance.

Elle relut son mail et cliqua sur « envoyer ».

Quelques semaines plus tard, Alice et Dylan se rendirent au travail séparément. Sarah avait demandé à Dylan de vérifier certaines clôtures sur sa route.

« Vas-y, je te retrouverai pour déjeuner, avait-il dit au moment où ils montaient dans leurs pick-up de service.

– Entendu », répondit-elle en l'embrassant.

Alice le regarda partir. Ils avaient bouclé la boucle une fois de plus. Elle s'était montrée particulièrement attentionnée, prévenante. Ils étaient paisibles, heureux.

Moss avait répondu le jour même à son e-mail, prescrit un anti-inflammatoire et insisté pour qu'Alice amène Pip à Agnes Bluff afin qu'il puisse l'examiner. Alice avait immédiatement effacé son message et cherché sans succès le médicament sur Internet. Le lendemain, un colis express était arrivé, rempli d'antibiotiques et d'anti-inflammatoires. Elle avait administré en douce le médicament à Pip et l'avait vue avec soulagement retrouver son comportement normal et joyeux.

Elle gardait le contrôle de la situation. Ses coutures d'or tenaient bon.

Quand elle arriva au quartier général, ses collègues étaient rassemblés sur le parking. L'air était chargé d'électricité.

« Que se passe-t-il ? demanda Alice à Aiden en sortant rapidement de son pick-up.

– C'est le jour des feux tactiques. » Il fit un signe de tête en direction de Sarah qui sortait de son bureau, une liasse de documents à la main.

« Rassemblement tout le monde », appela Sarah. Le groupe se réunit. « Très bien. On fait le point. Aujourd'hui les conditions météo sont parfaites pour les feux tactiques. Nos objectifs sont les enclos de la bordure sud. Nous nous diviserons en trois groupes – les chefs de groupe doivent avoir l'expérience du feu –, donc, Nicko, Aiden et Thugger, répartissez tout le monde aussi également que possible. Et portez les tenues de feu, s'il vous plaît. Chaque groupe prend un des camions-citernes, plus les autres véhicules disponibles. Sécurité avant tout. Soyez prudents avec vos torches d'égouttement, pas d'excentricités. Attention aux directions du vent. Et avant tout, suivez les instructions de votre chef de groupe. Voici des cartes, une par personne. Je veux que chacun sur le terrain ait une radio complètement chargée. »

Comme les groupes se formaient, Alice se haussa sur la pointe des pieds, cherchant Dylan. *Jour des feux tactiques*. Elle lutta contre une rafale de souvenirs d'enfance. *Partout dans le monde, on utilise le feu*, lui avait dit sa mère par ce jour d'hiver dans son jardin. *Une sorte de sortilège qui transforme une chose en une autre*. Alice avait les mains moites. Elle continua à scruter le groupe, cherchant la silhouette de Dylan. Il n'était pas là.

« Sarah ! » appela Alice.

Sarah se retourna. « Alice ?

– Excuse-moi. Je… Je me demandais si Dylan collaborait à l'opération aujourd'hui ? » Elle se crispa en entendant le ton enfantin de sa voix.

« Non, camarade, dit lentement Sarah. J'ai besoin de personnel sur le terrain et Dylan a déjà participé à beaucoup de feux. » Elle étudia le visage d'Alice. « Pour cette opération, je ne peux pas me permettre d'avoir quelqu'un qui n'est pas totalement concentré sur le job. Je t'ai choisie parce que tu travailles dur et que tu semblais vouloir parfaire tes compétences. Mais si tu ne te sens pas…

– Non, l'interrompit Alice. Non, non. Ça va très bien. Je suis prête à partir.

– Tu en es sûre ?

– Certaine. »

Sarah hocha la tête. « Aiden, cria-t-elle en direction de la remise où se tenait Aiden. Tu prends Alice avec toi aujourd'hui.

– *Palya*, d'accord, répondit Aiden.

– Suis les instructions d'Aiden. » Sarah tourna les talons, prête à les quitter. « Et profite bien de ton premier feu », lança-t-elle par-dessus son épaule.

Alice se hâta vers la remise. Tout allait bien. Tout se passerait bien. Sarah l'avait choisie pour qu'elle poursuive son apprentissage. C'était parfaitement logique et compréhensible. Alice n'avait pas eu l'intention de tenir Dylan à l'écart. Il comprendrait sûrement que Sarah lui ait proposé cette mission à laquelle elle ne s'attendait pas, et il ne lui en voudrait pas si elle ne le rejoignait pas pour le déjeuner.

Sur la route qui menait aux enclos sud, Alice s'imagina en train de boire une bière avec Dylan à la fin de la journée et de lui raconter sa participation à la journée des feux tactiques. Mais tandis que défilait devant elle le paysage désertique avec ses touffes violettes de parakeelas en fleur, le souvenir de son père réveilla en elle un ancien sentiment de peur et d'angoisse.

Ils s'arrêtèrent à la lisière sud du cratère.

« On va opérer en ligne, tous ensemble, dit Aiden aux rangers pendant qu'ils préparaient leurs torches d'égouttement. Rappel important, qu'il s'agisse de votre premier ou de votre cinquantième feu, n'allumez pas de feu devant vous. Ne vous avancez pas dans les flammes. Allumez les feux derrière vous. Tenez-vous éloignés. Compris ? »

Alice hocha la tête. Elle avait les mains moites à l'intérieur de ses gants de protection. Elle serra sa torche de toutes ses forces, mais son bras tremblait sous son poids. Le bruit du liquide à l'intérieur lui soulevait le cœur.

« Radios ? » demanda Aiden. Les membres du groupe vérifièrent leurs radios. « Bon. Allumez les torches. »

Les mèches des torches prirent feu l'une après l'autre. Alice tressaillit quand la sienne s'alluma. Elle sifflait comme une créature vivante.

« Assurez-vous que la soupape de sécurité est ouverte », ordonna Aiden. Il se tourna vers Alice. « Dirige les flammes vers le sol derrière toi, comme ceci », dit-il. Il pointa sa torche vers une touffe de spinifex, y mit le feu, s'en éloigna, puis répéta l'opération. « Éloigne-toi du feu en marchant. »

Les sifflements et craquements de la terre en train de brûler emplissaient l'air. S'efforçant de garder les yeux rivés sur ses bottes et la terre rouge, Alice marchait d'un pas lent à travers les buissons, pointant sa torche vers le sol, propageant des flammes derrière elle.

Un, deux, trois, flamme. Un, deux, trois, flamme.

Je, suis, ici, flamme. Je, suis, ici, flamme.

Les souvenirs remontaient à la surface : le terrain indistinct sous ses pieds tandis qu'elle fuyait l'atelier de son père avec Toby. Le vent chaud sur son visage. Le ciel qui explosait sous les éclairs. Sa mère si belle sortant de la mer couverte d'hématomes.

« Alice. »

Elle ne s'était pas aperçue qu'elle avait cessé de marcher.

« Continuez d'avancer », ordonna Aiden au reste de la troupe. Il l'appela à nouveau. Il se tenait de l'autre côté de l'enclos, à une cinquantaine de mètres.

« Tu vas avancer d'un pas vers moi, maintenant. » Il parlait calmement d'une voix ferme.

Elle regarda ses pieds. Ils refusaient de bouger.

« Alice, tu peux y arriver. Avance vers moi. Tout de suite », dit Aiden avec plus d'insistance.

Elle tremblait. Le réservoir de combustible et la torche tanguaient dans ses mains. Ses pieds restaient collés au sol. La chaleur du mur de flammes derrière elle commençait à transpercer sa tenue ignifugée.

« Alice. » Aiden s'élança vers elle.

Elle ne pouvait pas bouger.

Il l'atteignit, la prit par le bras. « Je vais te soutenir et nous allons courir ensemble, d'accord ? »

Alice hocha la tête. Rassemblant ses forces, il la tira en avant. Elle courut maladroitement à son côté, hébétée, regardant ses pieds suivre difficilement le pas d'Aiden.

Quand ils furent en sécurité, suffisamment loin de la ligne de feu, Aiden se débarrassa de son sac à dos, l'ouvrit et en sortit une bouteille d'eau qu'il lui tendit.

– Merci, murmura-t-elle, lui rendant la bouteille.

– C'est passé ? » demanda-t-il.

Elle fit signe que oui.

« Lulu aussi a parfois des crises de panique. Elle essaye de me faire croire que ce sont des vertiges. »

Alice détourna les yeux. Elle ne savait pas que Lulu était en proie à l'anxiété elle aussi.

« Comment te sens-tu maintenant ? Tu veux que j'envoie un message radio au QG pour que quelqu'un vienne te chercher ?

– Non, non, répondit Alice. Non, ça va aller. » Elle serra plus fort sa torche. « Ça va », répéta-t-elle, d'une voix plus ou moins ferme.

Aiden l'observa. « Très bien, dit-il en reprenant son sac. Mais travaillons ensemble. Suis mon exemple. »

Tandis qu'elle parcourait l'enclos avec Aiden et allumait méthodiquement une ligne de feu à sa suite, Alice sentit ses épaules se détendre et sa main se raffermir. Grâce à son soutien et son regard attentif, elle vint à bout de sa tâche.

Une heure après, ils retrouvèrent l'équipe de ramassage venue les chercher en quads afin de les éloigner rapidement des feux. Au sommet d'une dune, ils s'arrêtèrent pour déjeuner à l'ombre des chênes du désert. Alice ferma les yeux en buvant une longue gorgée d'eau. La sueur froide de la peur trempait ses aisselles.

Pendant qu'ils mangeaient tous leurs sandwichs et bavardaient, Alice resta assise à l'écart, tournant le dos aux flammes orange qu'on voyait luire au loin. Quand elle croisa le regard d'Aiden, elle lui sourit ouvertement.

À la fin de la journée, de retour au quartier général, Alice avait hâte de finir sa journée et de retrouver Dylan à la maison. Elle s'apprêtait à partir quand Aiden l'interpella.

« Alice, il faut que j'aille donner un coup de main à la patrouille du soir, et nous n'avons plus assez de monde pour pointer les fiches de sécurité. Ça ne devrait pas prendre beaucoup de temps. Tu veux bien t'en occuper ? »

Alice étouffa l'angoisse qui montait en elle. « Bien sûr, fit-elle, tentant de masquer sa nervosité.

– Hé, *Pinta-Pinta*, l'appela Ruby du fond du parking, je vais t'aider, et ensuite tu me déposeras à la maison.

– Parfait, dit Aiden. Plus on est de fous... Merci, Alice. » Il s'apprêta à partir, puis revint sur ses pas, les bras grand ouverts. « Tu as fait du bon travail aujourd'hui. Bravo. » Il la serra rapidement, mais chaleureusement contre lui.

« Merci, dit-elle. Ça me fait vraiment plaisir. Et tu m'as beaucoup aidée. »

Lorsque Aiden fut parti, Ruby et Alice se dirigeaient vers le hangar de l'atelier quand le grondement d'un moteur attira l'attention d'Alice. Son cœur se serra en reconnaissant Dylan au volant de son pick-up de service, s'éloignant du quartier général sur les chapeaux de roues.

Quand Ruby et Alice eurent terminé leur travail, Alice n'était plus qu'une boule d'angoisse.

« *Nyuntu palya, Pinta-Pinta* ? demanda Ruby en grimpant dans le pick-up d'Alice. Ça va ? »

Alice ne répondit pas. Elle craignait que sa voix ne la trahisse.

« Tu as eu peur du feu aujourd'hui », affirma Ruby. Alice hocha la tête sans répondre. « *Uwa*, c'est vrai que le feu peut être effrayant. Mais il est utile aussi. Il soigne et guérit. Le feu garde la terre en bonne santé, et il nous garde nous aussi en bonne santé. Nous vivons là où le feu brûle. Il ne faut pas en avoir peur.

– Le feu guérit ? demanda Alice distraitement.

– Cet enclos que tu as brûlé aujourd'hui, expliqua Ruby, était couvert de cosses qui ont besoin du feu pour libérer et faire germer les graines qu'elles renferment. Sans ton feu aujourd'hui, la terre tomberait malade. La terre tombe malade, nos histoires tombent malades, nous tombons malades.

– Le feu n'a jamais rien guéri pour moi, dit Alice doucement. J'ai cru qu'il le pourrait, une fois. Mais, pour moi, il a toujours été la fin des choses. »

Du coin de l'œil, Alice vit Ruby l'observer. Leurs radios portables les interrompirent avec un grésillement. On demandait Ruby. Elle détacha sa radio de sa ceinture, répondit, puis raccrocha.

Elles restèrent silencieuses pendant le reste du trajet.

Après avoir déposé Ruby chez elle, Alice regagna l'entrepôt. La voiture de service de Dylan était arrêtée devant l'atelier. Avait-il vu Aiden la prendre dans ses bras ? Allait-il mal réagir ? Elle essaya de se rassurer. Sûrement pas, ils n'avaient pas déjeuné ensemble comme prévu et ne s'étaient vus de la journée, mais il comprendrait qu'elle avait participé au contrôle du feu. Et, comme l'avait dit Sarah le matin, Dylan avait souvent fait partie de ces équipes. Il ne lui reprocherait pas cette occasion d'apprendre.

Elle se dirigea à l'intérieur, s'accrochant à l'espoir qu'il ne serait pas jaloux, ni d'Aiden, ni de sa journée. Il lui avait dit qu'elle était l'amour de sa vie. Elle devait le croire, elle devait croire en lui. La scène se déroulerait ainsi : il allait la prendre dans ses bras et lui dire combien il était fier d'elle. Il l'emmènerait à la maison, ouvrirait une bière et lui poserait un tas de questions, il voudrait tout savoir de sa journée.

Il ne leva pas les yeux de son ordinateur quand elle entra. L'écran projetait une lueur blême sur son visage.

« Bonsoir », dit-elle, se forçant à sourire.

Il avait la mâchoire serrée. Il ne dit rien. Elle attendit.

« On t'a dit, j'ai participé à mon premier feu technique aujourd'hui », lança-t-elle. Son sourire crispé était douloureux. Il continua à l'ignorer. Un muscle battait sur sa joue.

« Je suis au courant, dit-il, le regard fixé sur son ordinateur. Pas étonnant que la petite chérie du parc soit choisie pour le contrôle du feu. »

La peur noua l'estomac d'Alice. Quand il se tourna vers elle, ses yeux étaient noirs, enfoncés dans leurs orbites, ses lèvres livides.

« Parce que c'est bien ce que tu es, hein, avec tes grands yeux, tes papillons et ton sourire. Ils raffolent tous de toi, hein ? Et tu leur fais la danse du voile. »

Alice était clouée au sol.

« Alors, comment était-il, ce contrôle du feu ? » Ses lèvres s'étirèrent en un sourire cruel. « Continue. Tu veux tout me raconter ? Avec qui tu étais sur le quad ? Hein ? » Il repoussa violemment sa chaise en arrière. Elle sursauta. « Qui tu avais entre tes jambes sur le quad, Alice ? » Il frappa son poing sur le bureau. « Parce que j'ai vérifié ta feuille de formation et tu n'as pas de licence pour conduire un quad. Alors, avec qui tu étais sur cet engin ? Et ne t'avise pas de me mentir. » De la bave apparaissait à la commissure de ses lèvres. Elle était incapable d'ouvrir la bouche.

« Dis-le-moi ! Avec qui étais-tu ? » hurla-t-il.

Des larmes se mirent à couler le long des joues d'Alice. Il fut si rapide qu'elle n'eut pas le temps de parer son attaque. Il lui saisit un bras et le tordit derrière son dos.

« Dis-le », gronda-t-il.

Quand il la projeta contre le mur, la violence du choc lui coupa le souffle. Elle ne pouvait plus respirer. Elle ne pouvait plus entendre. Elle n'avait qu'une pensée : s'enfuir.

« Ouais, c'est ça, fous le camp, espèce d'allumeuse. Je t'ai vue dans les bras d'Aiden. Je sais qui tu es. Vas-y. Barre-toi. » Sa voix rugit derrière elle. « Et bon débarras. »

Plus tard, elle se souviendrait d'avoir agi en automate. Se tortillant pour lui échapper. Courant jusqu'à son pick-up. Tournant la clef de contact tout en appuyant sur l'accélérateur. À nouveau, son esprit flottait quelque part au-dessus d'elle, détaché, la regardant en train de conduire. Elle s'arrêta devant la grille de Dylan, saisit Pip dans ses bras, remonta dans son pick-up et laissa les phares la guider sans encombre jusque chez elle.

À la sortie du virage en arrivant chez elle, Alice aperçut une voiture de location couverte de poussière garée dans son allée. Alice s'arrêta et s'en approcha d'un pas mal assuré, jeta un coup d'œil à travers les fenêtres.

Des voix assourdies lui parvenaient de l'arrière de la maison, ainsi qu'une riche odeur de tabac. Pip s'élança sans attendre à travers le garage.

Les jambes lourdes, elle s'avança péniblement vers le patio.

Là, dans les dernières lueurs du jour, Alice vit Twig et Candy Baby.

26

Lanterne du bush

Signification : **l'espoir peut m'aveugler**

Abutilon leucopetalum / Territoire du Nord

Le Tjirin-tjirinpa (Pit.) pousse à l'intérieur des terres, souvent rocheuses. Les feuilles ont une base en forme de cœur. Ses fleurs jaunes semblables aux fleurs d'hibiscus apparaissent surtout en hiver et au printemps, mais leur floraison éclatante peut durer toute l'année. Les enfants anangu en font de petites épées.

Candy fondit en larmes. Elle se précipita vers Alice et la couvrit de caresses et de baisers.

Twig resta en retrait. Elle laissa tomber sa cigarette et l'écrasa sous son talon. Elle attendit que Candy eût relâché Alice pour s'avancer et la prendre à son tour dans ses bras.

Alice frissonnait encore en préparant le thé. L'odeur de la fumée restait accrochée à sa peau, à ses cheveux. L'accès de rage de Dylan continuait à la hanter. La haine inscrite sur son visage. Sa détermination aveugle à lui faire du mal.

Elle apporta trois tasses de thé sur la table où Candy et Twig étaient assises, si familières mais tellement étrangères à sa vie dans le désert. Elle les posa devant elles en tremblant.

« Comment vas-tu ? » Candy lui prit la main.

Alice s'assit, ferma les yeux un instant et baissa la tête.

« Comment m'avez-vous trouvée ? » murmura-t-elle.

Les deux femmes échangèrent un regard.

Twig but une gorgée de thé. « Moss Fletcher.

– Le vétérinaire ? s'exclama Alice, stupéfaite. À Agnes Bluff ? »

Twig opina. « Il a lu l'inscription sur ton pick-up quand il t'a amenée chez le médecin. Il a repéré Thornfield sur Google et nous a appelées, cherchant à joindre un proche parent. Il nous a téléphoné lorsque tu lui as envoyé un e-mail indiquant que tu étais ici. »

Alice fut incapable de les regarder. « Il n'avait pas le droit de faire ça. » Elle entendit à nouveau la voix de Dylan : *Et tu leur fais la danse du voile.*

« Peut-être, dit doucement Candy. Mais nous avons été tellement soulagées. » Elle s'essuya les yeux. « Tu es partie brusquement, mon chou, dit-elle. Je t'ai envoyé des e-mails, des textos, je t'ai appelée tous les jours… » Sa voix se brisa. « Tu es juste partie. »

Dehors les guirlandes scintillaient dans le ciel violacé. Et s'il appelait ? Alice avait mal à la tête. L'adrénaline s'estompait, ne laissant plus en elle qu'une sensation d'immense fatigue.

« Tu sais bien pourquoi je suis "juste partie", dit-elle. Que voulais-tu que je fasse d'autre ?

– Je sais que cela peut paraître difficile à croire, mais June essayait seulement de te protéger.

– Oh mon Dieu. Ce n'est pas… » Alice se leva brusquement et repoussa sa chaise. « Je n'en peux plus », dit-elle, levant les deux mains. Elle n'avait plus la force de lutter. Elle n'avait pas envie de les voir. Son esprit n'était que confusion ; elle ne pouvait penser qu'à Dylan. Elle n'avait que faire des fantômes et des vieux souvenirs. Au fond d'elle-même, elle savait qu'elle était profondément injuste. Twig et Candy ne méritaient pas de partager ses peurs, ses souffrances et sa colère. Ce qu'elle pouvait faire de mieux pour le bien de tout le monde était de prendre du recul.

« J'ai besoin d'un petit moment. » Alice tourna les talons et se dirigea vers la douche. Au moment où elle allait fermer la porte, Candy reprit la parole.

« Elle est morte, Alice. »

Les mots l'atteignirent comme une déflagration. Elle voyait bouger les lèvres de Candy, mais n'entendait que des bribes de phrases.

« … une attaque cardiaque massive… »

Alice secoua la tête, s'efforçant d'écouter.

« … nous étions coupées de la ville par les inondations. Jour et nuit, elle est restée assise sur la véranda à l'arrière de la maison, à regarder l'eau monter. Nous l'avons trouvée les yeux ouverts, contemplant les fleurs dévastées. » Le visage de Candy était impassible.

Alice les regarda toutes les deux, comme si elle les voyait pour la première fois. Candy avait les yeux injectés de sang ; ses cheveux bleus étaient ternes et secs. Twig avaient les tempes grisonnantes. Même sous ses vêtements rustiques, sa silhouette était visiblement amaigrie.

June était morte.

Alice entra dans la salle de bains en chancelant, referma la porte derrière elle et s'y adossa, sentant ses jambes se dérober sous elle. Elle s'affaissa sur le sol. Cherchant désespérément à quoi se raccrocher, elle ouvrit le robinet d'eau chaude de la douche, y entra tout habillée et s'assit sous le jet, le visage levé. Elle ramena ses genoux sur sa poitrine, les entoura de ses bras et laissa ses larmes couler.

Alice s'attarda longtemps dans la salle de bains. S'enveloppant de serviettes, elle resta allongée dans la baignoire vide, les yeux fermés, refusant de bouger, refusant de parler.

À travers les murs lui parvenaient les échos étouffés de la conversation de Twig et Candy dans le salon. Le roulement de la porte coulissante. Le cliquetis des tasses à thé que quelqu'un lavait dans l'évier de la cuisine. Le grincement des chaises de la salle à manger sur le lino. Un bruit de pas se dirigeant vers la porte de la salle de bains.

« Alice. » La voix de Twig. « Je pense que le mieux est que nous allions prendre une chambre en ville. Cela te donnera le temps de te remettre. Nous n'aurions pas dû t'annoncer cette nouvelle comme ça. » Une pause. « Nous sommes désolées. » Une autre pause. Des pas qui s'éloignent. En entendant s'ouvrir la porte d'entrée, les remords firent sortir Alice de la baignoire. Elle ouvrit la porte à toute volée. Pip se précipita vers elle, se faufilant entre ses jambes.

« Attendez », cria-t-elle.

Twig et Candy étaient déjà dehors. Elles s'immobilisèrent en l'entendant et rentrèrent dans la maison.

« Vous pouvez rester. Il y a de la place. Je suis en congé pendant quatre jours. » Elle releva le menton. « Vous devriez rester. Il faut que nous parlions. » Les battements de son cœur cognaient à ses oreilles.

Elles se consultèrent du regard. Candy fut la première à parler. « Et si je préparais en vitesse un petit dîner tardif ? Nous sommes bonnes à rien l'estomac vide. »

Tandis que Candy investissait la cuisine et que Twig se roulait une cigarette derrière la maison, Alice alla s'habiller dans sa chambre. Chaque mouvement lui demandait un effort. Enfiler sa culotte. June avait-elle souffert ? Une jambe. L'autre jambe. S'était-elle rendu compte qu'elle était en train de mourir lorsque la crise cardiaque l'avait frappée ? Passer ensuite son chemisier. Avait-elle pleuré, appelé quelqu'un à l'aide ? Avait-elle eu peur ? Alice eut soudain la sensation que sa tête était trop lourde pour son cou. Elle se traîna jusqu'à son lit, cherchant le réconfort de son oreiller, recroquevillée sur elle-même.

Et il était là.

Le parfum de son eau de Cologne, l'odeur de la nature et quelque chose d'autre en plus. Son corps, ses rêves et son haleine, un goût de terre et de sel.

Alice finit d'enfiler le col de son chemisier, respira profondément. Il avait été bouleversé, s'était senti exclu des exercices de contrôle du feu. Il supportait mal qu'elle attire le regard des autres hommes. Elle aurait dû faire plus attention. Elle devrait aller le trouver et s'excuser. Il avait seulement perdu le contrôle. Cela arrive à tout le monde.

Alice refoula ses larmes. Elle éteignit sa lampe.

Quand elle se réveilla le lendemain matin, une odeur de café lui parvint, et les bruits de la présence de Twig et de Candy dans la cuisine. Alice ne savait plus où elle était, ni quand ni où. Elle aurait pu avoir neuf, seize, vingt-sept ans.

« Une tasse de café ? lui proposa Candy quand elle pénétra d'un pas lourd dans le salon, les yeux bouffis.

– Oui, s'il te plaît.

– Comment as-tu dormi ? demanda Twig.

– Comme une souche. » Alice bâilla. « Et vous ?

– Magnifiquement.

– Nous avions l'impression d'être des écolières dans un camp de vacances. Imagine à nos âges. » Candy sourit en lui tendant une tasse de café fumant. Alice la remercia d'un signe de tête.

Le silence tomba dans la pièce. Dehors, Pip courait après sa queue.

« Elle a besoin de grand air. » Alice but une gorgée de café. « Il y a un sentier où je me promène parfois, qui va de la clôture derrière la maison jusqu'au cratère. Il mène à un point de vue qui devrait vous plaire. »

Pip folâtrant devant elles, Alice, Twig et Candy traversèrent le bush. De temps en temps, l'une d'elles s'arrêtait pour admirer une rose du désert ou un grand aigle d'Australie planant au-dessus d'elles. En suivant le sentier qui gravissait l'extérieur du cratère, elles n'échangèrent que peu de mots. Quand elles arrivèrent à la plateforme d'observation, Twig respirait difficilement. Elle s'assit à l'ombre pour reprendre son souffle.

« Ce sont ces maudites cigarettes que tu fumes du matin au soir », la sermonna Candy. Twig lui fit signe de se taire.

Alice fit circuler une bouteille d'eau et en versa un peu dans un bol pour Pip qui s'était couchée haletante près de Twig. L'air matinal les rafraîchit. Elles se tournèrent vers l'intérieur du cratère. Les touffes écarlates des pois du désert ondulaient dans le vent.

« Quelle beauté ! soupira Candy. Je crois n'avoir jamais vu autant de pois du désert à un même endroit.

– Ils attirent des touristes du monde entier.

– Ils seront en fleur tout l'été jusqu'à l'automne. » Twig désigna le cratère d'un geste du menton. « Dans la région de ma famille, au sud, nous les appelons les fleurs de sang, ajouta-t-elle doucement. Dans nos légendes, elles poussent là où le sang a été répandu.

– Tu ne m'en avais jamais parlé, dit Candy. Est-ce pour cette raison que tu prenais tant de soin à les faire pousser à Thornfield ? »

Twig hocha la tête. « Une des raisons. Elles me rappelaient la famille que j'ai perdue. Et – la voix lui manqua – et la famille que j'ai trouvée.

– À cœur vaillant, rien d'impossible », murmura Candy.

Alice ramassa un bâton et le pointa vers les pois du désert. « D'après la légende, c'est le cœur d'une mère qui aurait formé le cratère en tombant sur terre. Elle l'aurait arraché de sa poitrine et jeté du haut des étoiles pour qu'il rejoigne son enfant mort en tombant du ciel. » Alice cassa le bâton en deux, ramassa quelques morceaux d'écorce. « Les pois fleurissent pendant neuf mois de l'année, en un cercle parfait. On raconte que chaque fleur est une partie terrestre, vivante de cette femme. » Elle cassa le bâton en morceaux de plus en plus menus jusqu'à ce qu'il n'en reste qu'un petit tas à ses pieds. « Mon amie Ruby dit que, si les fleurs sont malades, elle et toute sa famille tombent malades.

– C'est logique », dit Twig.

Toutes trois restèrent assises sans dire un mot.

« Est-ce qu'elle a été enterrée ou incinérée ? » Alice n'arrivait pas à croiser leur regard.

« Incinérée, répondit Candy. Elle avait laissé pour instruction dans son testament de disperser ses cendres dans la rivière, afin de pouvoir rejoindre la mer. »

Alice secoua la tête, se rappelant le jour où elle-même avait plongé dans la rivière et rêvé d'en suivre le cours jusque chez elle.

« Nous pourrions rentrer maintenant, Alice, dit Candy. Nous avons quelque chose à te remettre. » Twig hocha la tête.

« Bien sûr. » Alice siffla Pip et elles reprirent le sentier qui descendait jusqu'à sa maison.

Le soleil était haut et chaud quand elles arrivèrent. Alice remplit des verres d'eau fraîche.

Candy se dirigea vers la voiture de location et en revint avec un petit paquet enveloppé dans un morceau de tissu. Alice le reconnut.

« Oh, mon Dieu.

– Elle a dit dans son testament qu'il devait te revenir. » Candy déposa le paquet entre les mains d'Alice.

Alice déroula lentement le tissu jusqu'à ce qu'apparaisse le *Dictionnaire de Thornfield*. Les souvenirs affluèrent. La première fois où elle était entrée dans l'atelier avec Candy. Twig lui apprenant à couper les fleurs. June lui montrant comment les presser. Oggi, jeune garçon, levant les yeux de son livre et lui faisant un petit signe de la main.

« Il lui a fallu pratiquement vingt ans, mais elle a tenu sa promesse. » La voix de Twig était rauque. « Tout ce que tu as jamais voulu savoir est là-dedans. Nous ne l'avions pas compris, mais June a passé la dernière année de sa vie à écrire les histoires de Thornfield, y compris celles de ton père et de ta mère. »

Alice serra plus fort le livre entre ses mains.

« Quand tu l'auras lu, dit Candy, tu sauras ce que contenait le testament de Ruth Stone : Thornfield ne doit jamais revenir à un homme qui ne le mérite pas. » Elle s'arrêta, choisissant ses mots avec soin. « Alice, quand ton père était jeune, June a eu une crise cardiaque. Pas majeure, mais suffisante pour l'inciter à rédiger un testament. Mais elle l'a gardé secret – la voix de Candy se raffermit – parce qu'elle avait décidé d'en exclure Clem. June avait vu à quel point son fils pouvait devenir possessif avec ta maman quand ils étaient jeunes. Et parfois agressif avec nous autres. Jaloux quand il n'était pas le centre de l'attention. Méchant quand il ne dirigeait pas tout. Parfois violent dans ses colères. Quand il a entendu June confier à Agnes que Thornfield lui appartiendrait un jour, ainsi qu'à moi et à Twig, qu'elle avait fait le choix d'en déposséder son propre fils… Il est parti en jurant de ne plus jamais adresser la parole à sa mère, ni à aucune d'entre nous. Il a dit que c'était tout ce que nous méritions. » Sa voix s'étrangla. « C'est pour cela que nous ne t'avons pas connue avant l'âge de neuf ans. Nous n'avons plus jamais revu tes parents, nous ne leur avons jamais parlé depuis.

– Donc… » la voix d'Alice tremblait tandis qu'elle rassemblait tous les éléments de l'histoire, « donc mes parents sont partis parce que June avait fait un choix qui, elle le savait, mettrait mon père en rage ?

– Ce n'est pas aussi simple que cela. June jugeait qu'elle avait de bonnes raisons d'agir ainsi. Elle se méfiait trop du caractère de Clem pour lui léguer tout ce qu'elle et les femmes de notre famille avaient construit. Il pouvait être tellement imprévisible.

– Oui, répliqua Alice. J'en sais quelque chose, Candy. » Une migraine commençait à lui serrer les tempes. « Pourquoi ne m'as-tu pas dit que c'était la raison de leur départ ?

– C'était impossible, Alice. Impossible. Je ne pouvais pas trahir June. Pas après tout ce qu'elle avait fait pour moi. C'était à elle de raconter son histoire.

– Alors, tu as enterré tes propres sentiments ? Les emmerdes dont June était responsable sont devenues les tiennes ?

– Bon, ça suffit, intervint Twig. Ça suffit. Calme-toi. »

Alice se leva et fit les cent pas. Des larmes coulaient le long du nez de Candy.

« Je pense qu'il est important que nous ne soyons pas prisonnières du passé, dit Twig posément.

– Prisonnières du passé ? s'écria Alice. Comment puis-je être prisonnière du passé quand je ne sais même pas ce que cela signifie ?

– Alice, je t'en prie, tenta de la raisonner Twig. Essaye de te calmer. Nous avons à parler de quelque chose d'important.

– Et c'est quoi exactement ?

– Assieds-toi », dit Twig d'un ton ferme. Son expression était impénétrable. Tout comme celle de Candy. Un pressentiment funeste balaya soudain la colère qui s'était emparée d'Alice. Elle regarda alternativement les deux femmes.

« Quoi ? demanda-t-elle. De quoi s'agit-il ? Dites-le-moi. Tout de suite.

– Alice, assieds-toi. »

Elle voulut protester, mais Twig leva la main. Alice approcha une chaise et s'assit.

« C'est quelque chose de difficile à accepter et je donnerais cher pour te ménager. » Twig pressa ses mains l'une contre l'autre.

« Dis-moi, cria Alice, serrant les mâchoires.

– Bon », commença Twig.

Candy prit une profonde inspiration.

« Alice… fit Twig.

– Tu vas me le dire, oui ou non ?

– Ton frère a échappé à l'incendie », lâcha Twig en s'affaissant sur sa chaise.

Alice eut un mouvement de recul, comme si elle avait reçu une gifle. « Quoi ?

– Ton petit frère. Il a survécu. Il a été adopté, peu de temps après ton arrivée à Thornfield. »

Elle les regarda, abasourdie.

« Il était né prématurément et était en mauvaise santé. Les médecins n'étaient pas certains qu'il survivrait. June n'était pas sûre de pouvoir s'occuper d'un nouveau-né malade, et elle ne voulait pas te causer davantage de chagrin s'il venait à mourir. »

Alice secoua la tête. « Alors elle l'a simplement abandonné ?

– Oh, mon chou. » Candy tendit la main vers elle. « Je suis tellement désolée. C'est un tel choc, et beaucoup à absorber d'un coup. Il te faudra du temps. Pourquoi ne reviens-tu pas avec nous, à Thornfield ? Je t'en prie. Nous prendrons soin de toi. Nous… »

Alice, prise de haut-le-cœur, courut aux toilettes.

Les visages de Twig et de Candy, pleins de crainte, d'inquiétude et d'amour, se penchèrent sur elle, murmurant son nom.

Candy ouvrit la porte de derrière et apporta deux bols de pâtes dans le patio. Elle en donna un à Twig et s'assit à côté d'elle sous les guirlandes. Elles mangèrent en silence. Le ciel vira du bleu à l'ambre puis au rose. À contre-jour, l'extérieur du cratère ressemblait à la coque d'un navire échoué sur une plage.

« Quand crois-tu qu'il faudra la réveiller ? demanda Candy.

– Laisse-la dormir, Candy.

– Elle a passé plus d'une journée au lit, maintenant.

– Vraisemblablement, elle a besoin de ce repos, soupira Twig.

– Et son téléphone ? Il a dû sonner une demi-douzaine de fois.

– Candy…

– Mais d'où viennent les marques de coups ? » chuchota Candy.

Twig secoua la tête. Elle posa son bol et chercha sa blague à tabac dans sa poche. « Probablement de son travail. Tu sais bien le nombre fois où nous nous faisons mal à la ferme.

– J'ai l'impression que nous l'avons perdue, dit Candy d'une petite voix.

– Tu as cette impression parce que tu ignores ce qu'a été sa vie depuis qu'elle est partie. Elle n'a pas eu l'occasion de nous en parler. Nous avons débarqué chez elle avec trop de choses à lui dire. »

Candy ne répondit pas. Elles regardèrent le soleil disparaître à l'horizon.

« Tu ne lui as pas dit que June est morte sans cesser d'attendre son retour, dit Candy au bout d'un moment.

– Toi non plus, répliqua Twig.

– Je sais. » Candy se frotta le front. « Se sentir coupable est la dernière chose dont elle a besoin. »

Les premières étoiles scintillaient dans le ciel.

« Tu as vu ses cahiers de notes ? » demanda Candy.

Twig secoua la tête à nouveau en allumant sa cigarette.

« Ils sont dans sa bibliothèque. Remplis de fleurs et de leur signification. Certaines pages comportent des dessins, d'autres des fleurs séchées. Mais pas dans un ordre déterminé, pas comme s'il s'agissait d'une sorte de dictionnaire ou de catalogue, plutôt au hasard. En feuilletant ces cahiers, j'ai eu l'impression qu'ils racontaient autre chose, comme une histoire. »

Twig tira sur sa cigarette et souffla la fumée vers le ciel, en lançant à Candy un regard de biais.

« Et alors ? dit Candy. Je n'ai fait que jeter un coup d'œil. Ils étaient sur le rayonnage. J'étais simplement curieuse. » Elle planta sa fourchette dans ses pâtes. « Je suis inquiète. »

Twig souffla une autre bouffée. « Moi aussi. »

Candy reposa son bol et sa fourchette. « Il faut la persuader de revenir avec nous à la maison, dit-elle. Après tout, elle est maintenant propriétaire d'un tiers de Thornfield. »

Twig fit tomber la cendre de sa cigarette. « Tout ça peut attendre.

– Mais tu penses pas qu'elle a des ennuis ? Nous sommes sa famille. Elle a besoin de nous.

– Nous ne sommes pas sa seule famille », fit remarquer Twig.

Candy parut stupéfaite. « Nous l'aimons. Nous l'avons élevée.

– Et quand elle sera prête, nous serons là pour l'accueillir. Mais, actuellement, nous devons lui laisser du temps. Le temps de faire ce qu'elle a besoin de faire.

– Quoi ?

– De vivre, répondit simplement Twig. Tu le sais aussi bien que moi. Le cœur et la tête ne voient pas les choses de la même façon. Alice a absolument besoin de vivre sa propre histoire, d'y croire, de faire des erreurs, de se planter, et de savoir malgré tout qu'elle s'en sortira.

– Mais… » La lèvre de Candy tremblait, « mais si elle n'y arrive pas ?

– Alors quoi ? Tu veux qu'on l'étouffe sous prétexte de la protéger comme le faisait June ? Tu connais le dicton. Le chemin de l'enfer… » Twig se tut et retira des brins de tabac de sa langue.

Candy garda le silence. Un chien hurla au loin.

« Nous ne la perdrons plus, dit Twig. Fais-lui un peu confiance. »

Candy hocha la tête, le visage crispé. « Bien, dit-elle.

– Bien. » Twig tira longuement sur sa cigarette, le tabac grésilla dans le silence.

Assise sur le canapé, Alice buvait son café. Elle était réveillée depuis plusieurs heures, mais sa tête lui paraissait aussi vide que le ciel au-dehors. Candy lui avait dit qu'elle avait dormi pendant deux jours. *Tu as absorbé trop de choses à la fois ; tu en avais certainement besoin.*

Pip fila entre leurs jambes tandis qu'elles transportaient leurs bagages jusqu'à leur voiture. Elles voulaient atteindre Agnes Bluff avant la nuit. Leur vol de retour décollait le lendemain à la première heure.

« Je pense que c'est tout. » Twig entra dans la maison, s'époussetant les mains. « Je te l'ai déjà demandé vingt fois, Alice, mais si tu préfères que nous restions... »

Alice secoua la tête. « Ça va mieux. Être seule pour réfléchir à tout ça me fera du bien.

– Promets-nous de nous appeler, dit Candy. Si tu te poses des questions, que tu as besoin de parler, ou simplement envie de quelqu'un qui te connaît et qui t'aime. »

Alice se leva et vint vers elle.

« Je déteste les adieux, murmura Candy en la serrant dans ses bras. Promets de venir passer quelque temps avec nous. On va essayer de tout recommencer à zéro. La saison des semis débute bientôt. Et Thornfield sera toujours ta maison. »

Alice blottit sa tête sur son épaule, humant son parfum de vanille.

Candy se recula. « Alice Blue », dit-elle, lui replaçant une mèche de cheveux derrière l'oreille avant de monter dans la voiture.

Alice était seule face à Twig. Elle n'arrivait pas à la regarder.

« Ça ira ? » Twig se racla la gorge.

Alice se força à lever les yeux. « Ça ira. »

Elles se regardèrent dans les yeux un moment. Twig sortit une épaisse enveloppe de sa poche.

« Quand tu seras prête, dit-elle, tout ce dont tu as besoin se trouve là-dedans. J'aurais dû te le donner il y a des années. »

Alice prit l'enveloppe. Twig l'attira vers elle et la serra dans ses bras.

« Merci », dit Alice. Twig hocha la tête.

Alice resta dehors à agiter la main jusqu'à ce que la voiture ait disparu.

Quand elle regagna la maison, tout ce que Twig et Candy lui avaient annoncé lui revint. La mort de June. L'existence de son frère. Elle tournait en rond, essayant de tout assimiler à la fois, mais elle n'avait de place dans son esprit que pour Dylan. Les jours avaient passé. Où était-il ? Twig et Candy avaient peut-être oublié de mentionner qu'elle avait reçu des appels pendant qu'elle dormait. Mettant de côté l'enveloppe que Twig lui avait remise, elle se hâta vers son téléphone. Il y avait des messages. Tous de lui. Le premier la priait de lui pardonner, mais son ton devenait de plus en plus froid ensuite. En écoutant le dernier, elle sentit son cœur se serrer.

« Je me suis conduit en personne responsable, je t'ai appelée, je me suis excusé, et tu te contentes de m'ignorer ? Très bien ! »

En proie à un sentiment de culpabilité et au désir de tout arranger, Alice saisit ses clés et sortit par la porte de derrière. Elle marcha vers la maison de Dylan. Elle s'excuserait d'avoir participé à cette journée des feux contrôlés, d'avoir négligé ce qu'il avait pu ressentir, de ne pas être venue s'expliquer plus tôt. Elle dirait qu'elle avait eu une visite inattendue de sa famille. Elle lui raconterait. La mort, la vie. Il comprendrait.

Mais le portail de Dylan était fermé et cadenassé. Ni son pick-up de service ni sa voiture n'étaient dans l'allée.

« Il est parti », dit la voix calme de Lulu dans son dos.

Alice se retourna brusquement. Elles ne s'étaient pas parlé depuis des mois.

« Il est parti, répéta Lulu, les mains enfouies dans ses poches. Il a dit qu'il avait vu Sarah au QG et qu'il avait des affaires urgentes à régler concernant son travail. Il a dit qu'il devait partir sur-le-champ. »

Alice la dévisagea, cherchant à comprendre. « Quand… quand est-il parti ?

– Je l'ai vu hier à la station d'essence en train de faire le plein. Il ne te l'a pas dit ? »

Alice ne put réprimer un gémissement. Quelle affaire urgente ? Avait-il parlé à Sarah de ce qui s'était passé dans l'atelier ? Était-il blessé ? Malade ? Lulu la retint avant que ses genoux ne cèdent.

« Qu'ai-je fait ? sanglota Alice, s'accrochant à Lulu, sans se rendre compte que ses contusions étaient visibles.

– *Qué chingados*[1] ? dit Lulu à mi-voix, en voyant les bras d'Alice. C'est quoi ces putains de bleus, Alice ? Il t'a fait mal ? Dylan t'a battue ? »

Alice s'écroula dans ses bras.

« Bon, déclara Lulu d'une voix attentionnée mais ferme. On va chez moi. Viens. »

---

1. « C'est quoi ce bordel ? »

27

Arbre corail à ailes de chauve-souris

Signification : **guérit les maux de tête**
Erythrina vespertilio / Australie du Centre et du Nord-Est.

Le bois d'Ininti (Pit.) est couramment utilisé pour la fabrication des propulseurs de lances et des bols. L'écorce, les fruits et les tiges sont utilisés dans la médecine traditionnelle. Il a des feuilles en forme d'ailes de chauve-souris et, au printemps et en été, des fleurs couleur corail. Les graines brillantes en forme de haricots ont différentes nuances, depuis le jaune foncé jusqu'au rouge sang, et sont utilisées pour la décoration et la joaillerie.

Alice marcha hébétée jusqu'à la maison de Lulu et s'assit à sa table, le regard rivé sur ses mains. Les larmes inondaient son visage. Lulu alla dans la cuisine et revint avec deux petits verres d'un liquide qu'Alice prit pour de l'eau gazeuse avec de la glace, agrémentée de rondelles de citron jaune et vert.

« Voilà pour t'aider à reprendre tes esprits. » Elle hocha la tête et but une gorgée. Alice en fit autant et se mit à tousser en avalant le gin-tonic bien corsé. « C'est le remède de ma grand-mère contre la fièvre et les maux de cœur », dit Lulu.

Les glaçons craquaient dans les verres.

« Alors… depuis combien de temps ça dure ? »

Alice continua à boire, s'étrangla, la gorge serrée par le chagrin.

« Qu'ai-je fait de mal ? s'écria-t-elle, si fort qu'elle en hoqueta.

– Oh, *chica.* » Lulu se précipita dans la cuisine. « Tu n'as rien fait de mal », dit-elle en revenant avec un verre d'eau qu'elle posa devant Alice. Elle s'assit et tendit les mains en travers de la table.

« Pourquoi es-tu à nouveau si gentille avec moi ? demanda Alice, en les saisissant. Je croyais que tu me détestais.

– Je regrette tellement, dit Lulu d'une voix contrite. J'ai su que vous vous plaisiez dès le jour où tu l'as rencontré. J'ai essayé de te mettre en garde, mais je ne t'ai pas raconté toute l'histoire. Lorsqu'il a été évident que vous étiez ensemble, il était trop tard. J'étais trop inquiète, trop honteuse pour te dire vraiment ce qui s'était passé avec moi. » Lulu s'interrompit un instant et détourna les yeux, le regard vague. « Je ne l'ai jamais dit à personne. Aiden ne sait même pas tout. Dylan m'a réduite à l'état de loque. J'ai voulu minimiser les choses, me convaincre que cela ne s'était pas passé comme ça. J'ai pensé que c'était ma faute, qu'il y avait quelque chose qui ne collait pas entre lui et moi. Que j'étais la cause de sa colère, de sa violence. Que tout venait de moi. Je me suis dit qu'il serait différent avec toi. Si j'avais pensé qu'il était capable de... » Lulu regarda les bras d'Alice et ne termina pas sa phrase.

Tandis qu'elles se tenaient les mains, les yeux d'Alice tombèrent sur les lanières de cuir que Dylan avait détachées de ses poignets pour les lier autour des siens. Elle tira dessus, les mordit, tentant de les défaire.

« *Chica*, s'exclama Lulu, arrête. » Elle prit des ciseaux sur le comptoir, glissa la lame de métal froid sous les lanières pour libérer les poignets d'Alice. Alice se frictionna.

« Sais-tu de quoi Dylan a parlé à Sarah avant de partir ? » demanda-t-elle.

Lulu secoua la tête. « Je pense que nous le saurons demain matin en arrivant au boulot. » Elle désigna du doigt le médaillon d'Alice. « Courage. Je serai là avec toi. »

Le lendemain matin, Alice se rendit au quartier général avec Lulu. En passant devant la maison de Dylan, elle ne put s'empêcher d'y jeter un coup d'œil. La grille était fermée, il n'y avait toujours aucune voiture dans l'allée. Elle s'imagina en train de franchir la porte d'entrée. Elle avait laissé sa brosse à dents sur le comptoir de la salle de bains près de la sienne. Ses robes d'été étaient encore suspendues dans la penderie. Elle revoyait le lit défait près de la fenêtre, baigné de lumière. Son visage ensommeillé le matin. La manière dont il prenait sa tête entre ses mains quand ils faisaient l'amour. Le jardin potager qu'elle avait planté. La fosse creusée dans la terre pour les barbecues. La porte fracassée de la chambre. Les moutons de poussière. Comme elles s'éloignaient, le cœur d'Alice resta sur place, pris entre le désir, le regret et la peur.

Quand elles arrivèrent au quartier général, elle secoua la tête.

« Je ne peux pas », souffla-t-elle.

Elles restèrent silencieuses.

« Bien sûr que si », murmura Lulu en réponse.

Elles trouvèrent Sarah debout près du bureau d'Alice.

« Alice, dit-elle, le visage impassible, j'ai un mot à te dire dans mon bureau. »

Alice acquiesça. En suivant Sarah, elle lança un regard à Lulu.

« Je t'attends », articula son amie en silence.

Sarah indiqua le siège devant son bureau.

Alice s'assit, se rappelant le jour de son arrivée, se revoyant assise exactement au même endroit, signant son contrat d'engagement, pleine d'excitation et d'espoir.

« Je ne tournerai pas autour du pot. Un rapport d'incident a été déposé par un de nos agents. » Sarah prit une chemise en papier kraft et l'ouvrit. « Dylan River a déclaré qu'un incident s'était produit dans l'atelier après le feu contrôlé de jeudi dernier. Selon ses déclarations, tu as fait "preuve d'un comportement violent à son égard", lut-elle à voix haute. Bien qu'il ait clairement exprimé qu'il n'avait pas l'intention de poursuivre cette affaire, il m'a transmis ce rapport, et en a fait parvenir une copie au département des ressources humaines. » Elle posa le document et se cala dans son siège. « Je suis désolée, Alice, mais je n'ai pas le choix. Je dois prendre des mesures disciplinaires en conséquence, ce qui techniquement signifie suspension des activités de service, avec application immédiate. »

Alice tremblait tellement qu'elle avait peine à garder son aplomb.

« Je vais demander à l'un des rangers de te remplacer. J'espère avoir des nouvelles aujourd'hui de la direction indiquant la durée de ta suspension. Ils vont envoyer un membre de leur service la semaine prochaine, et tu auras alors la possibilité d'exposer ta version des faits. »

Alice resta muette.

« Entre-temps, tu ne dois avoir aucun contact avec Dylan tant que le rapport est en cours. Ça ne sera pas difficile, car, comme tu le sais probablement, il a pris un congé. »

Alice ferma les yeux.

« Tu as des questions ? »

Elle secoua la tête.

« Hé ! » fit Sarah d'un ton plus aimable.

Alice ouvrit les yeux.

« Y a-t-il autre chose que je devrais savoir, Alice ? Quelque chose que tu voudrais me confier confidentiellement ? »

Alice affronta le regard de Sarah pendant une seconde, avant de repousser sa chaise, de se lever et, sans un mot, de quitter la pièce.

Dehors, Lulu attendait dans son pick-up de service, le moteur en marche.

« Pas question de rester chez toi, *chica*, dit-elle quand elles s'arrêtèrent devant la maison d'Alice. Va mettre tes vêtements civils et accompagne-moi sur le circuit des rangers. Cela te fera du bien, tu sais, d'évacuer toute cette histoire en marchant au lieu de rester à maronner toute seule ici. »

Alice regarda sa maison sans la voir. Il avait déposé un rapport la mettant en cause. Il lui avait, sciemment, intentionnellement, pris sa voix. *Comme la petite fille du conte de fées qui s'aventure dans la forêt.*

Elle s'essuya les joues et ouvrit la porte du passager. « Donne-moi cinq minutes. »

Alice s'attarda derrière le groupe qui suivait Lulu sur le sentier du cratère. Elle n'aurait pas dû venir. Elle n'avait pas envie d'entendre ces explications qu'elle ne donnerait plus à l'avenir. Elle ne voulait pas penser aux raisons pour lesquelles elle ne les donnerait plus. Elle ne voulait plus entendre la voix de Dylan dans sa tête. Ni revivre sa conversation avec Sarah. L'humiliation. L'incrédulité. Elle aurait voulu s'effacer, se fondre dans le désert, devenir invisible.

« Vous retardez le groupe », lança une femme.

Alice sursauta. « Pardon.

– Ne traînez pas », dit la femme sèchement. Elle frappa plusieurs fois le sol de terre rouge de ses deux bâtons de marche.

« Tout va bien, dit Alice. Inutile de m'attendre. »

La femme rajusta la voilette de son chapeau sur ses cheveux grisonnants et son visage rosi. « Comme le savent tous ceux qui ont lu leur guide de l'outback, cet endroit est plus dangereux qu'il n'y paraît. » Elle décrivit un cercle avec son bâton.

« Merci, dit Alice, amusée. Je m'en souviendrai. »

Continuant à avancer, la touriste frappait de son bâton les branches qu'elle rencontrait en chemin. *Vlan, paf, crac.* Alice tressaillait à chaque coup. Son envie de solitude accroissait son irritation. *Respire*, se dit-elle.

Mais ses pensées se bousculaient dans sa tête. Durant le week-end, tandis que Twig et Candy lui révélaient des vérités qui allaient irrémédiablement bouleverser le fil de son existence, Dylan était resté dans son coin, devant son ordinateur, ou avec un stylo et une feuille de papier, et s'était délibérément employé à la réduire au silence. Buvait-il un café pendant ce temps ? Avait-il ouvert une bière ? Qu'avait-il ressenti en tirant, mot après mot, la flèche qui la visait en plein cœur ? Il avait pris sa part de la vie d'Alice, de son corps, de son esprit, et maintenant il était rassasié.

Alice fut prise d'une crampe d'estomac.

Avait-il tremblé ? Avait-il eu des remords, même passagers ? Des regrets, au moment où il visait ? Et les jours suivants, où était-il allé ? Où était-il parti ? Avait-il un refuge humide et sombre où il se retirait, où, à la lumière d'une lanterne, il changeait la paille en or, pour pouvoir se transformer en une autre personne ?

Devant Alice, la femme avait cessé d'avancer. Accroupie sur le bord du sentier, elle avait ouvert son sac à dos et en avait sorti un petit bocal qu'elle remplissait de terre rouge.

« Non ! » s'écria Alice, se précipitant pour lui ôter le bocal des mains. Il atterrit sur le sol avec un bruit sourd. Quelques touristes se retournèrent, étonnés. La femme s'assit par terre, une expression stupéfaite sur le visage. Alice la regarda, l'air furieux, les poings serrés.

« Tout va bien à l'arrière ? » Lulu venait à leur rencontre.

« Non, absolument pas ! » La femme se remit sur ses jambes.

« Alice ? interrogea Lulu.

– Elle essayait de ramasser de la terre. Je l'ai vue », dit Alice en tremblant, désignant le bocal.

Lulu pressa le bras d'Alice. « OK », dit-elle en la regardant dans les yeux. Elle regarda la femme, puis à nouveau Alice. « OK ? »

Alice hocha la tête.

« Madame, marchez avec moi et je vous expliquerai pourquoi ce que vous venez de faire est une infraction passible d'amende dans un parc national. » Lulu conduisit la touriste en tête du groupe. Elle jeta à Alice un regard soucieux.

Alice fit le reste du chemin à l'arrière du groupe. Personne ne lui adressa la parole. Lulu ne cessait de la regarder jusqu'à ce qu'elle lui fasse signe d'avancer. Elle fut à plusieurs reprises tentée de faire demi-tour, d'aller retrouver Pip chez elle et de se mettre au lit. Mais cela ne servirait qu'à la faire remarquer davantage.

En arrivant à la plateforme, elle s'assit à l'écart du groupe. La voix de Lulu lui parvenait pendant qu'elle gardait le regard fixé sur le cercle de fleurs d'un rouge flamboyant. Ses pensées se tournèrent vers Twig, Candy et June. Puis vers sa mère. Toujours sa mère. Toujours.

Elle attendit que ses larmes sèchent avant de se lever et de suivre le reste du groupe jusqu'en bas du Kuṯuṯu Kama.

Le sentier du cratère était en plein soleil. La mer de pois du désert miroitait dans la chaleur. Un aigle décrivait des cercles dans le ciel. Des pinsons pépiaient dans les buissons. Alice ferma les yeux et écouta. Le timbre de la voix de Lulu. Le rythme du vent. Le bruissement des fleurs et des branches. On aurait dit un pouls, un infime battement de cœur.

Le son d'une fermeture à glissière interrompit la fragile sérénité d'Alice. La marcheuse s'était à nouveau écartée du groupe, avait repris le bocal dans son sac à dos et était accroupie près des pois du désert. Alice la vit déboucher lentement le couvercle du bocal et tendre une main vers les fleurs.

Elle se jeta de tout son poids sur elle, la plaqua au sol, lui arrachant les pois du désert. La femme hurla.

Une heure plus tard, Alice était assise à l'extérieur du bureau de Sarah, les coudes posés sur ses genoux, la tête entre les mains. Elle sentait l'odeur de sa peau, brûlée par trop de soleil. Elle se souvenait de celle de sa mère : douce et fraîche. La délicatesse de la voix de sa mère, l'éclat de ses yeux quand elle était dans son jardin au milieu des fougères et des fleurs. Elle se souvenait de l'odeur de June, son whisky et ses bonbons à la menthe. L'odeur de la rivière et des feux que Oggi allumait quand ils étaient adolescents.

Des images de Dylan se mêlaient à certains souvenirs de son père. Des visages convulsés de rage. Le relent acide de l'haleine de Dylan, l'odeur minérale de la furie de son père, son propre corps blessé, courbé, l'eau horriblement froide, les mains levées, prêtes à frapper. La radio du quartier général était brouillée par des parasites, qui résonnaient à ses oreilles comme des cris de nouveau-né. Qui avait élevé son frère ? Avait-il une vie agréable ? Était-il heureux ? Savait-il qu'elle existait ?

« Alice. »

Elle leva les yeux. Sarah se tenait dans l'embrasure de la porte de son bureau. Elle avait l'air triste.

Ruby était assise près du feu dans le jardin derrière sa maison quand elle entendit un pick-up s'arrêter devant sa porte. Elle jeta un coup d'œil dans l'allée. Le pick-up aux papillons d'Alice était bourré de bagages. Ruby se concentra à nouveau sur le collier qu'elle confectionnait. Elle tenait l'extrémité d'un cintre en fil de fer au-dessus des flammes et perçait une graine de minti par le milieu. Une fois refroidie, elle l'enfilait sur une cordelette brune et prenait la graine suivante dans un tas à ses pieds. Elle regarda Alice descendre de son pick-up, suivie de sa chienne. Elle marchait d'un pas lourd et semblait avoir mal aux yeux. Elle était l'image même d'une femme qui vient de perdre d'un seul coup sa maison, son gagne-pain et l'amour de sa vie.

Alice vint s'asseoir devant le feu de Ruby, fixant les flammes. Pip fila jouer avec les chiens de Ruby. Trois grands chênes du désert gémirent quand le vent se leva. Ruby maintint son cintre au-dessus des flammes, attendit de le voir rougir et perça une autre graine. Alice resta silencieuse. Elle dut s'y reprendre à plusieurs fois avant que sa voix soit assez forte pour se faire entendre.

« Ruby, je suis venue dire au revoir. »

Ruby enfila la graine et en prit une autre. Le vent soulevait leurs cheveux. Il soufflait du nord-ouest. *Ce vent rend malade*, disaient les tantes de Ruby. *C'est un vent mauvais, ce vent d'ouest. Il va rendre ton esprit malade. Tu ferais mieux de prendre le bon remède.*

« J'ai pensé à ce que tu disais l'autre jour, *Pinta-Pinta*, à ce que le feu signifie pour toi. » Ruby fit un trou à travers une nouvelle graine et l'enfila sur la cordelette. « Je voulais te demander où se trouve l'endroit de ton feu.

– L'endroit de mon feu ?

– Oui. L'endroit de ton feu. L'endroit où tu retrouves les gens que tu aimes. Où vous avez chaud, tous ensemble. Qui est à toi. »

Alice resta silencieuse. Ruby ajouta une branche de mulga dans le feu.

« Je ne sais pas. Mais j'ai… j'ai un frère. » La voix d'Alice se brisa. « Un jeune frère. »

Ruby souleva la cordelette d'ininti et en noua les deux bouts. Le collier resplendit, rouge et brillant. Elle le tendit à Alice qui se borna à le contempler. Ruby l'agita devant elle, l'incitant à le prendre. Les graines d'ininti s'entrechoquèrent doucement quand elle les déposa dans la paume d'Alice.

« Ce sont des graines du corail aux ailes de chauve-souris, murmura Alice. Pour soigner les maux de tête. » Elle avait les yeux rougis.

« Les femmes de ma famille les portent pendant l'inma, lors des danses traditionnelles. Elles nous donnent de la force au cours de la cérémonie. » Alice frotta les graines entre ses pouces, les porta à son nez et respira leur odeur de fumée.

« Une chose encore », dit Ruby en se levant. Elle rentra à l'intérieur de la maison et en revint un instant plus tard avec un sachet carré en coton. « De la menthe buisson, dit-elle en la tendant à Alice. Mets-la sous ton oreiller. Ton esprit sera plus calme en te réveillant.

– Merci. » Alice pressa le sachet sous son nez. « Dans ma famille, dit-elle, la menthe buisson n'est pas utilisée comme remède. Elle signifie "amour abandonné". »

Ruby examina son visage un moment. « Abandonné. Guéri. » Elle haussa les épaules. « Tout est lié, non ? » Elle tisonna le feu, qui crépita. Les flammes montèrent haut dans le ciel de l'après-midi. Elles restèrent assises sans parler.

« Je vais te dire quelque chose, *Pinta-Pinta*, dit alors Ruby. Aie confiance en toi. En ton histoire. Raconte-la telle qu'elle est. » Elle frotta ses mains dans la fumée du feu.

Alice tournait les graines d'ininti entre ses doigts.

« *Palya* ? demanda Ruby.

– *Palya* », répondit Alice, soutenant son regard.

Ruby sourit. Le feu illuminait les yeux d'Alice.

Une fois qu'elle en fut assez éloignée pour réduire Kililpitjara à un rêve lointain se détachant sur l'horizon assombri, Alice s'arrêta. Elle sortit de son pick-up et marcha avec Pip sur le sable rouge, au milieu des touffes de spinifex, caressant le sommet des hautes herbes jaunes.

Elle avait certes besoin d'un moment pour reprendre le contrôle d'elle-même, mais la vérité était qu'elle ne savait pas si elle avait pris la bonne décision en partant. Son amour pour Dylan marquait chacune de ses pensées. Elle essuya ses joues mouillées de larmes en se rappelant un après-midi pas si lointain où ils étaient allés tous les deux admirer le coucher de soleil.

Imaginons que nous partions un jour sur la côte ouest, lui avait-il dit, lui adressant ce lent sourire qui la faisait fondre. *Nous aurions fait nos bagages, chargé le pick-up et roulé. Roulé sans arrêt jusque là-bas. Que ferions-nous une fois arrivés* ?

Ils étaient assis sous un grand chêne du désert, leurs doigts emmêlés.

Elle sourit, fermant les yeux. *Nous achèterions une cabane, mangerions du poisson frais, ferions pousser nos fruits et légumes et…* elle avait hésité.

Quoi ?

Nous ferions des enfants. Elle avait poussé un gros soupir. *Des petits enfants turbulents, aux jambes potelées, pieds nus. Qui grandiraient entre la terre rouge, le sable blanc et la mer*. Elle avait détourné les yeux.

Il avait mis un doigt sous son menton, l'avait forcée à le regarder. Ses iris s'étaient illuminés. *Des jambes potelées*. Il avait eu un grand sourire et l'avait attirée contre lui.

Je t'aimerai toute ma vie, avait-elle murmuré.

Toutes nos vies, avait-il répondu.

Alice pleura toutes les larmes de son corps, seule avec Pip dans les dunes. Devait-elle rester ? Lutter pour garder son travail et essayer de recoller les morceaux avec Dylan. Cet amour n'était sûrement pas fini ; comme l'artiste japonaise avec sa laque mêlée de poussière d'or et tous les morceaux cassés étalés devant elle, Alice pouvait le réparer. Elle pouvait sauver Dylan. Leur amour pouvait les sauver tous les deux. Comment y renoncer ? Elle pourrait faire plus d'efforts, être exactement ce qu'il attendait, ce dont il avait besoin, en faire un homme meilleur. Dès le début, c'est tout ce qu'il avait voulu, être un homme meilleur. En outre, vers quoi se dirigeait-elle exactement ? Elle n'avait nulle part où aller. Pourquoi ne pas rester ?

Elle marcha lentement, arpenta les dunes.

Le désert lui jouait des tours. Le temps qui passe ne laissait aucune trace visible. Ce matin aurait pu avoir lieu il y a cent ans. Le soleil peignait et repeignait tous les jours le paysage, les étoiles brillaient, les saisons se succédaient, mais le temps demeurait invisible. L'érosion et la création se déroulaient si lentement que le seul changement pour un individu qui aurait passé son existence dans le désert était sa propre apparence physique. Ce qui ramenait Alice à son insignifiance. Elle marcha de long en large sur le sable rouge, s'arrêta sur une dune plus élevée. Elle suivit du regard la route du cratère. Pourrait-elle être de retour à temps ? Pourrait-elle tout effacer et prendre un nouveau départ ?

Pip se frotta contre sa jambe. En se baissant pour la caresser, Alice aperçut des ecchymoses sur ses jambes qu'elle n'avait pas remarquées jusque-là. De quand dataient-elles ? Peut-être du jour où elle s'était trouvée dans l'atelier avec Dylan, mais elle ne se souvenait pas d'avoir été touchée aux jambes.

Son estomac se retourna : elle avait neuf ans, elle voyait sa mère sortir de la mer, nue, couverte d'ecchymoses.

Alice repensa au conte japonais, sous un autre jour cette fois, un jour accablant : elle n'était pas l'artiste avec son pinceau, et elle n'était pas non plus l'or. Elle était les morceaux épars, qu'on réparait et qui se brisaient, sans cesse. Comme sa mère, qui ne pouvait pas concevoir la vie loin de l'homme qui ne cessait de la briser. Comme les Fleurs, qui étaient venues à Thornfield chercher la sécurité. Pendant tout ce temps, elle n'avait jamais voulu comprendre.

Abandonné. Guéri. Ruby avait haussé les épaules. *Tout était lié, non ?*

Pip s'agitait autour d'Alice, lui léchait le visage. Alice essuya ses larmes, pensant que June aurait aimé Pip. Autant qu'elle avait aimé Harry. Le souvenir de June traversant le champ de fleurs avec Harry en amena d'autres, en rafale. Le jour où elle avait amené Alice à l'école, où elles avaient pouffé de rire quand Harry avait pété. La veille de son dixième anniversaire, quand Alice avait remué dans son sommeil à côté de Harry et vu June dans l'obscurité, penchée au-dessus de son bureau, arrangeant son cadeau surprise. Le matin où elle avait passé son permis de conduire et vu June et Harry qui attendaient sur le parking de la police. Le sourire d'Alice s'effaça au souvenir de sa dernière soirée à Thornfield : Harry n'était plus là et June était une ivrogne titubante, abattue et dévastée par le départ d'Alice. C'était son dernier souvenir de June. Elle ne l'avait jamais revue.

Alice s'écroula sur le sol, accablée à l'idée qu'elle n'avait nulle part où aller pour être en sécurité, que personne ne l'attendait. Sentant sa détresse, Pip se mit à gémir.

« Tout va bien, dit Alice en la caressant. Tout va bien. » Elle respira profondément, cherchant à retrouver son calme pour pouvoir réfléchir. Elle avait besoin de décider où aller, au moins la nuit prochaine.

Se levant pour s'épousseter, un souvenir lui revint soudain à l'esprit.

Quand tu seras prête, avait dit Twig, le matin de leur départ, *tout ce dont tu auras besoin se trouve là-dedans.*

Alice jeta un coup d'œil à son pick-up et comprit le sens de ces mots. Pip à ses côtés, elle dévala la dune, ouvrit fébrilement la boîte à gants, saisit l'enveloppe et la déchira. Elle en sortit une liasse de documents.

Elle en parcourut chaque page, absorbant chaque mot.

Elle relut les papiers à plusieurs reprises, incrédule, jusqu'à ce que les mots deviennent réels, sonnent vrai. Elle les caressa du bout du doigt. Il n'y avait pas de doute, ils étaient bien là, inscrits sur le papier.

« Incroyable », murmura-t-elle. Comme pour donner son accord, Pip se mit à japper.

Alice remit l'enveloppe dans la boîte à gants. Elle tourna la clef de contact, passa la vitesse, appuya sur l'accélérateur et prit la route – laissant le soleil derrière elle.

Parfois, il était peut-être possible de repartir en arrière, afin de trouver le moyen d'avancer.

Assise au milieu des dunes, Lulu attendait le retour d'Aiden de sa patrouille du soir. Elle buvait lentement un verre de vin et remuait ses orteils dans le sable chaud, serrant ses genoux entre ses bras.

Bien que les étoiles brillent de tout leur éclat, ce n'était pas le ciel nocturne que Lulu contemplait. Elle regardait les guirlandes lumineuses qu'Alice avait laissées derrière elle.

Après que Sarah lui avait signifié son congé immédiat, Lulu avait conduit Alice chez elle pour qu'elle vide sa maison. Elle avait entendu leur conversation. Sarah avait dit à Alice qu'elle avait de la chance : deux incidents en deux jours, et après de nombreuses négociations, aucune charge retenue contre elle. Pendant que Lulu l'aidait à ranger sa vie dans des cartons, Alice n'avait pas prononcé un mot. Elle voulut lui rendre sa gravure de Frida Kahlo, mais

Lulu avait attendu qu'elle ait le dos tourné pour la fourrer dans le pick-up.

Tu me diras où tu vas ?

Alice avait hoché la tête, fixant la route devant elle. Elle avait un regard lointain que Lulu ne lui avait jamais vu.

Pourquoi es-tu restée ici ? avait demandé Alice. *Pourquoi n'es-tu pas partie ? Après ce qu'il t'a fait* ?

Lulu n'avait rien répondu pendant un moment. *Parce que je me suis dit que c'était ma faute*, avait-elle dit. *C'était la seule manière dont je pouvais l'expliquer.* Elle avait rentré la tête dans ses épaules, comme si elle ne voulait pas entendre ses propres réponses. *Ensuite, j'ai rencontré Aiden. Maintenant nous avons notre vie ici. Et c'est aussi à cause des étoiles*, avait-elle ajouté avec un rire mélancolique. À quoi bon avoir le don de clairvoyance, si on fermait les yeux sur soi-même ?

Après avoir vu Alice s'éloigner, Lulu rentra dans la maison et appela Sarah, qui lui accorda son premier rendez-vous le lendemain matin. Tremblante, elle emporta sans attendre une bouteille de vin et un verre dans les dunes, et s'en versa une quantité suffisante pour calmer ses nerfs en attendant le retour d'Aiden.

Bientôt elle entendit son pick-up bringuebaler dans l'allée. Voyant son verre vide, elle but une gorgée directement à la bouteille.

Il arriva par la porte de derrière, se débarrassa de ses bottes et vint vers elle. Son sourire affectueux l'apaisa. La voix de sa grand-mère résonna à ses oreilles. *C'est pour cela que nous t'avons appelée « petit loup ». Ton instinct te guidera toujours, comme les étoiles.*

« Hello, beauté », dit Aiden, s'installant à côté d'elle.

Elle l'embrassa, remplit son verre et le lui tendit.

« Quelle journée, soupira-t-il. Comment était Alice quand elle est partie ? »

Lulu contempla les guirlandes allumées devant la maison d'Alice. Elle secoua la tête.

« Ça va ? » demanda-t-il.

Elle lui prit le verre des mains et but une gorgée. « Ça ira », dit-elle en regardant les étoiles.

Aiden lui prit la main et décrivit à l'intérieur de sa paume des cercles avec son pouce. Lulu se sentit emplie d'amour et de gratitude. Une fois qu'elle aurait trouvé le courage de lui raconter son histoire vénéneuse avec Dylan qu'elle lui avait cachée pendant si longtemps, elle savait qu'il ferait tout pour la réconforter. Elle était sûre qu'il accepterait de quitter la vie du désert. Elle avait déjà commencé à regarder les offres de poste en Tasmanie. Aiden lui avait toujours dit qu'il aimerait y vivre.

« J'ai une réunion avec Sarah demain matin. J'ai quelque chose à lui dire, mais je veux t'en parler d'abord. »

Il la regarda, attendit.

Au loin les lumières d'Alice tremblotaient, chacune un petit fanal palpitant, brûlant dans le ciel nocturne.

Quand Alice arriva à Agnes Bluff, le ciel était parsemé d'étoiles. Elle s'engouffra sur le parking de la clinique vétérinaire et descendit du pick-up en laissant le moteur tourner. Elle alla à la porte, suivit du doigt son nom sur la vitre, glissa sa lettre dans la fente et la regarda tomber à l'intérieur, le dos de l'enveloppe tourné vers elle, avec son adresse écrite à la hâte.

En repartant, elle pensa aux fleurs qu'elle avait dessinées à son intention. Des craspédias. Elle les avait dessinées l'une après l'autre. Des petites boules jaune vif au bout de maigres tiges, à la suite les unes des autres, jusqu'à ce que la feuille en soit recouverte, excepté le coin droit, où elle avait écrit leur signification : Ma gratitude.

Bien-aimé, toi qui m'as apporté tant de fleurs…
… prends-les comme je l'ai toujours fait
Soigne-les, qu'elles ne dépérissent pas
Dis à tes yeux de garder leurs couleurs,
Et dis à ton âme que leurs racines
demeurent en moi.

Elizabeth Barrett Browning

28

Fleur de l'oiseau vert

Signification : **mon cœur s'enfuit**

Crotalaria Cunninghamii / États du centre et de l'ouest

Très répandu sur les sols sablonneux parmi les mulgas et dans les dunes, ce buisson possède des feuilles duveteuses sur des branches épaisses et vigoureuses. La fleur ressemble à un oiseau attaché par le bec à la tige centrale ; vert-jaune, striée de fines rayures pourpres. Fleurit en hiver et au printemps. Pollinisé par de grosses abeilles et les oiseaux.

Trois longs jours de route plus tard, le paysage désolé et poussiéreux devint riche et verdoyant. À la fin de son quatrième jour de voyage, Alice quitta l'autoroute et suivit une route étroite qui longeait la côte jusqu'à ce qu'elle se retrouve dans la petite ville qu'elle avait quittée quand elle était enfant. Au croisement de la rue principale, elle s'arrêta et regarda les camions des fermiers passer en grondant. De nouveaux magasins s'étaient ouverts dans Main Street : un atelier de tatouage, une boutique de téléphones mobiles, un magasin de vêtements vintage et un vendeur de planches de surf.

Derrière elle, les cannes à sucre étaient d'un vert aussi éclatant que dans ses souvenirs. Elles semblaient moins hautes, mais l'air était toujours doux et humide. Alice se revit à sept ans, courant à travers les cannes et émergeant dans ce monde nouveau et merveilleux au-delà des frontières de son univers. Elle serra ses bras autour d'elle. Comme pour la rassurer, Pip lui lécha la jambe.

« Vous êtes perdue ? » demanda une voix amicale près d'elle. Alice se retourna et vit une jeune femme qui portait un petit enfant sur la hanche.

« Tout va bien, merci », répondit-elle.

La femme sourit, et l'enfant gazouilla en voyant Pip. Au feu, la mère posa l'enfant par terre et l'aida à appuyer sur le bouton.

« Excusez-moi, lui demanda Alice nerveusement, se sentant obligée de poser une question dont elle connaissait déjà la réponse. La bibliothèque se trouve-t-elle toujours de l'autre côté de la rue ?

– Tout à fait. » La femme et le bambin lui firent un signe de main en traversant la rue.

Pendant des années, Sally Morgan s'était imaginé de toutes les manières le moment où elle reverrait Alice Hart. Elle n'avait jamais pensé qu'il arriverait aussi simplement, un mardi après-midi ordinaire.

L'école était finie, la bibliothèque était bondée, et Sally était accroupie près des rayonnages d'albums pour enfants, remettant des livres en place. Sans raison apparente, un frisson parcourut son dos.

Elle se leva lentement, se souvint de petites sandales usées qui pointaient sous une chemise de nuit défraîchie, d'une tête ébouriffée examinant les livres ; de la fossette sur sa joue, de ses yeux verts étincelants ; des cheveux noirs retombant sur le bord du lit d'hôpital, du déclic et du ronronnement du respirateur qui aidait ses poumons à fonctionner ; des pommettes saillantes dans le jeune visage amaigri ; des minuscules veines violettes sur ses paupières pâles.

Sally se déplaça avec précaution entre les rangées. Elle ne voyait rien d'inhabituel. Rien qui ne fût pas à sa place. Elle était simplement épuisée, se raisonna-t-elle. Quand elle était dans cet état de fatigue, le passé venait plus facilement la troubler. Malgré tout, elle ne put s'empêcher d'explorer la salle du regard.

Les gens flânaient entre les rayonnages. Des parents avec leurs enfants. Des petits groupes de lycéens, pouffant en regardant certains ouvrages.

Rien qui sorte de l'ordinaire. Rien qui diffère des autres jours. Son pouls commença à ralentir.

Se reprochant son espoir chimérique, Sally longea les rangées jusqu'à son bureau, ramassant des livres épars.

La lumière de la fin d'après-midi filtrait à travers les verres colorés des vitraux. Au moment où elle atteignait son bureau, un rayon bleu-vert qui traversait la queue de la Petite Sirène la frappa en plein visage. Elle fit un pas de côté, fermant les yeux. Quand elle les rouvrit, elle vit devant elle la petite fille qu'elle avait tant aimée sous les traits d'une femme échevelée qui la regardait fixement. Les livres qu'elle tenait dans ses bras s'éparpillèrent sur le sol.

Pendant vingt ans, Sally avait attendu le moment où Alice Hart réapparaîtrait dans sa vie comme une étoile tombée du ciel.

Elle était là.

Alice suivait la voiture de Sally à travers la ville, encore sous le coup de la scène qui s'était déroulée dans la bibliothèque. Quand Sally l'avait aperçue, ses yeux s'étaient voilés, comme si elle regardait à travers elle, mais très vite elle l'avait étreinte presque farouchement, se balançant d'avant en arrière, répétant son nom. Alice était restée immobile, submergée par le souvenir de son parfum à la rose, ne sachant comment réagir.

« Laisse-moi te regarder, s'était exclamée Sally en pleurs, reniflant, essuyant ses joues. Quelle belle jeune femme tu es devenue. »

Alice avait rougi de plaisir à ce compliment inattendu.

« Et si nous allions prendre un thé, hein ? Après tant d'années ? » avait dit Sally, les yeux brillants.

Alice avait hoché la tête timidement.

« La bibliothèque ferme plus tôt aujourd'hui », avait-elle annoncé à la cantonade. Elle avait poussé tout le monde dehors et entraîné Alice sur le parking. « Suis-moi, ma chérie. »

Alice se rangea à côté de la voiture de Sally, devant une petite maison bâtie sur la falaise qui dominait l'océan. Une terrasse de bois la ceignait, abritée par une treille odorante de frangipanier. Des carillons à vent faits de coquillages, de verre et de bois flotté se balançaient au bord du toit. Des grevilleas étaient en fleur dans le jardin. Des poules picoraient sous un mimosa argenté.

« Waouh ! murmura Alice.

– Entre, l'invita Sally avec un geste de la main. Allons abreuver ce petit chien. »

À l'intérieur, Alice s'assit à la table de la cuisine avec Pip à ses pieds. Sally prépara du thé et sortit du buffet un cake aux fruits qu'elle découpa en tranches et tartina de beurre. On entendait le grondement de l'océan. Sally approcha une chaise et s'assit, glissant une assiette bien garnie et une tasse fumante dans la direction d'Alice.

« Mange », dit-elle.

Alice s'étonna d'éprouver un tel sentiment de réconfort en compagnie de Sally. Elles s'étaient rencontrées vingt ans auparavant, un après-midi, et cependant elle était là, accueillie dans la maison de Sally comme un membre de la famille perdue de vue depuis longtemps.

Elle prit une bouchée de cake. Sally l'imita et but une gorgée de thé en observant Alice. Un silence chaleureux les enveloppa. L'océan semblait tout proche, comme si la houle entrait dans la maison. Les souvenirs affleurèrent, s'emparant d'Alice, tumultueux.

Sa vue se troubla. La tête lui tourna et elle s'agrippa à la table pour ne pas tomber.

« Alice ? » s'écria Sally, inquiète.

Elle essaya de parler, mais ne put émettre qu'un gémissement. Sally passa un bras autour de ses épaules et lui frotta le dos.

« Là, là, ma chérie. Calme-toi maintenant. Respire à fond. »

Alice contempla la mer, respira profondément, suivit des yeux la ligne argentée des vagues qui venaient se briser sur la côte. *Le désert est un ancien rêve de la mer.* La voix de Dylan. *Ngayuku pinta-pinta.* Elle dansait pieds nus autour du feu en hiver, sentait ses yeux parcourir son corps, la regarder tourbillonner dans les flammes, la boire tout entière. *Ngayuku pinta-pinta. Mon papillon.*

« Respire à fond, Alice. Accroche-toi à ma voix. » Tandis que Sally la tenait contre elle, Alice se souvint. *Accroche-toi à ma voix.* L'océan de flammes. *La Belle au bois dormant.* Les plumes en feu. *Flap, flap, hop. Monter, monter, fuir.*

Elle se cramponna à Sally, saisissant sa chemise à pleines mains, craignant de se briser en morceaux, de tomber de la falaise, de passer par-dessus le rebord du monde.

Sally prépara une soupe de poireaux-pommes de terre pendant qu'Alice était étendue sur le canapé et que le soleil finissait de peindre les nuages et passait son pinceau sur les étoiles.

Elles mangèrent sans parler. Le silence était rompu par le tintement des couverts sur la porcelaine des assiettes, la musique des carillons à vent, le grondement de la mer, le caquetage des poules et les bâillements de Pip.

« Tu vas avoir besoin d'un endroit où te reposer », dit Sally en s'essuyant les mains à sa serviette.

Alice brisa un morceau de pain et sauça le reste de sa soupe. Elle hocha la tête en mâchant.

« J'ai plus de place ici qu'il ne m'en faut, proposa Sally. La chambre d'amis est à ta disposition. Elle est ensoleillée le matin avec vue sur le jardin et la mer. » Elle joua un instant avec sa cuillère. « Le lit est fait.

– Je ne peux pas… »

Sally posa la main sur celle d'Alice. Une sensation de chaleur se répandit dans son bras.

« Merci, Sally. »

Sally leva son verre. « À ta santé », dit-elle, les yeux embués.

Alice l'imita.

« À toi », dit-elle.

Quand le dîner fut desservi, Sally mena Alice à sa chambre. Elle lui donna des serviettes moelleuses et des oreillers rebondis.

« Vous avez toutes les deux tout ce dont vous avez besoin ? » demanda-t-elle en frottant les oreilles de Pip. Alice fit signe que oui.

« Alors, à demain matin. » Elle serra Alice dans ses bras.

« À demain. »

Alice éteignit la lumière et laissa les rideaux ouverts. Le clair de lune entrait à flots par les fenêtres. La vue de la mer s'étendait au loin. Elle attira Pip sur le lit, la serra contre elle, laissant couler le flot de larmes qui montait en elle.

Le lendemain matin, Alice trouva sans mal le chemin de la cuisine, se prépara un café et emporta sa tasse dans le jardin avant que Sally soit levée. Elle savoura sa solitude. Le ciel était d'un bleu layette, sans nuage. La mer étincelait, sereine. Pip courait après sa queue. Les abeilles bourdonnaient autour d'un lilly-pilly en fleur. Alice sourit. Elle bâilla et se frotta les yeux. Son sommeil avait été irrégulier, ses souvenirs et la mer étaient trop présents. Elle fit le tour du jardin, buvant lentement son café, s'arrêtant pour admirer les grevilleas et parler aux poules, sentant peu à peu la chaleur du soleil dénouer les contractures de son dos. Le long de la maison, elle remarqua une luxuriante rangée de plantes tropicales en pots : philodendrons, oiseaux de paradis, agaves, fougères staghorn.

Alice était stupéfaite. C'était un jardin dans un jardin, si méticuleusement soigné et entretenu en comparaison à la beauté sauvage de son environnement. Les somptueuses nuances de vert. Les feuillages variés, brillants. Mais, comme elle s'avançait plus loin, son émerveillement s'estompa. Elle serra plus fort l'anse de sa tasse. Des jouets de plastique fendillés et décolorés sortaient de terre dans certains pots. Une sirène faisait un signe de la main, un coquillage, un dauphin souriant, une étoile de mer. Alice chancela.

Au centre du jardin se dressait une statue de bois grandeur nature. Une jeune fille, offrant une fleur.

« Alice. »

Elle se retourna brusquement, le cœur battant. Sally se tenait à l'extrémité de l'allée, le visage encore marqué par le sommeil et plein de tristesse.

« Qu'est-ce que ça fait ici ? » demanda Alice d'une voix perçante, désignant d'une main tremblante la statue de bois. « Pourquoi as-tu une des statues de mon père ? »

Sally recula d'un pas. « Rentrons. »

Alice ne répondit pas.

« Viens, Alice. Je vais faire plus de café. Allons nous asseoir, nous parlerons. »

À l'intérieur, Sally posa la cafetière sur la table près du canapé, après quoi elle fit signe à Alice de s'asseoir.

« Mon Dieu, s'exclama-t-elle avec un rire forcé. J'ai prié des années en espérant pouvoir un jour parler avec toi, et me voilà muette. » Elle joua avec ses doigts. « Je ne sais pas par où commencer. Que dirais-tu de me poser des questions, Alice ? Tout ce que tu veux savoir. »

Alice se pencha en avant, essayant de contrôler sa voix. « Commence par m'expliquer pourquoi tu as dans ton jardin une statue de moi sculptée par mon père, dit-elle. Ou pourquoi ma mère t'a choisie comme tutrice légale dans son testament. » C'était la question qu'elle se posait depuis l'instant où elle avait ouvert l'épaisse enveloppe apportée par Twig.

Le visage de Sally pâlit.

Alice sentit son genou pris de tremblements tandis que les termes du testament de sa mère lui revenaient à l'esprit. « Au cas où June Hart serait dans l'incapacité d'élever mes enfants, moi, Agnes Hart, par la présente, j'en confie la tutelle à Sally Morgan. »

« Tu la connaissais ? Ma mère ? demanda Alice.

– Non, répondit Sally. Non, Alice. Pas vraiment. Nous nous étions seulement croisées à l'occasion dans la rue. »

Alice secoua la tête. « Cela n'a pas de sens. Pourquoi nous aurait-elle confiés à toi ?

– Je ne la connaissais pas, mais ta mère me connaissait, dit Sally. Ta mère me connaissait.

– Je comprends de moins en moins. Qu'est-ce que ça veut dire ? » Alice avait l'impression que son cœur allait éclater, comme si sa poitrine était trop étroite pour le contenir.

« Quand j'étais jeune, dit lentement Sally, je suis tombée amoureuse. De quelqu'un que je n'aurais jamais dû aimer. » Elle secoua la tête. « J'avais dix-huit ans. Je n'avais jamais eu de petit ami. J'avais vu ton père ici et là. Il était le nouveau planteur de canne en ville. Discret, travailleur, réservé. Il ne se confiait pas. Il avait quelque chose de spécial. » Elle fit une pause. « Je l'observais de loin. Personne ne savait grand-chose à son sujet. Il ne portait pas d'alliance. Cela n'a duré qu'une nuit. Une seule. J'étais dans un pub avec des copines, nous étions plutôt éméchées, et j'ai pris mon courage à deux mains. Je suis allée vers lui au bar et lui ai demandé si je pouvais lui offrir un verre… Deux mois plus tard, j'ai découvert que j'étais enceinte. »

Alice la regarda. « Cela s'est passé quand ?

– L'année après ta naissance, quand…

– Non ! s'écria Alice. C'est impossible. »

Sally hocha la tête d'un air grave. « Je crains bien que si.

– Non », répéta Alice. Il n'y avait jamais eu de sœur dans les histoires de sa mère. Sa mère n'avait pas pu connaître l'existence de Sally.

Sally attendit, attentive et triste.

Alice avait mal à la tête. « Tu dis que tu as eu un enfant avec mon père ?

– J'ai eu un enfant, murmura Sally. J'avais un enfant. » Elle regarda ses mains. « Gillian est morte quand elle avait cinq ans. D'une leucémie. »

Alice n'osait dire mot.

« J'ai annoncé la nouvelle à Clem quand Gillian est née, seulement pour qu'il soit informé, mais j'ai clairement dit que je ne voulais rien de lui. Cependant, l'amour d'un enfant peut vous transformer. J'ai toujours espéré qu'il la reconnaîtrait. Le soir où elle est morte, si morbide que cela puisse paraître, je lui ai envoyé une mèche de ses cheveux, nouée avec un des rubans qu'elle préférait. Bien que Clem n'ait jamais voulu avoir affaire à elle quand elle était en vie, je voulais qu'il ait quelque chose d'elle. Il faut dire que j'étais dans un état épouvantable, alors. Dans ma colère, je voulais le punir, lui rappeler qu'il l'avait ignorée durant son existence jusque dans sa mort. »

L'odeur du pétrole emplit les narines d'Alice au souvenir du tiroir de l'établi de son père, du tiroir qu'elle ouvrait et dans lequel se trouvaient la photo de Thornfield, et une mèche de cheveux, noués par un ruban bleu pâle. Les cheveux de Gillian. Les cheveux de sa sœur.

« J'ai trouvé la statue de Gillian devant ma porte d'entrée en revenant de l'enterrement », dit Sally.

Dans sa mémoire, la lumière de la lampe vacillait au-dessus d'une sculpture de June, et de celle d'une petite fille. Alice avait présumé à tort qu'il s'agissait d'elle-même.

« Ta mère est venue à l'enterrement. »

Alice regarda Sally interloquée.

« Je l'ai vue, dit Sally, à l'arrière de l'assistance. Je ne suis pas parvenue à la retrouver après le service. Elle avait laissé une plante en pot sur la tombe, avec une carte pour Gilly, signée de ton nom. »

Alice gémit, enfouissant son visage dans ses mains, imaginant ce qu'avait dû représenter pour sa mère de venir en ville, d'assister à l'enterrement et de rentrer à la maison, tout ça à l'insu de son père. Ce qu'elle avait dû ressentir en découvrant une telle trahison – et malgré tout d'avoir pu montrer de la compassion pour Sally. Elle imagina sa douleur en sachant qu'Alice ne connaîtrait jamais sa demi-sœur. La confiance qu'elle avait dans l'honnêteté de Sally ; et le degré de désespoir et de crainte qu'elle avait dû atteindre pour confier la tutelle de ses enfants à Sally, pour qu'elle ait besoin de rédiger un testament.

« Quelle plante ?

– Pardon ?

– Quelle plante maman a-t-elle laissée sur la tombe ? »

Sally alla jusqu'à la fenêtre ouverte et se pencha pour cueillir dans un buisson une fleur couleur pêche.

« Un hibiscus de plage », dit doucement Alice, se souvenant des couronnes de fleurs que faisait sa mère quand elle était enfant. Se souvenant de sa signification dans le *Dictionnaire de Thornfield* : *l'amour nous unit dans l'éternité.*

« Un an plus tard, tu es entrée dans la bibliothèque, poursuivit Sally. Je t'ai reconnue aussitôt. J'ai compris que tu étais la fille d'Agnes et de Clem. La grande sœur de ma Gilly. Après l'incendie, je me suis promis de prendre soin de toi.

– De prendre soin de moi ?

– J'étais là. À l'hôpital. » La voix de Sally était presque inaudible. « Je suis restée près de toi pendant que tu étais dans le coma. Je t'ai lu des histoires. »

Accroche-toi à ma voix, Alice. Je suis là tout près.

« Je t'ai envoyé un carton de livres… »

Ses livres d'enfant, censés être un cadeau de June.

« Je suis restée avec toi jusqu'à ce que j'apprenne que June allait venir. Lorsque tu es partie avec elle, ton infirmière m'a appelée pour me dire que ton frère avait survécu, mais que June n'avait pas voulu le prendre. Puis un avocat m'a contactée à propos du testament d'Agnes… Mais j'ai demandé à mon John de découvrir où tu étais. J'avais besoin d'être sûre que tu étais en sécurité. Une fois que j'ai su que tu étais à Thornfield, j'ai décidé de respecter les désirs de June et d'accepter la situation telle qu'elle était. »

Alice la regarda sans comprendre. « Quels désirs ? »

Sally l'observa attentivement.

« Oh, Alice, dit-elle au bout d'un moment. June avait clairement laissé entendre qu'elle ne voulait pas que tu aies le moindre contact avec moi ou avec ton frère.

– Clairement, de quelle manière ? »

Sally blêmit. « J'ai écrit, Alice. Pendant des années. J'ai envoyé des lettres et des photos de ton frère, à tous les âges. Je voulais garder un contact avec toi, mais je n'ai jamais eu de réponse. June étant ta tutrice légale, je ne pouvais rien lui imposer. Je n'avais aucun pouvoir. Je pouvais seulement m'assurer de ne vous causer aucune souffrance supplémentaire. Ni à toi ni à ton frère. »

Accablée, Alice se leva, alla à la fenêtre et appuya son front contre la vitre froide.

Au bout d'un moment, Sally s'éclaircit la voix. « Ton frère a grandi en sachant qu'il était adopté. Je ne l'aurais pas élevé autrement, dit-elle calmement. Il a toujours été au courant de ton existence. »

Alice se retourna.

« Il aura bientôt vingt ans. C'est un être très doux. Il vient d'emménager avec sa petite amie ; il travaille comme paysagiste. Jamais aussi heureux que lorsqu'il est dans un jardin. »

Alice alla se rasseoir dans le canapé. « Comment s'appelle-t-il ? murmura-t-elle.

– Je l'ai appelé Charlie », dit Sally, souriant pour la première fois de la matinée.

29

Queues-de-renard

Signification : ***sang de mon sang***
Ptilotus / Australie continentale

Tjulpun-tjulpunpa (Pit.), petit buisson aux fleurs coniques duveteuses de couleur pourpre. Les feuilles sont couvertes de poils répartis en forme d'étoile qui ralentissent la déperdition d'eau. Traditionnellement, les femmes tapissaient de ces fleurs pelucheuses le fond des porte-bébés en bois.

Alice remontait la côte en pédalant à toute vitesse. Son médaillon se balançait à son cou, heurtant sa poitrine tandis qu'elle poursuivait péniblement son ascension. Elle s'en voulait de ne pas être descendue en ville en voiture. Son sac à dos lui sciait les épaules, empli à ras bord des vivres destinés au repas. Mais l'exercice lui était utile : elle avait eu besoin de calmer ses nerfs par un effort physique après que Sally avait fixé la date du dîner. Le matin même, elle avait essuyé les toiles d'araignées d'une bicyclette rangée dans le garage de Sally et décidé de l'utiliser pour se rendre en ville. À l'aller, la mer scintillait couleur turquoise. Alice considéra que c'était bon signe.

Sur le chemin du retour, elle passa en revue le menu. Tacos de poisson avec salsa et guacamole fait maison. Biscuits Anzac, croustillants au-dehors et moelleux à l'intérieur. Sally s'était occupée de tout le reste. Elle semblait déterminée à réunir Alice et Charlie en douceur.

Au cours des semaines qui suivirent l'arrivée d'Alice, Sally fit de la place dans la maison afin qu'elle se sente chez elle. Elle avait aidé Alice à déballer ses livres et à accrocher les gravures de Frida Kahlo que Lulu lui avait données. Elle restait assise à côté d'Alice quand elle pleurait. Sally avait expliqué que June avait payé de belles funérailles à Agnes et à Clem. Elle emmena Alice sur le site de son ancienne maison, qui n'était plus le havre de paix isolé entre les champs de cannes et la mer d'autrefois. Il y avait à présent un bar de bord de mer et une auberge de jeunesse, remplie de voyageurs bronzés. Le jardin de sa mère avait disparu. Alice ne put se décider à sortir de la voiture. De retour chez Sally, elle se précipita jusqu'à la côte, respira profondément et hurla face à la mer. Sally écoutait Alice lui dépeindre la ferme de fleurs et le désert. Elle lui fit rencontrer une conseillère pour personnes en deuil avec qui elle avait parlé quand Gilly était morte. Alice la voyait une fois par semaine, voire deux quand Dylan se mit à la bombarder d'e-mails.

Ils attendaient dans sa boîte de réception quand elle ouvrit son compte pour la première fois, un mois après avoir quitté Kililpitjara. Il y en avait une douzaine ou davantage ; des milliers et des milliers de mots. Son ton était triste au début, contrit. Mais plus elle gardait le silence, plus il devenait furieux. *Ne les lis pas*, la suppliait Sally. *Ils ne peuvent que te faire du mal.* Elles savaient toutes les deux qu'Alice les lisait du début jusqu'à la fin – et ne cessait de les relire. Sally devinait chaque fois qu'un nouvel e-mail venait d'arriver, mais elle lui laissait son indépendance, lui préparait des cakes aux fruits. Elle était toujours disponible pour une promenade au bord de la mer, mais ne la poussait jamais à parler, si elle n'en avait pas envie. La profonde bienveillance de Sally, son intuition ; on aurait dit qu'elle s'était préparée pendant des années au retour d'Alice.

Après être passée au supermarché, Alice s'était arrêtée pour poster une lettre en réponse à celle que lui avait envoyée Lulu récemment. *La vie est un rêve luxuriant, pluvieux et brumeux*, avait écrit Lulu. *Nous avons acheté un poêle à bois ventru, une chèvre, un âne (tu seras contente de savoir que Aiden l'a baptisé Frida), deux vaches laitières et six poules.* En collant les timbres sur l'enveloppe, Alice sourit en pensant aux mots qu'elle adressait à Lulu. *J'aimerais venir vous rendre visite un jour, mes amis.*

Sur le chemin du retour, elle était passée à la bibliothèque. Franchir l'entrée lui donnait toujours l'impression de traverser le temps, de retourner à l'époque où elle était encore une enfant et où Sally avait fait briller une lumière dans son monde.

« Tu as du courrier », dit Sally, en la voyant entrer dans la bibliothèque.

L'écriture sur l'enveloppe ne lui évoqua rien. Le cachet de la poste était celui d'Agnes Bluff. Pendant un instant, Alice retint son souffle. Dylan l'avait-il trouvée ? Mais non. C'était impossible. Il n'avait aucune idée de l'endroit où elle se trouvait. Elle passa le doigt sous le rabat de l'enveloppe et la déchira. Elle contenait une carte.

J'espère que vous allez bien, Alice.
Ceci pour vous souhaiter : vaillance. Et du cœur, bien sûr.
À l'avenir, et à tout ce qu'il réserve de possible.
Moss

Alice secoua l'enveloppe. Un sachet de graines de pois du désert tomba dans sa paume.

« On dirait de la magie », commenta Sally.

Alice lui adressa un petit sourire. « C'en est. » Elle referma la main sur le sachet de graines, percevant distinctement leur forme et imaginant leur couleur une fois qu'elles seraient écloses. *À l'avenir.*

« Tu vas bien ? Pas trop nerveuse à cause du dîner ? »

Alice avala sa salive. « Ça va. Un peu anxieuse. Malade d'angoisse, en réalité. » Elle soupira. « Mais je n'ai pensé qu'à ça depuis que j'ai quitté Kililpitjara, le rencontrer. Alors...

– Cela va être merveilleux. » Sally se leva pour prendre Alice dans ses bras. « Tu rentres à la maison à présent ?

– Encore un arrêt », avait répondu Alice.

Elle pesait de tout son poids sur les pédales, en gravissant la dernière côte avant d'arriver chez Sally, les poumons en feu. L'image de la tombe de ses parents occupait son esprit. Elle serra les dents et continua jusqu'au sommet. Elle s'arrêta, en sueur, pour laisser la brise la rafraîchir et admirer le ciel et la mer. Si vastes. Elle suivit des yeux le ruban sombre de la route, repérant l'endroit où il se déroulait à travers les champs de cannes et grimpait sur la falaise avant l'embranchement qui menait chez Sally. Cette même route que son jeune frère emprunterait bientôt.

Après avoir encore longuement contemplé la mer, elle posa les pieds sur les pédales et entama la descente en roue libre qui la conduirait à la tranquillité qui l'attendait maintenant.

Son travail terminé, Sally fit un dernier détour. Elle arrêta sa voiture près de son eucalyptus blanc favori. Des carillonneurs chantaient dans les branches. Elle traversa la rue vide et franchit la grille ouvragée du cimetière. Elle descendit l'allée bordée d'eucalyptus, passa devant la statue de l'ange aux ailes déployées et tourna à gauche, s'engageant dans le sentier qu'abritait une voûte de bougainvillées en fleur. Elle continua jusqu'au coin ombragé près d'un eucalyptus à écorce de papier, où elle se laissait toujours aller à ses sentiments.

Elle s'assit en compagnie de John et de Gilly, le dos droit, les cheveux balayés par le vent du large. Elle caressa d'un doigt le nom de John, embrassa le marbre froid qui portait celui de Gilly. Elle resta là un moment, à écouter le chant des oiseaux et le bruissement du feuillage. Le jet discontinu d'un arroseur. Quelque part une tondeuse. Quand la lumière commença à faiblir, elle consulta sa montre.

En regagnant sa voiture, quelque chose la poussa à s'arrêter ; elle observa la partie nord du cimetière. Cela faisait des années. Presque inconsciemment, elle fit demi-tour et parcourut les rangées de sépultures, lisant les noms sur les pierres.

En voyant les tombes d'Agnes et de Clem, Sally fut stupéfaite. Quelqu'un était venu là. Des autocollants étaient éparpillés sur la tombe de Clem. En s'approchant, elle reconnut des papillons, rayés de peinture turquoise. Alice avait dû les détacher des portes de son pick-up. Les remords gonflèrent la poitrine de Sally. Elle se tourna pour faire face au vent, le laissant balayer les années jusqu'à ce qu'elle soit à nouveau une jeune fille de dix-huit ans, aux yeux étonnés, follement amoureuse de Clem Hart.

Elle portait des marguerites en plastique en guise de boucles d'oreilles le soir où ils s'étaient rencontrés. *Là d'où je viens, elles signifient : je m'attache à vous*, fut la première chose qu'il prononça. Quand il prit sa main, elle la serra et resta tout près de lui. Ils baisèrent contre le mur de briques du pub. Elle aurait presque voulu que les éraflures de son dos ne guérissent jamais, chacune prouvant qu'il ne s'agissait pas d'un rêve. Mais, quand il la revit la fois suivante, Clem regarda à travers elle sans la voir, comme si elle n'était qu'une traînée de vapeur.

Peu de temps après, le père de Sally invita John Morgan, un jeune policier détaché de la ville, à dîner. Quand elle sentit la chaleur de sa main, vit la bonté de son regard, elle sut qu'il était la réponse qu'elle attendait. Après des fiançailles éclair, ils se marièrent, et il n'y eut pas le moindre murmure de scandale quand elle commença à s'arrondir. Tout le monde les félicita. Sally était tellement embarquée dans son propre mensonge qu'elle s'entendait dire qu'elle espérait que l'enfant aurait les yeux de John ou son caractère calme. Bien qu'elle n'ait pas caché à John qu'elle avait eu une tocade pour un fermier de la ville, quand Gilly mourut et qu'elle vit John s'effondrer, elle comprit que Clem Hart était un secret qu'elle ne lui dévoilerait jamais.

Sally ouvrit les yeux et se tourna vers la tombe d'Agnes. La pierre était couverte de convolvulus, de myrte citronné et d'une palme de patte de kangourou, arrangés avec amour. Elle se représenta Alice occupée à édifier un mausolée de fleurs pour sa mère.

Un moment passa. Elle s'éclaircit la voix. « Agnes, dit-elle, elle est revenue. Elle est ici, et elle est merveilleuse. » Sally ramassa une feuille d'eucalyptus et la réduisit en miettes. « Elle est en sécurité. Ils sont tous les deux en sécurité, et si beaux. Oh, Agnes, ils sont tellement merveilleux ! »

Quelque part au-dessus d'elle, cachée au milieu des hautes branches des eucalyptus, une pie jacassa.

« Je prends soin d'eux. » La voix de Sally devint plus forte. « Je te le promets. »

La sonnerie perçante de son téléphone mobile l'interrompit. Elle fouilla dans son sac, s'énerva, finit par le trouver.

« Allô, Charlie. »

Elle se leva et posa une main sur la tombe d'Agnes, attendit un moment, puis s'éloigna, tout en écoutant le son plaisant de la voix de son fils.

Il gravit les marches de la maison où il avait grandi, haletant.

Cela va être formidable, avait dit Cassie en lui disant au revoir. *C'est ce que tu as toujours désiré. C'est ta famille, Charlie. N'aie pas peur.*

Il serra plus fort le bouquet. Après que sa mère l'avait appelé et qu'ils s'étaient mis d'accord pour le dîner, il avait consulté le site d'Alice. Une énième fois. *Alice Hart, floriographe, Thornfield Farm, où s'épanouissent les fleurs sauvages*. Il avait acheté une gerbe de waratahs, après avoir lu qu'à Thornfield elles signifiaient : *Bonheur retrouvé.*

Sur la terrasse devant la maison, il écouta les bruits familiers – le grondement de la mer, les carillons à vent, le caquetage des poules, le bourdonnement des abeilles et la voix de sa mère venant de la cuisine. Ces sons formaient la bande originale de son existence. À une différence près : un aboiement de chien.

« Pip ! » Une voix rieuse, une voix qu'il ne connaissait pas, vint à sa rencontre.

Il avala sa salive. Arrangea les fleurs dans sa main moite.

Son ombre la précéda dans l'entrée. Il ouvrit la moustiquaire. Détendit ses épaules. Des larmes perlèrent au coin de ses yeux.

Elle était là.

30

Roue de feu

Signification : **la couleur de mon destin**
Stenocarpus sinuatus / Queensland
et Nouvelle-Galles du Sud

Une profusion de fleurs rouges et orange crée un spectacle étonnant de l'été jusqu'à l'automne. Semblables aux rayons d'une roue, ces fleurs symétriques tirent leur nom de leur ressemblance avec une roue de feu.

L'après-midi était déjà avancé quand Alice revint à la maison avec un bouquet de fleurs de feu.

Elle alla dans sa chambre prendre ce dont elle avait besoin : quelques livres et du papier. Elle mit autour de son cou le collier de graines de minti que Ruby lui avait donné, humant leur odeur fumée. Elle fourra une pelote de ficelle, un stylo et une boîte d'allumettes dans sa poche. Elle traversa la maison et sortit par la véranda. Pip collée à ses talons, elle descendit dans le jardin. Elle s'assit à l'endroit où elle avait pris l'habitude d'allumer un feu de camp au cours des sept derniers jours. Pip lui lécha le bras tandis qu'elle posait ses affaires.

L'air était immobile. Le soleil d'automne la réchauffait ; la mer miroitait, couleur d'aigue-marine. Elle regarda le coin où ses pois du désert avaient fleuri pour la première fois. *Ils ont la réputation d'être difficiles à acclimater*, avait-elle récemment écrit à Moss dans un e-mail, *mais les vôtres ne m'ont donné aucun mal*. Dans sa réponse, Moss avait mentionné qu'il viendrait sur la côte à l'occasion d'une conférence vers la fin de l'année. *Êtes-vous trop loin pour que je vienne vous rendre visite* ? En tapant sa réponse, Alice n'avait pu retenir un sourire.

Un vent de nord-est soufflait, faisant tinter les carillons à vent. Elle regarda l'heure à sa montre. Sally allait bientôt rentrer, et Charlie et Cassie venaient passer le week-end avec eux avant son départ. Ils avaient organisé une dernière petite fête avant qu'elle s'envole le lundi suivant pour Copenhague, où elle devait participer à un séminaire d'écriture de trois mois. Copenhague, la ville dont Alice avait découvert que la famille d'Agnes était originaire. Quand l'e-mail de confirmation était arrivé, Charlie avait été le premier à être mis au courant. *Tu vas voir en vrai la Petite Sirène*, avait-il dit fièrement. *Dis-lui bonjour de ma part.*

Depuis qu'Alice avait retrouvé son frère, elle ne pouvait imaginer sa vie sans que Charlie en fasse partie. Le soir de leur premier dîner chez Sally, ils étaient assis face à face à table et avaient passé leur temps à s'examiner, parler, rire d'un air embarrassé, ou à fondre en larmes par moments. Par la suite, ils avaient pris l'habitude de se retrouver deux fois par semaine et de consulter la conseillère une fois tous les quinze jours, cherchant à donner un sens à leur nouvelle vie. Alice emmena Charlie à l'auberge de jeunesse pour lui montrer l'endroit où elle avait grandi avec ses parents. Ils marchèrent sur son ancienne plage et s'allongèrent sur le sable, regardant les nuages changer de forme pendant qu'Alice lui racontait les histoires de sa mère. Quand elle lui parla de l'amour de sa mère pour son jardin, Charlie proposa de l'emmener visiter les pépinières et marchés aux fleurs de la région avec lesquels il travaillait. Voyant le ravissement qui illuminait le visage de son frère quand il était au milieu des fleurs et des plantes, une idée vint à Alice. Dès qu'il l'eut raccompagnée chez Sally, elle passa à l'action.

Deux semaines plus tard, Twig et Candy les attendaient sur la véranda, quand Alice et Charlie s'arrêtèrent dans l'allée de Thornfield, le pick-up de Charlie chargé de matériel destiné à poursuivre la reconstruction de la ferme après les inondations. Twig se montra directe et énergique, mais agréable comme toujours, et Candy avait les cheveux longs et plus bleus qu'une fleur. Alice retrouva Myf, Robin et quelques-unes des autres Fleurs restées sur place, et elle fit la connaissance des nouvelles arrivées que Twig et Candy avaient accueillies. Silencieux, Charlie regardait et écoutait, se laissant pénétrer par le paysage et les histoires qui les avaient façonnés tous les deux, sa sœur et lui.

Ils passèrent ensemble des soirées entières autour de la table, se régalant de la cuisine de Candy et échangeant des souvenirs. Les femmes apprirent à Charlie l'histoire de Thornfield et lui enseignèrent le langage des fleurs. Alice avait apporté son dictionnaire et attendu d'être avec Twig et Candy pour le lui montrer. Elles s'agitaient autour de lui comme des poules maternelles, surtout Twig. Son visage reflétait une joie qu'Alice n'y avait jamais vue auparavant.

Charlie était logé dans la chambre de June, Alice grimpait l'escalier en colimaçon pour retrouver son ancienne chambre. Elle dormait les fenêtres ouvertes, laissant le clair de lune la baigner.

Quelques jours avant la date prévue de leur retour sur la côte, Charlie demanda à Alice de lui montrer la rivière.

« Elle est omniprésente dans l'histoire de Thornfield. Peux-tu m'y emmener avant que nous partions ? »

Alice surprit le regard qu'échangèrent Twig et Candy. « Je vous ai vues, dit-elle, en agitant un doigt devant elle. Qu'y a-t-il ? »

Twig fit un signe de tête à Candy, qui sortit de la pièce et revint bientôt, une urne dans les bras.

« Nous ne nous sentions pas le droit de le faire sans toi… » dit lentement Candy.

Le jour qu'elles choisirent pour la cérémonie était resplendissant. Le soleil filtrait à travers la voûte des eucalyptus, vert et or. Twig et Candy prononcèrent chacune quelques mots et, quand le moment fut venu, Alice dispersa les cendres de June. Les voyant emportées par le courant, Alice essuya ses larmes et poussa un profond soupir, comme si elle se délivrait d'un poids qu'elle retenait depuis longtemps. Elle étreignit Twig et Candy. Des années de souvenirs flottaient autour d'elles. Quand tout le monde prit le chemin du retour, Alice tira Charlie par la manche, lui faisant signe de rester en arrière avec elle.

« Je veux te montrer quelque chose », dit-elle.

Elle le conduisit au pied de l'eucalyptus géant.

« C'est ici que nos parents se sont trouvés, pour le meilleur et le pire » Sa voix trembla. « C'est à cause de cet endroit que nous sommes réunis tous les deux. C'est autant ton histoire que la mienne. »

Charlie examina les inscriptions gravées dans le tronc. Il tendit la main pour toucher la cicatrice à côté du nom de son père. Le menton tremblant, il sourit à Alice. Quand il tira un couteau de sa poche, haussant un sourcil interrogateur, elle hocha la tête, souriant à son tour. Ils rentrèrent à la ferme bras dessus, bras dessous, sentant l'odeur de l'écorce et la sève de l'arbre, le nom de Charlie et celui de sa mère fraîchement gravés dans l'eucalyptus.

Le matin où ils quittèrent Thornfield, Alice apporta des documents à la table du petit-déjeuner. Elle les poussa en travers de la table vers Charlie. Il les examina, intrigué. Twig et Candy, informées par Alice de ses intentions, les regardaient en souriant. Elle chérirait à jamais le souvenir de l'expression de Charlie au moment où il avait déplié l'acte officiel qu'elle avait signé, par lequel elle lui donnait le tiers de Thornfield qui lui appartenait.

Alice écarta les fleurs de feu, prit le premier livre qui se trouvait sur le dessus de la pile. Ses yeux passèrent rapidement sur l'écriture de sa grand-mère dans le *Dictionnaire de Thornfield*. Elle parcourut les histoires qu'elle avait déjà lues des douzaines de fois, celles de Ruth Stone, de Wattle Hart et de June elle-même. De Clem et d'Agnes. De Candy et de Twig. Elle tournait entre ses doigts la tige d'une fleur de feu, réfléchissant à leur signification. *La couleur de mon destin.* S'armant de courage, elle posa prudemment le dictionnaire à une certaine distance sur une chaise de jardin.

Ensuite, elle examina la chemise pleine de papiers, des copies de tous les e-mails que Dylan lui avait envoyés depuis qu'elle avait quitté le désert, chaque jour, chaque semaine, et récemment, chaque mois. Son regard se fixa sur une des phrases qu'elle connaissait par cœur.

Tu es partie, et pourtant tu es toujours là, tu apparais et disparais à mes yeux. La dernière tasse à café que tu as utilisée. Tes robes au milieu de mes vêtements. Ta brosse à dents à côté de la mienne. Je n'ai pas pu sortir aujourd'hui ; je ne veux pas voir la terre rouge sans tes empreintes.

Alice froissa la page dans sa main, le cœur serré. Elle tendit son visage dans la brise, la laissant rafraîchir sa peau. Elle jeta un coup d'œil au *Dictionnaire de Thornfield*. Elle entendait la voix de June : *Fais attention à présent, Alice,* lui recommandait-elle, prononçant les mots qui étaient écrits. *C'est ainsi que nous avons survécu.* Elle lissa la page, la remit dans la chemise et rangea le tout.

Pour finir, elle se tourna vers ses carnets, noircis de l'histoire qu'elle avait écrite dans le langage des fleurs quand elle était à Agnes Bluff, pendant les mois qu'elle avait passés dans le désert, et la dernière année chez Sally – l'histoire qu'elle avait présentée pour sa candidature au séminaire d'écriture. *Tu as écrit un livre !* s'était écrié Charlie plein d'admiration quand Alice leur avait montré à lui et à Sally les premières épreuves du manuscrit. En lisant le titre, Sally avait secoué la tête. *Tu as transformé des graines en or*, avait-elle dit doucement, souriant à travers ses larmes.

Alice prit un carnet sur la pile et effleura la couverture. Quand elle le souleva, quelques grains de sable rouge tombèrent sur ses genoux, scintillant dans la lumière, comme s'ils venaient d'un autre monde. Alice retourna le carnet et le tint ouvert entre ses paumes. Elle glissa un doigt sur les grains rouges emprisonnés dans la couture centrale. La vie et ce qu'on racontait lui avaient toujours laissé entendre que sa couleur était le bleu. Les yeux de son père. La mer. *Alice Blue.* La couleur des orchidées. De ses bottines. Des reines de contes de fées. Du deuil. Mais le centre d'Alice était rouge. Il l'était toujours. La couleur du feu. De la terre. Du cœur, et du courage.

Elle se plongea dans ses carnets. S'arrêta pour nommer à voix haute chaque fleur séchée et chaque fleur dessinée, et lui donner sa signification ; une incantation pour la débarrasser du fardeau de l'histoire non dite qu'elle portait en elle :

Orchidée de feu noire : **désir de possession**
Fleur de flanelle : **ce qui est perdu est trouvé**
Immortelle à bractées : **mon amour ne te quittera pas**
Bleuet indigène : **je languis en ton absence**
Fleur de Plume : **larmes**
Menthe buisson : **amour abandonné**
Trompettes d'or : **bienvenue à un étranger**
Lys vanille : **ambassadeur de l'amour**
Morelle douce-amère : **fascination, sorcellerie**
Boîte d'épines : **jeunesse de la femme**
Lys des marais : **amour caché**
Mimosa de Cootamundra : **blesser pour guérir**
Copper-cup : **ma capitulation**
Gommier rouge des rivières : **enchantement**

Orchidée dame bleue : **consumé d'amour**
Pois amer : **beauté revêche**
Banksia magnifique : **je suis ta prisonnière**
Immortelle orange : **écrit dans les étoiles**
Pourpier de mer : **ma valeur cachée**
Grevillea miel : **clairvoyance**
Pois du désert de Sturt : **à cœur vaillant, rien d'impossible**
Spinifex : **plaisirs dangereux**
Myrte du désert : **flamme, je brûle**
Parakeelya à grandes feuilles : **par ton amour, je vis et meurs**
Chêne du désert : **résurrection**
Lanterne du bush : **l'espoir peut m'aveugler**
Corail à ailes de chauve-souris : **guérit les maux de tête**
Fleur de l'oiseau vert : **mon cœur s'enfuit**
Queues-de-renard : **sang de mon sang**
Roue de feu : **la couleur de mon destin**

Quand elle fut prête, Alice ôta le capuchon de son stylo et griffonna le titre de son manuscrit sur la couverture de chaque carnet, au milieu des illustrations de fleurs. Elle rassembla les carnets sur ses genoux et les lia avec une ficelle. Elle y joignit les e-mails et déposa le paquet sur le tas de bois. Au moment de sortir de sa poche les fleurs de feu et les allumettes, Alice hésita. Elle se reprit. *Respire.* Elle sortit une allumette de la boîte, la tint fermement entre ses doigts et la frotta. Une rapide bouffée d'oxygène, l'odeur du soufre, un sifflement et un crépitement : le feu prit vie.

Les flammes s'élevèrent avec l'océan pour toile de fond. Alice regarda les fleurs s'enflammer et se consumer, les e-mails de Dylan noircir et devenir cendres ; tous les carnets incandescents.

Elle contempla fixement les mots qu'elle avait écrits sur les couvertures jusqu'à ce qu'ils deviennent invisibles :

Les fleurs sauvages

Au bout d'un instant, elle alla s'asseoir sur une chaise de jardin, tenant avec précaution le *Dictionnaire de Thornfield* dans ses bras. Pip se frotta à ses jambes. Alice prit une longue inspiration, pleine de sel, de fumée et de fleurs, et observa les flammes. Leurs couleurs changeantes. Leurs transformations. Sa ravissante mère à jamais dans son jardin. Alice posa la main sur le médaillon de pois du désert et sur son collier de graines d'ininti. *Fais confiance à ton histoire. Tout ce que tu peux faire est de dire la vérité.*

Le souvenir lui revint clair et spontané : dans la maison à bardeaux au bout de l'allée, elle était assise à son bureau, rêvant des moyens de mettre le feu à son père.

Son cœur battait lentement.

Je suis – ici.

Je suis – ici.

Je suis – ici.

Note de l'auteur

Il y a dans ce roman des récits et des personnages appartenant à différentes cultures. Je voudrais ici témoigner ma reconnaissance aux amis généreux qui m'ont apporté leur aide et mentionner les sources que j'ai consultées ou les expériences dont je me suis inspirée.

Dans le premier chapitre, la phrase *la vie va de l'avant, mais ne se comprend qu'en regardant derrière soi* m'a été inspirée par l'œuvre du philosophe danois Soren Kierkegaard.

Le conte préféré de Candy, l'histoire de la reine qui attend si longtemps le retour de son amoureux qu'elle se métamorphose en orchidée sur sa robe, m'a été inspiré par le conte philippin *La Légende de Waling-Waling.*

Les histoires indiennes de Sita et Draupadi qu'une des Fleurs raconte à Alice m'ont été rapportées par Tanmay Barhale.

L'histoire de la fille de roi qui portait toujours la même nuance de bleu m'a été inspirée par Alice Roosevelt Longworth, la fille de Theodore Roosevelt, qui s'habillait toujours de bleu et affichait volontiers son anticonformisme.

Le conte bulgare mentionné par Oggi dans sa lettre à Alice, sur le loup et le renard, est tiré d'un récit du folklore bulgare, *Le Malade et le Bien Portant*, qui m'a été traduit et raconté par Iva Boneva.

Les histoires de Lulu sur les papillons monarques, guerriers du feu et filles du soleil, sont inspirées de contes mexicains que m'a racontés Viridiana Alfonso-Lara.

Il m'a semblé important que l'endroit où Alice vit et travaille en Australie centrale soit un lieu imaginaire, car un endroit existant m'aurait amenée à raconter des histoires qui ne m'appartiennent pas. J'ai consulté Ali Cobby Eckermann, une femme Yankunytjatjara, poète de renommée mondiale, sur la manière de créer un tel environnement. Et elle m'a confirmé que c'était la meilleure marche à suivre.

Kililpitjara, le cratère Earnshaw et tout ce qui s'y rapporte – son nom, son histoire, ses paysages – sont une création de mon imagination. J'ai créé le nom du site, Kililpitjara, mais le pitjantjatjara que j'ai utilisé dans ce but, et qui est la langue employée dans tout le livre, est celle que parlent les Anangus. *Kililpi* (nom) signifie étoile. *Tjara* (nom) signifie un élément faisant partie d'un ensemble plus vaste. La traduction littérale de la combinaison est *appartenant aux étoiles*. Le principal texte de référence qui m'a servi de guide est le dictionnaire de l'IAD Press (Australian Aboriginal Development) du pitjantjartjara/yankunytjatjara en anglais.

Pour donner une impression de la structure géologique du Kililpitjara, je me suis inspirée d'images du Kandimalal (Wolfe Creek Crater) et du Tnorala (Grosse Bluff), mais son immensité, son énergie et sa présence me viennent de mes séjours personnels dans le désert central.

En 2016, j'ai fait à Perth la connaissance du Dr John Goldsmith, qui m'a fait partager ses expériences personnelles du Kandimalal (cratère de Wolfe Creek) et de la photographie des étoiles dans le désert de l'Ouest. Il m'a aussi apporté une aide considérable en me faisant connaître l'existence de cercles concentriques d'étoiles et de cratères, et de la présence probable de pois du désert dans l'environnement que je décrivais.

L'histoire de l'origine du Kililpitjara est inspirée d'un récit légendaire chez les Aborigènes Arrernte, l'histoire de la création du Tnorala, le cratère où un bébé tomba depuis les étoiles de son berceau de bois jusque sur la Terre, laissant dans le ciel ses parents inconsolables qui le cherchent éternellement.

Les « fleurs regrets », accompagnées des lettres de contrition des touristes que Ruby montre à Alice, sont inspirées des « pierres regrets » que le personnel du parc d'Uluru reçoit quotidiennement, renvoyées de toutes les parties du monde par des touristes.

Le poème de Ruby, *Graines*, est l'œuvre de Ali Cobby Eckermann, qui m'a donné l'autorisation de l'utiliser dans ce contexte. Lorsque je vivais dans le désert, j'ai eu le plaisir de faire la connaissance de nombreuses femmes ressemblant à Ruby. Elles m'ont fait partager leur histoire et leur état d'esprit, et j'ai appris grâce à elles des choses que je n'aurais apprises nulle part ailleurs. L'Australie a une histoire noire. Elle a toujours été et sera toujours un pays aborigène.

Remerciements

J'ai toujours aimé lire les remerciements de l'auteur d'un roman. On a un peu l'impression de se glisser dans les coulisses après le spectacle et de voir apparaître tous ceux qui en ont fait partie. C'est donc avec un immense plaisir que j'écris aujourd'hui mes propres remerciements pour mon premier roman.

Je voudrais témoigner toute ma considération et ma reconnaissance au peuple Yugambeh qui m'a inspiré une grande partie des scènes de ce roman ; au peuple Bundjalung qui m'a vue grandir sur ses terres salées ; au peuple Butchulla où vit ma grand-mère, où poussent les champs de cannes à sucre qui ont longtemps enchanté mon esprit ; ma considération et ma gratitude aux peuples Arrernte et Anangu qui m'ont permis de travailler et de voyager dans les Ngaanyatjarra Pitjantjatjara Yankunytjatjara (NPY) Lands durant le temps où j'ai vécu dans le Territoire du Nord. Je voudrais remercier en particulier les femmes de la NYP qui m'ont fait connaître les histoires et la culture de leurs ancêtres.

À ma formidable équipe de HarperCollins Publishers Australia, merci d'avoir comblé mes rêves d'enfant les plus fous. Alice « Whizzy » Wood et Sarah Barrett, soyez remerciées pour votre énergie sans limite, votre travail et nos heures de bavardages et de rires. Hazel Lam, merci d'avoir créé pour Alice Hart l'une des plus belles couvertures de livre que j'ai jamais vues. Mark Campbell, Tom Wilson, Karen-Maree Griffiths, Erin Dunk, Essie Orchard et Andrea Johnson, merci pour votre enthousiasme et votre confiance en moi. Nicola Robinson, merci pour la pertinence et la subtilité de vos corrections. Catherine Milne, ma sœur en écriture, vous avez tiré le meilleur de moi et d'Alice. Merci de m'avoir appris à croire dans le roman que j'ai écrit, à croire en moi. Je vous en suis à jamais redevable.

À la Zeitgeist Agency : Benython Oldfield, Sharon Galant et Thomasin Chinnery, mes agents, merci d'avoir cru en moi, et Alice, merci d'être une équipe de rêve. Je n'en trouverais pas de meilleure.

Merci à Stéphanie Abou de l'agence Massie & McQuilkin Literary pour votre travail et votre dévouement sans relâche.

À mon incroyable équipe d'éditeurs et traducteurs qui a porté Alice aux lecteurs du monde entier, merci d'avoir permis à des rêves que je n'avais pas soupçonnés de devenir réalité.

Du plus profond de mon cœur, toute ma gratitude à Ali Cobby Eckermann, sœur jumelle du bracelet du désert et de la mer et sœur ininti qui m'a donné un tee-shirt tjanpi. Merci d'être apparue dans ma vie et d'avoir donné votre autorisation de reproduire *Graines* pour en faire le poème de Ruby. Merci d'avoir partagé vos mots puissants et votre grand cœur avec moi, malpa.

À Alice Hoffman, merci d'avoir répondu à ma première lettre en 2009, et pour la générosité dont vous faites preuve dans notre correspondance depuis. Merci pour vos encouragements, magiques, et pour m'avoir accordé le droit de citer vos lettres dans ce roman. Merci, enfin, d'avoir écrit les livres qui m'accompagnent à travers le monde, ils m'ont appris à faire preuve de courage et à espérer.

Anne Carson, merci de m'avoir autorisée à citer votre traduction de la poésie de Sappho. Merci Gracie Dietshe et Nicole Aragi de l'agence Aragi d'avoir appuyé ma demande.

À Julianne Schultz, John Tague, Jane Hunterland et l'équipe de *Griffith Review* en 2015, merci pour tout ce que vous faites et avez fait pour les lecteurs et les écrivains australiens. Merci d'avoir accueilli ma première publication et donné au premier chapitre de ce roman votre prix annuel. Votre confiance en moi a changé le cours de ma vie.

Merci à la Maison des écrivains Varuna qui m'a offert le mystère, la beauté et la solitude dont j'avais tellement besoin pour commencer à rédiger ce livre. Aux femmes de la résidence avec lesquelles j'ai écrit jusqu'à la tombée de la nuit : Biff Ward, Jackie Yowell, Helen Loughlin et Bec Butterworth, vous êtes toujours dans mon cœur, autour de la table de Sheila. Avec du vin.

À David Jayet-Laraffe de Frog Flowers, Giulia Zonza de On Love & Photography, et Nancy Spencer de Nancy Spencer Makeup, merci d'avoir su évoquer un jardin tropical de conte de fées dans une boule à neige en me plaçant au milieu. Merci d'avoir créé une photo d'auteur féerique et une joyeuse expérience pleine d'amour que je n'oublierai jamais.

Pour Edith Rewa, reine des fleurs et merveilleuse artiste botanique, merci pour les illustrations de fleurs dont l'enchantement restera toujours en nous.

Aux libraires qui ont soutenu Alice Hart en tête des publications : merci d'apporter la magie du livre dans le monde et de donner sa part à Alice. Aux libraires qui liront ce roman, lui donneront une place sur leurs rayons et le feront connaître aux lecteurs, merci d'être une lumière dans toutes les villes du monde et d'avoir transformé en réalité mon rêve d'enfant d'être un jour écrivain.

Merci à Kate Forsyth et Carol Crennan qui m'ont offert un séjour à la History Mystery and Magic Writing Retreat à Oxford, en 2015, une expérience qui a eu un effet profond sur mon écriture et sur moi en tant qu'auteure. À mes amis écrivains qui ont partagé ce séjour, Sarah Guise, Kellie Watson et Bec Smedley, merci de m'avoir ouvert votre cœur et fait part de vos histoires. Merci, Kate, pour votre amitié, pour m'avoir rappelé qu'Alice était un charbon ardent que la peur et l'angoisse ne pourraient pas éteindre.

À vous tous qui avez éclairé mon chemin quand j'écrivais mon roman, merci pour toute votre indéfectible amitié, votre amour, votre confiance et vos encouragements : Favel Parrett, Courtney Collins, Nicole Hayes, Alys Conran, Meredith Whitfield, Anni Sartorio, Nick Benson et sa famille, Simone Gingras-Fox et la famille Gerlinger, Dimi Venkov, Ashley Hay, Khela Hutchinson, Gregoreen et PD, Eva de Vries, Olga Van Der Kooi (et Rogier et Louise), Helen Weston et JP, Sarah Rakich, Vanessa Radnidge, Lilia Krasteva, Jesse Blackadder, Andi Davey, Philippa Moore, Jenn Ashworth, Jane Bradley, Chris et Debbie Macintosh (et Beth et Lil), Cerys Jones, Helen Fulcher, Fraser How, Derek Henderson, Vicki Henderson, Stephen Ashworth, Lorena Fernandez Sanchez, Alex D'Netto, Linda Teo, Ian Henderson, Jenn Ashworth, Rachael Clegg (et Roberto, Joe, Francis, et Ruben), Susan Fernley et Brian Fox, Kate Gray, Cheryl Hollatz-Wisely, Jackie Bailey (Yen Yang et Ellie Belly), Jeremy Lachlan, Josie et James McSkimming, Sani Van der Spek, Dervla McTiernan, et Andy Stevenson (et Lou, Sam et Gina).

Un merci tout particulier à Kate Forsyth, Brooke Davis, Favel Parrett, Ashley Hay, Jenn Ashworth, Myf Jones et Ali Cobby Eckermann pour avoir lu les premières épreuves et appuyé ce roman avec tant de chaleur, d'amour et de générosité d'esprit.

Merci au Dr John Goldsmith qui a pris le temps de me rencontrer, de répondre à toutes mes questions et de me raconter des histoires d'étoiles et de cratères.

Aux femmes que j'ai rencontrées au Singing Over the Bones training avec le Dr Clarissa Pinkola Estès en 2015, merci de votre confiance, de m'avoir fait connaître vos histoires. Merci d'avoir chanté à tue-tête avec moi depuis.

Aux femmes et aux hommes avec lesquels j'ai étudié et travaillé à la Mindfulness Self Compassion avec Christopher Germer et Kristin Neff en 2017. Votre empressement dans le travail, l'empathie, le soutien et l'amitié que vous avez montrés m'ont portée, et je vous en remercie du fond du cœur.

J'ai été dans une école publique et certains de mes professeurs en primaire et au lycée restent des exemples de l'influence encourageante que l'on peut avoir sur une vie. Mrs Smart, Ms Pearce, Mr Chandler, Mrs Reynolds et Mr Ham, merci d'avoir vu en moi ce que je ne pouvais pas voir par moi-même et de m'avoir appris à croire que tout est possible avec du travail et du courage.

Merci à l'International Society, une organisation caritative du Grand Manchester qui depuis cinquante ans promeut la diversité et accueille des étudiants internationaux, réfugiés et demandeurs d'asile, merci d'être un lieu d'accueil, de sécurité et d'imagination pour des milliers d'entre nous. Merci à mes amis de l'International 16 venus du monde entier ; je ne serais pas l'auteure que je suis sans vous et sans tout ce que vous m'avez fait connaître.

Samantha Smith, tatoueuse au talent incroyable, peintre et superbe conteuse, merci d'avoir fait vivre Alice en moi et sur ma peau. Je suis pleine de gratitude de vous avoir rencontrée et de vous connaître.

Melissa Acton, vous êtes la femme capable de transformer une chambre d'isolation sensorielle en pays des merveilles. Merci d'avoir été une de mes premières lectrices et d'avoir donné à Alice un foyer dans votre cœur ami des livres.

Tanmay Barhale, Batman a peut-être une notoriété mondiale, mais vous êtes mon super-héros favori. Merci pour vos récits, dont certains, j'espère, font honneur à ce roman.

Viridiana Alonso-Lara, guerrière du feu, merci d'avoir partagé avec moi, dès le premier jour de notre rencontre, les histoires de votre famille mexicaine et le guacamole. Merci de votre affection. Lulu ne serait pas ce qu'elle est sans vous.

Merci Ammna Winchester de m'avoir offert votre amitié et fait l'honneur de partager vos expériences. Je n'aurais pu décrire le séjour à l'hôpital d'Alice sans votre généreux soutien et votre inspiration.

Boryana Pashova, adorable Banana, merci pour vos traductions du bulgare, merci aussi d'avoir cru en moi en tant qu'écrivaine et de m'avoir montré comment invectiver un plat qui est au four pour le faire cuire plus vite.

Iva Boneva, Money Honey, femme extraordinaire, merci de m'avoir fait connaître ces contes de fées bulgares. Merci pour ces crises de fou rire que nous avons eu entre Manchester et Sofia tandis que nous vivions ensemble des contes de fées de votre cru.

Matt Warren et Nick Walsh, vous m'avez rappelé que le rire et l'amour sont de véritables remèdes, grâce à vous je n'ai jamais eu honte de mes rires tonitruants.

Brooke Davis, il n'y a pas une rubrique de Remerciements assez longue pour que je puisse citer tout ce que j'aime chez vous et tout ce que je vous dois. Ni assez de marguerites. Merci de m'avoir reçue, de m'avoir aimée et de m'avoir laissée vous aimer dans mon tablier de cuisine. Merci pour absolument tout ce que vous avez fait pour donner vie et force à Alice Hart, et à moi. Penser à vous me rend meilleure.

Myf Jones, incomparable amie, capitaine de nos mondes flottants, qui m'a enseigné comment m'appuyer sur le vent, ma sœur à travers toute cette aventure, avec qui je veux partager mes succès. Merci d'avoir été la première à donner vraiment vie à Alice.

Sophs Stephenson, grâce à vous ma première année d'écriture à Manchester a été merveilleuse, et vous m'avez prouvé qu'Elizabeth Bennet se portait toujours bien. Jonny, merci d'avoir fait honte à Mr Darcy. Et Hazel Pop, ma chère amie, Violet Crawley ne vous arrive pas à la cheville.

Sarah de Vries, mon âme sœur dès le premier regard, il n'y a pas dans l'existence assez de jours commençant à une heure de l'après-midi, d'arbres dénudés, de virées à travers le pays, de chiens couronnés de fleurs, de colifichets, de pantalons d'intérieur, de crevettes géantes, de levure alimentaire, de hip-hop, de comics, de recueils de contes de fées ou de concours de hula-hoop pour mesurer la joie et le bonheur que vous avez apportés dans ma vie. Merci de m'avoir remise en selle dans les moments difficiles. À notre avenir de rinçages violets et de chasses aux papillons.

Libby Morgan, quand j'étais petite et rêvais d'avoir pour amie un personnage du Golden Book, je n'aurais jamais imaginé qu'elle pouvait exister en dehors des pages de mes livres. Merci d'avoir surpassé mes espérances et pour ces quinze années de véritable et étonnante amitié. Merci d'avoir discuté chaque détour de ce roman avec moi et d'avoir été une infatigable et toujours affectueuse voix de la raison. Merci pour chacune des heures innombrables que nous avons passées à discuter des droits des populations sur la terre et la mer. Andy, Jess, Nath, Ra, Mick, Jordy, Lani, Rainy et Razor, merci de m'aimer comme une de vos proches.

Merci à ma famille Harris élargie, Merilyn, Matt, Gabe, Leo, Arley, Buggy, Chris, Vicky, Sue et Annie, d'avoir cru en moi et de m'avoir encouragée avec toute votre affection.

Lee Steindl, merci pour nos éclats de rire à chaque étape de ce travail. Merci de m'avoir enseigné le pouvoir d'un balai, comment affronter ses adversaires, et de m'avoir appris à rire de bon cœur toute ma vie. Et pour le Moët. Encore pour le Moët.

Matty Hutchinson, Lulu et moi vous serons à jamais reconnaissantes. Merci d'avoir participé à la création d'Alice, d'avoir donné son nom à votre ravissante fille et de m'avoir apporté des gâteaux.

Joan Mary Corfield, merci d'avoir cultivé un incomparable jardin magique dans lequel nous nous ébattions librement, et pour le profond amour des contes et de l'écriture que vous m'avez transmis.

Dadgee, Toby, Goose, Teapot, et Coco, rien ne peut se comparer au plaisir de venir vous retrouver. Merci de m'avoir donné votre amour et l'endroit le plus sûr dont j'ai jamais rêvé, où j'ai pu faire surgir mon histoire de l'obscurité.

À Hendrix, le plus petit des Thor, et à Kira Navi, la Reine de la frontière du désert, merci de m'avoir rappelé à quel point l'imagination et la fiction sont puissantes et essentielles.

À ma mère, Colleen Ringland. Tu m'as appris à être courageuse. Vous m'avez appris à lire quand j'avais trois ans. Merci pour ma vie, Mamaleen. Merci de m'avoir montré ce que veut dire ne jamais renoncer.

Composition et mise en pages
Nord Compo à Villeneuve-d'Ascq

Achevé d'imprimer en avril 2019
sur les presses de Normandie Roto Impression s.a.s.
61250 Lonrai (Orne)

PAPIER À BASE DE FIBRES CERTIFIÉES

MAZARINE s'engage pour l'environnement en réduisant l'empreinte carbone de ses livres. Celle de cet exemplaire est de :
1,900 kg éq. CO_2
Rendez-vous sur www.mazarine-durable.fr

74-9805-6/01
N° d'impression : 1901757

Imprimé en France